"十四五"高职院校财经精品系列教材

经 济 法

主 编 ◎ 郭丽丽　左　芳　司颖雪
副主编 ◎ 李　辉　朱艳艳　孙树旺　李　雪　王海峰

西南财经大学出版社
中国·成都

图书在版编目(CIP)数据

经济法/郭丽丽,左芳,司颖雪主编;李辉等副主编.—成都:西南财经大学出版社,2022.6(2023.8重印)
ISBN 978-7-5504-5226-8

Ⅰ.①经… Ⅱ.①郭…②左…③司…④李… Ⅲ.①经济法—中国—高等学校—教材 Ⅳ.①D922.29

中国版本图书馆 CIP 数据核字(2021)第 266255 号

经济法

主　编　郭丽丽　左　芳　司颖雪
副主编　李　辉　朱艳艳　孙树旺　李　雪　王海峰

策划编辑:	杨婧颖
责任编辑:	高小田
责任校对:	雷　静
封面设计:	何东琳设计工作室　张姗姗
责任印制:	朱曼丽

出版发行	西南财经大学出版社(四川省成都市光华村街55号)
网　　址	http://cbs.swufe.edu.cn
电子邮件	bookcj@ swufe.edu.cn
邮政编码	610074
电　　话	028-87353785
照　　排	四川胜翔数码印务设计有限公司
印　　刷	郫县犀浦印刷厂
成品尺寸	185mm×260mm
印　　张	23.5
字　　数	513 千字
版　　次	2022 年 6 月第 1 版
印　　次	2023 年 8 月第 2 次印刷
印　　数	2001—3000 册
书　　号	ISBN 978-7-5504-5226-8
定　　价	49.80 元

1. 版权所有,翻印必究。
2. 如有印刷、装订等差错,可向本社营销部调换。
3. 本书封底无本社数码防伪标识,不得销售。

前言

一、教材分级

本教材针对高等职业院校编写而成。

二、课程定位

经济法课程是高等职业院校财经类各专业的专业基础课，它主要面向会计、审计、金融、人力资源管理、市场营销、电子商务、文秘、物流管理、连锁经营、国际贸易等专业开设。同时经济法也是取得相关职业资格的考试课程。

三、教材特点

（一）根据高等职业教育人才培养目标和经济法课程教学目标编写

该教材结合高等职业教育的培养目标和经济法本身的教学要求，针对高等职业本科和专科的教学特点和学生可持续发展的需要，突出以培养学生对经济法律知识的理解能力和实际应用能力为主的高职高专教育特色，在内容上按照社会主义市场经济法律体系的结构进行编写，同时又与各专业职业资格的要求相对接，充分体现了经济法教材的适用性。

（二）既注重经济法的理论性又突出经济法的实用性和操作性

该教材以高等职业本科和专科学生应具备的基本经济法律知识为出发点，在内容选择上，包括了市场经济活动中最基本、具有普遍实用性的和最新颁布实施的法律；在结构设计上，每一项目内容之前都设有知识框架、学习目标、法律法规作为先导，明确每一项目的知识结构及重点学习和掌握的知识点；在每一项目之后设有案例分析和实训任务，以培养和提升学生运用所学法律分析和解决实际问题的能力。

（三）融入课程思政达到德法兼修

教育是国之大计、党之大计。全面贯彻党的教育方针，落实立德树人根本任务，培养德智体美劳全面发展的社会主义建设者和接班人。该教材在先导学习目标中加入了思政目标，在每一项目内容中设置了思政园地，同时将党的二十大精神嵌入课程内容，强化铸魂育人功能。旨在培养学生具有坚定的政治立场、浓厚的爱国主义精神和浓厚的家国情怀，具有中国特色社会主义道路自信、理论自信、制度自信、文化自信；培养学生树立正确的法律意识，了解市场经济运行的规则，自觉维护稳定的社会经济发展秩序，具备市场经济条件下的基本法律素养，养成知法、懂法、守法的好习惯，具有爱岗敬业、诚实守信、廉洁自律等良好的职业素养。

（四）在线开放课程助力智慧课堂

经济法课程为内蒙古自治区精品课程，法律常识课程为内蒙古自治区在线开放课程。课程内容涵盖了宪法、民法、经济法、刑法、诉讼法等法律，对学生求学、就业、创业、生活、普法等多方面进行法律教育。在线课程可登录"好大学在线"和"学堂在线"网络平台学习。

四、教材内容

全书共分为十一个项目：项目一经济法基础知识；项目二相关法律制度；项目三公司法律制度；项目四合同法律制度；项目五市场规制法律制度；项目六知识产权法律制度；项目七税收法律制度；项目八金融法律制度；项目九市场监督法律制度；项目十劳动与社会保险法律制度；项目十一经济纠纷的解决途径。

五、编写人员

本教材编写团队由内蒙古商贸职业学院郭丽丽、左芳、司颖雪、李辉、朱艳艳、孙树旺、李雪、王海峰组成。本教材由郭丽丽、左芳、司颖雪担任主编，由李辉、朱艳艳、孙树旺、李雪、王海峰担任副主编。郭丽丽负责全书的规划和统稿，编写项目一、项目四、项目七；左芳编写项目五、项目六、项目八；司颖雪编写项目二、项目九、项目十一；朱艳艳编写项目十；李辉编写项目三；课程思政元素由团队成员共同研究和整理。

由于教学团队水平有限，教材中难免有不妥之处，我们衷心地希望广大读者批评指正，以便再版时进一步修改。

编者

2022 年 6 月

目录

项目一　经济法基础知识 ·· (001)

　　模块一　法的概述 ·· (002)

　　模块二　经济法概述 ·· (012)

　　课后训练 ··· (014)

项目二　相关法律制度 ·· (015)

　　模块一　法人制度 ·· (016)

　　模块二　所有权制度 ·· (023)

　　模块三　债权制度 ·· (030)

　　模块四　代理制度 ·· (036)

　　课后训练 ··· (041)

项目三　公司法律制度 ·· (043)

　　模块一　公司法概述 ·· (044)

　　模块二　有限责任公司 ·· (046)

　　模块三　股份有限公司 ·· (052)

　　模块四　公司董事、监事、高级管理人员的资格和义务 ························· (057)

　　模块五　公司股东诉讼 ·· (059)

　　模块六　公司财务、会计 ·· (060)

　　模块七　公司的变更、解散和清算 ··· (061)

　　课后训练 ··· (062)

项目四　合同法律制度 ……………………………………………………（064）
模块一　合同与合同法 ………………………………………………（066）
模块二　合同的订立 …………………………………………………（068）
模块三　合同的效力 …………………………………………………（073）
模块四　合同的履行 …………………………………………………（076）
模块五　合同的担保 …………………………………………………（080）
模块六　合同的变更、转让和终止 …………………………………（088）
模块七　违约责任 ……………………………………………………（092）
课后训练 ………………………………………………………………（095）

项目五　市场规制法律制度 ………………………………………………（097）
模块一　反不正当竞争法 ……………………………………………（098）
模块二　反垄断法 ……………………………………………………（103）
模块三　消费者权益保护法 …………………………………………（107）
模块四　产品质量法 …………………………………………………（115）
模块五　食品安全法 …………………………………………………（117）
模块六　广告法 ………………………………………………………（123）
课后训练 ………………………………………………………………（128）

项目六　知识产权法律制度 ………………………………………………（130）
模块一　知识产权概述 ………………………………………………（131）
模块二　商标法 ………………………………………………………（133）
模块三　专利法 ………………………………………………………（140）
模块四　著作权法 ……………………………………………………（151）
课后训练 ………………………………………………………………（158）

项目七　税收法律制度 ……………………………………………………（160）
模块一　税收与税法 …………………………………………………（161）
模块二　税收实体法 …………………………………………………（166）

模块三　税收程序法 ……………………………………………………（189）
　　课后训练 ……………………………………………………………（196）

项目八　金融法律制度 ……………………………………………………（197）
　　模块一　银行法 ……………………………………………………（198）
　　模块二　证券法 ……………………………………………………（203）
　　模块三　保险法 ……………………………………………………（218）
　　模块四　票据法 ……………………………………………………（226）
　　模块五　外汇管理法 ………………………………………………（248）
　　课后训练 ……………………………………………………………（251）

项目九　市场监督法律制度 ………………………………………………（253）
　　模块一　政府采购法 ………………………………………………（254）
　　模块二　会计法与审计法 …………………………………………（261）
　　模块三　房地产管理法 ……………………………………………（271）
　　模块四　环境保护法 ………………………………………………（281）
　　课后训练 ……………………………………………………………（286）

项目十　劳动与社会保险法律制度 ………………………………………（287）
　　模块一　劳动合同法 ………………………………………………（288）
　　模块二　社会保险法 ………………………………………………（316）
　　课后训练 ……………………………………………………………（332）

项目十一　经济纠纷的解决途径 …………………………………………（334）
　　模块一　行政复议法 ………………………………………………（335）
　　模块二　仲裁法 ……………………………………………………（348）
　　模块三　诉讼法 ……………………………………………………（353）
　　课后训练 ……………………………………………………………（367）

项目一　经济法基础知识

一、知识框架

（一）法的概述

法是由国家制定或认可的，反映着统治阶级意志的，由国家强制力保证实施的，具有普遍约束力的行为规范的总称。法是随着阶级和国家的产生而产生的，是阶级社会所特有的产物。我国法的渊源主要是根据创制法的国家机关不同、创制方式的不同而进行划分的，现行法律体系由七个主要的法律部门组成。法律关系是法律规范在调整人们行为过程中所形成的以法律上的权利与义务为内容的社会关系，由主体、客体和内容构成。法律责任是指行为人因实施了违反法律法规规定的行为而应当承担的法律后果，包括民事责任、行政责任和刑事责任。

（二）经济法概述

经济法是一个独立的法律部门，是调整国家在干预与协调经济运行过程中发生的经济关系的法律规范的总称。经济法具有调整对象的广泛性和多层次性、经济法律规范的易变性、公法和私法属性兼具性、程序保障的非独立性的特征，在国家管理市场经济运行过程中发挥着重要的作用。

二、学习目标

（一）知识目标

（1）法的本质、法的特征、法的渊源、法律部门、法律关系、法律责任。
（2）经济法的概念、调整对象和特征，经济法与民法、行政法的区别。

（二）能力目标

（1）培养学生树立法治观念、增强法律意识。
（2）培养学生掌握我国法律体系的构成、理解依法治国的意义。
（3）培养学生理论联系实际、运用法律解决问题的能力。

（三）思政目标

（1）培养学生具有维护法律尊严的自觉性，深刻理解我国全面依法治国的基本方略。
（2）培养学生具有中国特色社会主义道路自信、理论自信、制度自信、文化自信，并具有强烈的爱国主义情怀。

（3）培养学生具有维护市场经济运行秩序的高度自觉性。

三、法律法规

（1）《中华人民共和国宪法》。

（2）《中华人民共和国立法法》。

（3）《中华人民共和国民法典》。

（4）《中华人民共和国刑法》。

（5）《中华人民共和国行政处罚法》。

模块一　法的概述

一、法和法律

（一）法和法律的概念

1. 法的概念

法是由国家制定或认可的，反映着统治阶级意志的，由国家强制力保证实施的行为规范的总称。它通过规定人们在社会关系中的权利和义务，确认、保护和发展有利于统治阶级的社会关系和社会秩序。

2. 法律的概念

法律一词可从狭义、广义两方面进行理解。狭义的法律专指拥有立法权的国家机关依照立法程序制定和颁布的规范性文件；广义的法律则指法的整体，即国家制定或认可，并由国家强制力保证实施的各种行为规范的总和。在一般情况下，法和广义的法律同义；但在某些场合，法又和狭义的法律同义。

（二）法的本质与特征

1. 法的本质

法首先是统治阶级意志的体现。法不是超阶级的产物，不是社会各阶级的意志都能体现为法，法只能是统治阶级意志的体现。但法所体现的统治阶级的意志，不是随心所欲、凭空产生的，而是由统治阶级的物质生活条件决定的，是社会客观需要的反映。其次法体现的是统治阶级的整体意志和根本利益，是被奉为法律的统治阶级意志，即统治阶级的国家意志。所以，法是统治阶级的国家意志的体现，这是法的本质。

2. 法的特征

法作为一种特殊的行为规则和社会规范，不仅具有行为规则、社会规范的一般共性，而且具有自己的特征。法的特征主要有以下四方面：

（1）法是经过国家制定或认可才得以形成的规范，具有国家意志性。制定、认可，是国家创制法的两种方式，也是统治阶级把自己的意志变为国家意志的两条途径。法是通过国家制定和发布的，但并不是国家发布的任何文件都是法。首先，法是国家发布的规范性文件；其次，法是按照法定的职权和方式制定和发布的，有确定的表现形式。也就是说，法需要通过特定的国家机关，按照特定的方式，表现为特定的法律文件形式才能成立。

（2）法凭借国家强制力的保证而获得普遍遵行的效力，具有强制性。法是由国家强制力保障其实施的规范。法的强制性是由国家提供和保证的，它与一般社会规范的强制性不同。其他社会规范虽然也有一定的强制性，如道德主要依靠社会舆论的强制，但是这些强制都不同于国家的强制。国家强制力是以国家的强制机构（如军队、警察、法庭、监狱）为后盾，和国家制裁相联系，表现为对违法者采取国家强制措施，因此法是最具有强制力的行为规范。

（3）法是确定人们在社会关系中的权利和义务的行为规范，具有利导性。法的主要内容是由规定权利、义务的条文构成的，法律通过规定人们的权利和义务来分配利益，从而影响人们的动机和行为，进而影响社会关系，实现统治阶级的意志和要求，维持社会秩序。

（4）法是明确而普遍适用的规范，具有规范性。法具有明确的内容，能使人们预知自己或他人一定行为的法律后果，凡是在国家权力管辖和法律调整的范围、期限内，对所有社会成员及其活动都普遍适用。

二、法的渊源和分类

（一）法的渊源

法的渊源，是指法的具体表现形式，即法是由何种国家机关，依照什么方式或程序创制出来的，并表现为何种形式、具有何种效力等级的法律文件。我国法的渊源主要是依据创制法的国家机关、创制方式的不同而进行划分的。

1. 宪法

宪法由国家最高权力机关——全国人民代表大会制定，是国家的根本大法，是一个国家的最高行为准则。宪法规定了国家的基本制度和根本任务，具有最高的法律效力，具有最为严格的制定和修改程序。

2. 法律

法律是由全国人民代表大会及其常务委员会经一定立法程序制定颁布的规范性文件。法律通常规定和调整国家、社会和公民生活中某一方面根本性的社会关系或基本问题。其法律效力和地位仅次于宪法，是制定其他规范性文件的依据。

3. 行政法规

行政法规是由国家最高行政机关——国务院在法定职权范围内为实施宪法和法律制定、发布的规范性文件,其地位次于宪法和法律,高于地方性法规。

4. 地方性法规

省、自治区、直辖市的人民代表大会及其常委会在与宪法、法律和行政法规不相抵触的前提下,可以根据本地区的具体情况和实际需要制定、发布规范性文件,即地方性法规。

5. 行政规章

行政规章是国务院各部委在其职权范围内依法制定、发布的规范性文件。

省、自治区人民政府所在地的市和经国务院批准的较大的市政府以及某些经济特区市政府,在宪法、法律和行政法规允许范围内制定的适用于本地方的规范性文件,属于地方行政规章。

6. 自治条例和单行条例

民族自治地方(自治区、自治州、自治县)的人民代表大会有权依照当地民族的政治、经济和文化特点,制定自治条例和单行条例。

7. 特别行政区基本法和特别行政区法律

特别行政区基本法和特别行政区法律是指全国人民代表大会制定的特别行政区基本法以及特别行政区依法制定并报全国人民代表大会常务委员会备案的、在该特别行政区内有效的规范性法律文件。全国人大于1990年、1993年、2020年分别制定和颁布了《中华人民共和国香港特别行政区基本法》《中华人民共和国澳门特别行政区基本法》《中华人民共和国香港特别行政区维护国家安全法》。

8. 国际条约

国际条约是国家与国家之间就某些事项达成的确定其权利义务关系的协议。它不属于国内法的范畴,但我国签订和加入的国际条约对于我国的国家机关、社会团体、企业、事业单位和公民也有约束力。如我国2001年加入的《与贸易有关的知识产权协定》(简称《知识产权协定》或TRIPs协定)等世界贸易组织所签订的一系列文件。

(二)法的分类

1. 成文法和不成文法

这是根据法的创制方式和发布形式所作的分类。成文法是指有权制定法律的国家机关,依照法定程序所制定的具有条文形式的规范性文件。不成文法是指国家机关认可的、不具有条文形式的习惯,也称非制定法,如习惯法、判例法等。

2. 根本法和普通法

这是根据法的内容、效力和制定程序所作的分类。根本法就是宪法,它规定国家制度和社会制度的基本原则,具有最高的法律效力,是普通法立法的依据。因此,它的制定和修改通常需要经过比普通法更为严格的程序。普通法泛指宪法以外的所有法律，它根据宪法确认的原则就某个方面或某些方面的问题作出具体规定，效力低于宪法。

3. 实体法和程序法

这是根据法的内容所作的分类。实体法是指从实际内容上规定主体的权利和义务的法律，如民法、刑法。程序法是指为了保障实体权利和义务的实现而制定的关于程序方面的法律，如刑事诉讼法、民事诉讼法、行政诉讼法。

4. 一般法和特别法

这是根据法的空间效力、时间效力或对人的效力所作的分类。一般法是指在一国领域内对全体居民和所有的社会组织普遍适用，而且在它被废止前始终有效的法律，如民法、刑法。特别法是指只在一国的特定地域内（如某个行政区域）或只对特定主体（如公职人员、军人）或在特定时期内（如战争时期）有效的法律。

5. 国际法和国内法

这是根据法的主体、调整对象和渊源所作的分类。国际法的主体主要是国家，调整的对象主要是国家间的相互关系，渊源主要是国际条约和各国公认的国际惯例，实施则以国家单独或集体的强制措施为保证。国内法的主体主要是该国的公民和社会组织，调整对象是一国内部的社会关系，渊源主要是制定国立法机关颁布的规范性文件，实施则以该国的强制力加以保证。

6. 公法和私法

这种划分方法，始于古罗马法学家，在法学界中得到广泛应用，但划分公法和私法的标准却众说纷纭。比较普遍的说法是以法律运用的目的为划分的依据，即凡是以保护公共利益为目的的法律为公法，如宪法、经济法、行政法、刑法、诉讼法；凡是以保护私人利益为目的的法律为私法，如民法、商法。

三、法律部门和法律体系

（一）法律部门与法律体系的概念

一个国家现行法律规范是多种多样的，它们涉及社会生活的各个方面，有着各种不同的内容和形式。但是它们并不是杂乱无章的，而是有着紧密联系，构成一个完整、有机、统一的体系。

法律部门是指根据一定标准和原则所划定的同类法律规范的总称。法律部门划分的标准首先是法律调整的对象，即法律调整的社会关系。如刑法法律部门，是规定犯罪、刑事责任和刑罚的法律；民法法律部门，是调整平等主体的自然人、法人和非法人组织之间的人身关系和财产关系的法律。其次是法律调整的方法。如民法和刑法，都调整财产关系和人身关系，但民法是以自行调节为主要方式，而刑法则是以强制干预为主要调整方式，民法要求对损害予以财产赔偿，而刑法则对犯罪人处以严厉的人身惩罚。

一个国家现行的法律规范分类组合为若干法律部门，由这些法律部门组成的具有内在联系的、互相协调的统一整体即法律体系。

(二) 我国现行的法律体系和法律部门

当代中国的法律体系是以宪法为统帅，以宪法相关法、民商法、行政法、经济法、社会法、刑法、诉讼与非诉讼程序法七个法律部门的法律为主干，由法律、行政法规、地方性法规等多个层次法律规范构成。我们主要介绍七个法律部门。

1. 宪法及宪法相关法法律部门

宪法是国家的根本法，宪法相关法是与宪法相配套、直接保障宪法实施和国家政权运作等方面的法律规范的总和，主要包括四个方面的法律：①有关国家机构的产生、组织、职权和基本工作制度的法律；②有关民族区域自治制度、特别行政区制度、基层群众自治制度的法律；③有关维护国家主权、领土完整和国家安全的法律；④有关保障公民基本政治权利的法律。

中华人民共和国成立至今，我国先后制定过四部宪法，根据制定的年份，称其为五四宪法（1954年9月20日）、七五宪法（1975年1月17日）、七八宪法（1978年3月5日）、八二宪法（1982年12月4日）。我国现行宪法是1982年12月4日第五届全国人民代表大会第五次会议通过的《中华人民共和国宪法》，全国人民代表大会于1988年、1993年、1999年、2004年、2018年先后五次以宪法修正案的形式对现行宪法作了修改和补充。

2. 民商法法律部门

民法、商法是规范民事、商事活动的法律规范的总和，调整的是平等主体自然人、法人和其他组织之间发生的各种法律关系。

民法调整平等主体的自然人、法人和非法人组织之间的人身关系和财产关系。我国目前实施的民法主要是《中华人民共和国民法典》（简称《民法典》），它是我国第一部以法典命名的法律，是一部民事领域基础性、综合性的法律，它规范着各类民事主体的各种人身关系和财产关系，涉及社会生活的方方面面。《民法典》共七编，分为总则、物权、合同、人格权、婚姻家庭、继承、侵权责任，以及附则，2020年5月28日由第十三届全国人民代表大会第三次会议通过，自2021年1月1日起施行。

我国目前商法可以看作民法中的一个特殊部分，是在民法基本原则的基础上适应现代商事活动的需要逐渐发展起来的，主要包括《中华人民共和国公司法》《中华人民共和国企业破产法》《中华人民共和国海商法》等方面的法律。

3. 行政法法律部门

行政法是规范国家行政管理活动的法律规范的总和，包括有关行政管理主体、行政行为、行政程序、行政监督以及国家公务员制度等方面的法律规范。行政法调整的是行政机关与行政管理相对人（公民、法人和其他组织）之间因行政管理活动而发生的法律关系。如《中华人民共和国公务员法》《中华人民共和国行政处罚法》《中华人民共和国教育法》等。

4. 经济法法律部门

经济法是调整国家从社会整体利益出发对市场经济活动实行干预、管理、调控所产生的社会经济关系的法律规范的总和。经济法是在国家干预市场经济活动过程中逐渐发展起来的一个法律门类，一方面与行政法的联系很密切，另一方面又与民法、商法的联系很密切。如《中华人民共和国反垄断法》《中华人民共和国反不正当竞争法》等。

5. 社会法法律部门

社会法是规范劳动关系、社会保障、特殊群体权益保障、社会组织等方面的法律规范的总和。如《中华人民共和国劳动法》《中华人民共和国劳动合同法》《中华人民共和国社会保险法》等。

6. 刑法法律部门

刑法是规范犯罪、刑事责任和刑事处罚的法律规范的总和。我国刑法包括《中华人民共和国刑法》（简称《刑法》）及1997年3月14日修订后的《刑法》和此后的刑法修正案以及全国人民代表大会常务委员会制定的有关惩治犯罪的决定等法律规范。

7. 诉讼与非诉讼程序法法律部门

诉讼与非诉讼程序法是调整因诉讼活动和非诉讼活动而产生的社会关系的法律规范的总和，主要有《中华人民共和国刑事诉讼法》《中华人民共和国民事诉讼法》《中华人民共和国行政诉讼法》《中华人民共和国仲裁法》《中华人民共和国人民调解法》等。

思政园地

集中体现国家和人民意志的中国特色社会主义法律体系

当代中国法律体系是以宪法为统帅，以宪法相关法、民商法、行政法、经济法、社会法、刑法、诉讼与非诉讼程序法等多个法律部门的法律为主干，由法律、行政法规、地方性法规等多个层次的法律规范构成的具有中国特色社会主义的法律体系。国家的政治建设、经济建设、文化建设、社会建设以及生态文明建设等各个方面实现了有法可依，为我国全面推进依法治国、建设社会主义法治国家奠定了坚实的基础。

思政要点：

1. 引导学生自觉维护宪法尊严、深刻理解我国全面依法治国的基本方略。

2. 培养学生具有中国特色社会主义道路自信、理论自信、制度自信、文化自信，并具有强烈的爱国主义情怀。

二十大精神园地

坚持全面依法治国，推进法治中国建设

全面依法治国是国家治理的一场深刻革命，关系党执政兴国，关系人民幸福安康，关系党和国家长治久安。必须更好发挥法治固根本、稳预期、利长远的保障作用，在法治轨道上全面建设社会主义现代化国家。

完善以宪法为核心的中国特色社会主义法律体系。坚持依法治国首先要坚持依宪治国，坚持依法执政首先要坚持依宪执政，坚持宪法确定的中国共产党领导地位不动摇，坚持宪法确定的人民民主专政的国体和人民代表大会制度的政体不动摇。加强宪法实施和监督，健全保证宪法全面实施的制度体系，更好发挥宪法在治国理政中的重要作用，维护宪法权威。加强重点领域、新兴领域、涉外领域立法，统筹推进国内法治和涉外法治，以良法促进发展、保障善治。推进科学立法、民主立法、依法立法，统筹立改废释纂，增强立法系统性、整体性、协同性、时效性。

四、法律关系

(一) 法律关系的概念

法律关系是法律规范在调整人们的行为过程中所形成的一种特殊的社会关系，即法律上的权利与义务关系。或者说，法律关系是指被法律规范所调整的权利与义务关系。社会关系是多种多样的，因而调整它的法律规范也是多种多样的，如调整平等主体之间的财产关系和人身关系而形成的法律关系，称为民事法律关系或民商法律关系；调整行政管理关系而形成的法律关系，称为行政法律关系；调整国家对经济活动的干预和协调而产生的社会经济关系，称为经济法律关系。

(二) 法律关系的要素

法律关系是由法律关系的主体、法律关系的内容和法律关系的客体三个要素构成的。缺少其中任何一个要素，都不能构成法律关系。

1. 法律关系的主体

法律关系的主体又称权利主体或义务主体，是指参加法律关系，依法享有权利和承担义务的当事人。

什么人或者组织可以成为法律关系主体，是由一国法律规定和确认的。根据我国法律规定，法律关系主体包括：

(1) 公民（自然人）。公民是最常见的法律关系主体，可以参加的法律关系非常广泛。还有一类由公民组成的特定主体，如个体户、农户、合伙人等，也可参与某些特定的法律关系。

(2) 社会组织。社会组织主要包括国家机关、企业、事业单位、社会团体。

(3) 国家。在特殊情况下，国家可以作为一个整体成为法律关系主体。如在国内，国家是国家财产所有权唯一和统一的主体；在国际法上，国家则是国际法关系的主体。

(4) 外国人和外国社会组织。外国人、无国籍人和外国社会组织，以我国有关法律以及我国与有关国家签订的条约为依据，也可以成为我国某些法律关系的主体。

2. 法律关系的内容

法律关系的内容是指法律关系主体所享有的权利和承担的义务。

（1）权利。权利是指法律关系主体依法享有的权益，表现为权利享有者依照法律规定具有的自主决定作出或者不作出某种行为、要求他人作出或者不作出某种行为的自由。依法享有权利的主体称为权利主体。如公民依法享有继承权，可以接受继承，也可以放弃继承；财产所有权人有要求他人不作出侵害其所有权或妨碍其所有权行使的权利。

（2）义务。义务是指法律关系主体依照法律规定所担负的必须作出某种行为或者不得作出某种行为的负担或约束。依法承担义务的主体称为义务主体。义务主体必须作出某种行为是指以积极的作为方式去履行义务，称为积极义务，如纳税、服兵役等。义务主体不得作出某种行为是指以消极的不作为方式去履行义务，称为消极义务，如不得毁坏公共财物、不得侵害他人生命财产安全等。

法律权利和义务作为构成法律关系内容的两个方面，是密切联系不可分离的，共同处于法律关系这一统一体中。任何一方的权利都必须有另一方义务的存在；而任何一方的义务又都是为实现他方的权利而设定的。在大多数民商法律关系中，各方主体都既享有权利，又承担义务，任何一方既是权利主体，也是义务主体。如买卖关系中，买方承担向卖方支付价款的义务，同时享有获得卖方出售物的权利；卖方享有获得买方价款的权利，同时承担向买方支付出售物的义务。

法律上的权利和义务，都受国家法律保障。当义务人拒不履行义务的时候，权利人可以请求司法机关或其他国家机关依法采取必要的强制措施来保障权利的实现和义务的履行；当法律关系主体的权利受到侵害时，可以请求司法机关或其他国家机关给予保护。

3. 法律关系的客体

法律关系的客体又称权利客体或义务客体，是指法律关系主体的权利和义务所指向的对象。客体是确立权利与义务关系性质和具体内容的依据，也是确定权利行使与否和义务是否履行的客观标准。权利和义务只有通过客体才能得到体现和落实。如果没有客体，权利与义务就失去了依附的目标和载体，无所指向，也就不可能发生权利与义务。

法律关系客体的内容和范围是由法律规定的。法律关系的客体概括起来主要包括以下四类：

（1）物。物指能满足人们需要，具有一定的稀缺性，并能为人们现实支配和控制的各种物质资源。物可以是自然物，如土地、矿藏、水流、森林；也可以是人造物，如建筑、机器、各种产品等；还可以是财产物品的一般价值表现形式——货币及有价证券。物既可以是固定形态的，也可以是没有固定形态的，如天然气、电力等。

（2）非物质财富。非物质财富也称精神产品或精神财富，包括知识产品和道德产品。知识产品也称智力成果，是指人们通过脑力劳动创造的能够带来经济价值的精神财富，如著作、发现、发明、设计等，它们分别为著作权关系、发现权关系、发明权关系、商标权关系的客体。智力成果是一种精神形态的客体，是一种思想或者技术方案，不是物，但通常有物质载体，如书籍、图册、录像、录音等，就是记录、承载智力成果的物质形式。道德产品是指人们在各种社会活动中所取得的非物化的道德价值，如荣誉称号、嘉奖表彰等，它们是公民、法人荣誉权的客体。

（3）行为。行为作为法律关系的客体不是指人们的一切行为，而是指法律关系的主体为达到一定目的所进行的作为（积极行为）或不作为（消极行为），是人的有意识的活动，如生产经营行为、经济管理行为、完成一定工作的行为和提供一定劳务的行为等。

（4）人身。人身是由各个生理器官组成的生理整体（有机体）。它是人的物质形态，也是人的精神利益的物质体现。随着科技和医学的发展，输血，植皮，器官移植，精子、卵子提取，尸体捐献，人体解剖等现象大量出现，人体器官买卖和捐赠等活动也日益增多，人体（部分或整体）成为法律关系的客体已成为不争的事实，已被民法理论视为具有法律意义的特殊的物而加以保护。

（三）法律事实

任何法律关系的发生、变更和消灭，都要有法律事实的存在。

法律事实是指由法律规范所确定的，能够产生法律后果，即能够直接引起法律关系发生、变更或者消灭的情况。按照是否以当事人的意志为转移为标准，可以将法律事实划分为两大类：法律事件和法律行为。

1. 法律事件

法律事件是指不以当事人的主观意志为转移的，能够引起法律关系发生、变更和消灭的法定情况或者现象。法律事件可以是自然现象，又称绝对事件，如地震、洪水、台风、森林大火等不因人的因素造成的自然灾害；也可以是某些社会现象，又称相对事件，如爆发战争、重大政策的改变等，这些事件虽属人的行为引起，但其出现在特定法律关系中，不以当事人的意志为转移。

2. 法律行为

法律行为是指以法律关系主体意志为转移，能够引起法律后果，即引起法律关系发生、变更和消灭的人们有意识的活动。它是引起法律关系发生、变更和消灭的最普遍的法律事实。根据不同的标准，法律行为有以下几种不同的分类：

第一，合法行为与违法行为。这是根据行为是否符合法律规范的要求，即行为的法律性质所作的分类。合法行为是指行为人所实施的具有一定的法律意义、与法律规范要求相符合的行为；违法行为是指行为人所实施的违反法律规范的要求、应受惩罚的行为。

第二，积极行为与消极行为。这是根据行为的表现形式不同，对法律行为所作的分类。积极行为，又称作为，是指以积极、主动作用于客体的形式表现的、具有法律意义的行为；消极行为，又称不作为，则指以消极的、抑制的形式表现的、具有法律意义的行为。

第三，意思表示行为与非表示行为。这是根据行为是否通过意思表示所作的分类。意思表示行为，又称表示行为，是指行为人基于意思表示而作出的具有法律意义的行为；非表示行为，是指非经行为者意思表示而是基于某种事实状态即具有法律效果的行为，如拾得遗失物、发现埋藏物等。

第四，单方行为与多方行为。这是根据主体意思表示的形式所作的分类。单方行为，是指由法律主体一方的意思表示即可成立的法律行为，如遗嘱、行政命令等；多方行为，是指由两个或两个以上的多方法律主体意思表示一致而成立的法律行为，如合同行为等。

第五，要式行为与非要式行为。根据行为是否需要特定形式或实质要件，法律行为可以分为要式行为和非要式行为。要式行为，是指必须具备某种特定形式或程序才能成立的法律行为；非要式行为，是指无须特定形式或程序即能成立的法律行为。

第六，自主行为与代理行为。这是根据主体实际参与行为的状态所作的分类。自主行为，是指法律主体在没有其他主体参与的情况下以自己的名义独立从事的法律行为；代理行为，是指法律主体根据法律授权或其他主体的委托而以被代理人的名义所从事的法律行为。

五、法律责任

法律责任，是指行为人因实施了违反法律、法规规定的行为而应当承担的法律后果。这一概念包括以下几层含义：第一，承担法律责任的主体既包括公民、法人，也包括机关和其他社会组织；既包括中国人，也包括外国人和无国籍人。第二，违法行为的实施是承担法律责任的核心要件。第三，法律责任是一种消极的法律后果，即是一种法律上的惩戒性负担。第四，法律责任只能由有权国家机关依法予以追究。

根据我国法律的有关规定，法律责任按主体违反法律规范的不同可以分为民事责任、行政责任、刑事责任三种。

（一）民事责任

民事责任是指民事主体违反法定义务或者约定义务而依法应当承担的法律责任。根据我国《民法典》的规定，承担民事责任的方式主要有：停止侵害，排除妨碍，消除危险，返还财产，恢复原状，修理、重作、更换，继续履行，赔偿损失，付违约金，消除影响、恢复名誉，赔礼道歉。

以上承担民事责任的方式，可以单独适用，也可以合并适用。

（二）行政责任

行政责任是指违反行政法律法规或不履行行政法律义务而依法应当承担的法律责任。行政责任包括行政处罚和行政处分。

1. 行政处罚

行政处罚是指行政主体对行政相对人违反行政法律规范尚未构成犯罪的行为所给予的法律制裁。根据我国《行政处罚法》的规定，行政处罚的具体种类有：警告，罚款，没收违法所得、没收非法财物，责令停产停业，暂扣或者吊销许可证、暂扣或者吊销执照，行政拘留。

2. 行政处分

行政处分是指对违反法律规定的国家机关工作人员或被授权、委托的执法人员所实施

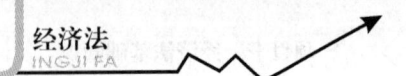

的内部制裁措施。根据我国《公务员法》的规定，行政处分种类有：警告、记过、记大过、降级、撤职、开除。

（三）刑事责任

刑事责任是指行为人因其犯罪行为所应承担的、由国家司法机关代表国家给予的制裁的法律责任，即刑罚。刑罚是法律责任中最严厉的责任形式，分为主刑和附加刑。主刑包括管制、拘役、有期徒刑、无期徒刑、死刑；附加刑包括罚金、剥夺政治权利、没收财产、驱逐出境。

模块二 经济法概述

一、经济法的概念和调整对象

（一）经济法的概念

对于经济法的概念，论证与质疑就一直伴随着经济法的整个发展历程。这些论证最为根本的分歧集中在经济法的调整对象上，不同的经济法学者给经济法下了不同的定义，但在原则上已达成基本的共识，即经济法是调整需要由国家介入干预的特殊的经济关系的法律规范的总称。

经济法是调整国家在干预和协调经济运行过程中发生的经济关系的法律规范的总称。经济法的调整对象是国家需要干预和协调的特定经济关系，是国家作为一种外在力量，运用法律手段，对社会经济生活所进行的管理、调节和监督。

（二）经济法的调整对象

1. 市场主体调控关系

市场主体调控关系是指国家在对市场主体的活动进行管理以及市场主体在自身运行过程中所发生的经济关系。这里的市场主体，主要是指在市场上从事直接和间接交易活动的经济组织。如对个人独资企业、合伙企业、公司企业等社会组织的而制定的法律规范。

2. 市场运行调控关系

市场运行调控关系是指国家为了建立社会主义市场经济秩序，维护国家、生产经营者和消费者的合法权益而干预市场所发生的经济关系。如关于反不正当竞争、反垄断、产品质量、广告、消费者权益保护等方面的法律规范。

3. 宏观经济调控关系

宏观经济调控关系是指国家从长远和社会公共利益出发，对关系国计民生的重大经济因素，在实行全局性的管理过程中与其他社会组织所发生的具有隶属性或指导性的社会经济关系。如关于计划、财政、税收、金融、自然资源、环境保护、工业、农业、交通运输等方面的法律规范。

4. 社会保障关系

社会保障关系是指对作为劳动力资源的劳动者实行社会保障过程中发生的经济关系。市场经济强调效率、兼顾公平，健全的、多层次的社会保障体系是社会成员遇到风险后其社会保障关系本生存的保障，是市场经济发展的后盾。社会保障关系主要包括对劳动者的社会保险、社会救济、社会福利、社会优抚和社会互助等方面的法律规范。

二、经济法的特征

（一）调整对象的广泛性和多层次性

经济法调整对象的范围是由经济法所调整的经济关系的特殊性决定的，它发生在经济运行过程中，体现国家干预和协调经济关系的意志。经济法不仅调整宏观调控关系，还对市场主体、市场运行等多方面发生的经济活动进行广泛和多层次的法律调整。目前，我国的经济法没有一个完整的法典，而是由许多单行的法律组成的。

（二）经济法律规范的易变性

为适应社会关系发展的需要，在稳定中寻求有针对性的变化，这是法律规范形成的重要原则，也是保障法律规范生命力之所在。因为经济关系在不断变化，所以调整经济关系的法律规范也需要不断地进行修改和完善。

（三）公法和私法属性兼具性

经济法横跨公法私法两个领域，在实施的过程中体现出较好的利益协调功能，实现社会利益与个体利益的平衡，突出社会利益优先的原则，但又不以牺牲个体利益为代价。经济法是以公为主、兼顾于私的法。

（四）程序保障的非独立性

在我国，与民法、行政法、刑法等部门法相比，经济法没有一个独立的程序法与之相对应，其主要原因在于经济法所调整的经济关系的独特性。经济法律责任具有明显的综合性，是民事责任、行政责任和刑事责任的统一。

三、经济法与民法、行政法的区别

（一）经济法与民法的区别

1. 调整对象不同

经济法调整的是国家对经济活动的协调与管理关系；民法调整的是平等主体的自然人、法人和非法人组织之间的人身关系和财产关系。

2. 调整的目的不同

经济法对其对象进行调整的主要目的是维护国家和国民经济的整体利益，提高宏观经济效益；民法调整的主要目的是保障公民、社会组织的合法民事权益。

3. 主体不同

经济法的主体是国家、社会组织、自然人等，主体地位可以具有不平等性；而民法主体的主体是平等地位的自然人和社会组织。

4. 调整方法不同

经济法采用经济的、行政的和刑事的综合调整方法；民法主要采取的是民事制裁的方法。

(二) 经济法与行政法的区别

1. 调整对象不同

行政法主要调整国家行政机关与企事业单位、社会团体和自然人之间，以及国家行政机关内部在行政管理活动中所形成的各种社会关系，这种行政管理关系是非物质利益的社会关系；而经济法所调整是物质利益关系。

2. 主体不同

行政法律关系的主体与经济法的主体不同，前者不包括经济组织内部的职能机构和生产经营单位。

3. 调整方法不同

行政法使用行政命令的方法，采取行政制裁的形式；经济法采用隶属关系与平等协商相结合，追究民事责任、行政责任和刑事责任相结合的制裁形式。

课后训练

一、基础练习

1. 简述法的概念、本质和特征。
2. 简述法的渊源。
3. 简述我国现行法律体系。
4. 简述经济法的调整对象和特征。
5. 简述经济法与民法、行政法的区别。

二、案例分析

请指出下列社会关系中属于法律关系的情况，并分析其法律事实及法律关系的构成要素。

1. 小李参加公司召开的产品销售会议。
2. 甲乙两公司签订了一份购销 1 000 台电视机的合同。
3. 甲公司与乙服装厂签订了一份加工 200 件工作服的合同。
4. 甲饮料厂与乙乳制品企业签订了一份商标使用许可合同。
5. 小王和小张因琐事吵架，小王用拳头打伤小张，致使小张脸部肿痛。

项目二　相关法律制度

一、知识框架

（一）法人制度

法人是指在法律上人格化了的，依法具有民事权利能力和民事行为能力，并独立享有民事权利和承担民事义务的组织。本模块主要包括法人的概念、沿革和特征，法人的分类，法人的成立，法人的民事能力，法人的变更和终止等内容。

（二）所有权制度

所有权又称财产所有权，是所有人依法按照自己的意志通过对其所有物进行占有、使用、收益、处分等方式，独占性支配其所有物，并排斥他人非法干涉的永久性物权。它是物权中最完整、最充分的权利。本模块主要包括物权的概念和特征，物权的种类，所有权的概念和特征，所有权的权能，所有权的种类，所有权的取得与丧失等内容。

（三）债权制度

债是按照合同的约定或依照法律的规定，在当事人之间产生的得以请求为特定行为的法律关系。债权是因合同、侵权行为、无因管理、不当得利以及法律的其他规定，权利人请求特定义务人为或者不为一定行为的权利。本模块主要包括债及债权的概念，债的要素，债的分类，债的发生、履行、变更和消灭等内容。

（四）代理制度

代理是指代理人以被代理人的名义，在代理的权限范围内与第三人进行民事活动，其法律后果直接由被代理人承受的一种法律制度。本模块主要包括代理的概念和特征，代理的种类，代理权行使的原则、无权代理、滥用代理权、表见代理、复代理、代理权消灭等内容。

二、学习目标

（一）知识目标

(1) 法人的特征、法人的成立及法人的民事能力。

(2) 物权的概念、特征、种类。

(3) 所有权的权能及所有权的取得和丧失。

(4) 债权的概念、特征及债的发生、履行、变更和消灭。

(5) 代理的概念、特征、种类，代理权。

（二）能力目标

(1) 培养学生基本法律素质。

(2) 培养学生运用所学知识解决实际问题的能力。

（三）思政目标

(1) 提高学生依法进行民事活动的自觉性。

(2) 塑造学生诚实守信的良好道德品质。

三、法律法规

《中华人民共和国民法典》

模块一　法人制度

一、法人的概念、沿革和特征

法人制度的雏形最早可溯源至古罗马时代。在罗马法中，有关法人人格的理念主要体现为"团体"之类的组织，"为了形成一个真正的团体，即具有法律人格的团体，必然有数个（至少为三人）为同一合法目标而联合并意图建立单一主体的人。"罗马法中对"团体"法律人格的赋予，被认为是民法理论研究和制度设计中最富想象力和技术性的创造。到了中世纪的欧洲，法人作为法学词语开始使用，最早出现于法律文本中是在1794年的《普鲁士普通法典》，但其对法人的规定比较简单。1896年《德国民法典》正式构建的法人制度，宣示了现代民法中主要的两类主体：自然人和法人。中国建立法人制度相对较晚，直到1986年颁布、1987年施行的《民法通则》对法人作了专章规定以后，才开始建立法人制度。随着《中华人民共和国公司法》《中华人民共和国民法典》的颁布实施，我国的法人制度趋于完善。

法人是具有民事权利能力和民事行为能力，依法独立享有民事权利和承担民事义务的组织。法人作为法律意义上的"人"，不是实实在在的生命体，不具有自然人生老病死等依照自然规律进行的自然属性，而是人的结合团体，也可以是依特殊目的所组织的财产，依法产生、消亡。法人与自然人及其他组织相比，具有以下特征：

第一，法人是依法成立的社会组织。法人与自然人的最大区别在于它是一种社会组织，是一种集合体，可以是个人的集合体，也可以是财产的集合体，但不是任何社会组织都能成为法人，只有那些依法成立的社会组织才能成为法人。

第二，法人是具有民事权利能力和民事行为能力的社会组织。法人作为一种社会组织，可以自己的名义，通过自己的行为享有和行使民事权利，设定和承担民事义务。

第三，法人是依法独立享有民事权利和承担民事义务的社会组织。法人拥有独立的财产决定了法人依法独立享有民事权利和承担民事义务，并独立承担民事责任。

二、法人的分类

（一）大陆法系国家法人的分类

1. 公法人和私法人

根据法人设立的法律依据不同，法人可分为公法人和私法人。公法人是指依公法设立的法人，如国家管理机关。私法人是指依私法设立的法人，如公司。

2. 社团法人和财团法人

根据法人成立基础的不同，可私法人可分为社团法人和财团法人。社团法人，又称法人型人合组织，是以人的组合为成立基础的法人，即"人的组织体"，如协会。财团法人，又称目的财产，是指法律上对于为特定目的的财产集合赋予民事权利能力而形成的法人。财团法人的形态是无成员的，表现为独立的特别财产，因此称其为一定目的的财产的集合体，财团法人的设立基于捐助行为或者遗赠行为，如博物馆。

3. 公益法人和营利法人

根据法人成立目的的不同，社团法人可分为公益法人和营利法人。公益法人是指以公益为目的的社团法人，如学校。营利法人是指以营利为目的的社团法人，如公司。当然，公益法人在广义上还包括财团法人。

（二）英美法系国家法人的分类

在英美法系国家，一般是根据法人资格的享有者是由若干成员组成的集体还是担任某一职务的特定人，而把法人分为集体法人和独体法人。

1. 集体法人

集体法人是指由多数人组成、且可永久存在的集合体，如市政府、公司等，这种法人也称为合体法人。

2. 独体法人

独体法人是指由担任特定职务的一人组成的法人，如英国的牧师、主教、英国国王等。

（三）我国法人的分类

我国《民法典》将法人分为三类：一是营利法人，二是非营利法人，三是特别法人。

1. 营利法人

营利法人是指以取得利润并分配给股东等出资人为目的成立的法人，包括有限责任公司、股份有限公司和其他企业法人等，营利法人应当设权力机构和执行机构。权力机构行使修改法人章程，选举或者更换执行机构、监督机构成员，以及法人章程规定的其他职权。执行机构行使召集权力机构会议，决定法人的经营计划和投资方案，决定法人内部管理机构的设置，以及法人章程规定的其他职权。执行机构为董事会或者执行董事的，董事长、执行董事或者经理按照法人章程的规定担任法定代表人；未设董事会或者执行董事的，法人章程规定营利法人的出资人不得滥用出资人权利损害法人或者其他出资人的利益。滥用出资人权利给法人或者其他出资人造成损失的，应当依法承担民事责任。

2. 非营利法人

非营利法人是指为公益目的或者其他非营利目的成立，不向出资人、设立人或者会员分配所取得利润的法人，包括事业单位、社会团体、基金会、社会服务机构等。事业单位法人设理事会的，除法律另有规定外，理事会为其决策机构。事业单位法人的法定代表人依照法律、行政法规或者法人章程的规定产生；社会团体法人应当设会员大会或者会员代表大会等权力机构；社会团体法人应当设理事会等执行机构。理事长或者会长等负责人按照法人章程的规定担任法定代表人。具备法人条件，为公益目的以捐助财产方式设立的基金会、社会服务机构等，经依法登记成立，取得捐助法人资格；依法设立的宗教活动场所，具备法人条件的，可以申请法人登记，取得捐助法人资格。

3. 特别法人

特别法人是指机关法人、农村集体经济组织法人、城镇农村的合作经济组织法人、基层群众性自治组织法人。特别法人取得法人资格后可以从事为履行职能所需要的民事活动。

三、法人的成立

（一）法人的条件

法人的条件，又称法人要件，指法律规定取得法人资格必须具备的基本条件。根据我国《民法典》的相关规定，法人应当依法成立。法人应当有自己的名称、组织机构、住所、财产或者经费。法人成立的具体条件和程序，依照法律、行政法规的规定。法人成立的四个基本要件，即自己的名称、组织机构、住所、财产或经费。

1. 自己的名称

为了明确交易对象和方便国家对法人的监管，法律要求法人实行"显明主义"，即作为民事主体的法人必须具备自己的名称。法人设立原则上可以自由选择法人名称，但法律对法人命名进行适当干预。法人对自己的名称具有专有权。一般而言，法人名称具有以下限制：其一，名称单一。一个法人仅能使用一个名称。其二，警示原则，如我国《公司法》规定，在公司名称中注明有限责任或存在有限公司字样，禁止非法人组织冒用"有限责任公司"或者"股份有限公司"。其三，要素限定。企业名称须由所在地行政区划名称、字号或商号、行业或经营名称、组织形式等要素依次组成。其四，公序良俗原则。法人所取名称不得有损国家、社会公共利益、不得对公众造成欺骗或者误解、不得包含政党、党政机关名称等。

2. 组织机构

我国法人概念采取"法人实在说",认为法人具有民事权利能力与民事行为能力,并以法人的组织机构为法人的实在基础。为形成并贯彻法人的独立意思,法人须有意思机关、执行机关与监督机关。意思机关,即形成法人团体意志的机构,如股东大会、会员大会等。对无意思机关的财团法人,其意思由捐助章程形成。执行机关,即执行意思法人机关的意思及意思机关的决议,对内管理法人内部所发生的事务,对外代表法人进行民商事活动的机关。监督机关,监督机关以监督执行机关的具体活动为己任。

3. 住所

法人住所是法人民事活动的中心。它是法人的主要经济活动地点,也是债务履行、诉讼管辖以及清算的地点。为确定与法人有关的民事关系及法律事实的空间要素,法律确定某一固定地点为法人的所在,即为法人住所。《民法典》第六十三条规定:"法人以其主要办事机构所在地为住所。依法需要办理法人登记的,应当将主要办事机构所在地登记为住所。"营利法人和社团法人的住所采取登记要件主义,其住所非经登记,不发生法律效力。特别法人不需要办理法人登记,以其主要办事机构所在地为住所。

4. 财产和经费

财产主要是针对营利法人而言的,而经费主要是针对非营利法人的要求。财产和经费是法人享有民事权利和承担民事义务的重要物质基础,也是其独立承担民事责任的重要保障。为了保障交易安全,对于特殊的公司类型,如商业银行、基金公司、保险公司、劳务派遣公司等,对其注册资本还有具体要求。

(二) 法人设立的原则

所谓法人设立的原则,是指法人设立的基本依据及基本方式。因法人类型及时代的不同,其设立原则也有所不同,主要概括为以下几种:

(1) 自由设立主义,也称为放任主义,即国家对于法人的设立完全听凭当事人意愿,不要求具备任何形式,国家不加以任何干涉或限制。

(2) 特许设立主义,亦称立法特许主义,即法人的设立需要有专门的法令或国家特别许可。

(3) 许可设立主义,又称核准设立主义,指法人设立时除了应符合法律规定的条件外,还要经过主管行政官署的批准,主管机关依照规定进行审查,作出批准或不批准的决定。

(4) 准则设立主义,亦称登记主义,即法律对于法人之设立,预先规定一定的条件,设立人可遵照该条件设立,无须先经主管机关许可,依照法定条件设立后,仅需向登记机关办理登记,法人即可成立。

(5) 强制设立主义，即国家以法令规定某种行业或某种情况下必须设立一定法人组织的设立原则。

在我国，企业法人的设立以准则主义为原则，以许可主义为例外。凡须经过批准才能成立法人的，都须有法律或者行政法规的明文规定。机关法人的设立采取特许设立主义；事业单位法人的设立通常采取特许设立主义，也有一些事业单位法人采取许可设立主义；社会团体法人的设立有的采取特许设立主义，有的采取行政许可主义。

四、法人的民事能力

（一）法人的民事权利能力

关于法人民事权利能力的定义，大致有三种说法，第一种说法认为法人的民事权利能力是国家赋予社会组织参加民事法律关系，取得民事权利和承担民事义务的资格。第二种说法认为法人的民事权利能力就是法人享有民事权利和承担民事义务的资格。第三种说法认为法人的民事权利能力是法律赋予法人独立参加民事法律关系，享受民事权利和承担民事义务的资格。

法人民事权利能力的本质，一般认为是法人人格的标志和体现，即法人作为民事主体的资格：法人既然具有民事主体资格，也就具有民事权利能力。换句话说，既然国家或法律赋予了法人民事权利能力，亦即承认了其作为民事主体的资格。

法人民事权利能力的特点体现在它与自然人的民事权利能力相比所具有的特殊性上。一方面，法人民事权利能力取得的条件和方式具有特殊性。自然人民事权利能力的取得方式，各国均采用出生主义原则，即自然人因其出生而取得其民事权利能力。而法人取得民事权利能力，即社会组织取得法人资格的方式，法律的规定多有不同。如在我国，营利法人中的企业法人的设立须经法律规定的登记机关登记，而特别法人中的机关法人设立取决于宪法和相关国家机构设置法的特别规定。可见，自然人取得民事权利能力的唯一条件是出生。而法人取得民事权利能力，虽然各国法律宽严不一，但通常都规定了一定的条件。另一方面，法人民事权利能力的运用具有特殊性。民事权利能力的运用体现在享受权利和承担义务与责任两个方面。与自然人相比，法人能够享受的民事权利的内容具有特殊性。这主要体现在法人无法享有自然人依其自然属性而享有的某些人身方面的权利，如生命健康权、婚姻自主权等。同时，法人承担民事义务与责任的方式也具有特殊性。首先，我国民法规定自然人对自己的债务承担无限清偿责任（我国未建立自然人破产法律制度），而法人均对其债务承担有限责任（我国法律未规定无限责任公司）。其次，我国自然人因违法行为而产生的法律责任均由其本人承担，而对法人的违法行为则采取双罚制，即在法人承担其民事责任、行政责任、刑事责任的同时，负有责任的法人的主要负责人和直接责任人员也要同时承担相应的民事责任、行政责任和刑事责任。

（二）法人的民事行为能力

法人的民事行为能力，是法人依法获得的通过自己的意识和行为取得与行使民事权利、承担民事义务的资格。法人的民事行为能力不同于民事权利能力。首先，二者的性质不同。如前所述，法人的民事权利能力实质是法人作为民事主体而存在的一种资格，即主体人格的标志。有了这种资格，法人就可以以自己的名义去实施民事行为，享受民事权利，承担民事义务和责任。而法人的民事行为能力实质是根据法律的规定，由法人亲自通过自己的意识和行为去独立地实施民事行为，设定和行使民事权利，承担民事义务和责任的资格。其次，法人的民事行为能力具有不平等性、具体性和差异性。法人的民事权利能力不但确认了法人之间在民事主体人格上的平等性，并且确定了法人与自然人在私法上具有平等的地位。而各法人的民事行为能力则由于其意思能力的差异而显现出明显的不平等性，这是由其民事行为能力的性质决定的。法人的民事行为能力具有以下特征：第一，法人的民事行为能力属于完全民事行为能力，故其范围始终与民事权利能力的范围一致。第二，法人的民事行为能力与其民事权利能力一起产生、同时消灭，两者的始期与终期完全一致。第三，法人独立参与民事活动，实施民事法律行为，是由法人的机关或者法人机关委托的代理人来进行的。

（三）法人的民事责任能力

法人民事责任能力，又称"法人侵权行为能力"，是指法人承担因其侵权行为所引起的民事责任的能力。自第二次世界大战以来，随着无过失责任的发展，外国民法大多肯定了法人有侵权行为能力。中国民法在规定法人的成立条件时，规定法人必须能够独立承担民事责任，这就从法律上肯定了法人具有侵权行为能力。法人的民事责任能力表现为：当法人的法定代表人的行为构成侵权行为时，其行为即法人自身的侵权行为，对此，法人应承担民事责任。

（四）法人机关、法人代表与法定代表人

法人机关是指根据法律或者法人章程的规定，形成法人的意思，并代表法人从事民事活动，实现其民事权利能力和民事行为能力的一定机构或者个人的总称。法人机关按其职能可分为意思机关、执行机关、代表机关、监督机关。

法人代表一般是指根据法人的内部规定担任某一职务或由法定代表人指派代表法人对外依法行使民事权利和义务的人，它不是一个独立的法律概念。而法定代表人是一个确定的法律概念，它是指依照法律或法人组织章程规定，代表法人行使职权的负责人。

法人代表与法定代表人的不同之处在于：

（1）两者产生的方式不同。法人代表依法定代表人的授权而产生，没有法定代表人的授权，就不能产生法人代表，而法定代表人则依法由上级任命或由企业权力机构依法定程序选举产生。

（2）两者组成的人数不同。作为民事权利主体的法人，其法人代表可以有多个，而法人只有一个法定代表人代表法人独立行使法人职权。

（3）两者的权限不同。法人代表对外行使权力都要受到法定代表人授权的限制，他只能在法定代表人授权的职责范围内代表法人对外进行活动，他的行为不是法人本身的行动，而是对法人发生直接的法律效力；而法定代表人有权在法律规定的职权范围内，直接代表法人对外行使职权。

（4）两者变更的法律程序不同。法人代表的变更没有一定的程序，不需要登记；而法定代表人是法人应登记的事项之一，这是法律规定的必经程序，如有变更，应及时办理变更法定代表人登记手续。

五、法人的变更和终止

（一）法人的变更

法人的变更是指法人成立后在存续期间内，其组织结构、性质、业务范围、财产、名称、住所、隶属关系等方面的重大改变和变动。

法人的变更，包括以下类型：

1. 法人组织机构的变更

法人组织机构的变更包括：①法人的合并，由两个以上的法人合并为一个新法人，原来的法人失去权利能力和民事主体资格。法人的合并分为新设合并和吸收合并两种方式。新设合并是指原法人资格随即消灭，新法人资格随即确立。吸收合并是指一个或多个法人归并到一个现存的法人中去，被合并的法人资格消灭，存续法人的主体资格仍然存在。法人的合并应经主管机关批准，依法应当向登记机关办理登记并公告的，还应向登记机关进行登记，并应及时公告。法人发生合并，它的权利义务，除法律、法令另有规定的以外，应当由合并后的法人享有和承担。②法人的分立，由一个法人分成两个以上的单独法人，原法人的权利能力和民事主体资格消灭，或者由一个法人分出去一部分人、财、物等，另组成新的法人，原法人的资格不变。法人的分立分为新设式分立和派生式分立两种方式。新设式分立，是指原法人分立为两个或者两个以上新的法人，原法人不复存在。派生式分立，是指原法人仍然存在，但从原法人中分立出来一个新的法人。法人的分立应经主管机关批准，依法应当向登记机关办理登记并公告的，还应当向登记机关办理分立登记，并及时公告。法人发生分立，其权利和义务由分立后的法人享有连带债权，承担连带债务，但是债权人和债务人另有约定的除外。

2. 法人责任形式的变更

法人责任形式的变更是指将有限责任公司变更为无限责任公司，或将无限责任公司变更为有限责任公司等。

3. 法人性质、业务范围、财产、名称、住所、隶属关系等的变更

法人的变更，应当依法向登记机关申请变更登记。登记机关应当依法及时公示法人登

记的有关信息。法人的实际情况与登记的事项不一致的，不得对抗善意相对人。

（二）法人的终止

法人的终止，也称法人的消灭，是指法人丧失民事主体资格和法律上的人格，不再具有民事权利能力和民事行为能力的状态。企业法人由于下列原因之一而终止：

（1）法人解散。有下列情形之一的，法人解散：①法人章程规定的存续期间届满或者法人章程规定的其他解散事由出现；②法人的权力机构决议解散；③因法人合并或者分立需要解散；④法人依法被吊销营业执照、登记证书，被责令关闭或者被撤销；⑤法律规定的其他情形。

（2）法人被宣告破产。法人被宣告破产的，依法进行破产清算并完成法人注销登记时，法人终止。

（3）法律规定的其他原因。法人终止，法律、行政法规规定须经有关机关批准的，依照其规定。

在上述原因发生后，法人其主体资格并不立即消灭，只有经过清算，法人主体资格才归于消灭。《民法典》规定，法人解散的，除合并或者分立的情形外，清算义务人应当及时组成清算组进行清算。

（三）法人的清算

法人清算，是指清算组织在法人终止时，依据职权清理并消灭法人的全部财产关系的程序。法人的董事、理事等执行机构或者决策机构的成员为清算义务人。法律、行政法规另有规定的，依照其规定。清算义务人未及时履行清算义务，造成损害的，应当承担民事责任；主管机关或者利害关系人可以申请人民法院指定有关人员组成清算组进行清算。清算组进行清算的活动包括：了结现存的业务；收取债权和清偿债务；将清偿债务后剩余的财产移交给享有权利的人。

清算期间法人存续，但是不得从事与清算无关的活动。清算终结，应由清算组向登记机关办理注销登记并公告，完成注销登记和公告时，法人终止；依法不需要办理法人登记的，清算结束时，法人终止。

模块二　所有权制度

一、物权概述

（一）物权的概念和特征

"物权"一词是由中世纪的注释法学派首先提出来的。他们在解释罗马法时，以"对物之诉"为基础，创立了具有近代意义的物权学说。1811年的《奥地利民法典》率先在立法上使用了物权的概念，但系统的物权理论提出及物权制度在法律上的定型是由1896年《德国民法典》完成的。其后，物权为大陆法系众多国家的立法所接受。我国2007年的《中华人民共和国物权法》（以下简称《物权法》）首次以法律的形式规定物权的概念，并系统地确立了我国的物权制度。2021年1月1日起实施的《民法典》第二编规定了物权，该编是对《物权法》的延续和完善。

物权是特定社会人与人之间对物的占有关系在法律上的表现，是法律确认的主体对物依法享有的支配权利，即权利人在法定范围内直接支配一定的物，并排斥他人干涉的权利。物权具有以下特征：

1. 物权是绝对权

物权的义务主体是权利人之外的不特定的一切人。绝对权是与相对权相对的概念，是指权利的主体特定，而义务主体为权利人以外的不特定的一切人的权利，又称为"对世权"。作为对世权，物权的权利主体是特定的，其他任何人都负有不得非法干涉和侵害权利人所享有的物权的义务。

2. 物权是支配权

物权的权利人不必依赖他人的帮助就能行使其权利，从而实现自己的利益。物权的权利人可以自由地根据自己的意志行使自己的权利，无须他人给予协助，更不须征得他人的同意。

3. 物权是法定的，物权的设定采用法定主义

物权的种类和基本内容由法律规定，不允许当事人自由创设物权种类，而且物权设定时必须公示。动产所有权以动产的占有为权利象征，动产质权、留置权也以占有为权利象征；不动产则以登记为权利象征。

4. 物权的客体一般为物

物权关系是民事主体之间对物质资料的占有关系，所以，物权的标的是物而不是行为。物权的标的在范围上是十分广泛的，但都必须是特定的物，即作为物权客体的物主要是独立的、特定的，如果某物尚未形成特定的物，则不能作为物权的客体。例如，星星、云彩等无法为人力所支配的物，是不能成为物权客体的。此外，物权只能以独立于人身之外的物作为客体。无论是自己还是他人的身体都不可成为物权支配的对象。人体器官在未经合法程序和手段与人体分离之前，也不可成为物权的客体。

5. 物权具有追及效力和优先效力

（1）物权的追及效力。物权的标的物无论辗转流向何处，权利人均可追及于物之所在地行使其权利，依法请求不法占有人返还原物。

（2）物权的优先效力。物权的优先效力是指物权与债权同时存在于同一物上时，物权具有优先于债权的效力，或者同一物之上存在数个物权时，先设立的物权优先于后设立的物权。可见，物权的优先效力包括两个方面：①当物权与债权并存时，物权优先于债权。

②同一标的物上存在着两个或两个以上内容或性质相同的物权时成立在先的物权优先于成立在后的物权。

（二）物权的种类

物权包括所有权、用益物权和担保物权。

1. 所有权

所有权是指所有权人对自己的不动产或者动产，依法享有占有、使用、收益和处分的权利。

2. 用益物权

用益物权是指用益物权人对他人所有的不动产或者动产，依法享有占有、使用和收益的权利。

用益物权具有如下法律特征：①用益物权是具有独立性的他物权。②用益物权是限制物权。③用益物权具有使用的目的。④用益物权的标的物主要是不动产。

用益物权包括：①自然资源使用权（海域使用权、探矿权、采矿权、取水权和使用水域、滩涂从事养殖、捕捞的权利）。国家所有或者国家所有由集体使用以及法律规定属于集体所有的自然资源，组织、个人依法可以占有、使用和收益。②土地承包经营权。土地承包经营权人依法对其承包经营的耕地、林地、草地等享有占有、使用和收益的权利，有权从事种植业、林业、畜牧业等农业生产。③建设用地使用权。建设用地使用权人依法对国家所有的土地享有占有、使用和收益的权利，有权利用该土地建造建筑物、构筑物及其附属设施。④宅基地使用权。宅基地使用权人依法对集体所有的土地享有占有和使用的权利，有权依法利用该土地建造住宅及其附属设施。⑤居住权。居住权人有权按照合同约定，对他人的住宅享有占有、使用的用益物权，以满足生活居住的需要。⑥地役权。地役权人有权按照合同约定，利用他人的不动产，以提高自己的不动产的效益。他人的不动产为供役地，自己的不动产为需役地。

3. 担保物权

担保物权是指担保物权人在债务人不履行到期债务或者发生当事人约定的实现担保物权的情形下，依法享有就担保财产优先受偿的权利，但是法律另有规定的除外。债权人在借贷、买卖等民事活动中，为保障实现其债权，需要担保的，可以依照民法典和其他法律的规定设立担保物权。

担保物权具有以下法律特征：①担保物权具有价值权性。②担保物权具有法定性。③担保物权具有从属性。④担保物权具有不可分性。⑤担保物权具有物上代位性。

担保物权包括：①抵押权。为担保债务的履行，债务人或者第三人不转移财产的占有，将该财产抵押给债权人的，债务人不履行到期债务或者发生当事人约定的实现抵押权的情形，债权人有权就该财产优先受偿。②质权。为担保债务的履行，债务人或者第三人将其动产或权利出质给债权人占有的，债务人不履行到期债务或者发生当事人约定的实现

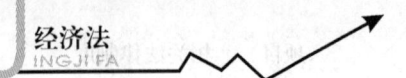

质权的情形，债权人有权就该动产或权利优先受偿。③留置权。债务人不履行到期债务，债权人可以留置已经合法占有的债务人的动产，并有权就该动产优先受偿。

二、所有权概述

（一）所有权的概念和特征

所有权是民法当中极为重要的一个概念，也是民法权利体系的逻辑起点。有学者指出，所有权的概念起源于罗马法的"dominium"一词，原有统治、管辖、控制、支配之意，是一种从家父权转化而来的对物的完全控制权。在传统民法上，所有权概念的定义有两种形式：一种形式是通过概括所有权的本质属性来为所有权概念定义。如"所有权是所有人除了受自身实力和法律的限制外，就其标的物可以为他想为的任何行为的能力。""所有权者，除法律禁止外，得对有体物享有不受限制的处分的权利。"《德国民法典》《瑞士民法典》和《奥地利民法典》均采用该形式为所有权概念定义。另一种形式是通过列举所有权的各项权能，揭示所有权的本质属性来分析所有权概念的意义。如"所有权，是指所有人依法对自己的财产享有占有、使用、收益和处分的权利。"《法国民法典》《日本民法典》和我国《民法典》均采用此形式为所有权概念定义。

所有权又称财产所有权，是所有人依法按照自己的意志通过对其所有物进行占有、使用、收益、处分等方式，独占性支配其所有物，并排斥他人非法干涉的永久性物权。

所有权的法律特征主要表现在以下几个方面：

1. 所有权的独占性

所有权是一种独占的支配权，所有人的所有权不允许任何人妨碍或侵害，非所有人不得对所有人的财产享有所有权。所有人对其财产享有的所有权，可以依法排斥他人的非法干涉，不允许其他任何人加以妨碍或者侵害，对所有权而言，必须严格实行一物一权主义，即在一物之上只能有一个所有权，不能形成双重所有权。当所有权受到不法占有或者侵害时，财产所有人有权请求返还原物、停止侵害、排除妨碍或者赔偿损失。

2. 所有权的全面性

所有权是所有人在法律规定的范围内对所有物加以全面支配的权利，所有人对所有物享有占有、使用、收益和处分的完整权利，是最完整、全面的一种物权形式。所有权与其他物权的区别主要表现在，所有人对财产享有完整的权利，而其他物权只是具有所有权的部分权能。但所有权人享有四个方面的权利，并不意味着所有人必须要实际地行使各项权能，他可以将四项权能中的一项或数项权能分离出去由他人享有并行使，从而更好地实现其意志和利益。这种权能分离的方式，不仅反映着社会经济活动的客观要求，而且最大限度地保障了民事主体在物权法律关系中的利益。

3. 所有权的单一性

所有权并非占有、使用、收益和处分四项权利的简单相加，而是一个整体的权利。所有权人既可以由自己统一行使,也可将其部分权能转移给他人行使,这并不影响所有权的单一性,所有权人依然能够决定自己财产的最终命运。

4. 所有权的存续性

法律不限制各项所有权的存续期限。一般而言,财产所有权一经合法获得,就可以永久存续,除非是所有权人自己处分其权利或因其他法定原因而导致所有权变更,任何人都不得非法干涉或剥夺他人的所有权,或者非法对他人的所有权加以权利期限的限制。

5. 所有权的弹力性

所有权的各项权能可以通过法定的方式或合同约定的方式同作为整体的所有权相分离,所有人可在其物之上设定他物权,这虽然是对所有权的限制,但是他物权亦只是对物享有部分的利益,当他物权消灭以后,所有权的限制也予以解除,这样所有权就恢复其圆满状态,这就是所有权的弹力性规则。所有权的弹力性规则既是由所有权的支配权表现出来的,也是一物一权制度的具体引申。也就是说,按照一物一权规则,所有权人对其财产保留最终支配权,而与所有权发生分离的权能在分离期限届满后,最终仍属于所有权人。这一规则在实践中也是可以广泛应用的。例如,营利法人中的企业法人在解散并清偿完毕债务后,剩余的资产应当根据股东的股权进行分配,也就是说剩余资产应返还给股东,从而使这些财产的所有权权能完全复归于股东,这就是所有权弹力性的具体表现。

(二) 所有权权能

所有权权能,是指大陆法系民法对所有权内容的一般性概括。学理上认为所有权权能包括积极权能和消极权能两方面。

1. 所有权的积极权能

所有权的积极权能是指所有权人为实现其所有权,对于其所有的物可以实施的各种行为。根据《民法典》的规定,所有权的积极权能分别为:占有、使用、收益和处分四项。

(1) 占有。所谓占有是指所有权的权利主体对于财产的实际管领和支配的权能,它不是行使所有权的目的,而是所有人对物进行使用、收益或处分的前提。占有权能的特点是本身不以对财产的其他支配为前提,只要能对财产进行实际控制,该项权能即可成立。所有人既可以自己占有标的物,也可交给他人予以占有。

(2) 使用。所谓使用是指依照物的性质和用途,并不毁损所有物或变更其性质而加以利用,以满足生产、生活需要的权能。使用权能一般由所有人自己行使,也可以由非所有人行使。也就是说,所有权人有当然的使用权,而有使用权的人并不一定是所有权人。

(3) 收益。所谓收益是指收取标的物所产生的利益,是所有权在经济上的实现形式。在民法上收益主要是指孳息,孳息分为天然孳息和法定孳息。天然孳息是依据物的自然性能或者物的变化规律而取得的收益,如母鸡生的蛋、果树长出的果子;法定孳息是指由法律规定产生了从属关系,物主因出让所属物一定期限内的使用权而得到的收益,如存款得到的利息、出租房屋或物品得到的租金。

（4）处分。所谓处分是决定财产事实上和法律上命运的权能，即对所有物依法进行处置的行为。处分分为事实上的处分和法律上的处分。前者是在生产或生活中使物的物质形态发生变更或消灭，后者是依照所有人的意志，通过某种法律行为对财产进行处理。处分权能通常只能由所有人自己行使，只有在法律特别规定的场合，非所有人才能处分他人所有的财产。

占有、使用、收益、处分共同构成了所有权的四项积极权能。但在实际生活中，占有、使用、收益、处分都能够且经常地与所有人发生分离，而所有人仍不丧失对于财产的所有权。

2. 所有权的消极权能

所有权的消极权能是指所有人在法律规定范围内，排除他人对其所有物违背其意志加以干涉的权能。由于此种权能只在存在他人干涉时才体现出来，故称之为消极权能。消极权能包括所有物返还请求权、妨害排除请求权、恢复原状请求权和消除危险请求权。

民法和其他一些相关法律、法规对所有权人行使所有权进行了限制，包括行使所有权不得违反法律规定；不得妨害他人的合法权益；注意保护环境、自然资源和生态平衡。

（三）所有权的种类

根据不同的分类标准，所有权可以作出不同的分类。

1. 按照所有权客体不同分

按照所有权客体不同，所有权分为动产所有权与不动产所有权。

（1）动产所有权

动产所有权，是指权利人对其动产所享有的占有、使用、收益和处分的权利。动产所有权是以动产为客体的所有权。所谓动产，是指性质上不须破坏、变更而能够移动其位置的财产。与不动产所有权相比较，法律对动产所有权的内容和行使限制较少，所有人有更充分的支配权。又因为动产具有移动性，且种类繁多，所以其所有权取得方法也较多，这也是其特点。

（2）不动产所有权

不动产所有权是指以不动产为标的物的所有权。不动产指无法移动或移动后会导致形状、性质改变的物。不动产所有权的特点在于其移转必须采取特定的方式。

动产所有权和不动产所有权的区别主要体现在：第一，取得方式不同，在传统民法中，善意取得、先占等是动产所有权取得方式，不动产所有权通常没有此类取得方法；第二，变动的公示方法不同。动产所有权变动一般以交付为公示方法（少量动产如汽车、船舶、飞行器等之变动以登记为公示方法），不动产所有权之变动则以登记为公示方法；第三，法律限制不同。法律对不动产所有权的限制要多于对动产所有权的限制。

2. 按照所有权的主体不同分

按照所有权的主体不同，所有权分为国家所有权、集体所有权、私人所有权、法人所有权、社会团体所有权。

（1）国家所有权

国家所有权，是指国家对国有财产享有的占有、使用、收益和处分的权利，是全民所有制在法律上的体现。国有财产由国务院代表国家行使所有权，法律另有规定的，依照其规定。属于我国国家所有的财产包括：①矿藏、水流、海域；②无居民海岛；③城市的土地、法律规定属于国家所有的农村和城市郊区的土地；④森林、山岭、草原、荒地、滩涂等自然资源，但法律规定属于集体所有的除外；⑤法律规定属于国家所有的野生动植物资源；⑥无线电频谱资源；⑦法律规定属于国家所有的文物；⑧国防资产；⑨铁路、公路、电力设施、电信设施和油气管道等基础设施，依照法律规定为国家所有的，属于国家所有。

国家所有的财产受法律保护，禁止任何组织或者个人侵占、哄抢、私分、截留、破坏。

（2）集体所有权

集体所有权，是指集体组织以及集体组织全体成员在法律规定的范围内对集体的财产享有占有、使用、收益和处分的权利。属于集体所有的不动产和动产包括：①法律规定属于集体所有的土地和森林、山岭、草原、荒地、滩涂；②集体所有的建筑物、生产设施、农田水利设施；③集体所有的教育、科学、文化、卫生、体育等设施；④集体所有的其他不动产和动产。

集体所有的财产受法律保护，禁止任何组织或者个人侵占、哄抢、私分、破坏。

（3）私人所有权

私人所有权，是指私人对其合法的收入、房屋、生活用品、生产工具、原材料等不动产和动产享有所有权。

私人的合法财产受法律保护，禁止任何组织或者个人侵占、哄抢、破坏。

（4）法人所有权

法人所有权，是指法人依法对其财产享有的占有、使用、收益和处分的权利。《民法典》规定，营利法人对其不动产和动产依照法律、行政法规以及章程享有占有、使用、收益和处分的权利。营利法人以外的法人，对其不动产和动产的权利，适用有关法律、行政法规以及章程的规定。

（5）社会团体所有权

社会团体所有权，是指各类社会团体依法对其财产享有的占有、使用、收益和处分的权利。《民法典》规定，社会团体依法所有的不动产和动产，受法律保护。

3. 按照所有权主体数量不同分

按照所有权主体数量不同，所有权分为单独所有权和共有所有权。

（1）单独所有权

单独所有权是指所有人为单一主体的所有权，这是所有权的常态。

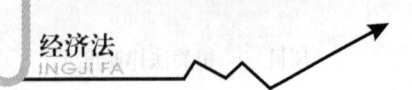

（2）共有所有权

共有所有权是指所有权人为二人以上的所有权。共有所有权关系中，不仅涉及所有权人与其他人的关系，而且涉及共有所有人的内部关系。

（四）所有权的取得与丧失

1. 所有权的取得

所有权的取得是指权利主体根据一定的法律事实取得所有权。所有权的取得分为原始取得和继受取得。

原始取得，是指根据法律规定，最初取得财产的所有权或不依赖于原所有人的意志而取得财产的所有权。原始取得包括：收益（孳息）、生产、征收、添附、拾得遗失物、拾得漂流物、发现埋藏物和隐藏物、先占、善意取得、没收等。

继受取得，又称传来取得，是指通过某种法律行为从原所有人那里取得对某项财产的所有权。这种方式是以原所有人对该项财产的所有权作为取得的前提条件的。继受取得包括：买卖、互易、赠与、继承与遗赠等。

2. 所有权的丧失

所有权的丧失，亦称所有权的消灭或终止，是指所有权人因一定的法律事实的出现而丧失其所有权。导致所有权丧失的原因主要有：所有权主体消灭、所有权客体灭失、所有权被依法转让、所有权被抛弃、所有权被依法强制消灭等。

所有权的丧失会导致所有权的绝对丧失和相对丧失。绝对丧失是指所有权客体的财产灭失，任何民事主体都不能拥有对该财产的所有权。相对丧失是指某一特定主体失去了所有权，但其他人仍可以取得该所有权。

模块三　债权制度

一、债及债权的概念

现代民法上债的概念源自罗马法。罗马法上的债，既指债权、债务，也指债权债务关系，有时并称之为"法锁"。《法学阶梯》称："债是依国法使他人为一定给付的法锁。"在我国古代，"债"与"责"的概念相通，即"责，通财也，俗作债"（《正字通说》）。可见，我国古人所理解的债仅仅是欠人钱财的一种表述，但它反映了我国古代所存在的债权债务现象，是现代民法意义上的债的雏形。现代民法中的债是指特定当事人之间得以请求为特定行为的法律关系。与罗马法及我国古代法中描述的债的不同之处在于，现代民法中的债不再单单局限于财务关系，债包含的内容更加广泛，除了作为人身等法律规定的不得交易外，几乎所有的事物都有可能作为交易对象，进而建立起债权债务关系。

债权是因合同、侵权行为、无因管理、不当得利以及法律的其他规定，权利人请求特定义务人为或者不为一定行为的权利。债权具有以下特征：

（1）债权为请求权。民事权利依其内容和效力的不同，可分为支配权、请求权、抗辩权、形成权等类型。债权是典型的请求权，债权人取得其利益，只能通过请求债务人给付来完成。债权人既不能直接支配债务人应给付的特定物，也不能直接支配债务人的人身。但债权与请求权并不相等。一方面，民法上的请求权不仅表现为债权的请求权，还包括物权请求权、知识产权请求权、人身权请求权等；另一方面，债权的内容除请求权外，尚有受领、选择、解除等内容。

（2）债权为相对权。债是特定主体之间的法律关系，债权人只能向特定的债务人主张权利，即请求特定债务人给付，对于债务人以外的第三人，债权人不得主张权利。因此，债权为相对权，或称为对人权。此点区别于物权、知识产权、人身权等以不特定人为义务人的民事权利（称为绝对权或对世权）。需指出的是，债权虽为相对权，但与其他民事权利一样具有不可侵害性，第三人不法侵害债权时，应负侵权的民事责任。

（3）债权具有相容性和平等性。债权的相容性和平等性，是指同一标的物上可以成立内容相同的数个债权，并且其相互间是平等的，在效力上不存在排他性和优先性。因此，在债务人破产时，债务人的各个普通债权人不论其债权发生先后，均可按比例参加破产财产的分配。与此相反，物权具有排他性和优先性，即在同一物上不能成立内容不相容的数个物权（尤指所有权），同一物上有数个物权（尤指担保物权关系）时，其效力有先后之分。

（4）债权为有期限权利。一方面，债权多具有请求期限，在请求期限到来之前，债权人不能随时请求债务人履行债务，债务人也不负履行债务的义务。另一方面，债权有一定的存续期限，期限届满，债权即归于消灭。而所有权和人格权则不同。所有权为永久性权利，人格权也不得附有期限。

通常认为，债权包含以下三项权能：

（1）给付请求权。债的关系有效成立后，债权人享有请求债务人依照债权的内容实行给付的权利。如前所述，债权人利益的实现，并非基于其直接支配债务人的人身或财产，而需借助于债务人自主实施的给付行为。债权人欲实现其利益，必先向债务人请求给付。因此，给付请求权是债权的第一权能，从债权效力的角度而言，为债权的请求力。

（2）给付受领权。债务人履行债务时，债权人有权予以接受，并永久保持因债务人的履行所得的利益。接受债务人的履行并永久保持因债务人的履行所得利益，是债权的本质所在，也是债权人所追求的最终结果。此项权能体现在债的效力上，为债权的保持力。

（3）保护请求权。债务人不履行其债务时，债权人可请求有关国家机关予以保护，强制债务人履行债务。此项权能，在债的效力上表现为债权的强制执行力。

在债权的上述三项权能中，给付请求权具有形式上的意义，给付受领权具有最终的实

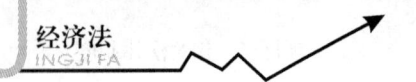

质性意义，保护请求权则是债权人在债务人不履行债务时借助于国家强制力实现债权的法律手段。

二、债的要素

债的要素是指构成债的要件或成分，包括主体、内容、客体三要素。

（一）债的主体

债的主体也称债的当事人，是指参与债的关系的双方当事人，即债权人和债务人。其中，享有权利的一方当事人称为债权人，负有义务的一方当事人称为债务人。

债权人和债务人是相互对立、相互依存的，缺少任何一方，债的关系便不能成立和存续。

在债的关系中，每一方主体，都可以为一人或数人。在某些债中，债的一方当事人仅享有权利而不负担义务，即仅充任债权人，而在多数情况下，债的当事人双方都既享有权利，又负担义务，既是债权人，又是债务人。

（二）债的内容

债的内容，是指债的主体所享有的权利和负担的义务，即债权和债务。债权是债权人享有的请求债务人为或者不为特定行为的权利。债务是指债务人依当事人约定或法律规定应为特定行为的义务。债务的内容既可表现为实施特定的行为（作为义务），也可以表现为不实施特定的行为（不作为义务）。

（三）债的客体

债的客体也称债的标的，是指债务人依当事人约定或法律规定应为或不应为的特定行为，统称为给付。

债的标的不同于标的物。前者是指债的关系的构成要素，即给付本身，属行为范畴；后者则是债务人的行为所作用的对象，即给付的对象。债的标的为一切债的关系所必备，而标的物则仅在交付财物、交付金钱的债中存在，在单纯提供劳务的债中，其本身即足以完成给付，不必另有标的物。

作为债的客体，给付应具备以下要件：①合法。以违法行为为给付的，在当事人之间不能发生债权债务关系。给付违反公共秩序和善良风俗的，也属无效。②确定。给付如果不能确定，债权债务将无法实现。因此，法律要求给付于债成立时已经确定，或于债务履行时能够确定。不能确定的，债的关系无效。③适格。适格是指依事物的性质适于作为债的标的。一般而言，债的标的须与人的有意识的行为有关，与人的意识无关的事物（如做梦）或者与人的行为无关的事物（如内心意识）不得作为债的标的。债的标的须具有法律意义，宗教事务（如诵经）或单纯的社交事务（如宴客）不得作为标的。就个别债的关系而言，其标的须适于该具体的债的性质。

给付的形态，主要有以下几种：①交付财物。此为最常见的给付方式。在买卖、互易、租赁、保管等合同之债以及返还侵占物、返还不当得利等债的关系中，均以财物的交付为给付的具体形态。②支付金钱。金钱在法律上被视为特殊的物，在债的履行以及不履行时的责任构成上具有自身特点，故应作为给付的独立形态。在转移财产、提供劳务等合同之债以及侵权和违约赔偿等领域，支付金钱得到广泛应用。③移转权利。此处所谓移转权利，是指不伴随物的交付而单独将某项权利移转于他人，如债权、知识产权、名称权、股权的移转。④提供劳务或服务。提供劳务，有的表现为以自己的劳力供债权人消费（如雇用），有的表现为以自己的设备为债权人提供服务（如运送物品），有的是以自己的知识或技能为他人提供服务（如技术指导、疾病诊治）。劳务的提供，多与债务人的人身不可分离，因而法律禁止以人身奴役性和违背善良风俗的劳务提供作为债的标的。⑤提交工作成果。债务人以自己的劳力、技术、智能等为债权人完成一定的工作，并向债权人提交工作成果，如加工承揽、建筑安装、技术开发等。⑥不作为。不作为即不为一定的行为，包括单纯的不作为和容忍，例如不泄露商业秘密等。

三、债的分类

债有很多种分类，每种分类都有其独特的意义。

（一）法定之债和意定之债

根据债的产生是否体现意思自治，债分为法定之债和意定之债。

（1）法定之债，指依据法律规定而发生的债，包括侵权行为之债、不当得利之债、无因管理之债、缔约过失之债、拾得遗失物之债。

（2）意定之债，指依据法律行为发生的债，包括合同之债、单方行为所生之债（如悬赏广告、捐助行为）、多方行为所生之债（设立公司协议所生之债）。

（二）单一之债和多数人之债

根据债的主体上的特征，债分为单一之债和多数人之债。

（1）单一之债，是指债权主体一方和债务主体一方仅为一人的债，即单一之债中只有两个当事人，债权人和债务人。

（2）多数人之债，是指债权主体和债务主体至少有一方为二人以上的债。在多数人之债中，至少有三个当事人。以权利义务范围为标准，可以将多数人之债分为按份之债和连带之债。按份之债，指债的一方当事人为多数，各自按照确定的份额享有权利或者承担债务的债。债权人为两人以上的为按份债权，债务人为两人以上的为按务债券。连带之债，指债的多数债权人中的任何一人都有权请求对方履行全部债务，或者债的多数债务人中的任何一人都有义务履行全部债务的债。

（三）简单之债和选择之债

根据债的履行是否具有选择性，分为简单之债和选择之债。

（1）简单之债，指仅有一个标的的债。当事人只能按照该标的履行，不仅不能选择其他的标的履行，而且在履行时间、方式、地点等方面都无选择的余地。

(2) 选择之债,指债的标的有很多个,只能就其中之一为给付,可选择履行的债。因为选择之债的当事人须从数种标的中选择一种履行,因此选择之债须具备以下两个条件:第一,在债的履行上有可选择性。债的履行上有可选择性,是指在债的成立之始就有两种以上的履行可供选择。可供选择的数种履行,可以是标的种类上的不同,如债务人给付金钱或提供劳务;可以是标的物的不同,或劳务的内容不同;也可以是履行时间上的不同,履行方式的不同,履行地点的不同。凡在债的给付标的、履行时间、方式、地点等诸方面可供选择的债,都为选择之债。第二,须于债的履行标的特定后才能履行。选择之债的履行标的虽有数种,但当事人只能从中确定一种履行,也只有在履行标的的确定后当事人才能履行债。如无须确定债的履行标的就可以履行,则该债不为选择之债。也就是说,选择之债一经确定其给付,则转化为简单之债。

(四) 特定之债和种类之债

根据债的标的物的性质不同,分为特定之债和种类之债。

(1) 特定之债,指给付的标的物为特定物的债。特定物包括:①独一无二的物,如某栋房子;②原本为种类物,经行为人指定后变成特定物。如甲在乙的牛棚里选了初生牛犊一头,约定乙饲养6个月后给甲,这头牛犊原本是种类物,被甲指定后就变成了特定物。

(2) 种类之债,指给付的标的物仅以种类与数量指示的债,即以种类物为标的物的债。种类物是具有相同品质、可用相同的物替代的物。

(五) 劳务之债和财务之债

根据债务人履行债务的内容,分为劳务之债和财务之债。

(1) 劳务之债,指债权人须提供一定劳务来履行债务的债,如委托合同、雇佣合同等。劳务之债有标的,但没有标的物。

(2) 财务之债,指债务人应给付一定的财产来履行债务的债,如买卖合同、租赁合同、承揽合同、侵权损害赔偿之债。财务之债有标的也有标的物。

四、债的发生、履行、变更和消灭

(一) 债的发生

债的发生是指基于特定的法律事实,当事人之间产生债权债务关系的法律现象。这些能够引起债的关系产生的各种法律事实被称之为债的发生原因,主要有合同、不当得利、无因管理、侵权行为、其他原因等。

1. 合同

合同是平等主体的自然人、法人、其他组织之间设立、变更、终止民事权利义务关系的协议。合同依法成立后,即在当事人间产生债权债务关系,当事人应当依照合同的约定享受权利、承担义务。基于合同所产生的债,称为合同之债或合意之债。合同是最常见、最主要的债的发生原因。

2. 不当得利

不当得利是指没有法律上的根据，使他人受到损失而自己获得利益的事实。依法律规定，取得不当利益的一方应将所获利益返还于受损失的一方，双方因此形成的债权债务关系，即不当得利之债。

3. 无因管理

无因管理是指没有法律上的根据，也没有约定的义务，为避免他人利益受损失而对他人的事务进行管理的行为。无因管理一经成立，在管理人和本人之间即发生债权债务关系，管理人有权请求本人偿还其因管理而支出的必要费用，本人有义务偿还。

4. 侵权行为

侵权行为是法律所禁止的不法行为，行为人不法侵害他人的财产权利或人身权利的，应依法承担民事责任。受侵害的当事人一方有权请求侵害人赔偿损失，侵害人则负有赔偿损失的义务。这种特定主体之间的权利义务关系，即侵权行为之债。

5. 其他原因

除上述原因以外，其他的法律事实也会引起债的发生。例如，拾得遗失物会在拾得人与遗失物的所有人之间产生债权债务关系；因防止、制止他人合法权益受侵害而实施救助行为，会在因实施行为受损害的受损人与受益人间产生债权债务关系；因缔约过失，会在缔约当事人间产生债权债务关系等。

（二）债的履行

债的履行是指债务人根据法律或合同，完成债的内容所规定的行为或不行为。债的履行应坚持亲自履行、同时履行、全面履行和实际履行的原则。

债的履行分为完全正确的履行、不适当履行和债的不履行。完全正确的履行是指债务人按照合同约定或法律规定全面地履行了自己的义务；不适当履行是指债务人虽有履行行为，但其履行行为不符合合同约定或法律规定，主要包括迟延履行、加害履行、瑕疵履行；债的不履行是指债务人根本不履行债务，包括履行不能和拒绝履行两种情形。

（三）债的变更

广义的债的变更，包括债的主体的变更和债的内容的变更。债的主体的变更，又称为债的转移，是指在不改变债的内容的前提下，债权或债务由第三人予以承受，包括债权让与、债务承担和债权债务的概括转移。狭义的债的变更，仅指债的内容的变更。

债变更后，被变更的债的内容不再有效，债的当事人应受变更后的债的约束。对于已经履行的债务，任何一方不得因债的变更要求对方返还已经作出的履行，但法律另有规定或者当事人另有约定的除外。如果由于债的变更给一方当事人造成损失，受损失的当事人有权要求另一方予以赔偿。

（四）债的消灭

债的消灭，亦称债的终止。债权债务关系客观上不再存在了，债的关系也就消灭了。

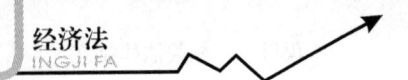

引起债的消灭的原因主要有：清偿、抵销、提存、免除和混同。

1. 清偿

清偿，亦即履行，是指债务人按照法律的规定或者合同约定向债权人履行义务。债务人清偿了债务，债权人的权利实现，债的目的达到，债当然消灭。

2. 抵销

抵销，是指二人互负债务时，各以其债权充当债务之清偿，而使其债务与对方的债务在对等额内相互消灭。抵销依其产生根据的不同，可分为法定抵销和合意抵销。法定抵销，是指具备法律所规定的条件时，依当事人一方的意思表示所为的抵销。其依当事人一方的意思表示，使双方的债权按同等数额消灭的权利，称为抵销权。通常所说的抵销即是指法定抵销。合意抵销又称为契约上抵销是指依当事人双方的合意所为的抵销。合意抵销是由当事人自由约定的，其效力也决定于当事人的约定。

3. 提存

提存，是指债务人于债务已届履行期时，将无法给付的标的物交提存机关，以消灭债务的行为。

4. 免除

免除，是指债权人放弃债权，从而解除债务人所承担的义务的单方行为。免除成立后，债务人自然不再负担被免除的债务，债权人的债权也就不复存在，债即消灭。

5. 混同

混同，是指债权与债务同归于一人，而使债的关系消灭的事实。混同以债权与债务归于一人而成立，与人的意志无关，因而属于事件，发生混同的原因可分为两种：一是概括承受，即债的关系的一方当事人概括承受他人权利与义务。例如，因债务人继承被继承人对其享有的债权或者债权人继承被继承人对其负担的债务，债权人与债务人合为一人。概括承受是发生混同的最主要原因。二是特定承受，指因债权让与或债务承担而承受权利义务。例如，债务人自债权人受让债权，债权人承担债务人的债务，此时也发生混同。

模块四　代理制度

一、代理的概念和特征

（一）代理的概念

代理是指代理人在代理权限内，以被代理人的名义与第三人实施法律行为，由此产生的法律后果直接由被代理人承担的一种法律制度。

在代理制度中，代理人是以被代理人名义进行代理活动的人，可以是自然人或法人。

自然人为代理人时，必须具有相应的民事行为能力；法人为代理人时，其代理行为应符合法人的宗旨和业务范围。被代理人是授权他人以自己的名义从事某种法律行为，由自己直接承担权利和义务的人。第三人是与代理人实施民事行为的人。代理人的使命在于代被代理人从事民事法律行为，包括代被代理人作出或接受意思表示。可见，代理就是民事法律行为的代理，在这种意义上，代理制度属于民事行为制度的重要组成部分。我国现行的民事立法上，明确了代理制度，即民事主体可以通过代理人实施民事法律行为。

（二）代理的法律特征

（1）代理人应以被代理人的名义实施民事法律行为。以本人名义进行民事活动是代理区别于行纪或信托、居间等行为的重要特征。

（2）代理人在代理的权限范围内进行活动。《民法典》第一百六十二条规定，代理人在代理权限内，以被代理人名义实施的民事法律行为，对被代理人发生效力。

（3）代理人实施的民事法律行为，主要包括三类：①民事法律行为（例如订立合同）；②民事诉讼行为；③某些财政、行政行为（例如代理专利申请、代理商标注册）。其中，后两种行为均包含"意思表示"的要素，实际上属于准民事法律行为。但并非所有的民事法律行为都可以代理，某些具有人身性质的民事法律行为（例如立遗嘱、结婚）、双方当事人约定必须由本人亲自实施的民事法律行为，不得代理。

（4）代理活动的法律后果直接由被代理人承受。代理是被代理人经由代理人进行的民事法律行为，是为了设定本人自己的民事权利并负担民事义务。所以，代理人与第三人进行的一切民事法律行为所产生的民事权利义务，直接归属于被代理人，即由被代理人与第三人发生法律关系。

二、代理的种类

根据代理权产生的原因不同，代理可分为委托代理和法定代理。

（一）委托代理

委托代理，又称意定代理或任意代理，是依照被代理人的授权委托而产生的代理。

委托代理可以用书面形式，也可以用口头形式。法律规定必须用书面形式的，应当采用书面形式。书面形式的授权委托书应当载明代理人的姓名或者名称，代理事项、权限和期限，并由被代理人签名或者盖章。委托书授权不明的，被代理人应当向第三人承担民事责任，代理人负连带责任。

代理人需要转委托第三人代理的，应当取得被代理人的同意或者追认。转委托代理经被代理人同意或者追认的，被代理人可以就代理事务直接指示转委托的第三人，代理人仅就第三人的选任以及对第三人的指示承担责任。转委托代理未经被代理人同意或者追认的，代理人应当对转委托的第三人的行为承担责任；但是，在紧急情况下代理人为了维护被代理人的利益需要转委托第三人代理的除外。

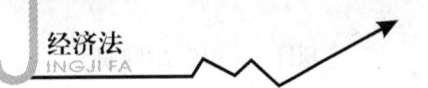

（二）法定代理

法定代理是指依照法律的规定而直接产生的代理。法定代理具有以下特点：

第一，法定代理产生的依据是法律的直接规定。委托代理中，代理人的代理权是由委托人通过委托授权而产生的，而法定代理权的产生是不以当事人的个人意志为条件的，而是直接源于法律的规定。

第二，法定代理人的代理权限范围也是由法律规定的，而且一般都属于普通代理或全权代理，没有代理权限范围的特殊限制。委托代理人的代理权限则取决于委托授权书的规定，既可以是全权代理，也可以是特别代理，代理人只能在委托人授权的范围内代理委托人进行法律行为。

第三，法定代理关系中的代理人可以是公民，也可以是法人。公民作为法定代理人的，与被代理人之间往往存在某种特定的血缘或亲缘关系，这种特定的血缘或亲缘关系正是法定代理产生的基础。如：①父母作为其未成年子女的法定代理人；②配偶一方作为其无民事行为能力或限制民事行为能力的对方的法定代理人；③成年的兄、姐作为其未成年的弟、妹的法定代理人。法人作为法定代理人时，一般是由被代理人所在地居民委员会、村民委员会或者民政部门充当。被代理人的父母所在单位也可以充当其法定代理人。

第四，法定代理关系中的被代理人只能是公民。法定代理的宗旨在于保证无行为能力和限制行为能力人，由于他们年龄、智力、健康等原因，自己不能独立地进行民事活动，法律为使其顺利地参加民事活动，享有民事权利，承担民事义务，就规定由他们的法定代理人代理他们参加民事活动。它主要是为未成年人和精神病患者而设立的代理方式。

第五，法定代理都是无偿的。

三、代理权

（一）代理权的概念和行使的原则

代理权是代理人据以进行代理并使行为效果直接归属于被代理人的资格和权限。代理人在行使代理权时应遵守以下原则：

（1）代理人必须在代理权限内进行代理，非经本人同意，不得擅自变更代理权限。

（2）代理人应亲自代理，不得任意转委托他人代理。

（3）代理人应当在诚实信用原则的指导下，最大限度为被代理人的利益行事。

思政园地

受人之托、忠人之事

"受人之托，忠人之事"出自元代关汉卿《陈州粜米》。

这句话是指接受了他人的委托，就要竭尽全力把他人委托的事办好，达到托付目的。

李某因常年在外做生意，老家的房屋经常无人居住，于是委托亲戚王某代为出卖房屋，并向王某出具了经过公证的书面委托书。当年 5 月份，王某将李某的房屋以 150 万元的价格卖给刘某。事后王某一直对李某隐瞒此事，并将 150 万元卖房款出借给他人并收取高于银行贷款利率的收益。当年 10 月份，李某从他人口中得知，自己的房屋早已被卖出，于是打电话向王某询问此事，王某谎称，房屋确实找到了买主，但买主只支付了 10 万元的定金，其他钱尚未给付。李某觉得事有蹊跷，便亲自回老家查问此事，王某承认了房屋已经卖掉的事实。根据《民法典》第九百二十七条的规定，受托人处理委托事务取得的财产，应当转交给委托人。这是受托人基于委托合同而产生的法定义务。

思政要点：
培养学生具有忠于职守、诚实守信的良好道德品质。

（二）无权代理

无权代理是非基于代理权而以本人名义实施的旨在将效果归属于本人的代理。无权代理有广义和狭义之分。广义的无权代理包括表见代理和表见代理以外的无权代理。狭义的无权代理仅指表见代理以外的无权代理。在我国，无权代理一般指后者，即没有代理权、超越代理权或者代理权终止后所进行的代理。

（1）没有代理权，指既没有经委托授权，也没有法律上的根据，而以他人名义实施民事法律行为的代理。

（2）超越代理权，指代理人超越代理权限范围而进行代理行为。

（3）代理权终止后所进行的代理，指代理人因代理期限届满或者约定的代理事务完成甚至被解除代理权后，仍以被代理人的名义进行的代理活动。

行为人没有代理权、超越代理权或者代理权终止后，仍然实施代理行为，未经被代理人追认的，对被代理人不发生效力。相对人可以催告被代理人自收到通知之日起三十日内予以追认。被代理人未作表示的，视为拒绝追认。行为人实施的行为被追认前，善意相对人有撤销的权利。撤销应当以通知的方式作出。行为人实施的行为未被追认的，善意相对人有权请求行为人履行债务或者就其受到的损害请求行为人赔偿。但是，赔偿的范围不得超过被代理人追认时相对人所能获得的利益。相对人知道或者应当知道行为人无权代理的，相对人和行为人按照各自的过错承担责任。

（三）滥用代理权

滥用代理权是指代理人利用享有代理权的方便条件，进行损害被代理人的利益的行为。主要有：

（1）自己代理，是指代理人以被代理人的名义同自己实施民事法律行为。在这种情况下，代理人同时为代理关系中的代理人和第三人，交易双方的交易行为实际上只由一个人实施。通常情况下，由于交易双方都追求自身利益的最大化，因此很难避免发生代理人为自己而牺牲被代理人利益的情况。

（2）双方代理，又称同时代理，是指代理人同时代理双方实施同一民事法律行为。在通常情况下，双方代理由于没有第三人参加进来，交易由一人包办，一个人同时代表双方利益，难免顾此失彼，难以达到利益平衡。

（3）代理人和第三人恶意串通，损害被代理人的利益。代理人的职责是为被代理人进行一定的民事行为，维护被代理人的利益。代理人与第三人恶意串通损害被代理人的利益，违背了代理关系中被代理人对代理人的信任，属于滥用代理权的极端表现。

（四）表见代理

表见代理，是指虽然行为人事实上无代理权，但相对人有理由认为行为人有代理权而与其进行法律行为，其行为的法律后果由被代理人承担的代理。

表见代理从广义上看也是无权代理，但是为了保护善意第三人的信赖利益与交易的安全，法律强制被代理人承担其法律后果。

表见代理制度是基于被代理人的过失或被代理人与无权代理人之间存在特殊关系，使相对人有理由相信无权代理人享有代理权而与之为民事法律行为，代理行为的后果由被代理人承担的一种特殊的无权代理。

表见代理的构成要件有：

1. 须行为人无代理权

成立表见代理的第一要件是行为人无代理权。所谓无代理权是指实施代理行为时无代理权或者对于所实施的代理行为无代理权。如果代理人拥有代理权，则属于有代理权，不发生表见代理的问题。

2. 须有使相对人相信行为人具有代理权的事实或理由

这是成立表见代理的客观要件。这一要件是以行为人与被代理人之间存在某种事实上或者法律上的联系为基础的。这种联系是否存在或者是否足以使相对人相信行为人有代理权，应依一般交易情况而定。通常情况下，行为人持有被代理人发出的证明文件，如被代理人的介绍信、盖有合同专用章或者盖有公章的空白合同书，或者有被代理人向相对人所作法人授予代理权的通知或者公告，这些证明文件构成认定表见代理的客观依据。

3. 须相对人为善意

这是表见代理成立的主观要件，即相对人不知行为人所为的行为系无权代理行为。如果相对人出于恶意，即明知他人为无权代理，仍与其实施民事行为，就失去了法律保护的必要，故表见代理不能成立。

4. 须行为人与相对人之间的民事行为具备民事行为的有效要件

表见代理发生有权代理的法律效力，因此，表见代理应具备民事行为成立的有效要件，即不得违反法律或者社会公共利益等。如果不具备民事行为的有效要件，则不成立表见代理。

在构成表见代理的情况中，相对人相信行为人具有代理权，往往与本人具有过失有关，但表见代理的成立不以本人主观上有过失为必要要件，即使本人没有过失，只要客观上有使相对人相信行为人有代理权的依据，即可构成表见代理。

（五）复代理

复代理又称再代理、转委托，是代理人为了实施代理权限内的全部或部分行为，以自己的名义选定他人担任被代理人的代理人而进行的代理。

复代理人是由代理人以自己的名义选任的，是行使代理人权限的人，复代理人的权限不得超过原代理人的权限；复代理不是代理人的代理人，仍然是被代理人的代理人，复代理人行使代理权时仍应以被代理人的名义进行，法律后果直接归属被代理人。

（六）代理权的消灭

1. 委托代理的消灭

委托代理消灭的原因包括：①代理期间届满或代理事务完成；②被代理人取消委托或代理人辞去委托；③代理人丧失民事行为能力；④代理人或者被代理人死亡；⑤作为代理人或者被代理人的法人、非法人组织终止。但是被代理人死亡后，有下列情形之一的，委托代理人实施的代理行为有效：①代理人不知道且不应当知道被代理人死亡；②被代理人的继承人予以承认；③授权中明确代理权在代理事务完成时终止；④被代理人死亡前已经实施，为了被代理人的继承人的利益继续代理。作为被代理人的法人、非法人组织终止的，参照适用前款规定。

2. 法定代理的消灭

法定代理消灭的原因包括：①被代理人取得或恢复民事行为能力；②代理人丧失民事行为能力；③代理人或者被代理人死亡；④法律规定的其他情形。

代理权消灭之后代理人不得再以代理人的身份进行活动。

课后训练

一、基础练习

1. 简述我国法人的分类。
2. 简述法人民事能力与自然人民事能力的区别。
3. 简述物权的种类。
4. 简述所有权的权能。
5. 简述债发生的原因。
6. 简述债消灭的原因。
7. 简述代理与行纪、居间的区别。
8. 简述无权代理和表见代理的区别。

二、案例分析

牧民包某在放牧时捡到一头牛，并牵回家饲养，同时等待牛的主人来认领。事隔1年，仍有人来认领，包某因孩子要到县城上学，全家需要搬到县城居住，便打算把牛卖掉。经人介绍，包某将牛在县交易所以市场价格卖给了邻村的杨某，但卖牛时包某并未向杨某说明牛是捡来的。杨某卖牛后的几天，牛的原主人李某找到杨某并要求返还该牛，杨某不同意，为此双方产生纠纷。问：

1. 包某饲养牛的过程中，包某与李某是否形成无因管理关系？为什么？
2. 本案中，杨某能否取得牛的所有权？为什么？
3. 如果包某在卖牛时向杨某说明牛是捡到的，但杨某仍支付相当价款，李某能否向杨某要求取回牛？为什么？

三、实训任务

王某在签订了一份买卖合同后，发生货款纠纷，现委托孙某为诉讼代理人，请为此写一份授权委托书。授权委托书的写作格式如下：

授权委托书由首部、正文和尾部三部分组成。

第一部分，首部，包括：注明文书名称，委托人、受委托人的基本情况。

第二部分，正文，包括：法律依据、授权委托事项、授权范围。

第三部分，尾部，包括：委托人签名或盖章、委托日期。

项目三　公司法律制度

一、知识框架

（一）公司法概述

公司法是规定公司法律地位、调整公司组织关系、规范公司在设立、变更与终止过程中的组织行为的法律规范的总称。我国《公司法》规定的公司形式仅为有限责任公司和股份有限公司。

（二）有限责任公司

有限责任公司，又称有限公司，是指股东以其认缴的出资额为限对公司承担责任，公司以其全部财产对公司债务承担责任的公司。这部分讲述了有限责任公司的设立条件、设立程序，组织机构，股东转让股权等内容。

（三）股份有限公司

股份有限公司又称股份公司，是指将公司全部资本分为等额股份，股东以其认购的股份为限对公司承担责任，公司以其全部财产对公司债务承担责任的公司。这部分主要介绍股份有限公司的设立方式、设立条件、程序、组织机构，股份转让等内容。

（四）公司董事、监事、高级管理人员的资格和义务

法律、法规对公司董事、监事、高级管理人员的任职资格有强制性的规定。

（五）公司股东诉讼

这部分主要讲述股东代表诉讼、股东直接诉讼、公司人格否认之诉、解散公司之诉四种以股东作为原告的诉讼。

（六）公司财务、会计

公司财务、会计应当符合相关法律、法规的要求。

（七）公司的变更、解散和清算

两类公司可以互相变更，公司的解散包括主动解散和被动解散。公司清算应当依据法定程序进行。

二、学习目标

（一）知识目标

（1）有限责任公司和股份有限公司的设立。

（2）有限责任公司和股份有限公司的组织机构。

（3）有限责任公司股权转让。

（4）股份有限公司股份发行与转让。

（5）公司财务会计和利润分配。

（二）能力目标

（1）培养学生掌握创立有限责任公司和股份有限公司的法律规则。

（2）培养学生理解和掌握有限责任公司和股份有限公司股东权益的内容。

（3）培养学生能够对实践中一些公司在运行过程中与公司法规定不吻合的现象进行解析。

（三）思政目标

（1）培养学生具有遵守法律法规、维护社会经济秩序的责任感。

（2）培养学生具有承担社会责任、遵守社会公德和商业道德的自觉性。

（3）培养学生具有爱岗敬业、忠于职守的职业道德。

三、法律法规

《中华人民共和国公司法》

模块一 公司法概述

一、公司概述

（一）公司的概念

由于各国法律中对公司的规定不同，因此各国对公司的概念定义不一致。我国《公司法》规定公司是指依法设立的，以营利为目的的，由股东投资形成的企业法人或社团法人。

（二）公司的种类

按照法律的规定或学理的标准，公司可分为不同的种类。

（1）以公司资本结构和股东对公司承担责任的方式不同为标准，公司划分为有限责任公司、股份有限公司、无限公司、两合公司和股份两合公司。

（2）以公司的信用基础为标准，公司划分为资合公司、人合公司、资合兼人合的公司。

（3）以公司内部管理不同，将公司划分为本公司和分公司。

总公司是管辖公司全部组织的总机构。总公司本身具有独立的法人资格，能够以自己的名义直接从事经营活动。分公司是指被总公司所管辖的公司分支机构，其在法律上不具有法人资格，仅为总公司的附属机构。分公司是公司依法设立的以分公司名义进行经营活动，其法律后果由本公司（总公司）承受的分支机构。分公司不具备法人资格。

（4）以公司控制关系为标准划分为母公司和子公司。

在不同公司之间存在控制与依附关系时，处于控制地位的是母公司，处于依附地位的则是子公司。子公司具备法人资格。

（三）我国公司的特征

我国《公司法》规定的公司形式仅为有限责任公司和股份有限公司。有限责任公司，又称有限公司，是指股东以其认缴的出资额为限对公司承担责任，公司以其全部财产对公司债务承担责任的公司。股份有限公司又称股份公司，是指将公司全部资本分为等额股份，股东以其认购的股份为限对公司承担责任，公司以其全部财产对公司债务承担责任的公司。公司具有以下特征：

1. 依法设立

依法设立，是指公司必须依照《公司法》规定的条件和程序设立。

2. 以营利为目的

以营利为目的，是指股东即出资者设立公司的目的是为了营利，即从公司经营中取得利润。

3. 以股东投资行为为基础设立

公司由股东的投资行为设立，股东投资行为形成的权利是股权。《公司法》规定，公司股东依法享有受益、参与重大决策和选择管理者等权利。

4. 具有法人资格

公司是企业法人，主要是独立的财产、独立的人格和独立承担民事责任。

我国《公司法》规定的公司形式仅为有限责任公司和股份有限公司。有限责任公司，又称有限公司，是指股东以其认缴的出资额为限对公司承担责任，公司以其全部财产对公司债务承担责任的公司。股份有限公司又称股份公司，是指将公司全部资本分为等额股份，股东以其认购的股份为限对公司承担责任，公司以其全部财产对公司债务承担责任的公司。

二、公司法的概念与特征

公司法是规定公司法律地位、调整公司组织关系、规范公司在设立、变更与终止过程中的组织行为的法律规范的总称。

《中华人民共和国公司法》由第八届全国人大常委会第五次会议于1993年12月29日通过。此后，全国人大常委会于1999年、2004年、2013年、2018年对《公司法》进行了四次修改后于2018年10月26日起施行。

我国的公司法是组织法与行为法的结合，在调整公司组织关系的同时，也对与公司组织活动有关的行为加以调整，如公司股份的发行和转让等，其组织法性质为公司法的本质特征。公司法规定公司的法律地位，规范公司股东之间、股东与公司之间的关系，调整公司的设立、变更与终止活动，规范公司内部组织的设置与运作，公司与其他企业间的控制关系以及法律责任等。

模块二　有限责任公司

一、公司的设立

（一）设立的条件

设立有限责任公司，应当具备下列条件：

1. 股东符合法定人数

《公司法》规定，有限责任公司由50个以下股东出资设立，没有股东人数下限的规定。股东既可以是自然人、法人、非法人组织，也可以是国家。

2. 注册资本

（1）有限责任公司的注册资本为在公司登记机关登记的全体股东认缴的出资额。法律、行政法规以及国务院决定对有限责任公司注册资本实缴、注册资本最低限额另有规定的，从其规定。

（2）股东出资方式。股东可以用货币出资，也可以用实物、知识产权、土地使用权等可以用货币估价并可以依法转让的非货币财产作价出资；但是，法律、行政法规规定不得作为出资的财产除外。对作为出资的非货币财产应当评估作价，核实财产，不得高估或者低估作价。法律、行政法规对评估作价有规定的，从其规定。

3. 股东共同制定公司章程

章程是公司依法制定的，规定公司名称、住所、经营范围、经营管理制度等重大事项的基本文件，也是公司必备的规定公司组织及活动基本规则的书面文件。设立有限责任公司必须由股东共同依法制定公司章程，应当载明下列事项：①公司名称和住所；②公司经营范围；③公司注册资本；④股东的姓名或者名称；⑤股东的出资方式、出资额和出资时间；⑥公司的机构及其产生办法、职权、议事规则；⑦公司法定代表人；⑧股东会会议认为需要规定的其他事项。公司也可以自行决定一些记载事项。

股东应当在公司章程上签名、盖章。公司章程对公司、股东、董事、监事、高级管理人员具有约束力。

4. 有公司名称，建立符合有限责任公司要求的组织机构

公司的名称是公司的标志。公司设立自己的名称时，必须符合法律、法规的规定，并

应当经过公司登记管理机关进行预先核准登记。有限责任公司必须在公司名称中标明"有限责任公司"或"有限公司"字样。公司应当设立符合有限责任公司要求的组织机构，即股东会、董事会或者执行董事、监事会、监事等。

5. 有公司住所

住所是公司进行经营活动的场所，也是公司发、送文件的法定地址。设立公司必须有住所。没有住所的公司，不得设立。公司以其主要办事机构所在地为住所。

（二）设立程序

1. 订立公司章程

设立有限责任公司，股东应当先订立公司章程，将公司基本情况以及各方面的权利义务加以明确。

2. 股东缴纳出资

股东应当按期足额缴纳公司章程中规定的各自所认缴的出资额。股东以货币出资的，应当将货币出资足额存入有限责任公司在银行开设的账户；以非货币财产出资的，应当依法办理其财产权的转移手续。股东不按照规定缴纳出资的，除应当向公司足额缴纳外，还应当向已按期足额缴纳出资的股东承担违约责任。

3. 申请设立登记

股东认足公司章程规定的出资后，由全体股东指定的代表或者共同委托的代理人向公司登记机关报送公司登记申请书、公司章程等文件，申请设立登记。公司经核准登记后，发给公司营业执照。营业执照签发的日期，为公司成立的日期。

有限责任公司成立后，发现作为设立公司出资的非货币财产的实际价额显著低于公司章程所定价额的，应当由交付该出资的股东补足其差额；公司设立时的其他股东承担连带责任。

4. 向股东签发出资证明书

有限责任公司成立后，应当向股东签发出资证明书。出资证明书由公司盖章。

有限责任公司应当置备股东名册，记载于股东名册的股东，可以依股东名册主张行使股东权利。公司应当将股东的姓名或者名称向公司登记机关登记；登记事项发生变更的，应当办理变更登记。未经登记或者变更登记的，不得对抗第三人。

二、公司的组织机构

（一）股东会

1. 股东会的职权

有限责任公司股东会由全体股东组成。股东会是公司的权力机构，股东会行使下列职权：①决定公司的经营方针和投资计划；②选举和更换非由职工代表担任的董事、监事，决定有关董事、监事的报酬事项；③审议批准董事会的报告；④审议批准监事会或者监事的报告；⑤审议批准公司的年度财务预算方案、决算方案；⑥审议批准公司的利润分配方案和弥补亏损方案；⑦对公司增加或者减少注册资本作出决议；⑧对发行公司债券作出决议；⑨对公司合并、分立、变更公司形式、解散和清算等事项作出决议；⑩修改公司章程；⑪公司章程规定的其他职权。

对职权所列事项股东以书面形式一致表示同意的，可以不召开股东会会议，直接作出决议，并由全体股东在决定文件上签名、盖章。

2. 股东会的形式

首次股东会会议由出资最多的股东召集和主持。以后股东会分为定期会议和临时会议。定期会议应当按照公司章程的规定按时召开。临时会议是指定期会议召开时间之外临时召开的股东会。根据《公司法》的规定，有限责任公司代表十分之一以上表决权的股东，三分之一以上的董事，监事会或者不设监事会的公司的监事提议召开临时会议的，应当召开临时会议。

3. 股东会的召开

股东会会议，公司设立董事会的，由董事会召集，董事长主持；董事长不能履行职务或者不履行职务的，由副董事长主持；副董事长不能履行职务或者不履行职务的，由半数以上董事共同推举一名董事主持。

公司不设董事会的，股东会会议由执行董事召集和主持。董事会或者执行董事不能履行或者不履行召集股东会会议职责的，由监事会或者不设监事会的公司的监事召集和主持；监事会或者监事不召集和主持的，代表十分之一以上表决权的股东可以自行召集和主持。

召开股东会会议，应当于会议召开15日前通知全体股东；但是，公司章程另有规定或者全体股东另有约定的除外。股东会应当对所议事项的决定作成会议记录，出席会议的股东应当在会议记录上签名。

4. 股东会的决议

股东会会议由股东按照出资比例行使表决权；但是，公司章程另有规定的除外。

股东会的议事方式和表决程序，除《公司法》有规定的外，由公司章程规定。但股东会会议作出修改公司章程、增加或者减少注册资本的决议，以及公司合并、分立、解散或者变更公司形式的决议，必须经代表三分之二以上表决权的股东通过。

(二) 董事会

董事会对股东会负责。

1. 董事会的组成

有限责任公司设董事会，其成员为3~13人。两个以上的国有企业或者其他两个以上的国有投资主体投资设立的有限责任公司，其董事会成员中应当有公司职工代表；其他有限责任公司董事会成员中可以有公司职工代表。董事会中的职工代表由公司职工通过职工代表大会、职工大会或者其他形式民主选举产生。

董事会设董事长1人，可以设副董事长。董事长、副董事长的产生办法由公司章程规定。有限责任公司股东人数较少或者规模较小的，可以设1名执行董事，不设董事会。执行董事可以兼任公司经理。执行董事的职权由公司章程规定。

董事任期由公司章程规定，但每届任期不得超过3年。董事任期届满，连选可以连任。

2. 董事会的职权

董事会对股东会负责，行使下列职权：①召集股东会会议，并向股东会报告工作；②执行股东会的决议；③决定公司的经营计划和投资方案；④制定公司的年度财务预算方案、决算方案；⑤制定公司的利润分配方案和弥补亏损方案；⑥制定公司增加或者减少注册资本以及发行公司债券的方案；⑦制定公司合并、分立、变更公司形式、解散的方案；⑧决定公司内部管理机构的设置；⑨决定聘任或者解聘公司经理及其报酬事项，并根据经理的提名决定聘任或者解聘公司副经理、财务负责人及其报酬事项；⑩制定公司的基本管理制度；⑪公司章程规定的其他职权。

3. 董事会的召开

董事会会议由董事长召集和主持；董事长不能履行职务或者不履行职务的，由副董事长召集和主持；副董事长不能履行职务或者不履行职务的，由半数以上董事共同推举一名董事召集和主持。

4. 董事会的决议

董事会决议的表决，实行一人一票。董事会的议事方式和表决程序，除《公司法》有规定的外，由公司章程规定。董事会应当对所议事项的决定作出会议记录，出席会议的董事应当在会议记录上签名。

5. 经理

有限责任公司可以设经理，由董事会决定聘任或者解聘。经理对董事会负责，经理列席董事会会议。

（三）监事会

1. 监事会的组成

有限责任公司设立监事会，其成员不得少于3人。股东人数较少或者规模较小的有限责任公司，可以设1~2名监事，不设立监事会。监事会应当包括股东代表和适当比例的公司职工代表，其中职工代表的比例不得低于三分之一，具体比例由公司章程规定。

监事会设主席1人，由全体监事过半数选举产生。监事会主席召集和主持监事会会议；监事会主席不能履行职务或者不履行职务的，由半数以上监事共同推举一名监事召集和主持监事会会议。董事、高级管理人员不得兼任监事。

监事的任期每届为3年。监事任期届满，连选可以连任。

2. 监事会的职权

监事会、不设监事会的公司的监事行使下列职权：①检查公司财务；②对董事、高级管理人员执行公司职务的行为进行监督，对违反法律、行政法规、公司章程或者股东会决议的董事、高级管理人员提出罢免的建议；③当董事、高级管理人员的行为损害公司的利益时，要求董事、高级管理人员予以纠正；④提议召开临时股东会会议，在董事会不履行规定的召集和主持股东会会议职责时召集和主持股东会会议；⑤向股东会会议提出提案；⑥依照《公司法》的规定，对董事、高级管理人员提起诉讼；⑦公司章程规定的其他职权。

监事可以列席董事会会议，并对董事会决议事项提出质询或者建议。

3. 监事会的决议

监事会每年度至少召开1次会议，监事会的议事方式和表决程序，除《公司法》有规定的外，由公司章程规定。监事会决议应当经半数以上监事通过。监事会应当对所议事项的决定作成会议记录，出席会议的监事应当在会议记录上签名。

三、有限责任公司特殊类型

（一）一人有限责任公司的特别规定

一人有限责任公司，是指只有一个自然人股东或者一个法人股东的有限责任公司。一人有限责任公司的特别规定具体包括以下几个方面：

（1）一个自然人只能投资设立一个一人有限责任公司，该一人有限责任公司不能投资设立新的一人有限责任公司。

（2）一人有限责任公司应当在公司登记中注明自然人独资或者法人独资，并在公司营业执照中载明。

（3）一人有限责任公司章程由股东制定。

（4）一人有限责任公司不设股东会。股东作出股东会职权的决定时，应当采用书面形式，并由股东签名后置备于公司。

（5）一人有限责任公司应当在每一会计年度终了时编制财务会计报告，并经会计师事务所审计。

（6）一人有限责任公司的股东不能证明公司财产独立于股东自己财产的，应当对公司债务承担连带责任。

（二）国有独资公司的特别规定

国有独资公司是指国家单独出资、由国务院或者地方人民政府委托本级人民政府国有资产监督管理机构履行出资人职责的有限责任公司。

国有独资公司的特别规定，具体包括以下几个方面：

（1）国有独资公司章程由国有资产监督管理机构制定，或者由董事会制定报国有资产监督管理机构批准。

（2）国有独资公司不设股东会，由国有资产监督管理机构行使股东会职权。

（3）国有独资公司设立董事会。董事会成员由国有资产监督管理机构委派，董事会成员中应当有公司职工代表，职工代表由公司职工代表大会选举产生。董事会设董事长1人，可以设副董事长。董事长、副董事长由国有资产监督管理机构从董事会成员中指定。

（4）国有独资公司设经理，由董事会聘任或者解聘。经国有资产监督管理机构同意，董事会成员可以兼任经理。

（5）国有独资公司的董事长、副董事长、董事、高级管理人员，未经国有资产监督管理机构同意，不得在其他有限责任公司、股份有限公司或者其他经济组织兼职。

（6）国有独资公司监事会成员不得少于5人，其中职工代表的比例不得低于三分之一，具体比例由公司章程规定。

四、有限责任公司的股权转让

（一）股东内部转让股权

有限责任公司的股东之间可以相互转让其全部或者部分股权。

（二）股东向股东以外的人转让股权

股东向股东以外的人转让股权，应当经其他股东过半数同意。股东应就其股权转让事项书面通知其他股东并征求同意，其他股东自接到书面通知之日起满30日未答复的，视为同意转让。其他股东半数以上不同意转让的，不同意的股东应当购买该转让的股权；不购买的，视为同意转让。

经股东同意转让的股权，在同等条件下，其他股东有优先购买权。两个以上股东主张行使优先购买权的，协商确定各自的购买比例；协商不成的，按照转让时各自的出资比例行使优先购买权。

公司章程对股权转让另有规定的，从其规定。

五、有限责任公司股东退出公司（异议股权回购）

有下列情形之一的，对股东会该项决议"投反对票"的股东可以请求公司按照合理的价格收购其股权，退出公司：

（1）公司连续5年不向股东分配利润，而公司该5年连续盈利，并且符合法律规定的分配利润条件的；

（2）公司合并、分立、转让主要财产的；

（3）公司章程规定的营业期限届满或者章程规定的其他解散事由出现，股东会会议通过决议修改章程使公司存续的。

自股东会会议决议通过之日起60日内，股东与公司不能达成股权收购协议的，股东可以自股东会会议决议通过之日起 90 日内向人民法院提起诉讼。

六、有限责任公司股东财产继承

自然人股东死亡后,其合法继承人可以继承股东资格;但是公司章程另有规定的除外。

模块三　股份有限公司

一、公司的设立

(一) 设立条件

设立股份有限公司,应当具备下列条件:

1. 发起人符合法定人数

发起人是为设立公司而签署公司章程、向公司认购出资或者股份并履行公司设立职责的人。发起人既可以是自然人、法人、非法人组织,也可以是国家;自然人既可以是中国公民,也可以是外国公民。

设立股份有限公司,应当有 2 人以上 200 人以下发起人,其中须有半数以上的发起人在中国境内有住所。

2. 有符合公司章程规定的全体发起人认购的股本总额或者募集的实收股本总额

股份有限公司采取发起设立方式设立的,注册资本为在公司登记机关登记的全体发起人认购的股本总额。在发起人认购的股份缴足前,不得向他人募集股份。股份有限公司采取募集方式设立的,注册资本为在公司登记机关登记的实收股本总额。法律、行政法规以及国务院决定对股份有限公司注册资本实缴、注册资本最低限额另有规定的,从其规定。

发起人出资方式同有限责任公司股东的出资方式。

3. 股份发行、筹办事项符合法律规定

发起人为了设立股份有限公司而发行股份,以及在进行其他的筹办事项时,都必须符合法律规定的条件和程序。

4. 发起人制定公司章程,采用募集方式设立的须经创立大会通过

股份有限公司章程应当载明下列事项:①公司名称和住所;②公司经营范围;③公司设立方式;④公司股份总数、每股金额和注册资本;⑤发起人的姓名或者名称、认购的股份数、出资方式和出资时间;⑥董事会的组成、职权、任期和议事规则;⑦公司法定代表人;⑧监事会的组成、职权、任期和议事规则;⑨公司利润分配办法;⑩公司的解散事由与清算办法;⑪公司的通知和公告办法;⑫股东大会会议认为需要规定的其他事项。

5. 有公司名称，建立符合股份有限公司要求的组织机构
6. 有公司住所

（二）设立方式

股份有限公司的设立，可以采取发起设立或者募集设立的方式。

发起设立，是指由发起人认购公司应发行的全部股份而设立公司。

募集设立，是指由发起人认购公司应发行股份的一部分，其余股份向社会公开募集或者向特定对象募集而设立公司。

（三）设立程序

1. 发起方式设立股份有限公司的程序

（1）发起人书面认足公司章程规定其认购的股份。

（2）发起人按公司章程规定缴纳出资。发起人不按照规定缴纳出资的，应当按照发起人协议的约定承担违约责任。

（3）选举董事会和监事会。发起人首次缴纳出资后，应当选举董事会和监事会。

（4）申请设立登记。发起人在选举董事会和监事会后，董事会应当向公司登记机关报送公司章程、由依法设立的验资机构出具的验资证明以及法律、行政法规规定的其他文件，申请设立登记。

2. 募集方式设立股份有限公司的程序

（1）认购股份。所有发起人认购的股份不得少于公司股份总数的35%，但是法律、行政法规另有规定的，从其规定。

（2）发起人向社会公开募集股份，必须公告招股说明书，并制作认股书。发起人向社会公开募集股份，应当同依法设立的证券公司签订承销协议。发起人向社会公开募集股份，应当同银行签订代收股款协议。

（3）发行股份的股款缴足后，必须经依法设立的验资机构验资并出具证明。发起人应当在股款缴足之日起30日内主持召开公司创立大会，创立大会应由代表股份总数过半数的发起人、认股人组成。

发行的股份超过招股说明书规定的截止期限尚未募足的，或者发行股份的股款缴足后，发起人在30日内未召开创立大会的，认股人可以按照所缴股款并加算银行同期存款利息，要求发起人返还。

（4）申请设立登记。董事会应于创立大会结束后30日内，向公司登记机关申请设立登记。

股份有限公司成立后，发起人未按照公司章程的规定缴足出资的，应当补缴；其他发起人承担连带责任。

股份有限公司成立后，发现作为设立公司出资的非货币财产的实际价额显著低于公司章程所定价额的，应当由交付该出资的发起人补足其差额；其他发起人承担连带责任。

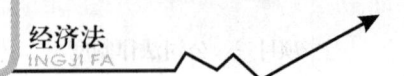

（四）发起人承担的责任

股份有限公司的发起人应当承担下列责任：公司不能成立时，对设立行为所产生的债务和费用负连带责任；公司不能成立时，对认股人已缴纳的股款，负返还股款并加算银行同期存款利息的连带责任；在公司设立过程中，由于发起人的过失致使公司利益受到损害的，应当对公司承担赔偿责任。

二、公司的组织机构

（一）股东大会

1. 股东大会的性质和组成

股东大会由全体股东组成，股东大会是公司的权力机构。

2. 股东大会的职权

股份有限公司股东大会的职权同有限责任公司股东会的职权。

3. 股东大会的形式

股东大会分为股东年会和临时股东大会两种。

股东年会即股东大会应当每年召开1次。有下列情形之一的，应当在2个月内召开临时股东大会：①董事人数不足《公司法》规定人数或者公司章程所定人数的三分之二时；②公司未弥补的亏损达实收股本总额三分之一时；③单独或者合计持有公司10%以上股份的股东请求时；④董事会认为必要时；⑤监事会提议召开时；⑥公司章程规定的其他情形。

4. 股东大会的召开

股东大会会议由董事会召集，董事长主持；董事长不能履行职务或者不履行职务的，由副董事长主持；副董事长不能履行职务或者不履行职务的，由半数以上董事共同推举一名董事主持。董事会不能履行或者不履行召集股东大会会议职责的，监事会应当及时召集和主持；监事会不召集和主持的，连续90日以上单独或者合计持有公司10%以上股份的股东可以自行召集和主持。

召开股东大会会议，应当将会议召开的时间、地点和审议的事项于会议召开20日前通知各股东；临时股东大会应当于会议召开15日前通知各股东；单独或者合计持有公司3%以上股份的股东，可以在股东大会召开10日前提出临时提案并书面提交董事会；董事会应当在收到提案后2日内通知其他股东，并将该临时提案提交股东大会审议。临时提案的内容应当属于股东大会职权范围，并有明确议题和具体决议事项。

股东大会不得对上述通知中未列明的事项作出决议。

5. 股东大会的决议

股东出席股东大会会议，所持每一股份有一表决权。但是，公司持有本公司股份没有表决权。股东可以委托代理人出席股东大会会议。代理人应当向公司提交股东授权委托书,并在授权范围内行使表决权。

股东大会作出决议,必须经出席会议的股东所持表决权过半数通过。但是,股东大会作出修改公司章程、增加或者减少注册资本的决议,以及公司合并、分立、解散或者变更公司形式的决议,必须经出席会议的股东所持表决权的三分之二以上通过。

6. 董事、监事选举的累积投票制

股东大会选举董事、监事,可以依照公司章程的规定或者股东大会的决议,实行累积投票制。累积投票制,是指股东大会选举董事或者监事时,每一股份拥有与应选董事或者监事人数相同的表决权,股东拥有的表决权可以集中使用。

(二)董事会、经理

1. 董事会组成

董事会对股东大会负责。

股份有限公司设董事会,其成员为5~19人。董事会成员中可以有公司职工代表。

股份有限公司的董事任期的规定同有些责任公司的相关规定。

2. 董事会的职权

股份有限公司董事会的职权同有限责任公司董事会的职权的规定。

3. 董事会的召开

董事会设董事长1人,可以设副董事长。董事长和副董事长由董事会以全体董事的过半数选举产生。董事长召集和主持董事会会议,检查董事会决议的实施情况。副董事长协助董事长工作,董事长不能履行职务或者不履行职务的,由副董事长履行职务;副董事长不能履行职务或者不履行职务的,由半数以上董事共同推举1名董事履行职务。

董事会每年度至少召开2次会议,每次会议应当于会议召开10日前通知全体董事和监事。代表十分之一以上表决权的股东、三分之一以上董事或者监事会,可以提议召开董事会临时会议。董事长应当自接到提议10日内,召集和主持董事会会议。

4. 董事会的决议

董事会会议应有过半数的董事出席方可举行。董事会作出决议,必须经全体董事的过半数通过。董事会决议的表决,实行一人一票制。

董事会会议,应由董事本人出席;董事因故不能出席,可以书面委托其他董事代为出席,委托书中应载明授权范围。董事会应当对会议所议事项的决定作成会议记录,出席会议的董事应当在会议记录上签名。

董事应当对董事会的决议承担责任。董事会的决议违反法律、行政法规或者公司章程、股东大会决议,致使公司遭受严重损失的,参与决议的董事对公司负赔偿责任。但经证明在表决时曾表明异议并记载于会议记录的,该董事可以免除责任。

5. 经理的设立

股份有限公司设经理,由董事会决定聘任或者解聘。董事会可以决定由董事会成员兼任经理。

（三）监事会

1. 监事会的组成

股份有限公司设监事会，其成员不得少于 3 人。监事会应当包括股东代表和适当比例的公司职工代表，其中职工代表的比例不得低于三分之一，具体比例由公司章程规定。监事会中的职工代表由公司职工通过职工代表大会、职工大会或者其他形式民主选举产生。

监事会设主席 1 人，可以设副主席。监事会主席和副主席由全体监事过半数选举产生。董事、高级管理人员不得兼任监事。有限责任公司监事任期的规定，适用于股份有限公司监事。

2. 监事会的职权

股份有限公司监事会的职权同有限责任公司监事会的职权的规定。

监事会行使职权所必需的费用，由公司承担。

3. 监事会的召开

监事会每 6 个月至少召开 1 次会议。监事可以提议召开临时监事会会议。

监事会的议事方式和表决程序，除本法有规定的以外，由公司章程规定。

监事会决议应当经半数以上监事通过。监事会应当对所议事项的决定作成会议记录，出席会议的监事应当在会议记录上签名。

三、股份有限公司的股份发行和转让

（一）股份发行

1. 股份和股票

股份有限公司的资本划分为股份，每一股的金额相等。公司的股份采取股票的形式。股票是指公司签发的证明股东所持股份的凭证。

公司发行的股票可以分为记名股票和无记名股票。记名股票是指在票面上记载股东姓名或名称的股票。《公司法》规定，公司向发起人、法人发行的股票，应当为记名股票，无记名股票是指在票面上不记载股东姓名或名称的股票。发行无记名股票的，公司应当记载其股票数量、编号及发行日期。

2. 股票的发行价格

股票的发行价格是指股票发行时所使用的价格，也是投资者认购股票时所支付的价格。股票的发行价格可以分为平价发行的价格和溢价发行的价格。

（二）股份转让

股份转让，是指股份有限公司的股份持有人依法自愿将自己所拥有的股份转让给他人，使他人取得股份或增加股份数额成为股东的法律行为。

股份转让主要包括以下内容：

（1）股东持有的股份可以依法转让。股东转让其股份，应当在依法设立的证券交易场所进行或者按照国务院规定的其他方式进行。

（2）股票转让。记名股票的转让，由股东以背书方式或者法律、行政法规规定的其他方式转让，转让后由公司将受让人的姓名或者名称及住所记载于股东名册。无记名股票的转让，由股东将股票交付给受让人后即发生转让的效力。

（3）发起人持有的本公司股份，自公司成立之日起1年内不得转让。公司公开发行股份前已发行的股份，自公司股票在证券交易所上市交易之日起1年内不得转让。

（4）公司董事、监事、高级管理人员应当向公司申报所持有的本公司的股份及其变动情况，在任职期间每年转让的股份不得超过其所持有本公司股份总数的25%；所持本公司股份自公司股票上市交易之日起1年内不得转让。上述人员离职后半年内，不得转让其所持有的本公司股份。公司章程可以对公司董事、监事、高级管理人员转让其所持有的本公司股份作出其他限制性规定。

（5）公司不得收购本公司股份。但是，为了减少公司注册资本；与持有本公司股份的其他公司合并；将股份用于员工持股计划或者股权激励；股东因对股东大会作出的公司合并、分立决议持异议，要求公司收购其股份的；将股份用于转换上市公司发行的可转换为股票的公司债券；上市公司为维护公司价值及股东权益所必需，公司可以收购本公司的股份。

（6）公司不得接受本公司的股票作为质押权的标的。

模块四　公司董事、监事、高级管理人员的资格和义务

一、公司董事、监事、高级管理人员的资格禁止

有下列情形之一的，不得担任公司的董事、监事、高级管理人员：

（1）无民事行为能力或者限制民事行为能力。

（2）因贪污、贿赂、侵占财产、挪用财产或者破坏社会主义市场经济秩序，被判处刑罚，执行期满未逾5年，或者因犯罪被剥夺政治权利，执行期满未逾5年。

（3）担任破产清算的公司、企业的董事或者厂长、经理，对该公司、企业的破产负有个人责任的，自该公司、企业破产清算完结之日起未逾3年。

（4）担任因违法被吊销营业执照、责令关闭的公司、企业的法定代表人，并负有个人责任的，自该公司、企业被吊销营业执照之日起未逾3年。

（5）个人所负数额较大的债务到期未清偿。

公司违反上述规定选举、委派董事、监事或者聘任高级管理人员的，该选举、委派或

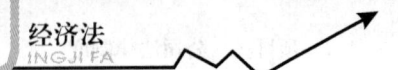

者聘任无效。

公司董事、监事、高级管理人员在任职期间出现上述规定情况的，公司应当解除其职务。

二、公司董事、监事、高级管理人员的禁止行为

公司董事、高级管理人员不得有下列行为：①挪用公司资金；②将公司资金以其个人名义或者以其他个人名义开立账户存储；③违反公司章程的规定，未经股东会、股东大会或者董事会同意，将公司资金借贷给他人或者以公司财产为他人提供担保；④违反公司章程的规定或者未经股东会、股东大会同意，与本公司订立合同或者进行交易；⑤未经股东会或者股东大会同意，利用职务便利为自己或者他人谋取属于公司的商业机会，自营或者为他人经营与所任职公司同类的业务；⑥接受他人与公司交易的佣金，并归为己有；⑦擅自披露公司秘密；⑧违反对公司忠实义务的其他行为。

公司董事、高级管理人员违反上述规定所得的收入应当归公司所有。

三、公司董事、监事、高级管理人员的义务

公司董事、监事、高级管理人员应当遵守法律、行政法规和公司章程，对公司负有忠实义务和勤勉义务。公司董事、监事、高级管理人员不得利用职权收受贿赂或者其他非法收入，不得侵占公司的财产。

思政园地

公司总经理滥用权力损害公司利益

某公司总经理违反公司法的规定，存在擅自以公司财产为其自身的债务进行担保，擅自转移公司资金，同时滥用知情权获取公司的经营资料并非法利用等行为。公司认为该总经理违反公司法的规定并滥用了股东权利，损害了公司和其他股东的利益，应当依法承担赔偿责任。

思政要点：
培养学生具有爱岗敬业、忠于职守的职业道德。

二十大精神园地

完善中国特色现代企业制度

完善中国特色现代企业制度，弘扬企业家精神，加快建设世界一流企业。支持中小微企业发展。深化简政放权、放管结合、优化服务改革。构建全国统一大市场，深化要素市场化改革，建设高标准市场体系。完善产权保护、市场准入、公平竞争、社会信用等市场经济基础制度，优化营商环境。

模块五　公司股东诉讼

一、股东代表诉讼

董事、高级管理人员、监事或公司以外的他人侵犯公司利益，股东（有限责任公司的股东、股份有限公司连续180日以上单独或者合计持有公司1%以上股份的股东）可以书面请求监事会向人民法院提起诉讼。如果监事会收到股东的书面请求后拒绝提起诉讼，或者自收到请求之日起30日内未提起诉讼，或者情况紧急、不立即提起诉讼将会使公司利益受到难以弥补的损害的，股东有权为了公司的利益以自己的名义直接向人民法院提起诉讼。原告是股东，被告则是实施侵害公司利益的行为人，包括公司的董事、经理、监事或其他人。

二、股东直接诉讼

公司董事、高级管理人员违反法律、行政法规或者公司章程的规定，损害股东利益的，股东可以（直接作为原告）依法向人民法院提起诉讼。

不论是股东代表诉讼，还是股东直接诉讼，股东均以自己的名义提出即可。

三、公司人格否认之诉

公司股东应当遵守法律、行政法规和公司章程，依法行使股东权利，不得滥用股东权利损害公司或者其他股东的利益；不得滥用公司法人独立地位和股东有限责任损害公司债权人的利益。

股东滥用股东权利应承担以下责任：公司股东滥用股东权利给公司或者其他股东造成损失的，应依法承担赔偿责任；公司股东滥用公司法人独立地位和股东有限责任，逃避债务，严重损害公司债权人利益的，应当对公司债务承担连带责任。

四、解散公司之诉

公司经营管理发生严重困难，继续存续会使股东利益受到重大损失，通过其他途径不能解决的，持有公司全部股东表决权10%以上的股东，以下列事由之一提起解散公司诉讼，可以请求人民法院解散公司：

（1）公司持续两年以上无法召开股东会或者股东大会，公司经营管理发生严重困难的；

（2）股东表决时无法达到法定或者公司章程规定的比例，持续两年以上不能做出有效

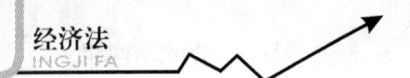

的股东会或者股东大会决议,公司经营管理发生严重困难的;

(3) 公司董事长期冲突,且无法通过股东会或者股东大会解决,公司经营管理发生严重困难的;

(4) 经营管理发生其他严重困难,公司继续存续会使股东利益受到重大损失的情形。

股东提起解散公司诉讼应当以公司为被告。

模块六　公司财务、会计

一、公司财务、会计

(一) 公司财务、会计的基本要求

(1) 公司应当依照法律、行政法规和国务院财政部门的规定建立本公司的财务会计制度。

(2) 公司应当在每一会计年度终了时编制财务会计报告,并依法经会计师事务所审计。

(3) 公司应当依法披露有关财务、会计资料。有限责任公司应当按照公司章程规定的期限将财务会计报告送交各股东。股份有限公司的财务会计报告应当在召开股东大会年会的 20 日前置备于本公司,供股东查阅;公开发行股票的股份有限公司必须公告其财务会计报告。

(二) 利润分配

1. 利润分配

公司利润是指公司在一定会计期间的经营成果。公司应当按照如下顺序进行利润分配:①弥补以前年度的亏损,但不得超过税法规定的弥补期限;②缴纳所得税;③弥补在税前利润弥补亏损之后仍存在的亏损;④提取法定公积金;⑤提取任意公积金;⑥向股东分配利润。

公司弥补亏损和提取公积金后所余税后利润,有限责任公司按照股东实缴的出资比例分配,但全体股东约定不按照出资比例分配的除外;股份有限公司按照股东持有的股份比例分配,但股份有限公司章程规定不按持股比例分配的除外。

2. 公积金

公积金是公司在资本之外所保留的资金金额。公积金分为盈余公积金和资本公积金两类。

盈余公积金是从公司税后利润中提取的公积金,分为法定公积金和任意公积金两种。法定公积金按照公司税后利润的 10% 提取,当公司法定公积金累计额为公司注册资本的

50%以上时可以不再提取。任意公积金按照公司股东会或者股东大会决议，从公司税后利润中提取。

资本公积金是直接由资本原因等形成的公积金，股份有限公司以超过股票票面金额的发行价格发行股份所得的溢价款以及国务院财政部门规定列入资本公积金的其他收入，应当列为公司资本公积金。

公司的公积金应当按照规定的用途使用。公司的公积金主要用于弥补公司亏损、扩大公司生产经营和转增公司资本。对用任意公积金转增资本的，法律没有限制，但用法定公积金转增资本时，《公司法》规定，法定公积金转为资本时，所留存的该项公积金不得少于转增前公司注册资本的25%。

模块七　公司的变更、解散和清算

一、公司的变更

公司的变更，即公司组织形式变更，是指不中断公司的经营，将某种类型的公司变为其他类型公司的行为。

有限责任公司变为股份有限公司，应当符合《公司法》规定的股份有限公司的条件。股份有限公司变为有限责任公司，应当符合《公司法》规定的有限责任公司的条件。

有限责任公司或者股份有限公司变更后，公司变更前的债权、债务由变更后的公司承继。

二、公司解散和清算

（一）公司解散的原因

公司解散的原因有以下五种：

（1）公司章程规定的营业期限届满或者公司章程规定的其他解散事由出现；

（2）股东会或者股东大会决议解散；

（3）因公司合并或者分立需要解散；

（4）依法被吊销营业执照、责令关闭或者被撤销；

（5）人民法院依法予以解散。

（二）公司的清算

1. 成立清算组

公司应当在解散事由出现之日起15日内成立清算组，开始清算。有限责任公司的清算组由股东组成，股份有限公司的清算组由董事或者股东大会确定的人员组成。逾期不成

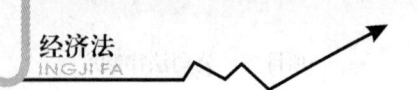

立清算组进行清算的，债权人可以申请人民法院指定有关人员组成清算组进行清算。

2. 清算组的职权

清算组在清算期间行使下列职权：清理公司财产，分别编制资产负债表和财产清单；通知、公告债权人；处理与清算有关的公司未了结的业务；清缴所欠税款以及清算过程中产生的税款；清理债权、债务；处理公司清偿债务后的剩余财产；代表公司参与民事诉讼活动。

清算组在公司清算期间代表公司进行一系列民事活动，全权处理公司经济事务和民事诉讼活动。

清算组应当自成立之日起10日内通知债权人，并于60日内在报纸上公告。债权人应当自接到通知书之日起30日内，未接到通知书的自公告之日起45日内，向清算组申报其债权。在申报债权期间，清算组不得对债权人进行清偿。

3. 清偿债务

公司财产在分别支付清算费用、职工的工资、社会保险费用和法定补偿金，缴纳所欠税款，清偿公司债务后的剩余财产，有限责任公司按照股东的出资比例分配，股份有限公司按照股东持有的股份比例分配。清算期间，公司存续，但不得开展与清算无关的经营活动。公司财产在未按上述规定清偿前，不得分配给股东。

4. 公告公司终止

公司清算结束后，清算组应当制作清算报告，报股东会、股东大会或者人民法院确认，并报送公司登记机关，申请注销公司登记，公告公司终止。

（三）公司破产

根据《中华人民共和国企业破产法》（以下简称《企业破产法》）的规定，破产是在企业法人不能清偿到期债务，并且资产不足以清偿全部债务或者明显缺乏清偿能力时，由人民法院主持依法清理其债务，执行其全部财产，公平清偿全体债权人的法律制度。当公司达到破产法规定的破产界限时，依照《企业破产法》的规定办理相关事宜。

课后训练

一、基础练习

列表比较有限责任公司与股份有限公司的区别。

二、案例分析

甲有限责任公司的有关情况如下：

（1）甲有限责任公司由A企业、B企业、C企业共同投资于去年1月1日成立，注册资本为1 000万元，其中A企业出资600万元，B企业出资300万元，C企业出资100万元。根据章程的规定，A企业、B企业、C企业的首次出资为各自出资额的25%，其余75%的出资在今年7月1日前缴足。

（2）去年2月，甲公司为A企业的银行贷款提供担保，该担保事项提交股东会表决时，A企业、C企业赞成，B企业反对，股东会通过了该项决议。

（3）去年3月，A企业将实际价值100万元的设备作价250万元转让给甲公司，为此给甲公司造成150万元的经济损失。

（4）去年4月，甲公司采取欺诈手段，与乙公司签订了1 000万元的买卖合同，乙公司依照约定发货后，甲公司股东蓄意转移公司财产，以甲公司财产不足为由拒绝支付乙公司的货款。

（5）去年5月，丙公司侵犯了甲公司的商标专用权，给甲公司造成了200万元的经济损失。B企业直接向法院起诉，要求丙公司赔偿损失。

（6）去年6月，C企业拟将自己的全部出资对外转让给D企业，C企业就其股权转让书面通知A企业、B企业以征求同意，但其40日内未以答复。

（7）去7月1日，甲公司股东会通过了公司分立决议，在股东会表决时投反对票的B企业请求甲公司以合理的价格收购其股权，但B企业与甲公司在60日内未能达成协议。

请回答：公司的以上行为哪些合法，哪些不合法？并说明理由。

三、实训任务

编写一份有限责任公司或股份有限公司的公司章程。

项目四　合同法律制度

一、知识框架

（一）合同与合同法

合同是民事主体之间设立、变更、终止民事法律关系的协议。我国《民法典》的第三编为合同编，主要内容包括合同的一般规定、十九种"典型合同"、两种"准合同"的法律规定。

（二）合同的订立

合同的订立是指两个或两个以上的当事人，依法就合同的主要条款经过协商一致达成协议的法律行为。合同订立可以采用书面形式、口头形式和其他形式。合同的主要条款包括：当事人的名称或者姓名和住所，标的，数量，质量，价款或者报酬，履行期限、地点和方式，违约责任，解决争议的方法。当事人采取要约、承诺方式订立合同。合同成立的具体时间、地点依不同情况而定。

（三）合同的效力

合同的效力即合同的法律效力，是指已经成立的合同对当事人的法律约束力。我国《民法典》就合同的效力问题规定了有效合同、无效合同、可撤销合同、效力待定合同四种情况。无效合同不具有法律约束力且不发生履行效力；可撤销合同因欠缺合同生效要件，一方当事人可以请求人民法院或仲裁机构予以撤销，撤销后合同无效；效力待定合同其效力能否发生尚不确定，必须经有权人追认才能生效。

（四）合同履行

合同履行是指合同生效后，当事人双方按照合同规定的约定，全面、适当地完成各自所承担的义务和实现各自享受的权利，使双方当事人的合同目的得以实现的行为。合同的履行规则包括：基本规则、涉及当事人就有关合同内容约定不明确时的履行规则、执行政府定价或者政府指导价的合同的履行规则、电子合同及涉及第三人的合同履行规则。合同履行中可以行使抗辩权，主要包括同时履行抗辩权、后履行抗辩权、不安抗辩权的行使。保全措施包括代位权和撤销权。

（五）合同的担保

合同的担保是指依照法律规定，或由当事人双方经过一致而约定的，为保障合同债权实现的法律措施。合同担保的主要方式有：定金、保证、抵押、质押和留置五种。

（六）合同的变更、转让和终止

合同的变更是指合同内容的变更，即合同成立后，当事人协商一致，在合同主体、合同性质、合同标性质不改变的前提下对原合同内容进行修改、补充或者完善。合同的转让是指合同当事人一方将其合同的权利和义务全部或部分转让给第三人的行为，合同转让分为债权转让、债务转移、债权债务的概括转让。合同权利义务终止是指依法生效的合同，因发生法律规定或者当事人约定的情况，使当事人之间的权利义务消灭，从而使合同终止法律效力，合同终止包括债务已经履行、合同解除等。

（七）违约责任

违约责任是指合同当事人一方不履行合同义务或者履行合同义务不符合约定时，依照法律规定或者合同约定所承担的法律后果。《民法典》规定承担违约责任的主要形式有继续履行、采取补救措施、赔偿损失、支付违约金、定金责任等。承担违约责任实行过错责任原则。

二、学习目标

（一）知识目标
(1) 合同订立的形式、方式和内容。
(2) 合同效力的认定及其法律后果。
(3) 合同履行的规则及抗辩权的行使。
(4) 合同担保的种类及其法律要求。
(5) 合同的变更和转让的法律要求。
(6) 合同终止的情况及其法律规定。
(7) 承担违约责任的主要方式。

（二）能力目标
(1) 培养学生依法签约的能力。
(2) 培养学生运用合同法律知识解决合同纠纷的能力。

（三）思政目标
(1) 培养学生树立诚实、友善、平等、公正等社会主义核心价值观。
(2) 培养学生维护国家利益、社会公共利益、集体和他人的合法权益的责任感。
(3) 培养学生遵守法律法规和社会公德、维护市场经济交往秩序的自觉性。

三、法律法规

《中华人民共和国民法典》

模块一　合同与合同法

一、合同的概念和分类

(一) 合同的概念及特征

从学理上讲，合同有广义、狭义、最狭义之分。

广义合同指所有法律部门中确定权利和义务关系的协议。如民法上的民事合同、行政法上的行政合同、劳动法上的劳动合同等。

狭义合同指一切民事合同，包括财产合同和身份合同。财产合同包括债权合同、物权合同，比如借款合同、房产交易合同；身份合同包括"婚姻、收养、监护等有关身份关系的协议"，比如收养协议等。

最狭义合同仅指民事合同中的债权债务合同，是指设立、变更、终止债权债务关系的协议。最狭义合同在实践中大量存在，比如买卖合同、租赁合同、运输合同等。

《中华人民共和国民法典》（以下简称《民法典》）规定：合同是民事主体之间设立、变更、终止民事法律关系的协议。依法成立的合同，受法律保护。婚姻、收养、监护等有关身份关系的协议，适用有关该身份关系的法律规定；没有规定的，可以根据其性质参照适用本编规定。

由此可以看出，我国《民法典》所规范的合同就是最狭义的合同，其法律特征为：其一，合同的主体具有平等的法律地位；其二，合同是以设立、变更、终止民事权利义务关系为目的；其三，合同是一种民事法律行为；其四，合同是当事人意思表示一致而达成的协议。

(二) 合同的分类

(1) 以法律是否对其名称做出明确规定为标准，合同分为有名合同、无名合同、准合同。

我国《民法典》合同编规定了合同十九种有名合同和两种准合同。

十九种有名合同分别是：①买卖合同；②供用电、水、气、热力合同；③赠与合同；④借款合同；⑤保证合同；⑥租赁合同；⑦融资租赁合同；⑧保理合同；⑨承揽合同；⑩建设工程合同；⑪运输合同；⑫技术合同；⑬保管合同；⑭仓储合同；⑮委托合同；⑯物业服务合同；⑰行纪合同；⑱中介合同；⑲合伙合同。

两种准合同分别是无因管理和不当得利。

(2) 按照除双方意思表示一致外，是否尚需交付标的物才能成立为标准，合同分为诺成合同与实践合同。

（3）按照法律法规是否要求具备特定形式和手续为标准，合同分为要式合同和不要式合同。

（4）按照双方是否互付义务，合同分为双务合同和单务合同。

（5）按照当事人权利的获得是否支付代价为标准，合同分为有偿合同与无偿合同。

（6）按照合同间的主从关系，合同分为主合同和从合同。

（7）以合同是否涉及合同之外的他人为标准，合同分为涉己合同和涉他合同。

二、合同法概述

我国《民法典》的第三编为合同编，其内容共分：

第一分编为"通则"，主要是关于合同的一般规定，包括合同的订立、合同的效力、合同的履行、合同的保全、合同的变更和转让、合同的权利义务终止、违约责任。

第二分编为"典型合同"，主要是19种有名合同的具体法律规定。

第三分编为"准合同"，主要是两种准合同的具体法律规定。

《民法典》合同编还规定："婚姻、收养、监护等有关身份关系的协议，适用有关该身份关系的法律规定；没有规定的，可以根据其性质参照适用本编规定""本法或者其他法律没有明文规定的合同，适用本编通则的规定，并可以参照适用本编或者其他法律最相类似合同的规定"。

思政园地

新中国第一部法典

2020年5月28日十三届全国人民代表大会第三次会议审议表决通过了《中华人民共和国民法典》。这是新中国第一部以法典命名的法律，寄托着几代国人呼唤"权利法典"的梦想。编纂法典是我国推进全面依法治国、推进国家治理体系和治理能力现代化的重大举措，在新中国法治建设史上具有里程碑意义。

《中华人民共和国民法典》共七编1 260条，总字数逾10万字，分为总则、物权、合同、人格权、婚姻家庭、继承、侵权责任以及附则。民法典是一部具有中国特色、体现时代特点、反映人民意愿的法典，是真正意义上"以人民为中心"的民法典。民法典是民生领域的基础性、综合性法律，它规范各类民事主体的各种人身关系和财产关系，是一部"社会生活的百科全书"，是关乎人民群众生老病死、衣食住行的"权利宣言书"，是市场经济的基本法。

思政要点：

1. 培养学生树立"以人为本"的理念，深刻理解社会主义核心价值观。

3. 培养学生具有对他人生命健康、财产安全、公平交易、人格尊严等权利尊重的自觉性。

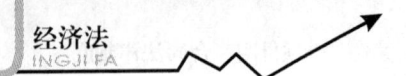

二十大精神园地

坚持以人民为中心的发展思想

维护人民根本利益，增进民生福祉，不断实现发展为了人民、发展依靠人民、发展成果由人民共享，让现代化建设成果更多更公平惠及全体人民。

模块二 合同的订立

一、合同订立的形式

我国《民法典》规定：当事人订立合同，可以采用书面形式、口头形式或者其他形式。

（一）书面形式

《民法典》规定，书面形式是合同书、信件、电报、电传、传真等可以有形地表现所载内容的形式。以电子数据、电子邮件等方式能够有形地表现所载内容，并可以随时调取查用的数据电文，视为书面形式。实践中，书面形式是当事人最为普遍采用的一种合同约定形式。

（二）口头形式

口头形式是指当事人双方就合同内容面对面或以通信交谈而达成的协议。一般来说，对于不能即时清结的和比较重要的合同不宜采用口头形式。

（三）其他形式

除了书面形式和口头形式，合同还可以其他形式成立。法律没有列举具体的"其他形式"，但可以根据当事人的行为或者特定情形推定合同的成立。这种形式的合同可以称为默示合同，指当事人未用语言或文字明确表达意见，而是根据当事人的行为表明其已经接受或在特定的情形下推定成立的合同。

二、合同的内容

合同的内容，除法律规定的以外，主要由合同的条款确定。合同的条款是否齐备、准确，决定了合同能否成立、生效以及能否顺利地履行和实现。由于合同的类型和性质不同，合同的主要条款也会有所不同。我国《民法典》规定：合同的内容由当事人约定，一般包括以下条款：

（一）当事人的姓名或者名称和住所

这是每一个合同必须具备的条款。当事人是合同法律关系的主体，订立合同时，要准确、清楚地记载各方当事人名称或者姓名和住所。

（二）标的

标的是合同当事人双方权利和义务所共同指向的对象。标的是一切合同的必备条款，没有标的，合同不成立，合同关系无法建立。

合同标的多种多样，包括有形财产、无形财产、劳务、工作成果等。合同对标的的规定应当清楚明白、准确无误。

（三）数量

数量是对标的量的规定，是对标的的计量。合同的数量要准确，应选择使用双方当事人共同接受的计量单位、计量方法和计量工具。

（四）质量

质量是标的的内在素质和外观形态的综合，一般以品种、型号、规格、等级和工程项目的标准等体现出来。合同中必须对质量明确加以规定。国家有强制性标准规定的，必须按照规定的标准执行；如有多种质量标准的，应尽可能约定其适用的标准。

（五）价款或者报酬

价款或报酬是一方当事人向对方当事人所付代价的货币支付。作为主要条款，在合同中应当明确规定其数额、计算标准、结算方式和程序。

（六）履行期限、地点和方式

履行期限是指合同中规定的一方当事人向对方当事人履行义务的时间期限。它直接关系到合同义务完成的时间，是确定合同能否按时履行。

履行地点是指合同规定的当事人履行合同义务和对方当事人接受履行的地点。履行地点关系到履行合同的费用、风险由谁承担，以及确定所有权是否转移、何时转移、发生纠纷后应由何地法院管辖。

履行方式是指合同当事人履行合同义务的具体做法。不同种类的合同，有着不同的履行方式，如转移一定的财产、提供某种劳务、交付一不定期的工作成果、价款或者报酬的支付方式、结算方式等。

（七）违约责任

违约责任是指合同当事人一方或者双方不履行合同或者不适当履行合同时，按照法律规定或者合同的约定应当承担的法律责任。违约责任是合同具有法律约束力的重要体现，也是保证合同履行的主要条款，它可以促使当事人履行合同义务，使对方免受或少受损失。

（八）解决争议的方法

解决争议的方法指合同当事人对合同的履行发生争议时解决的途径和方式。可以选择的解决争议的方法主要有：当事人协商和解、第三人调解、仲裁、诉讼。

以上是对一般合同所包括条款的指导性规定，不具有强制性。由于合同种类的不同，某一种合同所包括的具体条款，应根据有关法律规定、合同的性质以及当事人的要求具体加以确定。当然，当事人还可以参照各类合同的示范文本订立合同。

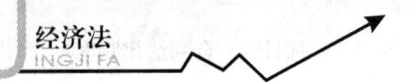

三、合同订立的方式

我国《民法典》规定：当事人订立合同，可以采取要约、承诺方式或其他方式。

(一) 要约

要约是希望与他人订立合同的意思表示。发出要约的当事人称为要约人，要约所指向的对方当事人则称为受要约人。

1. 要约应具备的条件

根据《民法典》的规定，要约应具备以下条件：

(1) 内容具体确定。发出要约的目的在于订立合同，要约人必须是能够确定的，受要约人一般也是特定的；要约的内容必须具有足以使合同成立的主要条件，一般包括合同的主要条款。

(2) 表明经受要约人承诺，要约人即受该意思表示约束。要约是一种法律行为，要约人发出的要约的内容必须能够表明：如果对方接受要约，合同即告成立。

2. 要约邀请

要约邀请是希望他人向自己发出要约的意思表示。要约邀请与要约不同，要约是一个一经承诺就成立合同的意思表示；而要约邀请的目的则是邀请他人向自己发出要约，要约邀请处于合同的准备阶段。

《民法典》规定：拍卖公告、招标公告、招股说明书、债券募集办法、基金招募说明书、商业广告和宣传、寄送的价目表等为要约邀请。商业广告和宣传的内容符合要约条件的，构成要约。

3. 要约生效时间

根据《民法典》第一百三十七条的规定：以对话方式作出的意思表示，相对人知道其内容时生效。以非对话方式作出的意思表示，到达相对人时生效。以非对话方式作出的采用数据电文形式的意思表示，相对人指定特定系统接收数据电文的，该数据电文进入该特定系统时生效；未指定特定系统的，相对人知道或者应当知道该数据电文进入其系统时生效。当事人对采用数据电文形式的意思表示的生效时间另有约定的，按照其约定。

4. 要约的撤回、撤销与失效

根据《民法典》的规定：要约人可以撤回要约。撤回要约的通知应当在要约到达受要约人前或者与要约同时到达受要约人。

根据《民法典》的规定：要约可以撤销。撤销要约的意思表示以对话方式作出的，该意思表示的内容应当在受要约人作出承诺之前为受要约人所知道；撤销要约的意思表示以非对话方式作出的，应当在受要约人作出承诺之前到达受要约人。

由于撤销要约可能会给受要约人带来不利的影响，损害受要约人的利益，法律规定了两种不得撤销要约的情形：①要约人以确定承诺期限或者其他形式明示要约不可撤销；②受要约人有理由认为要约是不可撤销的，并已经为履行合同做了合理准备工作。

根据《民法典》的规定，有下列情形之一的，要约失效：①要约被拒绝；②要约被依法撤销；③承诺期限届满，受要约人未作出承诺；④受要约人对要约的内容作出实质性变更。

（二）承诺

承诺是受要约人同意要约的意思表示。

1. 承诺应当具备的条件

①承诺必须由受要约人作出；②承诺必须向要约人作出；③承诺的内容必须与要约的内容一致；④承诺必须在有效期限内作出。

2. 承诺的方式

根据《民法典》的规定：承诺应用当以通知的方式作出；但是，根据交易习惯或者要约表明可以通过作出承诺的除外。

3. 承诺的期限

根据《民法典》的规定：承诺应当在要约确定的期限内到达要约人。要约没有确定承诺期限的，承诺应当依照下列规定到达：①要约以对话方式作出的，应当即时作出承诺；②要约以非对话方式作出的，承诺应当在合理期限内到达。

要约以信件或者电报作出的，承诺期限自信件载明的日期或者电报交发之日开始计算。信件未载明日期的，自投寄该信件的邮戳日期开始计算。要约以电话、传真、电子邮件等快速通讯方式作出的，承诺期限自要约到达受要约人时开始计算。

4. 承诺的生效

根据《民法典》的规定：承诺生效时合同成立。但是法律另有规定或者当事人另有约定的除外。

以通知方式作出的承诺，适用本法第一百三十七条的规定；承诺不需要通知的，在交易习惯或者要约的要求作出承诺的行为时生效。

5. 承诺的撤回与变更

承诺可以撤回，撤回意思表示的通知应当在意思表示到达相对人前或者与意思表示同时到达相对人。

承诺的内容应当与要约的内容一致。受要约人对要约的内容作出实质性变更的，为新要约。有关合同的标的、数量、质量、价款或报酬、履行期限、履行地点和方式、违约责任和解决争议的方法等的变更，是对要约内容的实质性变更。

承诺对要约的内容作出非实质性变更的，除要约人及时表示反对或者要约表明承诺不得对要约的内容作出任何变更外，该承诺有效，合同的内容以承诺的内容为准。

（三）其他方式

其他方式本书不作详细介绍。

四、合同成立的时间和地点

（一）合同成立的时间

合同谈判成立的过程，就是要约、新要约、再新的要约直到承诺的过程。一般来说，合同一经承诺即告成立。我国《民法典》规定：

（1）当事人采用合同书形式订立合同的，自当事人均签名、盖章或者按指印时合同成立。在签字、盖章或者按指印之前，当事人一方已经履行主要义务，对方接受时，该合同成立。

（2）法律、行政法规规定或者当事人约定合同应当采用合同书形式订立，当事人未采用合同书形式但是一方已经履行主要义务，对方接受时，该合同成立。

（3）当事人采用信件、数据电文等形式订立合同要求签订确认书的，签订确认书时合同成立。

（4）当事人一方通过互联网等信息网络发布的商品或者服务信息符合要约条件的，对方选择商品或者服务并提交订单成功时合同成立，但是当事人另有约定的除外。

（二）合同成立的地点

合同成立的地点关系到合同的管辖权，直接影响到当事人的权利义务。根据《民法典》的规定，合同生效的地点为合同的成立地点。

（1）采用数据电文形式订立合同的，收件人的主营业地为合同成立的地点；没有主营业地的，其住所地为合同成立的地点。当事人另有约定的，按照其约定。

（2）当事人采用合同书形式订立合同的，最后签名、盖章或者按指印的地点为合同成立的地点，但当事人另有约定的除外。

五、格式条款

根据《民法典》的规定，格式条款是当事人为了重复使用而预先拟定，并在订立合同时未与对方协商的条款。

（一）格式条款的使用规定

（1）采用格式条款订立合同时，提供格式条款的一方应当遵循公平原则确定当事人之间的权利和义务，并采取合理的方式提示对方注意免除或减轻其责任等与对方有重大利害关系的条款，按照对方的要求，对该条款予以说明。

（2）提供格式条款的一方未履行提示或者说明义务，致使对方没有注意或者理解与其有重大利害关系的条款的，对方可以主张该条款不成为合同的内容。

（3）对格式条款的理解发生争议时，应当按照通常理解予以解释；对格式条款有两种以上的解释的，应当作出不利于提供格式条款一方的解释。格式条款和非格式条款不一致的，应当采用非格式条款。

（4）悬赏人以公开方式声明对完成特定行为的人支付报酬的，完成该行为的人可以请求其支付。

（二）格式条款的无效

（1）提供格式条款一方不合理地免除或者减轻其责任、加重对方责任、限制对方主要权利。

（2）提供格式条款一方排除对方主要权利。

（3）格式条款中有造成对方人身损害的、因故意或重大过失造成对方财产损失的免责条款。

（4）属于法律规定的无效合同内容。

六、缔约过失责任

缔约过失责任是指当事人在订立合同过程中，因违背诚实信用原则给对方造成损失时所应承担的法律责任。根据《民法典》的规定，当事人在订立合同过程中有下列情形之一，造成对方损失的，应当承担损害赔偿责任：

（1）假借订立合同，恶意进行磋商；

（2）故意隐瞒与订立合同有关的重要事实或者提供虚假情况；

（3）其他有违背诚实信用原则的行为。

当事人在订立合同过程中知悉的商业秘密或者其他应当保密的信息，无论合同是否成立，不得泄露或不正当地使用；泄露、不正当地使用该商业秘密或者信息，造成对方损失的，应当承担损害赔偿责任。

模块三　合同的效力

合同的效力即合同的法律效力，是指已经成立的合同对当事人的法律约束力。合同成立与合同效力不同，合同成立与否取决于当事人之间是否就合同内容达成一致，而合同的效力则取决于法律作出的评价。我国《民法典》就合同的效力问题规定了有效合同、无效合同、可撤销合同、效力待定合同四种情况。具体体现在《民法典》第一编总则第六章中关于民事法律行为的规定和第三编合同编第三章中关于合同的效力的规定。

一、有效合同

合同的生效，是指已经依法成立的合同。根据《民法典》的规定：

（1）依法成立的合同，自成立时生效，但是法律另有规定或者当事人另有约定的除外。

（2）依照法律、行政法规的规定，合同应当办理批准等手续的，依照其规定。未办理批准等手续影响合同生效的，不影响合同中履行报批义务条款以及相关条款的效力。应当办理申请批准等手续的当事人未履行义务的，对方可以请求其承担违反该义务的责任。

（3）附生效条件的合同，自条件成就时生效。附解除条件的合同，自条件成就时失效。附生效期限的合同，自期限届至时生效；附终止期限的合同，自期限届满时失效。但根据其性质不得附条件、附期限的除外。

根据《民法典》的规定，具备下列条件的合同有效：

（1）行为人具有相应的民事行为能力；

（2）意思表示真实；

（3）不违反法律、行政法规的强制性规定，不违背公序良俗。

二、无效合同

无效合同是不具有法律约束力和不发生履行效力的合同。无效合同国家不予承认和保护，它具有违法性、不得履行性和绝对无效性。

（一）无效合同的认定

根据《民法典》的规定，有下列情形之一的，合同无效：

（1）无民事行为能力人签订的；

（2）行为人与相对人以虚假的意思表示签订的；

（3）违反法律、行政法规的强制性规定的；

（4）违背公序良俗的；

（5）行为人与相对人恶意串通，损害他人合法权益的。

（二）无效合同的法律后果

（1）无效合同自始没有法律约束力。合同部分无效，不影响其余部分的效力，其余部分仍然有效。

（2）合同无效不影响合同中有关解决争议方法的条款的效力。

（3）合同被确认无效后，因无效合同取得的财产，应当予以返还；不能返还或者没有必要返还的，应当折价补偿。

（4）有过错的一方应当赔偿对方因此所受到的损失；双方都有过错的，应当各自承担相应的责任。

三、可撤销合同

可撤销合同是指因欠缺合同生效要件，一方当事人有权请求人民法院或仲裁机构予以变更或撤销的合同。经有撤销权的当事人行使撤销权，可使已经生效的合同归于无效合同。

（一）可撤销合同的认定

根据《民法典》的规定，下列情形为可撤销合同：

（1）行为人因重大误解签订的；

（2）一方以欺诈手段，使对方在违背真实意思的情况下签订的；

（3）第三人实施欺诈行为，使一方在违背真实意思的情况下签订合同，对方知道或者应当知道该欺诈行为的；

（4）一方或者第三人以胁迫手段，使对方在违背真实意思的情况下签订的；

（5）一方利用对方处于危困状态、缺乏判断能力等情况，致使合同显示公平的。

（二）可撤销合同的法律后果

（1）具有撤销权的当事人有权请求法院或者仲裁机构。

（2）当事人自知道或者应当知道撤销事由之日起 1 年内、重大误解的当事人自知道或者应当知道撤销事由之日起 90 日内没有行使撤销权的；具有撤销权的当事人知道撤销事由后明确表示或者以自己的行为放弃撤销权的；当事人自合同签订之日起 5 年内没有行使撤销权的，撤销权消失。

（3）被撤销的合同与无效合同一样，自始没有法律约束力。其法律后果与无效合同相同。

四、效力待定合同

效力待定合同是指合同已经成立，但因欠缺合同生效要件，其效力能否发生尚不能确定，必须经有权人追认才能生效。

（一）限制民事行为能力人订立合同

限制民事行为能力人签订的合同，必须经其法定代理人同意或追认后才有效。但限制民事行为能力人签订的纯获利益的合同或者与其年龄、智力、精神健康状况相适应而订立的合同，不必经法定代理人追认。

（二）无代理权人订立的合同

行为人没有代理权、超越代理权或者代理权终止后以被代理人名义订立的合同，只有经被代理人的追认，才对被代理人发生法律效力。未经被代理人追认，不对被代理人发生法律效力，由行为人自己承担责任。如果代理人虽然没有代理权，但相对人有理由相信代理人有代理权的，那么该代理行为有效。

模块四　合同的履行

一、合同履行的规则

合同履行，是指合同生效后，当事人双方按照合同规定的约定，全面、适当地完成各自所承担的义务和实现各自享受的权利，使双方当事人的合同目的得以实现的行为。

（一）合同履行的基本要求

根据《民法典》的规定，合同履行应当遵循以下规则：

（1）当事人应当按照合同全面履行自己的义务。

（2）当事人应当遵循诚信原则，根据合同性质、目的和交易习惯履行通知、协助、保密等义务。

（3）当事人在履行合同过程中，应当避免浪费资源、污染环境和破坏生态。

（二）合同有关条款不明确时的履行规则

根据《民法典》的规定，合同生效后，当事人就质量、价款或者报酬、履行地点等内容没有约定或约定不明确的，可以协议补充；不能达成补充协议的，按照合同有关条款或者交易习惯确定。当事人就有关内容约定不明确的，依据前款规定仍不能确定的，适用下列规则：

（1）质量要求不明确的，按照强制性国家标准履行；没有强制性国家标准的，按照推荐性国家标准履行；没有推荐性国家标准的，按照行业标准履行；没有国家标准、行业标准的，按照通常标准或者符合合同目的的特定标准履行。

（2）价款或者报酬不明确的，按照订立合同时履行地的市场价格履行；依法应当执行政府定价或者政府指导价的，按照规定履行。

（3）履行地点不明确，给付货币的，在接受货币一方所在地履行；交付不动产的，在不动产所在地履行；其他标的，在履行义务一方所在地履行。

（4）履行期限不明确的，债务人可以随时履行，债权人也可以随时请求履行，但是应当给对方必要的准备时间。

（5）履行方式不明确的，按照有利于实现合同目的的方式履行。

（6）履行费用的负担不明确的，由履行义务一方负担；因债权人原因增加的履行费用，由债权人负担。

（三）电子合同的特殊规定

（1）通过互联网等信息网络订立的电子合同的标的为交付商品并采用快递物流交付的，收货人的签收时间为交付时间。

（2）电子合同的标的为提供服务的，生成的电子凭证或者实物凭证中载明的时间为提供服务时间；凭证没有载明时间或者载明时间与实际提供服务时间不一致的，以实际提供的服务时间为准。

（3）电子合同的标的物为采用在线传输方式交付的，合同标的物进入对方当事人指定的特定系统且能够检索识别的时间为交付时间。

（4）电子合同当事人对交付商品或者提供服务的方式、时间另有约定的，按照其约定。

（四）执行政府定价或者政府指导价的合同的履行规则

执行政府定价或者政府指导价的，在合同约定的交付期限内政府价格调整时，按照交付时的价格计价。逾期交付标的物的，遇价格上涨时，按照原价格执行；价格下降时，按照新的价格执行。逾期提取标的物或者逾期付款的，遇价格上涨时，按照新价格执行；价格下降时，按照原价格执行。

（五）涉及第三人的合同履行

（1）当事人约定由债务人向第三人履行债务，债务人未向第三人履行债务或者履行债务不符合约定的，应当向债权人承担违约责任。

（2）法律规定或者当事人约定第三人直接请求债务人向其履行债务，第三人未在合理期限内明确拒绝，债务人未向第三人履行债务或者履行债务不符合约定的，第三人可以请求债务人承担违约责任；债务人对债权人的抗辩，可以向第三人主张。

（3）当事人约定由第三人向债权人履行债务，第三人不履行债务或者履行债务不符合约定的，债务人应当向债权人承担违约责任。

（4）债务人不履行债务，第三人对履行该债务具有合法利益的，第三人有权向债权人代为履行；但是，根据债务性质、按照当事人约定或者依照法律只能由债务人履行的除外。债权人接受当事人履行后，其对债务人的债权转让给第三人，但是债务人和第三人另有约定的除外。

二、合同履行中的抗辩权

抗辩权是指在双务合同中，一方当事人在对方未履行合同或履行合同不符合约定时，依法享有拒绝其全部或相应的履行要求的权利。《民法典》规定了同时履行抗辩权、后履行抗辩权和不安（先履行）抗辩权三种抗辩权。

（一）同时履行抗辩权

1. 同时履行抗辩权的法律规定

《民法典》规定，当事人互负债务，没有先后履行顺序的，应当同时履行。一方在对方履行之前有权拒绝其履行请求；一方在对方履行债务不符合约定时，有权拒绝其相应的履行请求。

2. 同时履行抗辩权的效力

同时履行抗辩权只是暂时阻止对方当事人请求权的行使，而不是永久地终止合同。当对方当事人完全履行了合同义务，同时履行抗辩权即告消灭，主张抗辩权的当事人就应当履行自己的义务。当事人因行使同时履行抗辩权致使合同迟延履行的，迟延履行责任由对方当事人承担。

（二）后履行抗辩权

1. 后履行抗辩权的法律规定

《民法典》规定，当事人互负债务，有先后履行顺序，应当先履行债务一方未履行的，后履行一方有权拒绝其履行请求。先履行一方履行债务不符合约定的，后履行一方有权拒绝其相应的履行请求。

2. 后履行抗辩权的效力

后履行抗辩权不是永久性的，它的行使只是暂时阻止了当事人请求权的行使。先履行一方的当事人如果完全履行了合同义务，则后履行抗辩权消灭，后履行当事人就应当按照合同约定履行自己的义务。

（三）不安抗辩权

1. 不安抗辩权的含义

不安抗辩权又称先履行抗辩权，是指当事人互负债务，有先后履行顺序的，先履行的一方有确切证据证明另一方丧失履行债务能力时，在对方没有履行或者没有提供担保之前，有权中止合同履行的权利。设立不安抗辩权的目的，在于预防因后履行一方履行能力的变化给先履行一方造成损害，维护当事人权利义务关系的平衡。

2. 不安抗辩权的法律规定

《民法典》规定，应当先履行债务的当事人，有确切证据证明对方有下列情形之一的，可以中止履行：①经营状况严重恶化；②转移财产、抽逃资金，以逃避债务；③丧失商业信誉；④有丧失或可能丧失履行债务能力的其他情形。

3. 行使不安抗辩权的法律后果

（1）合同中止履行。先履行的一方有确切证据证明另一方丧失履行债务能力时，在对方没有履行或者没有提供担保之前，中止合同履行，应当及时通知对方。

（2）继续履行合同。合同中止履行后，另一方当事人恢复履行合同能力或者对履行合同提供了适当担保时，中止履行一方应当恢复履行合同。

（3）解除合同。中止履行合同后，如果对方在合理期限内未恢复履行能力并且未提供适当担保，中止履行方可以解除合同并要求赔偿损失。

（4）中止履行方所持有的另一方不能履行合同的证据不确切，或者没有将中止履行合同的决定及时通知对方，或者对方已经恢复了履行能力，或者对履行合同提供了适当担保，中止履行方仍不履行合同的，中止履行方应当承担违约责任。

三、合同的保全

为防止因债务人的财产不当减少而给债权人的债权带来危害，法律允许债权人为保全其债权的安全实现而采取的法律措施，被称为合同的保全措施。保全措施包括债权人享有的代位权和撤销权两种。

（一）代位权

《民法典》规定，因债务人怠于行使其债权或者与该债权有关的从权利，影响债权人的到期债权实现的，债权人可以向人民法院请求以自己的名义代位行使债务人对相对人的权利。

1. 代位权行使的条件

（1）债权人与债务人之间存在有效的合同关系。

（2）债务人必须有对第三人的债权存在。

（3）债务人怠于行使其到期债权，致使债权人的到期债权不能实现，对债权人造成伤害。

（4）债务人的债权不是专属于债务人自身的债权。专属于债务人自身的债权，是指基于扶养关系、抚养关系、赡养关系、继承关系产生的给付请求权和劳动报酬、退休金、养老金、抚恤金、安置费、人寿保险、人身伤害赔偿请求权等权利。

2. 代位权行使的法律规定

（1）代为权的行使范围以债权人的到期债权为限。

（2）债权人行使代位权的必要费用，由债务人负担。

（3）债权人的债权到期前，债务人的债权或者与该债权有关的从权利存在诉讼时效期间即将届满或者未及时申报破产债权等情形，影响债权人的债权实现的，债权人可以代位向债务人的相对人请求其向债务人履行、向破产管理人申报或者作出其他必要的行为。

（4）人民法院认定代位权成立的，由债务人的相对人向债权人履行义务，债权人接受履行后，债权人、债务人与相对人之间相应的权利义务终止。债务人对相对人的债权或者与该债权有关的从权利被采取保全、执行措施，或者债务人破产的，依照相关法律的规定处理。

（二）撤销权

《民法典》规定，因债务人采取放弃其到期债权、放弃债权担保、无偿转让财产等方式无偿处分财产权益，或恶意延长其到期债权的履行期限，影响债权人的债权实现的，债权人可以请求人民法院撤销债务人的行为。

债务人以明显不合理的低价转让财产、以明显以不合理的高价受让他人财产或者为他人的债务提供担保，影响债权人的债权实现，债务人的相对人知道或者应当知道该情形的，债权人可以请求人民法院撤销债务人的行为。

1. 撤销权成立的条件

（1）债权人与债务人之间存在有效的合同关系。

（2）债务人实施了上述不当行为。

（3）债务人实施了不正当行为时相对人须有过错。

（4）对债权人利益造成损害的，影响债权人的债权实现。

2. 撤销权行使的法律规定

（1）债权人行使撤销权应以自己的名义，向有管辖权的人民法院提起诉讼，请求法院撤销债务人处分财产的危害债权的行为。

（2）撤销权自债权人知道或者应当知道撤销事由之日起一年内行使。自债务人的行为发生之日起五年内没有行使撤销权的，该撤销权消灭。

（3）撤销权的行使范围以债权人的债权为限。债权人行使撤销权的必要费用，由债务人承担。

（4）债务人影响债权人的债权实现的行为被撤销的，自始没有法律约束力。

模块五　合同的担保

合同的担保是指依照法律规定或者由当事人约定的，保障合同债权实现的法律措施。设定合同担保的根本目的，是保证合同的切实履行，既保障合同债权人实现其债权，也促使合同债务人履行其债务。

担保主要有定金、保证、抵押、质押、留置五种方式。其中定金和保证的法律规定，具体参见《民法典》第三编合同编；抵押、质押、留置的法律规定，具体参见《民法典》第二编物权编。

担保活动应当遵循平等、自愿、公平、诚实信用的原则，合同的担保一般在订立合同时同时成立，既可以是主合同中的担保条款，也可以是单独订立的书面合同。担保合同是主合同的从合同，一般来说，担保合同的法律效力取决于主合同的法律效力，主合同无效，担保合同无效。

一、定金

定金是指根据合同约定，由当事人一方向对方给付一定数额的货币作为债权的担保。《民法典》规定：

（1）当事人可以约定一方向对方给付定金作为债权的担保。

（2）定金合同从实际交付定金之日起生效。

（3）定金的数额由当事人约定，但不得超过主合同标的额的百分之二十，超过部分不产生定金的效力。实际交付的定金多于或者少于约定数额的，视为变更约定的定金数额。

（4）债务人履行债务的，定金应当抵作价款或者收回。给付定金的一方不履行债务或者履行债务不符合约定，致使不能实现合同目的的，无权请求返还定金；收受定金的一方不履行债务或者履行债务不符合约定，致使不能实现合同目的的，应当双倍返还定金。

二、保证

（一）保证和保证人

保证是指保证人和债权人约定，当债务人不履行到期债务或者发生当事人约定的情形时，保证人履行债务或者承担责任的行为。

保证人是具有代为清偿债务能力的法人、其他组织或者公民。根据《民法典》的规定，机关法人不得为保证人，但是经国务院批准为使用外国政府或者国际经济组织贷款进行转贷的以外；以公益为目的的非营利性法人、非法人组织不得为保证人。

（二）保证合同和保证方式

1. 保证合同

根据《民法典》的规定，保证合同一般包括以下内容：①被保证的主债权种类、数额；②债务人履行债务的期限；③保证的方式；④保证担保的范围；⑤保证的期间。

2. 保证方式

保证方式是指保证人承担责任的方式。根据《民法典》的规定，保证的方式包括一般保证和连带责任保证两种。当事人在保证合同中对保证方式没有约定或者约定不明确的，按照一般保证承担保证责任。

（1）一般保证。

一般保证是指当事人在保证合同中约定，债务人不能履行债务时，由保证人承担保证责任的保证。

一般保证的保证人对债权人享有先诉抗辩权，即在主合同纠纷未经审判或者仲裁，并就债务人财产依法强制执行仍不能履行债务前，有权拒绝向债权人承担保证责任。有下列情形之一的，保证人不得行使先诉抗辩权：债务人下落不明且无财产可供执行；人民法院已经受理债务人破产案件；债权人有证据证明债务人的财产不足以履行全部债务或者丧失履行债务能力；保证人书面表示放弃规定的权利。

（2）连带责任保证。

连带责任保证是指当事人在保证合同中约定保证人与债务人对债务承担连带责任的保证。

连带责任保证的债务人不履行到期债务或者当事人约定的情形时，债权人可以请求债务人履行债务，也可以请求保证人在其保证范围内承担保证责任。

（三）保证责任

1. 保证责任的范围

根据《民法典》的规定，保证的范围包括主债权及利息、违约金、损害赔偿金和实现债权的费用。当事人另有约定的，按照其约定。

2. 保证期间

保证期间是指当事人约定或者法律规定的保证人承担保证责任的时间期限。

《民法典》的规定：债权人与保证人可以约定保证期间，但是约定保证期间早于主债务履行期限或者主债务履行期限同时届满的，视为没有约定；没有约定或者约定不明的，保证期间为主债务履行期届满之日起六个月；债权人与债务人对主债务履行期限没有约定或者约定不明的，保证期间自债权人请求债务人履行债务的宽限期届满之日起计算。

3. 保证责任的免除

一般保证的债权人未在保证期间对债务人提起诉讼或者申请仲裁的，保证人不再承担保证责任；连带责任保证的债权人未在保证期间请求保证人承担保证责任的，保证人不再承担保证责任；一般保证的保证人在主债务履行期限届满后，向债权人提供债务人可供执行财产的真实情况，债权人放弃或者怠于行使权利致使该财产不能被执行的，保证人在其提供可供执行财产的价值范围内不再承担保证责任。

4. 主合同的变更

债权人和债务人未经保证人书面同意，协商变更主债权债务合同内容，减轻债务的，保证人仍对变更后的债务承担保证责任；加重债务的，保证人对加重的部分不承担保证责任；债权人和债务人变更主债权债务合同的履行期限，未经保证人书面同意的，保证期间不受影响。

5. 主合同的转让

债权人转让全部或者部分债权，未通知保证人的，该转让对保证人不发生效力；保证人与债权人约定禁止债权转让，债权人未经保证人书面同意转让债权的，保证人对受让人不再承担保证责任；债权人未经保证人书面同意，允许债务人转移全部或者部分债务，保证人对未经其同意转移的债务不再承担保证责任，但是债权人和保证人另有约定的除外；第三人加入债务的，保证人的保证责任不受影响。

6. 责任后果

保证人承担保证责任后，除当事人另有约定外，有权在其承担保证责任的范围内向债务人追偿，享有债权人对债务人的权利，但是不得损害债权人的利益；同一债务有两个以上保证人的，保证人应当按照保证合同约定的保证份额，承担保证责任；没有约定保证份额的，债权人可以请求任何一个保证人在其保证范围内承担保证责任。

三、抵押

抵押是为担保债务的履行，债务人或者第三人不转移财产的占有，将该财产作为债权的担保，当债务人不履行债务时，债权人有权依法以该财产折价或者以拍卖、变卖该财产的价款优先受偿。该债务人或者第三人为抵押人，债权人为抵押权人，提供担保的财产为抵押财产。

（一）抵押财产

1. 抵押财产的范围

根据《民法典》的规定，债务人或者第三人有权处分的下列财产可以抵押：①建筑物和其他土地附着物；②建设用地使用权；③海域使用权；④生产设备、原材料、半成品、产品；⑤正在建造的建筑物、船舶、航空器；⑥交通运输工具；⑦法律、行政法规未禁止抵押的其他财产。

抵押人可以上述所列财产一并抵押。

2. 禁止抵押的财产

根据《民法典》的规定，下列财产不得抵押：①土地所有权；②宅基地、自留地、自留山等集体所有土地的使用权，但是法律规定可以抵押的除外；③学校、幼儿园、医疗机构等以公益目的成立的非营利法人的教育设施、医疗卫生设施和其他公益设施；④所有权、使用权不明或者有争议的财产；⑤依法被查封、扣押、监管的财产；⑥法律、行政法规不得抵押的其他财产。

（二）抵押合同和抵押登记

1. 抵押合同

根据《民法典》的规定，设立抵押权，当事人应当采用书面形式订立抵押合同。抵押合同一般包括下列条款：①被担保债权的种类和数额；②债务人履行债务的期限；③抵押物的名称、数量等情况；④担保的范围。

2. 抵押登记

根据《民法典》的规定，当事人以上述可以抵押财产的（1）、（2）、（3）、（5）项抵押的，应当办理抵押物登记。抵押合同自登记之日起生效。

以动产抵押的，抵押权自抵押合同生效时设立；未经登记，不得对抗善意第三人。以动产抵押的，不得对抗正常经营活动中已支付合理价款并取得抵押财产的买受人。

（三）抵押的效力

1. 抵押人的权利

（1）占有权。抵押设定后，除法律和合同另有规定外，抵押权人有权继续占有抵押物。

（2）收益权。抵押设定后，除法律和合同另有规定外，有权取得抵押物的孳息。债务人不履行到期债务或者发生当事人约定的实现抵押权的情形，致使抵押财产被人民法院依法扣押的，自扣押之日起，抵押权人有权收取该抵押财产的天然孳息或者法定孳息，但是抵押权人未通知应当清偿法定孳息义务人的除外。

抵押权设立前，抵押财产已经出租并转移占有的，原租赁关系不受该抵押权的影响。

（3）处分权。抵押期间，抵押人可以转让抵押财产。当事人另有约定的，按照其约定。抵押财产转让的，抵押权不受影响。

抵押人转让抵押财产的，应当及时通知抵押权人。抵押权人能够证明抵押财产转让可能损害抵押权的，可以请求抵押人将转让所得的价款向抵押权人提前清偿债务或者提存。

转让的价款超过债权数额的部分归抵押人所有，不足部分由债务人清偿。抵押权不得与债权分离而单独转让或者作为其他债权的担保。债权转让的，担保该债权的抵押权一并转让，但是法律另有规定或者当事人另有约定的除外。

2. 抵押权人的权利

（1）抵押权的顺位。抵押权人与抵押人可以协议变更抵押权顺位以及被担保的债权数额等内容。但是，抵押权的变更未经其他抵押权人书面同意的，不得对其他抵押权人产生不利影响。

（2）放弃抵押权。债务人以自己的财产设定抵押，抵押权人放弃该抵押权、抵押权顺位或者变更抵押权的，其他担保人在抵押权人丧失优先受偿权益的范围内免除担保责任，但是其他担保人承诺仍然提供担保的除外。

（四）抵押权的实现

（1）抵押担保的效力范围包括主债权及利息、违约金、损害赔偿金和实现抵押权的费用，抵押合同另有约定的，按照约定。

（2）债务人不履行到期债务或者发生当事人约定的实现抵押权的情形，抵押权人可以与抵押人协议以抵押财产折价或者以拍卖、变卖该抵押财产所得的价款优先受偿。协议损害其他债权人利益的，其他债权人可以请求人民法院撤销该协议。

（3）抵押权人与抵押人未就抵押权实现方式达成协议的，抵押权人可以请求人民法院拍卖、变卖抵押财产。抵押财产折价或者变卖的，应当参照市场价格。

（4）抵押财产折价或者拍卖、变卖后，其价款超过债权数额的部分归抵押人所有，不足部分由债务人清偿。

（5）同一财产向两个以上债权人抵押的，拍卖、变卖抵押财产所得的价款依照下列规定清偿：抵押权已经登记的，按照登记的时间先后确定清偿顺序；抵押权已经登记的先于未登记的受偿；抵押权未登记的，按照债权比例清偿。

（6）同一财产既设立抵押权又设立质权的，拍卖、变卖该财产所得的价款按照登记、交付的时间先后确定清偿顺序。

（7）动产抵押担保的主债权是抵押物的价款，标的物交付后十日内办理抵押登记的，该抵押权人优先于抵押物买受人的其他担保物权人受偿，但是留置权人除外。

（8）建设用地使用权抵押后，该土地上新增的建筑物不属于抵押财产。该建设用地使用权实现抵押权时，应当将该土地上新增的建筑物与建设用地使用权一并处分。但是，新增建筑物所得的价款，抵押权人无权优先受偿。

（9）以集体所有土地的使用权依法抵押的，实现抵押权后，未经法定程序，不得改变土地所有权的性质和土地用途。

（10）抵押权人应当在主债权诉讼时效期间行使抵押权；未行使的，人民法院不予保护。

（五）最高额抵押

为担保债务的履行，债务人或者第三人对一定期间内将要连续发生的债权提供担保财产的，债务人不履行到期债务或者发生当事人约定的实现抵押权的情形，抵押权人有权在最高债权额限度内就该担保财产优先受偿。

最高额抵押权设立前已经存在的债权，经当事人同意，可以转入最高额抵押担保的债权范围。最高额抵押担保的债权确定前，部分债权转让的，最高额抵押权不得转让，但是当事人另有约定的除外；抵押权人与抵押人可以通过协议变更债权确定的期间、债权范围以及最高债权额。但是，变更的内容不得对其他抵押权人产生不利影响。

四、质押

质押是指债务人或者第三人将其动产或者权利移交债权人占用或者办理出质登记，作为债权担保，当债务人不履行债务时，债权人有权以处分该动产或者权利的价款优先受偿。质押权也称质权，债务人或者第三人为出质人，债权人为质权人。

根据《民法典》的规定，质押可分为动产质押和权利质押。

（一）动产质押

根据《民法典》的规定，为担保债务的履行，债务人或者第三人将其动产出质给债权人占有的，债务人不履行到期债务或者发生当事人约定的实现质权的情形，债权人有权就该动产优先受偿。

1. 质押合同

设立质权，当事人应当采用书面形式订立质押合同。质押合同一般包括下列条款：被担保债权的种类和数额；债务人履行债务的期限；质押财产的名称、数量等情况；担保的范围；质押财产交付的时间、方式。

2. 动产质押的效力

（1）质押合同自质物移交于质权人占有时生效。

（2）在质权存续期间，未经出质人同意，擅自使用、处分质押财产，造成出质人损害的，应当承担赔偿责任。

（3）质权人有权收取质押财产的孳息，但是合同另有约定的除外。

（4）质权人负有妥善保管质押财产的义务。因保管不善致使质押财产毁损、灭失的，应当承担赔偿责任；质权人的行为可能使质押财产毁损、灭失的，出质人可以请求质权人将质押财产提存，或者请求提前清偿债务并返还质押财产。质权人在质权存续期间，未经出质人同意转质，造成质押财产毁损、灭失的，应当承担赔偿责任。

3. 动产质押的实现

（1）债务人履行债务或者出质人提前清偿所担保的债权的，质权人应当返还质押财产。

（2）债务人不履行到期债务或者发生当事人约定的实现质权的情形，质权人可以与出质人协议以质押财产折价，也可以就拍卖、变卖质押财产所得的价款优先受偿。

（3）质押财产折价或者拍卖、变卖后，其价款超过债权数额的部分归出质人所有，不足部分由债务人清偿。

（二）权利质押

权利质押是指以所有权以外的、可以依法转让的财产权利作为债权的担保，当债务人或者第三人不履行债务时，债权人有权以处分该权利的价款优先受偿。

权利质押和动产质押有很多相似之处，如出质人、质押合同、质押担保的范围、质押权的实现等，因此，关于动产质押的有关规定同样适用于权利质押。

1. 可质押的权利范围

根据《民法典》的规定，债务人或者第三人有权处分的下列权利可以出质：

（1）汇票、本票、支票；

（2）债券、存款单；

（3）仓单、提单；

（4）可以转让的基金份额、股权；

（5）可以转让的注册商标专用权、专利权、著作权等知识产权中的财产权；

（6）现有的以及将有的应收账款；

（7）法律、行政法规规定可以出质的其他财产权利。

2. 权利质押的效力

（1）出质人和质权人应当以书面形式订立质押合同。

（2）以汇票、支票、债券、存款单、仓单、提单、基金出质的，质押合同自权利凭证交付之日起生效。以依法可以转让的股票、商标专用权、专利权、著作权中的财产权及应收账款出质的，应当向有关部门办理出质登记，质押合同自登记之日起生效。

（3）上述规定的权利出质后，出质人不得转让或者许可他人使用，但经出质人与质权人协商同意的，可以转让或者许可他人使用。

（4）汇票、本票、支票、债券、存款单、仓单、提单的兑现日期或者提货日期先于主债权到期的，质权人可以兑现或者提货，并与出质人协议将兑现的价款或者提取的货物提前清偿债务或者提存。

（5）出质人转让基金份额、股权所得的价款，应当向质权人提前清偿债务或者提存。

（6）出质人转让或者许可他人使用出质的知识产权中的财产权所得的价款，应当向质权人提前清偿债务或者提存。

（7）出质人转让应收账款所得的价款，应当向质权人提前清偿债务或者提存。

五、留置

根据《民法典》的规定，留置是指债务人按照合同约定合法占有债务人的动产，债务人不按照合同约定履行到期债务的，债权人有权依法留置该动产，并有权就该动产优先受偿。债权人为留置权人，占有的动产为留置财产。

（一）留置权的适用范围

（1）债权人留置的动产，应当与债权属于同一法律关系；留置财产为可分物的，留置财产的价值应当相当于债务的金额。

（2）留置权属于法定担保权，只有在符合法律规定的条件时产生，并非依合同当事人约定产生，但合同当事人可以约定排除留置权的适用。承揽合同、运输合同、保管合同、仓储合同等可以产生留置权。

（二）留置权的效力

（1）法律规定或者当事人约定不得留置的动产，不得留置。

（2）留置担保的范围包括主债权及利息、违约金、损害赔偿金、留置物保管费用和实现留置权的费用。

（3）留置权人负有妥善保管留置财产的义务；因保管不善致使留置财产毁损、灭失的，应当承担赔偿责任。

（4）同一动产上已经设立抵押权或者质权，该动产又被留置的，留置权人优先受偿。

（三）留置权的行使

（1）留置权人与债务人应当约定留置财产后的债务履行期限；没有约定或者约定不明确的，留置权人应当给债务人六十日以上履行债务的期限，但是鲜活易腐等不易保管的动产除外。债务人逾期未履行的，留置权人可以与债务人协议以留置财产折价，也可以就拍卖、变卖留置财产所得的价款优先受偿。

（2）债务人可以请求留置权人在债务履行期限届满后行使留置权；留置权人不行使的，债务人可以请求人民法院拍卖、变卖留置财产。

（3）留置财产折价或者拍卖、变卖后，其价款超过债权数额的部分归债务人所有，不足部分由债务人清偿。

（4）留置权人对留置财产丧失占有或者留置权人接受债务人另行提供担保的，留置权消灭。

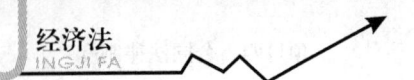

模块六　合同的变更、转让和终止

一、合同的变更

依法订立的合同成立后，即具有法律约束力，任何一方都不得擅自变更合同。但是在合同的履行过程中，由于主观或者客观情况的变化，需要对当事人的权利义务关系重新进行调整和规定时，合同当事人可以依法变更合同。

合同的变更是指合同内容的变更，即合同成立后，当事人协商一致，对原合同内容进行修改、补充或者完善。合同的变更是在合同主体、合同性质、合同标的性质不改变的前提下对合同内容的变更。

根据《民法典》的规定，当事人协商一致，可以变更合同。当事人对合同变更的内容约定不明确的，推定为未变更；合同变更后，合同的变更不影响当事人要求赔偿损失的权利，因变更合同致使当事人一方遭受损失的，除依法可以免除责任的以外，由责任方承担赔偿责任。

二、合同的转让

合同的转让是指合同当事人一方将其合同的权利和义务全部或部分转让给第三人的行为，即合同主体的变更。

根据合同权利义务转让的不同情况，可将合同转让分为债权转让、债务转移、债权债务的概括转让。

（一）债权转让

债权转让是指不改变合同权利的内容，由债权人将合同权利的全部或者部分转让给第三人的行为。根据《民法典》的规定：

(1) 债权人可以将债权全部或者部分转让给第三人。

(2) 有下列情形之一的不得转让：①根据债权性质不得转让；②按照当事人约定不得转让；③依照法律规定不得转让。

(3) 债权人转让债权，应当通知债务人；未通知债务人的，该转让对债务人不发生效力；债权转让的通知不得撤销，但受让人同意的除外。

(4) 债权人转让债权的，受让人取得与债权有关的从权利（如担保权），但该从权利专属于债权人自身的除外。受让人取得从权利不应该从权利未办理转移登记手续或者未转移占有而受影响。

(5) 有下列情形之一，债务人可以向受让人主张抵销：①债务人接到债权转让通知时，债务人对让与人享有债权，且债务人的债权先于转让的债权到期或者同时到期；②债务人的债权与转让的债权基于同一合同产生。

（6）因债权转让增加的履行费用，由受让人负担。

（二）债务转移

债务转移是指在不改变合同义务的前提下，债务人将合同义务的全部或者部分转移给第三人。

根据《民法典》的规定，债务转移必须遵循以下规则：

（1）债务人将债务的全部或者部分转移给第三人的，应当经债权人同意。

（2）债务人或者第三人可以催告债权人在合理期限内予以同意，债权人未作表示的，视为不同意。

（3）债务人转移债务的，新债务人可以主张原债务人对债权人的抗辩；原债务人对债权人享有债权的，新债务人不得向债权人主张抵销。

（4）债务人转移债务的，新债务人应当承担与主债务有关的从债务，但是该从债务专属于原债务人自身的除外。

（5）第三人与债务人约定加入债务并通知债权人，或者第三人向债权人表示愿意加入债务，债权人未在合理期限内明确拒绝的，债权人可以请求第三人在其愿意承担的债务范围内和债务人承担连带责任。

（三）债权债务的概括转让

债权债务的概括转让是指当事人将自己在合同中的权利和义务一并转让给第三人的行为。

根据《民法典》的规定，当事人一方经对方同意，可以将自己在合同中的权利和义务一并转让给第三人。合同的权利义务一并转让的，适用债权转让、债务转移的有关规定。在此我们不再赘述。

三、合同终止

合同终止是指依法生效的合同，因发生法律规定或者当事人约定的情况，使当事人之间的权利义务消灭，而使合同终止法律效力。

债权债务终止后，当事人应当遵循诚信等原则，根据交易习惯履行通知、协助、保密、旧物回收等义务。债权债务终止时，债权的从权利同时消灭，但是法律另有规定或者当事人另有约定的除外。合同的权利义务关系终止，不影响合同中结算和清理条款的效力。

根据《民法典》的规定，有下列情形之一的，债权债务终止：

（一）债务已经履行

债务已经履行是指债务人按照合同约定的标的、质量、数量、价款或报酬、履行期

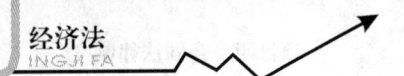

限、履行地点和方式等全面履行，合同关系终止。

(二) 合同解除

合同解除是指合同有效成立后，因主、客观情况发生变化，使合同的履行成为不必要或不可能，根据合同约定、当事人协商一致或者法律规定的情形发生时而提前终止合同效力的行为。根据《民法典》的规定，合同解除有约定解除、协商解除、法定解除三种情况。

1. 约定解除

约定解除是指当事人在订立合同时，约定了合同当事人一方解除合同的事由，一旦解除合同的事由发生时，解除权人就可以通过行使解除权而终止合同。

2. 协商解除

约定解除是指合同生效后，未履行或未完全履行之前，经当事人协商一致而解除合同。

3. 法定解除

法定解除是指在合同成立后，没有履行或没有完全履行完毕之前，在法律规定的解除情况出现时，当事人可以解除合同。

《民法典》规定，有下列情形之一的，当事人可以解除合同：

(1) 因不抗力致使不能实现合同目的；

(2) 在履行期限届满前，当事人一方明确表示或者以自己的行为表明不履行主要债务的；

(3) 当事人一方迟延履行主要债务，经催告后在合理期限内仍未履行；

(4) 当事人一方迟延履行债务或者有其他违约行为致使不能实现合同目的；

(5) 法律规定的其他情形。

3. 法律后果

法律规定或者当事人约定解除权行使期限，期限届满当事人不行使的，该权利消失；法律没有规定或者当事人没有约定解除权行使期限，自解除权人知道或者应当知道解除事由之日起一年内不行使，或者经催告后在合理期限内不行使的，该权利消失。

合同解除后尚未履行的，终止履行；已经履行的，根据履行情况和合同性质，当事人可以要求恢复原状或者采取其他补救措施，并有权请求赔偿损失。合同因违约解除的，解除权人可以请求违约方承担违约责任，但是当事人另有约定的除外。

(三) 债务相互抵销

债务相互抵销是指合同双方当事人互负债务时，各方相互充抵债务，而使各自的债务在对等额内消灭。《民法典》规定，当事人互负债务，该债务的标的物种类、品质相同的，任何一方可以将自己的债务与对方的到期债务抵销，但是根据债务性质、按照当事人的约定或者依照法律规定不得抵销的除外。当事人主张抵销的，应当通知对方，通知自到达对方时生效。抵销不得附条件或者附期限。

（四）债务人依法将标的物提存

提存是指由于债权人的原因致使债务人无法向其交付合同标的物，债务人将该标的物交给提存机关而使合同关系终止的行为。

1. 提存的法定事由

《民法典》规定，有下列情形之一，难以履行债务的，债务人可以将标的物提存：①债权人无正当理由拒绝受领；②债权人下落不明；③债权人死亡未确定继承人、遗产管理人，或者丧失民事行为能力未确定监护人；④法律规定的其他情形。

2. 提存效力

①债务人将标的物或者将标的物依法拍卖、变卖所得价款提交提存部门时，提存成立；②将标的物提存后，债务人应当及时通知债权人或者债权人的继承人、遗产管理人、监护人、财产代管人；③标的物提存后，毁损、灭失的风险由债权人承担；提存期间标的物的孳息归债权人所有，提存费用由债权人负担；④债权人领取提存物的权利，自提存之日起五年内不行使而消灭，提存物扣除提存物费用后归国家所有；⑤债权人未履行对债务人的到期债务，或者债权人向提存机关书面表示放弃领取提存物的，债务人负担提存费用后有权取回提存物。

（五）债权人免除债务

债务的免除是指合同没有履行或没有完全履行，债权人放弃自己的全部或部分权利，从而使合同义务减轻或使合同终止的一种形式。《民法典》规定，债权人免除债务人部分或者全部债务的，债权债务部分或者全部终止，但是债务人在合理期限内拒绝的除外。

（六）债权债务同归于一人

债权债务同归于一人，致使合同关系消灭，也称之为混同。根据《民法典》的规定，债权债务同归于一人的，债权债务终止，但是损害当事人利益的除外。

（七）法律规定或者当事人约定终止的其他情形

法律规定或者当事人约定终止的其他情形在此不作详细的介绍。

思政园地

随意撕毁合同损害他人利益

甲公司（买方）与乙公司（卖方）于2021年5月20日签订了设备买卖合同，双方约定的主要内容为：由乙公司于10月30日前分二批向甲公司提供设备10套，价款总计为150万元；甲公司向乙公司给付定金25万元；如一方迟延履行，应向对方支付违约部分10%的违约金。

合同依法生效后，乙公司于7月1日向甲公司交付了3套设备，甲公司支付了45万元货款。9月1日该种设备价格大幅上涨,乙公司向甲公司提出变更合同,要求将剩余的7套设备价格提高到每套20万元,甲公司没有同意,随后乙公司直接通知甲公司解除合同。11月1日,甲公司仍未收到剩余的7套设备,致使生产无法进行,并因此遭受了50万元的经济损失。甲公司与乙公司多次进行交涉,乙公司认为合同已经解除,双方不存合同关系。甲公司无奈,于是向人民法院起诉,要求乙公司继续履行合同并承担违约责任。

思政要点:
1. 培养学生自觉维护诚实守信、尊重他人合法权益的责任感。
2. 培养学生遵守商业道德、维护市场公平交易秩序的自觉性。

模块七　违约责任

一、违约责任的含义和原则

违约责任,是指合同当事人一方不履行合同义务或者履行合同义务不符合约定时,依照法律规定或者合同约定所承担的法律后果。违约责任是合同具有法律约束力的集中体现,可以约束合同当事人自觉履行合同,有效地预防违约行为发生,切实保障当事人的合法权益,维护正常的社会经济秩序。

我国《民法典》规定,当事人一方不履行合同义务或者履行合同义务不符合约定的,应当承担继续履行、采取补救措施或者赔偿损失等违约责任。这表明《民法典》将严格责任确定为合同当事人承担违约责任的原则。所谓严格责任,也称无过错责任,是指在发生违约的情况下,确定违约方的责任不以过错为要件。当一方当事人违反合同义务时,不论其主观上是否有过错,只要不具备法定免责事由,就应当承担违约责任。

二、承担违约责任的方式

根据《民法典》的规定,当事人承担违约责任的主要方式有继续履行、采取补救措施、赔偿损失、支付违约金、定金责任等。

(一)继续履行

继续履行合同既是为了实现合同目的,又是一种违约责任。

根据《民法典》的规定,当事人一方不履行非金钱债务或者履行非金钱债务不符合约定的,对方可以请求履行,但是有下列情形下之一的除外:

(1)法律上或者事实上不能履行;
(2)债务的标的不适合强制履行或者履行费用过高;
(3)债权人在合理期限内未请求履行。

有上述除外情形之一，致使不能实现合同目的的，人民法院或者仲裁机构可以根据当事人请求终止合同权利义务关系，但不影响违约责任的承担。

（二）采取补救措施

补救措施是指因一方当事人履行标的不符合合同约定，根据法律规定或者对方的要求所采取的特殊救济措施。

根据《民法典》的规定，对违约责任没有约定或者约定不明确；合同生效后，当事人就质量、价款或者报酬、履行地点等内容没有约定或者约定不明确，又没达成协议的，受损害方根据标的的性质以及损失的大小，可以合理选择请求对方承担修理、重作、更换、退货、减少价款或者报酬等违约责任。

（三）赔偿损失

赔偿损失是指当事人一方不履行合同义务或者履行合同义务不符合约定，给对方造成损失的，应支付一定数额的货币以弥补对方的损失。赔偿损失责任的目的在于弥补守约方因对方的违约行为而遭受的全部损失，它具有补偿性。我国《民法典》规定：

（1）事人一方不履行合同义务或者履行合同义务不符合约定，造成对方损失的，损失赔偿额应当相当于因违约所造成的损失，包括合同履行后可以获得的利益；但是，不得超过违约一方订立合同时预见到或者应当预见到的因违约可能造成的损失。

（2）当事人一方违约后，对方应当采取适当措施防止损失扩大；没有采取适当措施致使损失扩大的，不得就扩大的损失要求赔偿。当事人因防止损失扩大而支出的合理费用，由违约方承担。

（3）当事人一方违约造成对方损失，对方对损失的发生有过错的，可以减少相应的损失赔偿额。

（四）支付违约金

违约金是指合同当事人一方由于不履行合同义务或者履行合同不符合约定时，按照合同的约定，向对方给付的一定数额的货币。违约金是对不能履行或者不能完全履行合同行为的一种带有惩罚性质的经济补偿，不论违约的当事人一方是否已给对方造成损失，都应当支付。《民法典》规定：

（1）当事人可以约定一方违约时应当根据违约情况向对方支付一定数额的违约金，也可以约定因违约产生的损失赔偿额的计算方法。

（2）约定的违约金低于造成的损失的，人民法院或者仲裁机构可以根据当事人的请求予以增加；约定的违约金过分高于造成的损失的，人民法院或者仲裁机构可以根据当事人的请求予以适当减少。

（3）当事人迟延履行约定违约金的，违约方支付违约金后，还应当履行债务。

（五）定金责任

定金是合同当事人一方为了确保合同的履行，依据法律规定或当事人双方的约定，由一方当事人按照合同标的额的一定比例，预先向对方给付的金钱。《民法典》规定：

（1）当事人可以约定一方向对方给付定金作为债权的担保。定金合同自实际交付定金时成立。

（2）定金的数额由当事人约定；但是，不得超过主合同标的额的百分之二十，超过部分不产生定金的效力。实际交付的定金数额多于或者少于约定数额的，视为变更约定的定金数额。

（3）债务人履行债务后，定金应当抵作价款或者收回。给付定金的一方不履行债务或者履行债务不符合约定，致使不能实现合同目的的，无权要求返还定金；收受定金的一方不履行债务或者履行债务不符合约定，致使不能实现合同目的的，应当双倍返还定金。

（4）当事人既约定违约金，又约定定金的，一方违约时，对方可以选择适用违约金或者定金条款。定金不足以弥补一方违约造成损失的，对方可以请求赔偿超过定金数额的损失。

三、违约责任的免除

一般来说，在合同订立之后，当事人一方不履行合同义务或者履行合同义务不符合约定时，不论是自己的原因还是第三人的原因，都应当向对方承担违约责任。但是，当事人一方违约是由于免责事由的出现造成的，则可以根据情况免除违约方的违约责任。

（一）法定事由

根据《民法典》的规定，当事人一方因不可抗力不能履行合同的，根据不可抗力的影响，部分或者全部免除责任，但是法律另有规定的除外。

不可抗力是指不能预见、不能避免并不能克服的客观情况。不可抗力通常包括因自然原因引起的，如台风、地震等；也有因社会原因引起的，如战争、经济危机等。

《民法典》规定，因不可抗力不能履行合同的，应当及时通知对方，以减轻可能给对方造成的损失，并应当在合理期限内提供证明。当事人迟延履行后发生不可抗力的，不免除其违约责任。

（二）免责条款

免责条款是指双方当事人在合同中约定，当出现一定的事由或条件时，可免除违约方的违约责任。免责条款是合同的组成部分，必须经当事人双方充分协商一致，并以明示的方式作出，其内容必须符合法律的规定，才具有法律效力。

（三）法律的特别规定

在法律有特别规定的情况下，可以免除当事人的违约责任。如《民法典》关于运输合同的规定：承运人对运输过程中货物的毁损、灭失承担赔偿责任。但是，承运人证明货物的毁损、灭失是因不可抗力、货物本身的自然性质或者合理损耗以及托运人、收货人的过错造成的，不承担赔偿责任。

课后训练

一、基础练习

1. 简述合同的特征及种类。
2. 简述我国合同法调整的对象。
3. 简述合同订立的形式、程序和内容。
4. 如何理解缔约过失责任?
5. 简述无效合同、可撤销合同、效力待定合同的认定及法律后果。
6. 如何理解履行中的抗辩权?如何行使抗辩权?
7. 简述合同的担保形式及法律规定。
8. 简述合同终止的原因。如何解除合同?
9. 简述承担违约责任的主要形式。免除承担违约责任的情况有哪些?

二、案例分析

案例一: 甲乙两公司采用合同书形式订立了一份买卖合同,双方约定由甲公司向乙公司提供100台精密仪器,甲公司于2021年8月31日以前交货,并负责将货物运至乙公司,乙公司在收到货物后10日内付清货款。合同订立后双方均未签字盖章。7月28日,甲公司与丙运输公司订立货物运输合同,双方约定由丙公司将100台精密仪器运至乙公司。8月1日,丙公司先运了70台精密仪器至乙公司,乙公司全部收到,并于8月8日将70台精密仪器的货款付清。8月20日,甲公司掌握了乙公司转移财产、逃避债务的确切证据,随即通知丙公司暂停运输其余30台精密仪器,并通知乙公司中止交货,要求乙公司提供担保,乙公司及时提供了担保。8月26日,甲公司通知丙公司将其余30台精密仪器运往乙公司,丙公司在运输途中发生交通事故,30台精密仪器全部毁损,致使甲公司8月31日前不能按时全部交货。9月5日,乙公司要求甲公司承担违约责任。

要求:根据以上事实及我国《民法典》的规定,回答下列问题。

1. 甲乙公司订立的买卖合同是否成立?并说明理由。
2. 甲公司8月20日中止履行合同的行为是否合法?并说明理由。
3. 乙公司9月5日要求甲公司承担违约责任的行为是否合法?并说明理由。
4. 丙公司对货物毁损应承担什么责任?并说明理由。

案例二: A市甲公司因转产致使一台价值1 200万元的精密机床闲置。2021年6月1日,甲公司与B市乙公司签订了一份机床转让合同。合同约定:精密机床作价1 000万元,甲公司于6月30日前交货,交货地点在乙公司位于C市的生产车间;乙公司在收货后15日内付清货款;若甲公司的精密机床有质量问题,应按合同总价款的30%向乙公司交付违约金。

在交货日前,甲公司发现乙公司经营状况严重恶化,遂通知乙公司中止履行合同并要求乙公司提供担保。乙公司请丙公司为其提供担保。6月20日,甲公司与丙企业签订保证合同,合同未就保证方式和保证范围作出约定。6月21日,乙公司还以公司董事长王某的祖传古董(估价为100万元)为甲公司设定质押担保,双方签订了质押合同,并于6月22日将该古董交付于甲公司。

其后,甲公司如约交付了机床,但乙公司未能如约清偿货款。甲公司因此直接要求丙企业履行清偿货款的保证责任。丙企业主张:甲公司应先行实现质权,对未获实现的债权再请求丙企业履行清偿责任。双方因此争执不下。后为防止纠纷扩大,甲公司只好先通过拍卖古董实现质权,再请求丙企业清偿剩余未获实现的货款债权,丙企业履行了清偿义务。

随后,在机床使用过程中,乙公司发现机床质量存在问题,与合同的约定严重不符,致使乙公司合同目的不能实现,并给其造成损失100万元。乙公司遂问C市人民法院起诉,要求解除合同,返还货款,并由甲公司按合同约定支付违约金300万元。甲公司在答辩中请求人民法院减少违约金数额。

要求:根据上述情况及我国《民法典》的有关规定,回答下列问题。

1. 甲公司于交货日前通知乙公司中止履行合同的做法,属于行使什么权利?简要说明理由。

2. 在丙企业与甲公司签订的保证合同中,丙企业应承担何种方式的保证责任?简要说明理由。

3. 甲公司与乙公司签订的质押合同何时生效?简要说明理由。

4. 丙企业关于甲公司应先行实现质权的主张是否符合法律规定?简要说明理由。

5. 乙公司要求解除合同、返还货款的诉讼请求是否成立?简要说明理由。

6. 人民法院是否应该支持甲公司减少违约金数额的请求?简要说明理由。

三、实训任务

以班级为单位,根据《民法典》合同编的相关规定,参照规范的合同文本,分若干小组分别签订一份合同。

项目五　市场规制法律制度

一、知识框架

（一）反不正当竞争法

反不正当竞争法是调整在维护公平竞争、制止不正当竞争行为过程中发生的社会关系的法律规范的总称。主要包括经营者之间的竞争关系，不正当竞争行为的受害人与行为人之间的民事赔偿关系，监督管理机构与经营者之间的监督管理关系等。

（二）反垄断法

反垄断法是国家为促进和保护公平竞争，提高经济运行效率，通过预防和制止垄断行为，调整竞争关系以及与竞争有密切联系的其他社会关系的法律规范的总称。反垄断法通过一系列原则、规则或制度，控制垄断与限制竞争行为，以修复、保护和促进被损害的竞争机制。

（三）消费者权益保护法

消费者权益保护法是调整在保护消费者权益的过程中发生的社会关系的法律规范的总称。具体内容包括法律适用范围、消费者的权利和经营者的义务、争议的解决等内容。

（四）产品质量法

产品质量法是调整产品生产与销售，以及对产品质量进行监督管理过程中所形成的社会关系，而由国家制定的法律规范的总称。具体内容包括法律适用范围、经营者的产品质量义务、产品质量责任等内容。

（五）食品安全法

食品安全法是适应新形势发展的需要，为了从制度上解决现实生活中存在的食品安全问题，更好地保证食品安全而制定的法律。具体内容包括法律适用范围和监管机构、食品安全风险监测和评估、食品安全标准、食品安全控制、食品安全事故处置、法律责任等内容。

（六）广告法

广告法是在中华人民共和国境内，对商品经营者或者服务提供者通过一定媒介和形式直接或者间接地介绍自己所推销的商品或者服务的商业广告活动进行规范调整的法律。具体内容包括广告法的适用范围及原则、广告内容准则、广告行为规范、法律责任等内容。

二、学习目标

(一) 知识目标

(1) 不正当竞争行为。

(2) 垄断行为、反垄断法实施的机构。

(3) 消费者的权利、经营者的义务、争议的解决。

(4) 产品质量义务、产品质量责任。

(5) 食品安全风险监测和评估、食品安全标准、食品安全管制、食品安全特殊责任、食品安全事故处理。

(6) 广告内容准则、广告行为规范。

(二) 能力目标

(1) 通过所知悉的反不正当竞争法相关知识，分辨不正当竞争行为。

(2) 通过学习消费者权益保护法维护自身合法权益。

(3) 通过所知悉的食品安全法分析判断食品安全问题。

(三) 思政目标

(1) 培养诚实守信、遵纪守法、维护社会经济秩序的现代公民。

(2) 培育和发扬追求极致、精益求精的工匠精神。

(3) 培养恪尽职守，积极履行社会责任的职业素养。

三、法律法规

(1)《中华人民共和国反不正当竞争法》。

(2)《中华人民共和国反垄断法》。

(3)《中华人民共和国消费者权益保护法》。

(4)《中华人民共和国产品质量法》。

(5)《中华人民共和国食品安全法》。

(6)《中华人民共和国广告法》。

模块一　反不正当竞争法

一、反不正当竞争法及其调整对象

反不正当竞争法是调整在维护公平竞争、制止不正当竞争行为过程中发生的社会关系的法律规范的总称。为保障社会主义市场经济的健康发展，鼓励和保护公平竞争，保护经营者的合法权益，《中华人民共和国反不正当竞争法》（以下简称《反不正当竞争法》）于1993年9月2日第八届全国人民代表大会常务委员会第三次会议通过，于2017年11月4日第十二届全国人民代表大会常务委员会第三十次会议修订。根据2019年4月23日第十三届全国人民代表大会常务委员会第十次会议《关于修改〈中华人民共和国建筑法〉等八部法律的决定》修正。

反不正当竞争法调整在制止不正当竞争行为过程中发生的社会关系，主要包括经营者之间的竞争关系，不正当竞争行为的受害人与行为人之间的民事赔偿关系，监督管理机构与经营者之间的监督管理关系等。

二、不正当竞争行为

（一）不正当竞争行为的概念及特征

不正当竞争行为是指经营者在市场交易中，违反诚实信用原则或公认的商业道德，损害其他经营者或消费者的合法权益，扰乱社会经济秩序，应予追究法律责任的行为。不正当竞争行为有以下特征：

（1）主体的特定性。不正当竞争行为是经营者行为。所谓经营者是指从事商品经营或者营利性服务的法人、其他组织和个人。

（2）行为的违法性或反商业道德性。经营者的不正当竞争行为是一种违反法律、法规的行为，在某些情况下，经营者的某些行为虽然难以被确认为法律明确规定的不正当竞争行为，但是，只要是违反了自愿、平等、公平、诚实信用原则或公认的商业道德，也应被认定为不正当竞争行为。

（3）社会危害性。不正当竞争行为不但会对竞争对手造成损害，而且会损害消费者的利益，扰乱和破坏整个社会经济秩序。

（4）应受责罚性。对不正当竞争行为，理应追究行为人的法律责任，包括民事责任、行政责任和刑事责任。

（二）不正当竞争行为具体表现

1. 混淆行为

经营者不得实施下列混淆行为，引人误认为是他人商品或者与他人存在特定联系：

（1）擅自使用与他人有一定影响的商品名称、包装、装潢等相同或者近似的标识。

（2）擅自使用他人有一定影响的企业名称（包括简称、字号等）、社会组织名称（包括简称等）、姓名（包括笔名、艺名、艺名等）。

（3）擅自使用他人有一定影响的域名主体部分、网站名称、网页等。

（4）其他足以引人误认为是他人商品或者与他人存在特定联系的混淆行为。

2. 商业贿赂行为

（1）经营者不得采用财物或者其他手段贿赂下列单位或者个人，以谋取交易机会或者竞争优势：交易相对方的工作人员；受交易相对方委托办理相关事务的单位或者个人；利用职权或者影响力影响交易的单位或者个人。

（2）经营者在交易活动中，可以以明示方式向交易相对方支付折扣，或者向中间人支付佣金。经营者向交易相对方支付折扣、向中间人支付佣金的，应当如实入账。接受折扣、佣金的经营者也应当如实入账。

（3）经营者的工作人员进行贿赂的，应当认定为经营者的行为；但是，经营者有证据证明该工作人员的行为与为经营者谋取交易机会或者竞争优势无关的除外。

3. 虚假宣传行为

（1）经营者不得对其商品的性能、功能、质量、销售状况、用户评价、曾获荣誉等作虚假或者引人误解的商业宣传，欺骗、误导消费者。

（2）经营者不得通过组织虚假交易等方式，帮助其他经营者进行虚假或者引人误解的商业宣传。

4. 侵犯商业秘密行为

经营者不得实施下列侵犯商业秘密的行为：

（1）以盗窃、贿赂、欺诈、胁迫或者其他不正当手段获取权利人的商业秘密。

（2）披露、使用或者允许他人使用以前项手段获取的权利人的商业秘密。

（3）违反约定或者违反权利人有关保守商业秘密的要求，披露、使用或者允许他人使用其所掌握的商业秘密。

（4）第三人明知或者应知商业秘密权利人的员工、前员工或者其他单位、个人实施违法行为，仍获取、披露、使用或者允许他人使用该商业秘密的，视为侵犯商业秘密。

（5）商业秘密，是指不为公众所知悉、具有商业价值并经权利人采取相应保密措施的技术信息和经营信息。

5. 不正当有奖销售行为

经营者进行有奖销售不得存在下列情形：

（1）所设奖的种类、兑奖条件、奖金金额或者奖品等有奖销售信息不明确，影响兑奖。

（2）采用谎称有奖或者故意让内定人员中奖的欺骗方式进行有奖销售。

（3）抽奖式的有奖销售，最高奖的金额超过五万元。

6. 诋毁商誉行为

经营者不得编造、传播虚假信息或者误导性信息，损害竞争对手的商业信誉、商品声誉。

7. 网络不正当竞争行为

经营者利用网络从事生产经营活动，应当遵守本法的各项规定。经营者不得利用技术手段，通过影响用户选择或者其他方式，实施下列妨碍、破坏其他经营者合法提供的网络产品或者服务正常运行的行为：

（1）未经其他经营者同意，在其合法提供的网络产品或者服务中，插入链接、强制进行目标跳转。

（2）误导、欺骗、强迫用户修改、关闭、卸载其他经营者合法提供的网络产品或者服务。

（3）恶意对其他经营者合法提供的网络产品或者服务实施不兼容。

（4）其他妨碍、破坏其他经营者合法提供的网络产品或者服务正常运行的行为。

（三）对不正当竞争行为的监督检查

监督检查部门调查涉嫌不正当竞争行为，可以采取下列措施：

（1）进入涉嫌不正当竞争行为的经营场所进行检查；

（2）询问被调查的经营者、利害关系人及其他有关单位、个人，要求其说明有关情况或者提供与被调查行为有关的其他资料；

（3）查询、复制与涉嫌不正当竞争行为有关的协议、账簿、单据、文件、记录、业务函电和其他资料；

（4）查封、扣押与涉嫌不正当竞争行为有关的财物；

（5）查询涉嫌不正当竞争行为的经营者的银行账户。

采取前款规定的措施，应当向监督检查部门主要负责人书面报告，并经批准。采取前款第四项、第五项规定的措施，应当向设区的市级以上人民政府监督检查部门主要负责人书面报告，并经批准。

监督检查部门调查涉嫌不正当竞争行为，应当遵守《中华人民共和国行政强制法》和其他有关法律、行政法规的规定，并应当将查处结果及时向社会公开。

监督检查部门调查涉嫌不正当竞争行为，被调查的经营者、利害关系人及其他有关单位、个人应当如实提供有关资料或者情况。

监督检查部门及其工作人员对调查过程中知悉的商业秘密负有保密义务。

对涉嫌不正当竞争行为，任何单位和个人有权向监督检查部门举报，监督检查部门接到举报后应当依法及时处理。

监督检查部门应当向社会公开受理举报的电话、信箱或者电子邮件地址，并为举报人保密。对实名举报并提供相关事实和证据的，监督检查部门应当将处理结果告知举报人。

（4）法律责任

根据我国《反不正当竞争法》的规定，不正当竞争行为应承担的法律责任包括民事责任、行政责任和刑事责任三种责任形式。

1. 民事责任

不正当竞争行为给被侵害的经营者造成损害的，应当承担损害赔偿责任，被侵害的经营者的损失难以计算的，赔偿额为侵权人在侵权期间因侵权所得的利润；并应当承担被侵害的经营者因调查该经营者侵害其合法权益的不正当竞争行为所支付的合理费用。

在侵犯商业秘密的民事审判程序中，商业秘密权利人提供初步证据，证明其已经对所主张的商业秘密采取保密措施，且合理表明商业秘密被侵犯，涉嫌侵权人应当证明权利人所主张的商业秘密不属于本法规定的商业秘密。

商业秘密权利人提供初步证据合理表明商业秘密被侵犯，且提供以下证据之一的，涉嫌侵权人应当证明其不存在侵犯商业秘密的行为：

（1）有证据表明涉嫌侵权人有渠道或者机会获取商业秘密，且其使用的信息与该商业秘密实质上相同；

（2）有证据表明商业秘密已经被涉嫌侵权人披露、使用或者有被披露、使用的风险；

（3）有其他证据表明商业秘密被涉嫌侵权人侵犯。

2. 行政责任

不正当竞争行为的行政责任，是违反《反不正当竞争法》规定的行为人承担的行政法律后果。其形式表现为监督检查部门作出的行政处罚，主要有：

（1）仿冒行为中的假冒他人注册商标，擅自使用他人的企业名称或姓名，伪造或者冒用质量标志，伪造产地，对商品质量作引人误解的虚假表示的行为，依照《商标法》《产品质量法》的规定处罚。

（2）仿冒知名商品特有的名称、包装、装潢的行为，监督检查部门应当责令停止违法行为，没收违法所得，可以根据情节处以违法所得1倍以上3倍以下的罚款；情节严重的，可以吊销营业执照。

（3）未构成犯罪的商业贿赂行为，监督检查部门可以根据情节处以1万元以上10万元以下的罚款；有违法所得的，没收违法所得。

（4）经营者构成虚假宣传行为的，监督检查部门应当责令停止违法行为，消除影响，可以根据情节处以1万元以上20万元以下的罚款。对广告的经营者，责令其停止违法行为，没收违法所得，并依法处以罚款。

（5）侵犯商业秘密的，监督检查部门应当责令停止违法行为，可以根据情节处以1万元以上20万元以下的罚款。

（6）经营者构成不正当有奖销售行为，监督检查部门应当责令停止违法行为，可以根据情节处以1万元以上10万元以下罚款。

3. 刑事责任

情节恶劣，构成犯罪的不正当竞争行为，依法追究行为人的刑事责任。

模块二　反垄断法

一、垄断的含义及其法律特征

"垄断"一词有经济学意义上的垄断和法学意义上的垄断。从经济学意义上讲，垄断是指少数企业凭借雄厚的经济实力对生产和市场进行控制，并在一定的市场领域内从实质上限制竞争的一种市场状态。从法学意义上讲，垄断是指垄断主体违反反垄断法规定，对市场经济运行进行排他性控制或对市场竞争进行实质性的限制，妨碍公平竞争的行为。法律意义上的垄断一般有两个特征：

第一，垄断的违法性，是指某种垄断行为违反了法律的规定，背离了法律所设定的原则。

第二，垄断的危害性，是指某种垄断行为导致某一市场领域的竞争受到实质性的限制和损害，进而破坏市场秩序和市场结构，损害消费者权益和社会公共利益。

二、反垄断法

反垄断法是国家为促进和保护公平竞争，提高经济运行效率，通过预防和制止垄断行为，调整竞争关系以及与竞争有密切联系的其他社会关系的法律规范的总称。

反垄断法作为现代竞争法的重要组成部分，以市场主体之间的竞争行为为调整对象，通过一系列原则、规则或制度，控制垄断与限制竞争行为，以修复、保护和促进被损害的竞争机制。因此，竞争关系自然成为反垄断法的调整对象。此外，在反垄断过程中涉及的与竞争有关的社会关系，如国家反垄断执法主体依法定职权监督、管理垄断行为过程中所形成的竞争管理关系，基于垄断行为而引发的消费者权益保护关系，基于垄断行为而形成的企业与顾客之间的特殊交易关系，也是反垄断法的调整对象。

我国反垄断法主要是指《中华人民共和国反垄断法》（以下简称《反垄断法》），它已由第十届全国人民代表大会常务委员会第二十九次会议于2007年8月30日通过，自2008年8月1日起施行。

三、垄断行为

我国《反垄断法》规定的具体垄断行为包括以下内容：一经营者达成垄断协议；二经营者滥用市场支配地位；三具有或者可能具有排除、限制竞争效果的经营者集中。

（一）垄断协议

垄断协议是指两个或两个以上的行为人以协议、决定或者其他协同方式排除、限制竞争的行为。垄断协议也称为"限制竞争协议"或者"卡特尔"。

垄断协议可以分为横向垄断协议和纵向垄断协议。

1. 横向垄断协议

横向垄断协议，又称水平垄断协议，是指在生产或销售过程中处于同一环节的，相互具有直接竞争关系的经营者（或同为生产者，或同为销售者，或同为购买者）之间达成的垄断协议。横向垄断协议常见的表现形式有：

（1）固定价格协议。固定价格协议又称价格卡特尔或价格同盟，是指处于同一生产或流通环节的经营者通过明示和默示的协议，将其产品价格固定在或变更到统一的水平上。

（2）限制数量的协议。限制数量的协议是指限制商品的生产或者销售数量的协议。限制数量协议人为限制市场上商品的产量或销售量，减少对市场的供给，人为制造市场紧张，会导致价格上涨，损害消费者利益。

（3）市场划分协议。市场划分协议是指以分割销售市场或者原材料采购市场为内容的横向垄断协议。由于市场被分割，经营者面临的竞争减少，也减少了消费者的选择机会，降低了市场效率。

（4）限制购买新技术、新设备或者限制开发新技术、新产品的协议。限制创新的垄断协议保护了落后生产力，限制了有效的市场竞争，使消费者得不到更优质的产品。

（5）联合抵制交易。联合抵制交易是指一部分经营者联合起来不与其他竞争对手、供应商或者客户交易的限制竞争行为。联合抵制交易行为限制了经营者选择交易对象的自由，相关企业通过直接拒绝与竞争对手进行交易，或者迫使供应商或者客户中断与这些交易对手进行交易，将竞争对手置于不利的地位。

2. 纵向垄断协议

纵向垄断协议是指处于不同的生产经营阶段，相互不具有直接竞争关系的经营者之间订立的协议。纵向垄断协议的主要表现形式有：

（1）固定转售价格。固定转售价格是指经营者与交易相对人达成协议，固定交易相对人向第三人转售商品的价格。固定转售价格实际上是经营者与交易相对人对商品销售的一种共谋，通过这种方式可以将商品价格固定在一个较高水平，达成协议的经营者都可以从中获利。

（2）限定最低转售价格。限定最低转售价格是指经营者与交易相对人达成协议，限定向第三人转售商品的最低价格。限定了最低转售价格，很可能导致消费者支付更高的价格，从而损害消费者利益。

（二）滥用市场支配地位

市场支配地位，是指经营者在相关市场内具有能够控制商品价格、数量或者其他交易条件，或者能够阻碍、影响其他经营者进入相关市场能力的市场地位。经营者的市场支配地位可以通过法律授权、成功经营或通过自愿联合、重组等经营者集中方式获得。

具有市场支配地位的经营者拥有影响竞争的潜在力量，如果该经营者滥用其市场支配地位，将对市场竞争产生排除、限制影响。所谓滥用市场支配地位就是在相关市场具有支配地位的经营者利用其市场支配地位实施的垄断行为。

我国《反垄断法》并不禁止经营者具有市场支配地位，而只是禁止经营者实施滥用市场支配地位的行为，主要表现形式有：

（1）以不公平的高价销售商品或者以不公平的低价购买商品。

（2）掠夺性定价，即没有正当理由，以低于成本的价格销售商品。

（3）拒绝交易，即没有正当理由，拒绝与交易相对人进行交易。

（4）独家交易，即没有正当理由，限定交易相对人只能与其进行交易或者只能与其指定的经营者进行交易。

（5）搭售或附加不合理条件，即没有正当理由搭售商品或者在交易时附加其他不合理的交易条件。

（6）差别待遇，即没有正当理由，对条件相同的交易相对人在交易价格等交易条件上实行区别待遇。

（7）国务院反垄断执法机构认定的其他滥用市场支配地位的行为。

（三）经营者集中

经营者集中，是指经营者合并、经营者通过取得其他经营者的股份或资产以及通过合同等方式取得对其他经营者的控制权，或者能够对其他经营者施加决定性影响的情形。主要表现为：

（1）经营者合并。两个以上具有独立实体地位的经营者通过一定的形式合并为一个经营者的法律行为。

（2）取得股份。经营者通过取得其他经营者的股份，进而使一个经营者能够直接或者间接控制另一个经营者。

（3）取得资产。经营者之间通过取得财产的方式，使一个经营者能够直接或者间接控制另一个经营者。

（4）经营结合。经营者通过合同等方式取得对其他经营者的控制权或者能够对其他经营者施加决定性影响。

（四）滥用行政权力排除、限制竞争

滥用行政权力排除、限制竞争是指行政机关或者其他依法具有管理公共事务职能的组织，滥用行政权力，限制经营者的正当经营活动，限定单位或个人对商品的购买与使用范围或进行商品交易的地区封锁等，从而妨碍、破坏市场竞争的行为。

滥用行政权力排除、限制竞争与其他垄断形式相比，行为主体是行政机关或者其他依法具有管理公共事务职能的组织，行为人往往以管理和维护市场秩序为借口，违法性不易认定，具有很强的隐蔽性，使市场运行机制屈从于行政干预，阻碍形成自由、公平的有效竞争秩序，助长不正之风，诱发腐败，是一种比经济性垄断危害性更广泛、更持久、更严重的行为。具体表现为：

（1）指定交易。指定交易是指行政机关和其他依法具有管理公共事务职能的组织滥用行政权力，限定或者变相限定单位或者个人经营、购买、使用其指定的经营者提供的商品的行为。

（2）限制商品自由流通。行为主体采取对外地商品设定歧视性价格，规定与本地商品不同的技术要求，设置关卡以及其他行政措施限制商品在地区间自由流通。

（3）排斥或者限制招标投标。行为主体滥用行政权力，以设定歧视性资质要求、评审标准或者不依法发布信息等方式，排斥或者限制外地经营者参加本地的招标投标活动。

（4）排斥或者限制投资或者设立分支机构。行为主体滥用行政权力，采取与本地经营者不平等待遇等方式，排斥或者限制外地经营者在本地投资或者设立分支机构。

（5）强制经营者从事垄断行为。强制经营者从事垄断行为是指行为主体滥用行政权力，强令经营者达成垄断协议，或者强令具有市场支配地位的经营者滥用市场支配地位，或者滥用行政权力干预经营者集中，从而扭曲市场竞争的行为。

（6）制定含有排除、限制竞争内容的规定。行为主体制定以排除、限制竞争为目的或制定含有排除、限制竞争内容的各种文件、通知、条例、规章等，用抽象行政行为排除、限制竞争。

四、反垄断法实施的机构

（一）反垄断执法机构

我国反垄断执法机构的设置实行"反垄断委员会"和"反垄断执法机构"的双层模式。

国务院反垄断委员会，作为反垄断主管机关，专司组织、协调、指导反垄断工作，但不具体执法。由国务院反垄断执法机构及其授权的省级机构负责具体执法。其中对经营者集中的审查由商务部负责，查处滥用市场支配地位和滥用行政权力排除、限制竞争主要由工商行政管理部门负责，发改委负责查处价格同盟等价格违法行为。此外，电信、电力、银行、保险等行业主管部门或者监管机构，也在各自的职责范围内负责竞争和反垄断执法工作。

（二）反垄断执法机构的职权

（1）调查检查权。依法对涉嫌垄断行为进行调查，在调查涉嫌垄断行为时，有权采取现场检查、询问、查阅和复制有关资料、查封和扣押相关证据、查询经营者的银行账户等措施。

（2）审批权。审查经营者达成的协议是否违法以及是否符合法定豁免，有权审查经营者集中是否违法以及是否符合法定豁免等，并作出批准或禁止决定。

（3）处理决定权。对涉嫌垄断行为调查核实后，认为构成垄断行为的，有权作出禁止垄断行为并给予相应处罚的决定；认为经营者未实施垄断行为，或者虽然实施了垄断行为但依法不应追究法律责任的，有权决定经营者行为不构成违法。

（4）行政处罚权。对于违反《反垄断法》的行为人有权作出责令停止违法行为、没收违法所得、罚款、责令限期处分股份或资产等行政处罚。

对反垄断执法机构依据《反垄断法》作出的有关经营者集中的决定不服的，利害关系人可以先依法申请行政复议；对行政复议决定不服的，可以依法提起行政诉讼。

五、垄断行为的法律责任

（一）民事责任

《反垄断法》规定："经营者实施垄断行为，给他人造成损失的，依法承担民事责任。"至于承担民事责任所涉及的具体内容，《反垄断法》未作进一步规定，应依据我国民法所规定的制度来确定。

（二）行政责任

《反垄断法》规定，经营者违反《反垄断法》规定，滥用市场支配地位的，由反垄断执法机构责令停止违法行为，没收违法所得，并处上一年度销售额百分之一以上百分之十以下的罚款；尚未实施所达成的垄断协议的，可以处50万元以下的罚款；经营者违反《反垄断法》规定实施集中的，由国务院反垄断执法机构责令停止实施集中，限期处分股份或者资产、限期转让营业以及采取其他必要措施恢复到集中前的状态，可以处50万元以下的罚款。

（三）刑事责任

我国《反垄断法》没有与刑法衔接追究垄断行为人的刑事责任的条款，但不等于垄断协议行为不会招致刑事责任。如串通招投标行为属于垄断协议行为，构成犯罪的，要依法追究刑事责任。

模块三　消费者权益保护法

一、消费者权益保护法概述

（一）概述

消费者权益保护法，是调整在保护消费者权益的过程中发生的社会关系的法律规范的总称。1993年10月31日第八届全国人民代表大会常务委员会第四次会议通过《中华人民共和国消费者权益保护法》（以下简称《消费者权益保护法》），1994年1月1日起施行。

根据 2009 年 8 月 27 日第十一届全国人民代表大会常务委员会第十次会议《关于修改部分法律的决定》第一次修正。根据 2013 年 10 月 25 日第十二届全国人民代表大会常务委员会第五次会议《关于修改〈中华人民共和国消费者权益保护法〉的决定》第二次修正，2014 年 3 月 15 日起施行。

（二）适用范围

（1）《消费者权益保护法》适用于为生活消费需要购买、使用商品或者接受服务的情形。从事消费活动的社会组织、企事业单位不属于《消费者权益保护法》意义上的"消费者"。

（2）农民购买、使用直接用于农业生产的生产资料，参照《消费者权益保护法》执行。农民购买、使用直接用于农业生产的生产资料，虽然不是为个人生活消费，但是作为经营者的相对方，显然处于需要特别保护的弱者地位。

二、消费者的权利和经营者的义务

（一）消费者的权利

1. 安全保障权

安全保障权，是指消费者在购买、使用商品和接受服务时所享有的人身和财产安全不受损害的权利。消费者有权要求经营者所提供的商品或服务，符合保障人身、财产安全的要求。

2. 知悉权

知悉权，是指消费者享有的知悉其购买、使用的商品或者接受的服务的真实情况的权利。我国《消费者权益保护法》的规定："消费者有权根据商品或者服务的不同情况，要求经营者提供商品的价格、产地、生产者、用途、性能、规格、等级、主要成分、生产日期、有效期限、检验合格证明、使用方法说明书、售后服务，或者服务的内容、规格、费用等有关情况。"

3. 自主选择权

自主选择权，是指消费者享有自主选择商品或服务的权利。《消费者权益保护法》规定，该项权利包括：一是消费者有权自主选择提供商品或服务的经营者；二是消费者有权自主选择商品品种或者服务方式；三是消费者可以自主决定购买或者不购买任何一种商品、接受或者不接受任何一项服务；四是消费者在自主选择商品或服务时，有权进行比较、鉴别和挑选。

4. 公平交易权

公平交易权，是指消费者在购买商品或者接受服务时所享有的获得质量保障、价格合理和计量正确等公平交易条件的权利，该项规定体现了公平原则的具体要求。这项权利包括：一是消费者有权要求经营者的经营行为符合质量保障、价格合理、计量正确等公平交易的条件，即商品和服务要做到货真价实；二是消费者有权拒绝经营者强制交易的行为，通过欺诈、胁迫、引诱等方式发生的交易行为都属于侵害消费者公平交易权的行为。

5. 请求赔偿权

请求赔偿权，是指消费者因购买、使用商品或者接受服务受到人身、财产损害的，享有依法获得赔偿的权利。消费者的请求赔偿权既包括人身损害的请求赔偿权，也包括财产损害的请求赔偿权。该项权利可以使消费者的损失得到有效的弥补，对于切实维护消费者的合法权益能够发挥积极的作用。

6. 依法结社权

《消费者权益保护法》规定："消费者享有依法成立维护自身合法权益的社会组织的权利。"消费者和经营者相比处于弱势地位，赋予消费者依法结社的权利，可以使消费者相互团结，通过集体的力量来改变自己的弱势地位，以此与经营者和生产者相抗衡。我国目前的消费者组织主要是各地的消费者协会，而且各地消协在维护消费者的合法权益方面发挥着重要作用，已经成为维护消费者合法权益的主力军。

7. 消费知识了解权

消费知识了解权，是指消费者享有获得有关消费和消费者权益保护方面知识的权利。该项权利的有效行使是消费者合理消费的重要保障。为了更好地行使这项权利，消费者应当努力掌握所需商品或者服务的知识和使用技能，正确使用商品，提高自我保护意识，学会科学、合理的消费。

8. 获得尊重权

获得尊重权，是指消费者在购买、使用商品和接受服务时，享有其人格尊严、民族风俗习惯得到尊重的权利，享有个人信息依法得到保护的权利。

9. 监督批评权

根据《消费者权益保护法》的规定，消费者享有对商品和服务以及保护消费者权益工作进行监督的权利。消费者有权检举、控告侵害消费者权益的行为和国家机关及其工作人员在保护消费者权益工作中的违法失职行为，有权对保护消费者权益工作提出批评建议。

（二）经营者的义务

经营者的义务是和消费者的权利相对应的一组概念。经营者切实履行好法定义务，消费者的权利就可以得到有效保护。

1. 履行法定义务及约定义务

经营者向消费者提供商品或服务，应当按照《产品质量法》和其他法律、法规的规定履行义务，并且符合商品或服务的国家或行业的强制性标准。上述义务是经营者必须履行的法定义务。此外，经营者和消费者还可以根据具体情况不同相互约定各自应承担的义务，更好地实现双方的权利，但约定义务不得违反法律法规的强制性规定，否则约定无效。

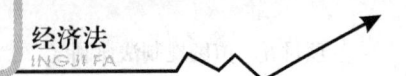

2. 接受监督的义务

经营者应当听取消费者对其提供的商品和服务的意见,接受消费者的监督。

3. 保证商品和服务安全的义务

(1) 说明警示义务。经营者应当保证其提供的商品或者服务符合保障人身、财产安全的要求。对可能危及人身、财产安全的商品和服务,应当向消费者作出真实的说明和明确的警示,并说明和标明正确使用商品或者接受服务的方法以及防止危害发生的方法。

(2) 缺陷告知义务。经营者发现其提供的商品或者服务存在严重缺陷,即使正确使用商品或者接受服务仍然可能对人身、财产安全造成危害的,应当立即向有关行政部门报告和告知消费者,并采取停止销售、警示、召回、无害化处理、销毁、停止生产或服务等措施。采取召回措施的,经营者应当承担消费者因商品被召回支出的必要费用。

此两者所针对的对象是不同的,前者针对的是合格产品,只是该产品本身具有危险性,如游乐场的危险性游戏;后者针对的是缺陷产品,典型的如汽车产品召回制度,汽车厂商发现汽车有缺陷,即报告有关部门、告知消费者,并为消费者免费进行修理。

4. 提供真实信息的义务

经营者应当向消费者提供有关商品或者服务的质量、性能、用途、有效期限等信息,应当真实、全面,不得作虚假或者作容易引人误解的宣传。经营者对消费者就其商品或者服务的质量和使用方法等提出的询问,应当作出真实、明确的答复。此外,经营者提供商品或服务应当明码标价。

5. 标明真实名称和标记的义务

经营者应当标明其真实名称和标记,以帮助消费者正确判断商品或服务的真实来源,避免消费者产生错误认识。租赁他人柜台或者场地的经营者,应当标明其真实名称和标记。

6. 出具凭证或单据的义务

经营者提供商品或者服务,应当按照国家有关规定或者商业惯例向消费者出具购货凭证或者服务单据;消费者索要购货凭证或者服务单据的,经营者必须出具。

7. 保证质量的义务

经营者应当保证在正常使用商品或者接受服务的情况下其提供的商品或者服务应当具有的质量、性能、用途和有效期限;但消费者在购买该商品或者接受该服务前已经知道其存在瑕疵的除外。

经营者以广告、产品说明、实物样品或者其他方式表明商品或者服务的质量状况的,应当保证其提供的商品或者服务的实际质量与表明的质量状况相等。

8. 退货义务

经营者提供的商品或者服务不符合质量要求的,消费者依据国家规定、当事人约定退货,或者要求经营者履行变更、修理等义务。没有国家规定和当事人约定的,消费者可以自收到商品之日起 7 日内退货；7 日后符合法定解除条件的消费者可以及时退货，不符合法定解除合同条件的，可以要求经营者履行变更、修理等义务。

依照上述规定进行退货、变更、修理的，经营者应当承担运输等必要费用。

特别注意无理由退货义务：经营者采用网络、电视、电话、邮购等方式销售商品，消费者有权自收到商品之日起 7 日内退货，且无须说明理由，但下列产品除外：①消费者定做的；②鲜活易腐的；③在线下载或消费者拆封的音像制品、计算机软件等数字化产品；④交付的报纸期刊。

除上述所列商品外，其他根据商品性质并经消费者在购买时确认不宜退货的商品，不适用无理由退货。

消费者退货的商品应当完好。经营者应当自收到退回商品之日起 7 日内返还消费者支付的商品价款。退回商品的运费由消费者承担；经营者和消费者另有约定的，按照约定。

经营者提供商品或者服务，按照国家规定或者与消费者的约定，承担包修、包换、包退的"三包"义务或者其他责任的，应当按照国家规定或者约定履行，不得故意拖延或者无理拒绝。

9. 不得单方作出对消费者不利规定的义务

为维护公平交易的市场秩序，保护消费者公平交易权的实现，经营者不得以格式合同、通知、声明、店堂告示等方式作出对消费者不公平、不合理的规定，或者减轻、免除其损害消费者合法权益应当承担的民事责任。格式合同、通知、声明、店堂告示等含有前款所列内容的，其内容无效。

10. 提供信息义务

采用网络、电视、电话、邮购等方式提供商品或服务的经营者，以及提供证券、保险、银行等金融服务的经营者，应当向消费者提供经营地址、联系方式、商品或服务的数量和质量、价款或者费用、履行期限和方式、安全注意事项和风险警示、售后服务、民事责任等信息。

11. 合法收集、使用信息义务

经营者收集、使用消费者个人信息，应当遵循合法、正当、必要的原则，明示收集、使用信息的目的、方式和范围，并经消费者同意。

经营者及其工作人员对收集的消费者个人信息必须严格保密，不得泄露、出售或者非法向他人提供。经营者应当采取技术措施和其他必要措施，确保信息安全，防止消费者个人信息披露、丢失。在发生或可能发生信息泄露、丢失的情况时，应当立即采取补救措施。

经营者未经消费者同意或者请求，或者消费者明确表示拒绝的，不得向其发送商业性信息。

三、争议的解决

（一）争议的解决途径

（1）与经营者协商和解。消费者与经营者发生争议后，双方在自愿的基础上可以通过平等协商，就解决争议达成一致意见，从而使纠纷得到有效解决。

（2）请求消费者协会调解。消费者与经营者发生争议后，消费者可以向所在地消费者协会投诉，请求消费者协会对其与经营者发生的消费争议进行调解。

（3）向有关行政部门申诉。消费者在和经营者发生消费争议后也可以向工商行政管理机关、技术监督机关等行政部门提出申诉，上述机关应及时受理并予以答复和处理。

（4）根据与经营者达成的仲裁协议提请仲裁机构仲裁。

（5）向人民法院提起诉讼。

（二）争议解决的几项特定规则

1. 产品的合同责任与侵权责任

（1）合同责任。消费者在购买、使用商品时，其合法权益受到损害的，可以向销售者要求赔偿。销售者赔偿后属于生产者的责任或者属于向销售者提供商品的其他销售者的责任的，销售者有权向生产者或者其他销售者追偿。

（2）侵权责任。消费者或者其他受害人因产品缺陷造成人身、财产损害的，可以向销售者要求赔偿，也可以向生产者要求赔偿。属于生产者责任的，销售者赔偿后，有权向生产者追偿；属于销售者责任的，生产者赔偿后，有权向销售者追偿。

2. 企业变更。消费者在购买、使用商品或者接受服务时，其合法权益受到损害，因原企业分立、合并的，可以向变更后的承受其权利义务的企业要求赔偿。

3. 营业执照持有人与租借人的赔偿责任

使用他人营业执照的违法经营者提供商品或者服务，损害消费者合法权益的，消费者可以向其要求赔偿，也可以向营业执照的持有人要求赔偿。

4. 展销会举办者、柜台出租者的特殊责任

消费者在展销会、租赁柜台购买商品或者接受服务，其合法权益受到损害的，可以向销售者或者服务者要求赔偿。展销会结束或者柜台租赁期满后，也可以向展销会的举办者、柜台的出租者要求赔偿。展销会的举办者、柜台的出租者赔偿后，有权向销售者或者服务者追偿。

5. 虚假广告的广告主与广告经营者的责任

消费者因经营者利用虚假广告提供商品或者服务，其合法权益受到损害的，可以向经营者要求赔偿。广告的经营者、发布者发布虚假广告的，消费者可以请求行政主管部门予以惩处。广告的经营者、发布者不能提供经营者的真实名称、地址的，应当承担赔偿责任。

广告经营者、发布者设计、制作、发布关系消费者生命健康商品或者服务的虚假广告，造成消费者损害的，应当与提供该商品或者服务的经营者承担连带责任。

社会团体或者其他组织、个人在关系消费者生命健康商品或者服务的虚假广告或者其他虚假宣传中向消费者推荐商品或服务，造成消费者损害的，应当与提供该商品或者服务的经营者承担连带责任。

6. 网络交易平台

消费者通过网络交易平台购买商品或者接受服务，其合法权益受到损害的，可以向销售者或者服务者要求赔偿。网络交易平台提供者不能提供销售者或者服务者的真实名称、地址和有效联系方式的，消费者也可以向网络交易平台提供者、销售者或者服务者要求赔偿；网络交易平台提供者作出更有利于消费者的承诺的，应当履行承诺。网络交易平台提供者赔偿后，有权向销售者或者服务者追偿。

网络交易平台提供者明知或者应知销售者或者服务者利用其平台侵害消费者合法权益，未采取必要措施的，依法与该销售者或者服务者承担连带责任。

（三）消费者组织

消费者协会和其他消费者组织是依法成立的对商品和服务进行社会监督的保护消费者合法权益的社会组织。

1. 消费者协会的公益性职责

（1）向消费者提供消费信息和咨询服务，提高消费者维权的能力，引导消费者健康的消费方式。

（2）参与制定有关消费者权益的法律、法规、规章和强制性标准。

（3）参与有关行政部门对商品和服务的监督、检查。

（4）就有关消费者合法权益的问题，向有关部门反映、查询，提出建议。

（5）受理消费者的投诉，并对投诉事项进行调查、调解。

（6）投诉事项涉及商品和服务质量问题的，可以委托具备资格的鉴定人鉴定，鉴定人应当告知鉴定意见。

（7）就损害消费者合法权益的行为，支持受损害的消费者提起诉讼或者依照本法提起诉讼。

（8）对损害消费者合法权益的行为，通过大众传播媒介予以揭露、批评。

2. 消费者组织的禁止行为

消费者组织不得从事商品经营和营利性服务，不得以收取费用或者其他牟取利益的方式向消费者推荐商品和服务。

（四）几种特殊的法律责任

1. "三包"责任

按照国家规定或者经营者与消费者约定包修、包退、包换的商品，经营者应当负责修理、更换或者退货。应注意两个问题：①在保修期内两次修理仍不能正常使用的，经营者应当负责更换或者退货；②对包修、包退、包换的大件商品，消费者要求经营者修理、更换、退货的，经营者应当承担运输等合理费用。

2. 以预收款方式提供商品或者服务的责任

经营者以预收款方式提供商品或者服务的，应当按照约定提供。未按照约定提供的，应当按照消费者的要求履行约定或者退回预付款，并应当承担预付款的利息、消费者必须支付的合理费用。

3. 法定退货责任

依法经有关行政部门认定为不合格的产品，消费者要求退货的，经营者应当负责退货。不得以修理、更换或者其他借口延迟或者拒绝消费者的退货要求。也就是说对不合格商品，只要消费者要求退货，经营者即应负责办理，不得以修理、更换或者其他借口延迟或者拒绝消费者的退货要求。

4. 对欺诈行为的惩罚性规定

经营者提供商品或者服务有欺诈行为的，应当按照消费者的要求增加赔偿其受到的损失，增加赔偿的金额为消费者购买商品的价款或者接受服务的费用的3倍；增加赔偿的金额不足500元的，为500元。法律另有规定的，依照其规定。

经营者明知商品或者服务存在缺陷，仍然向消费者提供，造成消费者或者其他受害人死亡或者健康严重损害的，受害人有权要求经营者依照本法第四十九条、第五十一条等法律规定赔偿损失，并有权要求所受损失2倍以下的惩罚性赔偿。

《消费者权益保护法》第四十九条规定："经营者提供商品或者服务，造成消费者或者其他受害人人身伤害的，应当赔偿医疗费、护理费、交通费等为治疗和康复支出的合理费用，以及因误工减少的收入。造成残疾的，还应当赔偿残疾生活辅助具费和残疾赔偿金。造成死亡的，还应当赔偿丧葬费和死亡赔偿金。"

《消费者权益保护法》第五十一条规定："经营者有侮辱诽谤、搜查身体、侵犯人身自由等侵害消费者或者其他受害人人身权益的行为，造成严重精神损害的，受害人可以要求精神损害赔偿。"

5. 民事赔偿优先

经营者违反《消费者权益保护法》规定的，应当承担民事赔偿责任和缴纳罚款、罚金，其财产不足以同时支付的，先承担民事赔偿责任。

模块四　产品质量法

一、产品质量法概述

（一）概述

产品质量法，是调整产品生产与销售，以及对产品质量进行监督管理过程中所形成的社会关系，而由国家制定的法律规范的总称。1993年2月22日第七届全国人民代表大会常务委员会第三十次会议通过《中华人民共和国产品质量法》（以下简称《产品质量法》）。根据2000年7月8日第九届全国人民代表大会常务委员会第十六次会议《关于修改〈中华人民共和国产品质量法〉的决定》第一次修正。根据2009年8月27日第十一届全国人民代表大会常务委员会第十次会议《关于修改部分法律的决定》第二次修正。根据2018年12月29日第十三届全国人民代表大会常务委员会第七次会议通过全国人民代表大会常务委员会关于修改《中华人民共和国产品质量法》等五部法律的决定，第三次修正。

（二）适用范围

《产品质量法》所称产品是指经过加工、制作，用于销售的产品，不包括初级农产品和不动产。建设工程不适用本法规定；但是，建设工程使用的建筑材料、建筑构配件和设备适用于本法规定。本法也不涉及军工产品。违禁品不受本法保护，药品、食品和计量器具作为特殊产品优先适用特别法，即《中华人民共和国药品管理法》《中华人民共和国食品安全法》和《中华人民共和国计量法》。

二、产品质量义务

（一）生产者的产品质量责任义务

1. 作为义务

（1）不存在危及人身、财产安全的不合理的危险，有保障人体健康和人身、财产安全的国家标准、行业标准的，应当符合该标准。

（2）具备产品应当具备的使用性能，但是，对产品存在使用性能的瑕疵作出说明的除外。

（3）符合在产品或者其包装上注明采用的产品标准，符合以产品说明、实物样品等方式表明的质量状况。

（4）包装标识义务。产品或者其包装上的标识必须真实，并符合下列要求裸装的食品和其他根据产品的特点难以附加标识的裸装产品，可以不附加产品标识。

2. 不作为义务

(1) 生产者不得生产国家明令淘汰的产品。

(2) 生产者不得伪造产地，不得伪造或者冒用他人的厂名、厂址。

(3) 生产者不得伪造或者冒用认证标志等质量标志。

(4) 生产者生产产品，不得掺杂、掺假，不得以假充真、以次充好，不得以不合格产品冒充合格产品。

(二) 销售者的产品质量责任和义务

(1) 销售者应当建立并执行进货检查验收制度，验明产品合格证明和其他标识。

(2) 销售者应当采取措施，保持销售产品的质量。

(3) 销售者销售的产品的标识应当符合本法第二十七条的规定。

(4) 销售者销售的产品不得违反禁止性规范。

三、产品质量责任

(一) 概念和性质

因产品存在缺陷造成人身损害、缺陷产品以外的其他财产损害的，生产者或者销售者所应承担的赔偿责任，性质上属于侵权责任。

(二) 归责原则

1. 生产者的严格责任

(1) 因产品存在缺陷造成人身、缺陷产品以外的其他财产（以下简称他人财产）损害的，生产者应当承担赔偿责任。

(2) 生产者能够证明有下列情形之一的，不承担赔偿责任：①未将产品投入流通的；②产品投入流通时，引起损害的缺陷尚不存在的；③将产品投入流通时的科学技术水平尚不能发现缺陷的存在的。

2. 销售者的过错责任

(1) 由于销售者的过错使产品存在缺陷，造成人身、他人财产损害的，销售者应当承担赔偿责任。

(2) 销售者不能指明缺陷产品的生产者也不能指明缺陷产品的供货者的，销售者应当承担赔偿责任。

(三) 损害赔偿

1. 求偿权主体

求偿权主体为受害者。

2. 求偿对象

(1) 受害者可以在生产者和销售者之间选择，生产者和销售者承担连带责任。

(2) 生产者或销售者赔偿后根据上述归责原则最终确定各自的责任，必要时可以向对方追偿。

3. 诉讼时效

因产品存在缺陷造成损害要求赔偿的诉讼时效期间为 2 年，自当事人知道或者应当知道其权益受到损害时起计算。

但赔偿请求权，在造成损害的缺陷产品交付最初消费者满 10 年丧失；但是，尚未超过明示的安全使用期的除外。

模块五　食品安全法

一、食品安全法概述

（一）概述

食品安全法是适应新形势发展的需要，为了从制度上解决现实生活中存在的食品安全问题，更好地保证食品安全而制定的法律。《中华人民共和国食品安全法》（以下简称《食品安全法》）由中华人民共和国第十一届全国人民代表大会常务委员会第七次会议于 2009 年 2 月 28 日通过；2015 年 4 月 24 日第十二届全国人民代表大会常务委员会第十四次会议修订；2018 年 12 月 29 日第十三届全国人民代表大会常务委员会第七次会议《全国人民代表大会常务委员会关于修改〈中华人民共和国产品质量法〉等五部法律的决定》修订；根据 2021 年 4 月 29 日第十三届全国人民代表大会常务委员会第二十八次会议通过的《全国人民代表大会常务委员会关于修改〈中华人民共和国道路交通安全法〉等八部法律的决定》修正。

（二）适用范围

在中华人民共和国境内从事下列活动，应当遵守本法：

（1）食品生产和加工（以下称食品生产），食品流通和餐饮服务（以下称食品经营）。

（2）食品添加剂的生产经营。

（3）用于食品的包装材料、容器、洗涤剂、消毒剂和用于食品生产经营的工具、设备（以下称食品相关产品）的生产经营。

（4）食品生产经营者使用食品添加剂、食品相关产品。

（5）食品的贮存和运输。

（6）对食品、食品添加剂、食品相关产品的安全管理。

（7）供食用的源于农业的初级产品（以下称食用农产品）的质量安全管理，遵守《中华人民共和国农产品质量安全法》的规定。但是，食用农产品的市场销售、有关质量安全标准的制定、有关安全信息的公布和本法对农业投入品作出规定的，应当遵守本法的规定。

（三）监管主体

（1）国务院设立食品安全委员会，其职责由国务院规定。

（2）国务院食品安全监督管理部门对食品生产经营活动实施监督管理。

（3）国务院卫生行政部门依照本法和国务院规定的职责，组织开展食品安全风险监测和风险评估，会同国务院食品安全监督管理部门制定并公布食品安全国家标准。

（4）县级以上地方人民政府对本行政区域的食品安全监督管理工作负责。

二、食品安全风险监测和评估

（一）安全风险监测

（1）国家建立食品安全风险监测制度，对食源性疾病、食品污染以及食品中的有害因素进行监测。

（2）国务院卫生行政部门会同国务院食品安全监督管理等部门，制定、实施国家食品安全风险监测计划。

（3）食品安全风险监测工作人员有权进入相关食用农产品种植养殖、食品生产经营场所采集样品、收集相关数据。采集样品应当按照市场价格支付费用。

（二）安全风险评估

国家建立食品安全风险评估制度，运用科学方法，根据食品安全风险监测信息、科学数据以及有关信息，对食品、食品添加剂、食品相关产品中生物性、化学性和物理性危害因素进行风险评估。

有下列情形之一的，应当进行食品安全风险评估：

（1）通过食品安全风险监测或者接到举报发现食品、食品添加剂、食品相关产品可能存在安全隐患的。

（2）为制定或者修订食品安全国家标准提供科学依据需要进行风险评估的。

（3）为确定监督管理的重点领域、重点品种需要进行风险评估的。

（4）发现新的可能危害食品安全因素的。

（5）需要判断某一因素是否构成食品安全隐患的。

（6）国务院卫生行政部门认为需要进行风险评估的其他情形。

食品安全风险评估结果是制定、修订食品安全标准和实施食品安全监督管理的科学依据。

三、食品安全标准

食品安全标准是强制执行的标准。除食品安全标准外，不得制定其他的食品强制性标准。

（一）国家标准

（1）食品安全国家标准由国务院卫生行政部门会同国务院食品安全监督管理部门制定、公布，国务院标准化行政部门提供国家标准编号。

（2）食品中农药残留、兽药残留的限量规定及其检验方法与规程由国务院卫生行政部门、国务院农业行政部门会同国务院食品安全监督管理部门制定。

（3）屠宰畜、禽的检验规程由国务院农业行政部门会同国务院卫生行政部门制定。

（二）地方标准

（1）没有食品安全国家标准的，可以制定食品安全地方标准。省、自治区、直辖市人民政府卫生行政部门组织制定食品安全地方标准，应当参照执行本法有关食品安全国家标准制定的规定，并报国务院卫生行政部门备案。

（2）食品安全国家标准制定后，该地方标准即行废止

（三）企业标准

国家鼓励食品生产企业制定严于食品安全国家标准或者地方标准的企业标准，在本企业适用，并报省、自治区、直辖市人民政府卫生行政部门备案。

四、食品安全管制

（一）许可制度

（1）国家对食品生产经营实行许可制度。销售食用农产品，不需要取得许可。

（2）国家对食品添加剂生产实行许可制度。

（二）检验制度

（1）县级以上人民政府食品药品监督管理部门应当对食品进行定期或者不定期的抽样检验，不得免检。

（2）采用国家规定的快速检测方法对食用农产品进行抽查检测，被抽查人对检测结果有异议的，可以自收到检测结果时起四小时内申请复检，复检不得采用快速检测方法。

（三）进口制度

（1）发现进口食品不符合我国食品安全国家标准或者有证据证明可能危害人体健康的：进口商应当立即停止进口，并召回。

（2）进口的预包装食品、食品添加剂应当有中文标签；依法应当有说明书的，还应当有中文说明书。

（四）召回制度

（1）食品生产者发现其生产的食品不符合食品安全标准或者有证据证明可能危害人体健康的：应当立即停止生产，召回已经上市销售的食品。

（2）由于食品经营者的原因造成其经营的食品有前款规定情形的：食品经营者应当召回。

（3）食品生产经营者未依照本条规定召回或者停止经营的：县级以上人民政府食品药品监督管理部门可以责令其召回或者停止经营。

（五）广告制度

（1）不得涉及疾病预防、治疗功能。

（2）有关部门以及食品检验机构、食品行业协会不得以广告或者其他形式向消费者推荐食品。

（3）消费者组织不得以收取费用或者其他牟取利益的方式向消费者推荐食品。

（六）举报制度

（1）对查证属实的举报，给予举报人奖励。

（2）有关部门应当对举报人的信息予以保密，保护举报人的合法权益。

（七）特别规定

（1）生产经营的食品中不得添加药品，但是可以添加按照传统既是食品又是中药材的物质。

（2）禁止将剧毒、高毒农药用于蔬菜、瓜果、茶叶和中草药材。

（3）生产经营转基因食品应当按照规定显著标示。

思政园地

谈谈食品非法添加问题

也许你没听过盐酸克伦特罗，但一定知道它的别名"瘦肉精"。这种对人有平喘功效的药给猪吃了，会间接提高猪的瘦肉率，再进入人体之后，则会引起中毒。事实上，不该在食品中发现的东西远不止"瘦肉精"，还有用来增色的苏丹红、泡火腿驱蝇虫的敌敌畏、给大米抛光的石蜡、用来防腐的甲醛等。

对于这些黑心无良企业的非法添加行为，《食品安全法》将"用非食品原料生产食品""在食品中添加食品添加剂以外的化学物质和其他可能危害人体健康的物质""用回收食品作为原料生产食品"等各种情况明确列入监管范围内。同时也提高了罚款金额，按规定最高可罚货值金额 5 倍以上 10 倍以下罚款，情节严重的吊销许可证。

思政要点：

1. 培养学生诚实守信、遵纪守法的良好品行。

2. 倡议打造关注百姓生命安全、保障舌尖安全的良心企业。

五、食品安全特殊责任

国家对保健食品、特殊医学用途配方食品和婴幼儿配方食品等特殊食品实行严格监督管理。

(一) 保健食品

(1) 使用保健食品原料目录以外原料的保健食品和首次进口的保健食品应当经国务院食品药品监督管理部门注册。

但是，首次进口的保健食品中属于补充维生素、矿物质等营养物质的，应当报国务院食品药品监督管理部门备案。其他保健食品应当报省、自治区、直辖市人民政府食品药品监督管理部门备案。

(2) 进口的保健食品应当是出口国（地区）主管部门准许上市销售的产品。

(3) 保健食品的标签、说明书不得涉及疾病预防、治疗功能，并声明"本品不能代替药物"。

(二) 医学食品

特殊医学用途配方食品应当经国务院食品药品监督管理部门注册。

(三) 配方乳粉

(1) 婴幼儿配方乳粉的产品配方应当经国务院食品药品监督管理部门注册。

(2) 不得以分装方式生产婴幼儿配方乳粉。同一企业不得用同一配方生产不同品牌的婴幼儿配方乳粉。

六、食品安全事故处理

(一) 预案制度

(1) 国务院组织制定国家食品安全事故应急预案。

(2) 县级以上地方人民政府应当制定本行政区域的食品安全事故应急预案，并报上一级人民政府备案。

(3) 食品生产经营企业应当制定食品安全事故处置方案。

(二) 报告制度

(1) 发生食品安全事故的单位应当立即采取措施，防止事故扩大。

事故单位和接收病人进行治疗的单位应当及时向事故发生地县级人民政府食品药品监督管理、卫生行政部门报告。

(2) 发生食品安全事故，接到报告的县级人民政府食品药品监督管理部门应当按照应急预案的规定向本级人民政府和上级人民政府食品药品监督管理部门报告。

县级人民政府和上级人民政府食品药品监督管理部门应当按照应急预案的规定上报。

(三) 指挥机构

发生食品安全事故需要启动应急预案的，县级以上人民政府应当立即成立事故处置指挥机构，启动应急预案。

七、法律责任

（一）连带责任

（1）明知其未取得食品生产经营许可证或明知其未取得食品添加剂许可证，而为该食品或食品添加剂生产经营者提供经营场地或条件的，应与该食品或食品添加剂生产经营者承担连带责任。

（2）网络食品交易第三方平台提供者未对入网食品经营者进行实名登记、审查许可证，或者未履行报告、停止提供网络交易平台服务等义务，使消费者的合法权益受到损害的，应当与食品经营者承担连带责任。

（3）社会团体或者其他组织、个人在虚假广告或者其他虚假宣传中向消费者推荐食品的，应当与食品生产经营者承担连带责任。

（二）网络交易

（1）消费者通过网络食品交易第三方平台购买食品，其合法权益受到损害的，可以向入网食品经营者或者食品生产者要求赔偿。

（2）网络食品交易第三方平台提供者不能提供入网食品经营者的真实名称、地址和有效联系方式的，由网络食品交易第三方平台提供者赔偿。

（3）网络食品交易第三方平台提供者赔偿后，有权向入网食品经营者或者食品生产者追偿。

（4）网络食品交易第三方平台提供者作出更有利于消费者承诺的，应当履行其承诺。

（三）增加赔偿

1. 消费者因不符合食品安全标准的食品受到损害的，可以向经营者要求赔偿损失，也可以向生产者要求赔偿损失

（1）接到消费者赔偿要求的生产经营者，应当实行首负责任制，先行赔付，不得推诿。

（2）属于生产者责任的，经营者赔偿后有权向生产者追偿。

（3）属于经营者责任的，生产者赔偿后有权向经营者追偿。

2. 生产不符合食品安全标准的食品或者经营明知是不符合食品安全标准的食品，消费者除要求赔偿损失外

（1）还可以向生产者或者经营者要求支付价款十倍或者损失三倍的赔偿金；

（2）增加赔偿的金额不足一千元的，为一千元。

（3）但是，食品的标签、说明书存在不影响食品安全且不会对消费者造成误导的瑕疵的除外。

模块六　广告法

一、广告法概述

（一）概述

1994年10月27日第八届全国人民代表大会常务委员会第十次会议通过了《中华人民共和国广告法》（以下简称《广告法》），并于1995年2月1日起实施。2018年10月26日，《广告法》修订案由第十三届全国人大常务委员会第六次会议表决通过，自2015年9月1日起实施，2018年10月26日第十三届全国人大常务委员会第六次会议又对《广告法》进行了修正。

我国《广告法》规定，广告是指在中华人民共和国境内，商品经营者或者服务提供者通过一定媒介和形式直接或者间接地介绍自己所推销的商品或者服务的商业广告活动。广告有以下法律特征：

（1）地域范围特征。只要广告的制作、发布等环节是发生在我国境内，就受到我国《广告法》的约束。

（2）广告主体特征。商品经营者或者服务者，包括广告主、广告经营者、广告发布者、广告代言人等，既可以是自然人，也可以是法人和其他组织。

（3）广告形式特征。通过一定媒介和形式直接或间接地介绍，包括对自然人、法人或组织形象地介绍等间接的宣传方式。

（4）广告的营销特征。广告的目的是引起消费者的注意，让消费者认可，从而购买其商品或服务，这样的广告属于商业广告范畴。

（二）《广告法》的基本原则

1. 真实、合法原则

广告的真实原则是指广告应当如实地介绍商品或者服务的客观情况，广告宣传的文字、图形等艺术表现形式要真实，广告中使用的数据、统计资料、引用语等也应真实准确，不能进行任何形式的虚构和夸大，不得欺骗和误导消费者。广告的合法原则是指广告活动主体在广告活动中应遵守法律、行政法规、规章的要求，不能违背社会秩序和公共利益的要求。

2. 公平、诚实信用原则

广告主、广告经营者、广告发布者从事广告活动，应当遵守法律、行政法规，遵守公平、诚实信用的原则。广告的公平原则是指广告主、广告经营者、广告发布者不能利用优势或对方没有经验而欺骗消费者，广告活动中各主体必须公平竞争。广告的诚实信用原则是指广告活动中当事人应当诚实守信用,以善意的方式履行自己的义务。

(三)《广告法》的适用范围

我国《广告法》第二条第一款规定,在中华人民共和国境内,商品经营者或者服务提供者通过一定媒介和形式直接或者间接地介绍自己所推销或者服务的商业广告活动,适用本法。

(1) 地域范围。一切在中华人民共和国境内从事广告活动的单位和个人,都必须遵守此法。

(2) 调整范围。我国《广告法》的调整范围只限于商业广告。

(3) 主体范围。我国《广告法》调整广告活动中广告主、广告经营者、广告发布者三者之间的关系。

二、广告内容准则

广告内容准则又称广告标准,是广告法基本原则的具体体现,是指发布广告的规范与限制,是广告在内容上应当遵守的基本准则,是判断广告能否发布的依据,也是工商部门对广告内容进行监督管理的依据。

(一) 广告内容的一般准则

(1) 广告中对商品的性能、功能、产地、用途、质量、成分、价格、生产者、有效期限、允诺等或者对服务的内容、提供者、形式、质量、价格、允诺等有表示的,应当准确、清楚、明白。

广告主为了达到推销目的要进行客观、明确的表达,广告的文字、图像要清楚,要能够让广告的接收者了解广告的意图,正确理解广告的本意,以不引起消费者误解为准。广告中表明推销的商品或者服务附带赠送的,应当明示所附带赠送商品或者服务的品种、规格、数量、期限和方式。

(2) 广告不得损害未成年人和残疾人的身心健康。

(3) 广告内容涉及的事项需要取得行政许可的,应当与许可的内容相符合。特殊商品或服务的广告内容需要取得行政许可,如药品、医疗器械、农药等广告,在发布前应当经过行政机关审查,否则不得发布。

(4) 广告使用数据、统计资料、调查结果、文摘、引用语等印证内容的,应当真实、准确,并标明出处。

(5) 广告中涉及专利产品或者专利方法的,应当标明专利号和专利种类。未取得专利权的,不得在广告中谎称取得专利权。禁止使用未授予专利权的专利申请和已经终止、撤销、无效的专利做广告。

(6) 广告不得贬低其他生产经营者的商品或者服务。

(7) 广告应当具有可识别性,能够使消费者辨明其为广告。大众传播媒介不得以新闻报道形式变相发布广告。通过大众传播媒介发布的广告应当显著标明"广告",与其他非广告信息相区别,不得使消费者产生误解。

(二) 广告内容的禁止性规定

我国《广告法》规定了广告内容中不得有以下情形:①不得使用或者变相使用中华人民共和国国旗、国歌、国徽、军旗、军歌、军徽。②不得使用或者变相使用国家机关、国家机关工作人员的名义或者形象。③不得使用"国家级""最高级""最佳"等用语。④不得损害国家的尊严或者利益,泄露国家秘密。⑤不得妨碍社会安定,损害社会公共利益。⑥不得危害人身、财产安全,泄露个人隐私。⑦不得妨碍社会公共秩序或者违背社会良好风尚。⑧不得含有淫秽、色情、赌博、迷信、恐怖、暴力的内容。⑨不得含有民族、种族、宗教、性别歧视的内容。⑩不得妨碍环境、自然资源或者文化遗产保护。⑪不得有法律、行政法规规定禁止的其他情形。

思政园地

使用顶级用语被处罚案

上海同晶贸易有限公司为提升公司知名度,获取更多利益,在天猫商城网页对所销售的"处理器"进行广告宣传:"史无前例,全球首款……"而公司对这些顶级用语的内容,却无法提供依据。

上海市虹口区市场监督管理局认为,该公司利用网站进行上述宣传的行为,违反了《中华人民共和国广告法》第九条第(三)项使用"国家级""最高级""最佳"等用语,构成使用顶级用语的违法广告行为。并依据《中华人民共和国广告法》对该公司作出如下行政处罚:一、责令停止发布广告,消除影响;二、罚款人民币伍佰元整。

思政要点:

培养诚实守信、遵纪守法、维护社会经济秩序的现代公民。

三、广告行为规范

广告行为是指广告主、广告经营者、广告发布者以及广告代言人在设计、制作、发布广告的过程中所进行的法律行为。

(一) 广告合同制度

广告主、广告经营者、广告发布者之间在广告活动中应当依法订立书面合同。

广告合同应具备的主要条款如下:①合同主体;②标的和数量、质量;③广告费用;④广告项目完成的期限、地点和方式;⑤广告原材料的提供及规格、数量、质量、交付期限;⑥技术资料、图纸或广告作品提供的期限、质量、数量及保密要求;⑦广告项目的验收标准、方法、期限;⑧违约责任;⑨解决合同纠纷的方式以及补充约定。

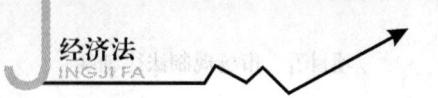

（二）涉及他人的规范

广告主或者广告经营者在广告中使用他人名义或者形象的，应当事先取得书面同意；使用无民事行为能力人、限制民事行为能力人的名义或者形象的，应当事先取得其监护人的书面同意。

（三）广告发布登记制度

广播电台、电视台、报刊出版单位从事广告发布业务的，应当设有专门从事广告业务的机构，配备必要的人员，具有与发布广告相适应的场所、设备，并向县级以上地方市场监督管理部门办理广告发布登记。

（四）广告业务的承接登记、审核、档案管理制度

广告经营者、广告发布者应当按照国家有关规定，建立、健全广告业务的承接登记、审核、档案管理制度。

（五）禁止发布广告的情况

法律、行政法规规定禁止生产、销售的产品或者提供的服务，以及禁止发布广告的商品或服务，任何单位或者个人不得设计、制作、代理、发布广告。

（六）广告代言人行为规范

（1）不得为其未使用过的商品或者未接受过的服务作推荐、证明。无论广告代言人是作推荐还是作证明，都需要使用过商品、服务。

（2）不得利用不满10周岁的未成年人作为广告代言人。

（3）对在虚假广告中作推荐、证明受到行政处罚未满3年的自然人、法人或者其他组织，不得作为广告代言人。

（七）保护未成年人的广告行为规范

（1）不得在中小学校、幼儿园内开展广告活动，不得利用中小学生和幼儿的教材、教辅材料、练习册、文具、教具、校服、校车等发布或者变相发布广告，但公益广告除外。

（2）在针对未成年人的大众传播媒介上不得发布医疗、药品、保健食品、医疗器械、化妆品、酒类、美容广告，以及不利于未成年人身心健康的网络游戏广告。

（3）针对不满14周岁的未成年人的商品或者服务的广告不得含有下列内容：劝诱其要求家长购买广告商品或者服务；可能引发其模仿不安全行为。

（八）户外广告规范

我国《广告法》规定，有下列情形之一的，不得设置户外广告：

（1）利用交通安全设施、交通标志的。

（2）影响市政公共设施、交通安全设施、交通标志、消防设施、消防安全标志使用的。

（3）妨碍生产或者人民生活，损害市容市貌的。

（4）在国家机关、文物保护单位、风景名胜区等的建筑控制地带，或者县级以上地方人民政府禁止设置户外广告的区域设置的。

（九）新媒体广告规范

我国《广告法》规定，任何单位或者个人未经当事人同意或者请求，不得向其住宅、交通工具等发送广告，也不得以电子信息方式向其发送广告。利用互联网从事广告活动，适用本法的各项规定。公共场所的管理者或者电信业务经营者、互联网信息服务提供者对其明知或者应知的利用其场所或者信息传输、发布平台发送、发布违法广告的，应当予以制止。

四、违反广告法的法律责任

（一）违反广告内容准则规定的法律责任

在发布广告中违反法律对广告内容准则的规定，需要承担的法律责任主要是行政责任，即由市场监督管理部门对广告主、广告经营者、广告发布者进行处罚。

1. 违反广告内容基本要求的法律责任

根据《广告法》的规定，对违反广告内容基本要求的行为，由市场监督管理部门责令停止发布广告，对广告主处 10 万元以下的罚款；广告经营者、广告发布者明知或者应知有前款规定违法行为仍设计、制作、代理、发布的，由市场监督管理部门处 10 万元以下的罚款。广告不具有可识别性的，由市场监督管理部门责令改正，对广告发布者处 10 万元以下的罚款。

2. 发布法律禁止性广告的法律责任

根据《广告法》的规定，发布广告中出现《广告法》禁止性规定的内容，由市场监督管理部门责令停止发布广告，对广告主处 20 万元以上 100 万元以下的罚款，情节严重的，并可以吊销营业执照，由广告审查机关撤销广告审查批准文件、一年内不受理其广告审查申请；对广告经营者、广告发布者，由市场监督管理部门没收广告费用，处 20 万元以上 100 万元以下的罚款，情节严重的，并可以吊销营业执照、吊销广告发布登记证件。

（二）发布虚假广告的法律责任

1. 民事责任

根据《广告法》的规定，发布虚假广告，欺骗、误导消费者，使购买商品或者接受服务的消费者合法权益受到损害的，由广告主依法承担民事责任。关系消费者生命健康的商品或者服务的虚假广告，造成消费者损害的，其广告经营者、发布者、广告代言人应当与广告主承担连带责任。

2. 行政责任

根据《广告法》的规定，发布虚假广告的，由市场监督管理部门责令停止发布广告，责令广告主在相应范围内消除影响，处广告费用 3 倍以上 5 倍以下的罚款，广告费用无法计算或者明显偏低的，处 20 万元以上 100 万元以下的罚款；两年内有 3 次以上违法行为或者有其他严重情节的，处广告费用 5 倍以上 10 倍以下的罚款，广告费用无法计算或者明显偏低的，处 100 万元以上 200 万元以下的罚款，可以吊销营业执照，并由广告审查机关撤销广告审查批准文件、一年内不受理其广告审查申请。

3. 刑事责任

根据《广告法》的规定，广告主、广告经营者、广告发布者有虚假广告行为，构成犯罪的，依法追究刑事责任。

（三）违反广告行为规范的法律责任

1. 行政责任

根据《广告法》的规定，广播电台、电视台、报刊出版单位未办理广告发布登记，擅自从事广告发布业务的，由市场监督管理部门责令改正，没收违法所得，违法所得1万元以上的，并处违法所得1倍以上3倍以下的罚款；违法所得不足1万元的，并处5 000元以上3万元以下的罚款。

2. 民事责任

根据《广告法》的规定，广告主、广告经营者、广告发布者有下列侵权行为之一的，依法承担民事责任：①在广告中损害未成年人或者残疾人的身心健康的；②假冒他人专利的；③贬低其他生产经营者的商品、服务的；④在广告中未经同意使用他人名义或者形象的；⑤其他侵犯他人合法民事权益的。承担民事责任的方式主要有停止侵害、赔偿损失、消除影响、恢复名誉、赔礼道歉等。

（四）广告代言人违反广告行为规范的法律责任

根据《广告法》的规定，广告代言人在医疗、药品、医疗器械、保健食品广告中作推荐、证明的，为其未使用过的商品或者未接受过的服务作推荐、证明的，明知或者应知广告虚假仍在广告中对商品、服务作推荐、证明的，由市场监督管理部门没收违法所得，并处违法所得1倍以上2倍以下的罚款。

课后训练

一、基础练习

1. 不正当竞争行为的具体表现有哪些？
2. 经营者集中的主要表现有哪些？
3. 消费者协会的主要职责是什么？
4. 简述生产者的产品质量责任义务。
5. 简述召回制度。
6. 广告内容的禁止性规定有哪些？

二、案例分析

案例一：去年5月，张某开办饭庄，从商场购买10台吊扇，7月吴某等一行6人到饭庄就餐，进餐过程中，吊扇突然脱落，造成吴某等3人骨折或皮外伤，共花去医疗费8 000元。事后，3人找到张某要求赔偿，张某认为事故纯粹是装潢公司安装不当所致，自己亦是受害人，拒绝赔偿。后查明，这 10 台吊扇全系不合格产品。请问：本案中哪些当事人是消费者？

案例二：今年 3 月宋某在商场购买一台彩色电视机，并附有产品合格证。宋某使用两个多月后，电视机出现图像不清的现象，后来音像全无。宋某去找商场要求更换，商场言称电视机不是他们生产的，让宋某找电视机厂进行交涉。请问：销售者应当承担怎样的责任？

案例三：丁某于去年 6 月从市场买回一个高压锅，一开始高压锅能正常使用，未有异常。今年 9 月 6 日，丁某做饭时，高压锅发生爆炸，锅盖飞起，煤气灶被损坏，天花板被冲裂，玻璃被震碎。发生事故后，丁某找高压锅的生产厂家某日用品厂要求赔偿。该日用品厂提出，距丁某买锅已经过去一年多了，早已过了规定的保修期，因此对发生的损害不负责任。丁某与日用品厂进行多次交涉未果。请问：该日用品厂的理由是否成立？

三、实训任务

任务一：寒冷的冬天，给从事一项工作的人们带来了便利。在城市中，有这样一群人，他们以打捞下水道中废弃食用油脂——"地沟油"获取暴利。由于低温使下水道中的油脂冷凝为白色、灰色或是褐色的固体，"乖乖地"待在下水道里，这给他们的工作提供了的便利。

被捞出的"地沟油"中很大一部分经过再次提炼、销售重返人们的餐桌。每年有几百万吨的"地沟油"进入市场，上了餐桌，这些"地沟油"主要出现在农村市场和城乡结合部的市场、大食堂、集体食堂。

它并非如三聚氰胺那么可怕，但是其危害一直存在。据实验测定，长期摄入"地沟油"将会对人体造成伤害，如发育障碍、易患肠炎，并有肝、心和肾肿大以及脂肪肝等病变。此外，"地沟油"受污染产生的黄曲霉毒性不仅易使人发生肝癌，也有可能引发其他部位癌变，如胃腺癌、肾癌、直肠癌及乳腺、卵巢、小肠等部位癌变。

据了解，提炼一吨餐饮业的"地沟油"成本仅在 300 元人民币左右，而如果被加工成为生物柴油则每吨成本约 1 000 元人民币。利益驱使是"地沟油"长期横行的重要原因之一。

请用食品安全法的知识为"地沟油"作出安全风险评估报告。

任务二：只要打开电视基本上能看到明星代言的各式各样的产品广告。然而，不是所有明星代言的广告产品都是合格的、可以使用的。现在有很多明星代言的广告是虚假的，产品是不合格甚至是有害身体健康的。为什么会有这么多明星趋之若鹜地去为那些没有保障的产品代言做虚假广告呢？首要因素应当是经济利益的驱使。对于明星来说，明星付出的代言劳动量少，但收益巨大，动辄就是天价代言费用。对于商家来说，明星代言给他们带来了巨大价值和经济利益。而当出现虚假广告或者广告产品出现问题时，我们是否也应当追究明星代言人的相应的法律责任呢？

请结合《消费者权益保护法》和《广告法》对明星代言虚假广告的法律责任问题进行分析，并写出分析报告。

项目六　知识产权法律制度

一、知识框架

（一）知识产权概述

知识产权是指法律赋予智力成果完成人对其特定的创造性智力成果在一定期限内享有的专有权利。知识产权法是调整人类在智力创造活动中因智力成果而产生的各种社会关系的法律规范的总称，主要包括商标法、专利法和著作权法。

（二）商标法

商标是商品生产者、经营者或者服务项目的提供者为使自己生产、销售的商品或者提供的服务同他人生产、销售的商品或者提供的服务区别开来而使用的一种标记。商标法主要介绍我国商标种类、商标注册及商标权的取得和保护等相关法律规定以及驰名商标等内容。

（三）专利法

专利是国家专利主管机关按照法律规定，授予专利申请人或者专利申请人的权利继受人在一定期限内对其发明创造所享有的专有权。专利法主要介绍专利权的主体、客体、内容；授予专利权的条件、程序；专利权的保护与限制；专利权的期限、终止、无效等内容。

（四）著作权法

著作权也称版权，是指作者及其他权利人对文学、艺术和科学作品享有的人身权和财产权的总称。著作权法主要介绍了著作权的内容、著作权的归属、著作权的保护期与限制、邻接权等内容。

二、学习目标

（一）知识目标

（1）知识产权的概念及特点。

（2）商标种类、商标注册原则、商标权的取得、商标权的保护。

（3）专利权的客体、专利权的内容、授予专利权的条件、专利权的保护、侵犯专利权的行为及例外。

（4）著作权的内容、著作权的归属、著作权的保护期与限制、邻接权内容。

（二）能力目标

（1）通过所知悉的商标法相关知识，初步判断、分析商标侵权问题。

（2）通过所知悉的专利法相关知识，初步判断、分析专利侵权问题。

（3）通过所知悉的著作权法相关知识，初步判断、分析著作权侵权问题。

（三）思政目标

（1）培养营造崇尚知识、尊重知识产权的良好社会环境。

（2）鼓励和调动学生的创新、创造、创业积极性和主动性。

（3）相信科学技术是第一生产力，努力为促进科技信息的传播和推广应用贡献力量。

三、法律法规

（1）《中华人民共和国商标法》。

（2）《中华人民共和国专利法》。

（3）《中华人民共和国著作权法》。

模块一　知识产权概述

一、知识产权的概念

知识产权是权利主体对于智力活动创造的成果和经营活动中的标记、信誉依法享有的权利。智力成果是人们运用知识、经验、技能等智力资源，经过加工创作形成的物质或者精神的劳动成果。知识产权制度在实质上是解决知识产品作为资源的权利归属和利益分享的问题。

二、知识产权的范围

知识产权有狭义与广义之分。狭义的知识产权包括著作权（含邻接权）和工业产权（主要是指专利权、商标权）。广义的知识产权的范围主要由以下两个国际公约进行界定。《建立世界知识产权组织公约》界定的知识产权范围包括：与文学、艺术及科学作品有关的权利，与表演艺术家的表演、录音和广播有关的权利，与人类创造性活动的一切领域内的发明有关的权利，与科学发现有关的权利，与工业品外观设计有关的权利，与商品商标、服务商标、商号及其他商业标记有关的权利，与防止不正当竞争有关的权利，一切其他来自工业、科学及文学艺术领域的智力创作活动所产生的权利。《与贸易有关的知识产权协定》界定的知识产权范围包括：版权和邻接权、商标权、地理标志权、工业品外观设计权、专利权、集成电路布图设计（拓扑图）权、未公开的信息专有权。

三、知识产权的特点

（一）无形性

知识产权的无形性，是指作为知识产权客体的知识产品具有无形性。智力活动成果，可以是作品，也可以是技术发明，还可以是商业标记及其所代表的商业信誉，它虽然产生于人的大脑与物质相互作用的过程中，总表现为某种信息或创意，但是这种信息或创意是无形的，完全不同于有形的物质或物品。

知识产权的客体是智力成果，它需要借助于有形物体才能被人们所感知，或者需要通过有形物体的实际功能来体会其包含的智力价值。从这个意义上说，将无形的智力活动成果与有形的物质载体区别开来很重要。如技术发明属于人的智力活动成果，它必须体现在一定的产品之中。但是专利权所保护的不是有形的产品，而是体现在其中的技术发明。合法取得了专利产品的人，虽然可以使用相关的产品，但是在未经授权的情况下，却不得使用体现在其中的技术发明，或者说不得使用相关的技术来仿造专利产品。

（二）专有性

专有性是指知识产权具有垄断性、独占性和排他性的特点。知识产权的专有性表现为：知识产权为权利人所独占，权利人垄断这种专有权利并受到严格保护，没有法律规定或权利人许可，任何人不得使用权利人的知识产品；对同一项知识产品，不允许有两个或两个以上同一属性的知识产权并存。

（三）地域性

知识产权作为一种专有权在空间上的效力是有限的，它只在授予或确认其权利的国家和地区发生法律效力，受到法律保护。

（四）时间性

时间性是指知识产权具有一定的保护期限，有关权利仅仅在法定的保护期限内存在，一旦超过法律规定的有效期限，该权利就依法丧失，相关的知识产权就进入公共领域，成为全社会的公共财富。

知识产权在时间上的限制，是世界各国知识产权立法以及知识产权国际公约普遍采用的原则，目的是促进科学文化艺术的发展，平衡智力成果，完成人的利益与社会公众利益，既有利于调动人们创造智力成果的积极性，也为社会公众合理利用人类智力成果提供保障，同时也考虑到发明技术价值的寿命。

模块二 商标法

一、商标、商标法概述

（一）商标的概念及作用

商标，是商品和服务的标记，一般用文字、图形、字母、数字、三维标志和颜色及其组合、声音来表示，具有显著特征，便于识别。商标除了具有将一个生产经营者所提供的商品或服务与其他生产经营者所提供的同类商品或服务区别开来的作用，还能够起到广告宣传、质量保证等作用。另外，注册商标是商标专有权人的一项无形资产，权利人依法可以将其商标权投资入股、质押、转让或者许可他人使用。

（二）商标的种类

从不同角度观察，商标可以有以下几种类型：

1. 商品商标和服务商标

这是根据商标标示对象的不同所做的划分。商品商标是使用于商品，用以区别不同经营者所提供的商品的专用标记；服务商标是提供服务的经营者为将自己提供的服务与他人提供的服务相区别而使用的商标。

2. 注册商标和未注册商标

根据商标是否登记注册，可将商标划分为注册商标和未注册商标。注册商标是指已经在商标注册主管机构获准注册的商标。未注册商标是指已经使用但未经商标注册主管机构获准注册的商标。

世界上对商标的保护有两种做法：一种是注册保护；另一种是使用保护。在实行注册保护制度的国家，只有注册商标方可取得商标权，未注册商标不能取得商标权，但这并不意味着未注册商标不受法律保护。在我国，未注册商标中，除驰名商标受法律特别保护外，其他商标使用人不享有法律赋予的商标权，但受到民法、反不正当竞争法的保护。对未注册商标，使用者所享有的利益仍被承认。《中华人民共和国商标法》（以下简称《商标法》）规定，申请商标注册不得损害他人现有的在先权利，也不得以不正当手段抢先注册他人已经使用并有一定影响的商标。根据该规定，未注册商标的所有者可以反对他人抢注，如果抢注人以不正当手段抢先注册，先用人可以通过商标异议或者撤销程序维护自己的利益，但是不能根据《商标法》禁止他人仿冒、假冒其商标。在采用使用原则取得商标权的国家，仅凭使用商标的事实，即可取得商标权。

3. 文字商标、图形商标、字母商标、数字商标、三维标志商标、颜色组合商标、组合商标、声音商标

这是根据商标的构成要素进行的分类。

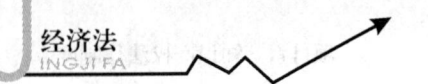

文字商标是由纯文字构成的商标，既可以是中文，也可以是外文。中文包括汉字、汉语拼音和少数民族文字。

图形商标是由纯图形构成的商标。

字母商标是由纯字母构成的商标。

数字商标是由纯数字构成的商标。

三维标志商标，即立体商标，指由长宽高三维组成的商标。三维标志往往表现为商品的外形或商品的包装特有的形状。

颜色组合商标，是指由几种不同的颜色按照一定的规则组合而成的商标，但单一的颜色不得作为商标。

组合商标，指由各种符号要素组合而成的商标。此类商标往往图文并茂，表形表意结合。

声音商标，指足以使相关消费者区别商品或服务来源的声音。声音商标是以听觉而非视觉的方法，作为区别商品或服务的交易来源。该商标识别性的判断，须具有足以使消费者认识，表彰商品或服务来源，并借以与他人之商品或服务相区别，始得准予注册。

4. 证明商标、集体商标

这是根据商标具有的特殊作用所做的划分。

证明商标，是指由对某种商品或者服务具有监督能力的组织所控制，而由该组织以外的单位或者个人使用于其商品或者服务，用以证明该商品或者服务的原产地、原料、制造方法、质量或者其他特定品质的标志。

集体商标，是指以团体、协会或者其他组织名义注册，供该组织成员在商事活动中使用，以表明使用者在该组织中的成员资格的标志。

5. 等级商标和防卫商标

等级商标是指同一经营者对同类商品因规格、质量不同而使用的系列商标，其作用在于区别同一经营者的不同规格、不同质量的同类商品。等级商标可以一并申请注册，一并转让或许可他人使用，其中某一个商标被注销或撤销，不影响其他商标的存在，因而等级商标中的系列商标具有相对的独立性。

防卫商标是指为了防止他人的使用或注册而对自己的核心商标所进行的注册，包括联合商标和防御商标两种形式。联合商标，是指注册人在同一商品上注册若干个近似商标，包括正商标和其余的联合商标。防御商标，是指为防止他人注册，驰名商标的所有权人在不同类别的商品或服务上注册的商标。最早注册的是正商标，以后再注册在不同类别的商品上的商标为防御商标。

（三）商标法

商标法是调整在确认、保护商标专用权和商标使用过程中发生的各类社会关系的法律规范的总称。

我国现行的商标法是《中华人民共和国商标法》（1982年8月23日第五届全国人民代表大会常务委员会第二十四次会议通过，根据2013年8月30日第十二届全国人民代表大会常务委员会第四次会议《全国人民代表大会常务委员会关于修改〈中华人民共和国商标法〉的决定》第三次修正），以及国务院颁布的于2002年9月15日起施行的《中华人民共和国商标法实施条例》。

二、商标注册

（一）商标注册的概念

商标注册是指自然人、法人或者其他组织在生产经营活动中，对其商品或者服务需要取得商标专用权，依照法定程序向国家商标局提出申请，经过审核予以注册的法律活动。经商标局注册的商标为注册商标，商标注册人享有商标专用权，受法律保护。

（二）商标注册的原则

1. 自愿注册和强制注册相结合的原则

自愿注册是指商标使用人是否申请商标注册完全取决于自己的意愿。我国大部分商标采取自愿注册原则。法律、行政法规规定必须使用注册商标的商品（卷烟、雪茄烟、有包装的烟丝）的生产经营者，必须申请商标注册，未经核准注册的，商品不得在市场销售。

除必须使用注册商标的商品外，商标无论注册与否都可以使用，但只有注册商标才受到商标法律制度的保护。

2. 诚实信用原则

申请注册商标，应遵循诚实信用原则。诚实信用原则要求商标申请人在申请注册商标的活动中，以善意为之，不得为谋取自己的利益去损害他人的合法权益和社会公共利益。我国《商标法》规定，"申请商标注册不得损害他人现有的在先权利，也不得以不正当手段抢先注册他人已经使用并有一定影响的商标"，即诚实信用原则的体现。

3. 显著原则

申请注册的商标，应当具有显著性，便于识别，并不得与他人在先取得的合法权利相冲突。

根据《最高人民法院关于审理商标授权确权行政案件若干问题的规定》（自2017年3月1日起施行），人民法院审查诉争商标是否具有显著特征，应当根据商标所指定使用商品的相关公众的通常认识，判断该商标整体上是否具有显著特征。商标标志中含有描述性要素，但不影响其整体具有显著特征的；或者描述性标志以独特方式加以表现，相关公众能够以其识别商品来源的，应当认定其具有显著特征。

4. 先申请原则

两个或者两个以上的商标注册申请人，在同一种商品或者类似商品上，以相同或者近似的商标申请注册的，初步审定并公告申请在先的商标；同一天申请的，初步审定并公告

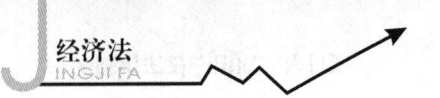

使用在先的商标，驳回其他人的申请，不予公告。

两个或者两个以上的申请人，在同一种商品或者类似商品上，分别以相同或者近似的商标在同一天申请注册的，各申请人应当自收到商标局通知之日起30日内提交其申请注册前在先使用该商标的证据。同日使用或者均未使用的，各申请人可以自收到商标局通知之日起30日内自行协商，并将书面协议报送商标局；不愿协商或者协商不成的，商标局通知各申请人以抽签的方式确定一个申请人，驳回其他人的注册申请。商标局已经通知但申请人未参加抽签的，视为放弃申请，商标局应当书面通知未参加抽签的申请人。

5. 商标合法原则

申请注册的商标不得使用法律禁止的标志。

（1）不得作为商标使用的标志：同中华人民共和国的国家名称、国旗、国徽、国歌、军旗、军徽、军歌、勋章相同或者近似的，以及同中央国家机关的名称、标志、所在地特定地点的名称或者标志性建筑物的名称、图形相同的；同外国的国家名称、国旗、国徽、军旗等相同或者近似的，但该国政府同意的除外；同政府间国际组织的名称、旗帜、徽记等相同或者近似的，但经该组织同意或者不易误导公众的除外；与表明实施控制、予以保证的官方标志、检验印记相同或者近似的，但经授权的除外；同"红十字""红新月"的名称、标志相同或者近似的；带有民族歧视性的；带有欺骗性，容易使公众对商品的质量等特点或者产地产生误认的；有害于社会主义道德风尚或者有其他不良影响的。县级以上行政区划的地名或者公众知晓的外国地名，不得作为商标。但是，地名具有其他含义或者作为集体商标、证明商标组成部分的除外；已经注册的使用地名的商标继续有效。前述不得作为商标使用的标志，也不能作为商标注册。

（2）不得作为商标注册的标志：仅有本商品的通用名称、图形、型号的；仅直接表示商品的质量、主要原料、功能、用途、重量、数量及其他特点的；其他缺乏显著特征的。前述所列标志经过使用取得显著特征，并便于识别的，可以作为商标注册。

（3）不予注册并禁止使用的标志：就相同或者类似商品申请注册的商标是复制、模仿或者翻译他人未在中国注册的驰名商标，容易导致混淆的，不予注册并禁止使用。

（4）在先权利的保护。《商标法》规定，申请商标注册不得损害他人现有的在先权利，也不得以不正当手段抢先注册他人已经使用并有一定影响的商标。

在先权利，包括当事人在诉争商标申请日之前享有的民事权利或者其他应予保护的合法权益。诉争商标核准注册时在先权利已不存在的，不影响诉争商标的注册。

（三）驰名商标的认定

驰名商标应当根据当事人的请求，作为处理涉及商标案件需要认定的事实进行认定。认定驰名商标应当考虑下列因素：相关公众对该商标的知晓程度；该商标使用的持续时间；该商标的任何宣传工作的持续时间、程度和地理范围；该商标作为驰名商标受保护的记录；该商标驰名的其他因素。

《商标法》第十三条规定:"为相关公众所熟知的商标,持有人认为其权利受到侵害时,可以依照本法规定请求驰名商标保护。"在商标注册审查、市场监督管理部门查处商标违法案件过程中,当事人依照《商标法》第十三条规定主张权利的,商标局根据审查、处理案件的需要,可以对商标驰名情况做出认定。在商标争议处理过程中,当事人依照《商标法》第十三条规定主张权利的,商标评审委员会根据处理案件的需要,可以对商标驰名情况做出认定。在商标民事、行政案件审理过程中,当事人依照《商标法》第十三条规定主张权利的,最高人民法院指定的人民法院根据审理案件的需要,可以对商标驰名情况做出认定。生产、经营者不得将"驰名商标"字样用于商品、商品包装或者容器上,或者用于广告宣传、展览以及其他商业活动中。

（四）商标注册申请

申请商标注册的,应当按规定的商品分类表填报使用商标的商品类别和商品名称。商标注册申请人可以通过一份申请就多个类别的商品申请注册同一商标。商标注册申请等有关文件,可以以书面方式或者数据电文方式提出。注册商标需要在核定使用范围之外的商品上取得商标专用权的,应当另行提出注册申请。注册商标需要改变其标志的,应当重新提出注册申请。

商标注册申请人自其商标在外国第一次提出商标注册申请之日起6个月内,又在中国就相同商品以同一商标提出商标注册申请的,依照该外国同中国签订的协议或者共同参加的国际条约,或者按照相互承认优先权的原则,可以享有优先权。依照规定要求优先权的,应当在提出商标注册申请的时候提出书面声明,并且在3个月内提交第一次提出的商标注册申请文件的副本;未提出书面声明或者逾期未提交商标注册申请文件副本的,视为未要求优先权。

（五）商标注册的审核

对申请注册的商标,商标局应当自收到商标注册申请文件之日起9个月内审查完毕,符合《商标法》有关规定的,予以初步审定公告。对初步审定的商标,自公告之日起3个月内,在先权利人、利害关系人或者任何人认为违反相关《商标法》规定的,可以向商标局提出异议。公告期满无异议的,予以核准注册,发给商标注册证,并予公告。

对驳回申请、不予公告的商标,商标局应当书面通知商标注册申请人。商标注册申请人不服的,可以自收到通知之日起15日内向商标评审委员会申请复审。商标评审委员会应当自收到申请之日起9个月内做出决定,并书面通知申请人。有特殊情况需要延长的,经国务院市场监督管理部门批准,可以延长3个月。当事人对商标评审委员会的决定不服的,可以自收到通知之日起30日内向人民法院起诉。

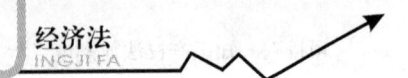

三、注册商标的续展、变更、转让和使用许可

（一）注册商标的续展

注册商标的有效期为10年，自核准注册之日起计算。注册商标有效期满，需要继续使用的，商标注册人应当在期满前12个月内按照规定办理续展手续；在此期间未能办理的，可以给予6个月的宽展期。宽展期满仍未提出申请的，注销其注册商标。每次续展注册的有效期为10年。续展注册经核准后，予以公告。

（二）注册商标的变更

注册商标需要变更注册人的名义、地址或者其他注册事项的，应当提出变更申请。

（三）注册商标的转让

转让注册商标的，转让人和受让人应当签订转让协议，并共同向商标局提出申请。受让人应当保证使用该注册商标的商品质量。商标注册人对其在同一种商品上注册的近似的商标，或者在类似商品上注册的相同或者近似的商标，应当一并转让。对容易导致混淆或者有其他不良影响的转让，商标局不予核准，书面通知申请人并说明理由。转让注册商标经核准后，予以公告。受让人自公告之日起享有商标专用权。

（四）注册商标的使用许可

商标注册人可以通过签订商标使用许可合同，许可他人使用其注册商标。许可人应当监督被许可人使用其注册商标的商品质量。被许可人应当保证使用该注册商标的商品质量。经许可使用他人注册商标的，必须在使用该注册商标的商品上标明被许可人的名称和商品产地。许可他人使用其注册商标的，许可人应当将其商标使用许可报商标局备案，由商标局公告。商标使用许可未经备案不得对抗善意第三人。

四、商标使用的管理

商标注册人在使用注册商标的过程中，自行改变注册商标、注册人名义、地址或者其他注册事项的，由地方市场监督管理部门责令限期改正；期满不改正的，由商标局撤销其注册商标。注册商标成为其核定使用的商品的通用名称或者没有正当理由连续3年不使用的，任何单位或者个人可以向商标局申请撤销该注册商标。商标局应当自收到申请之日起9个月内做出决定。有特殊情况需要延长的，经国务院市场监督管理部门批准，可以延长3个月。注册商标被撤销、被宣告无效或者期满不再续展的，自撤销、宣告无效或者注销之日起1年内，商标局对与该商标相同或者近似的商标注册申请，不予核准。

五、注册商标专用权的保护

注册商标专用权，是指商标注册人对其拥有的注册商标享有的独占权，包括使用权、处分权、收益权、标记权等。注册商标的专用权，以核准注册的商标和核定使用的商品为限。

根据《商标法》的规定，有下列行为之一的，均属侵犯注册商标专用权：未经商标注册人的许可，在同一种商品上使用与其注册商标相同的商标的；未经商标注册人的许可，在同一种商品上使用与其注册商标近似的商标，或者在类似商品上使用与其注册商标相同或近似的商标，容易导致混淆的；销售侵犯注册商标专用权的商品的；伪造、擅自制造他人注册商标标识或者销售伪造、擅自制造的注册商标标识的；未经商标注册人同意，更换其注册商标并将该更换商标的商品又投入市场的；故意为侵犯他人商标专用权行为提供便利条件，帮助他人实施侵犯商标专用权行为的；给他人的注册商标专用权造成其他损害的。

因侵犯注册商标专用权行为引起纠纷的，由当事人协商解决；不愿协商或者协商不成的，商标注册人或者利害关系人可以向人民法院起诉，也可以请求市场监督管理部门处理。

侵犯商标专用权的赔偿数额，按照权利人因被侵权所受到的实际损失确定；实际损失难以确定的，可以按照侵权人因侵权所获得的利益确定；权利人的损失或者侵权人获得的利益难以确定的，参照该商标许可使用费的倍数合理确定。对恶意侵犯商标专用权，情节严重的，可以在按照上述方法确定数额的1倍以上3倍以下确定赔偿数额。赔偿数额应当包括权利人为制止侵权行为所支付的合理开支。

思政园地

"芈月"商标价值百万

郑州"80后"青年王超读了小说《芈月传》后花4 000多元以母亲的名义注册了"芈月"商标。

随着《芈月传》的热播，当初的小成本投资迎来惊人的回报。先是一上海商人开价60万元购买"芈月"商标。到后来，广东一家大型食品企业的老总打电话说愿出100万元买这个商标。而当初注册这个商标的王超，仅仅是想开家蛋糕店，但因为"房租太贵"而放弃。

截至目前，与"芈月"有关的商标共有400多件，注册热度一直居高不下。

商标作为企业无形的资产，在日常经营中有着非常重要的作用。商标不仅起着标识商品的作用，还凝聚了商标权人的商誉价值，其价值往往是难以估量的。

一些热门商标的价值甚至达到百万、千万甚至上亿元的级别。

思政要点：

培养营造崇尚知识、尊重知识产权的良好社会环境。

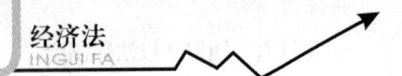

二十大精神园地

完善科技创新体系

坚持创新在我国现代化建设全局中的核心地位。完善党中央对科技工作统一领导的体制，健全新型举国体制，强化国家战略科技力量，优化配置创新资源，优化国家科研机构、高水平研究型大学、科技领军企业定位和布局，形成国家实验室体系，统筹推进国际科技创新中心、区域科技创新中心建设，加强科技基础能力建设，强化科技战略咨询，提升国家创新体系整体效能。深化科技体制改革，深化科技评价改革，加大多元化科技投入，加强知识产权法治保障，形成支持全面创新的基础制度。培育创新文化，弘扬科学家精神，涵养优良学风，营造创新氛围。扩大国际科技交流合作，加强国际化科研环境建设，形成具有全球竞争力的开放创新生态。

模块三　专利法

一、专利、专利权与专利制度

一般而言，专利是从三层意义上理解的。其一，专利是专利权的简称，是指专利法保护的对发明创造享有的专有权利；其二，专利是指专利法保护的发明创造，即专利权的客体；其三，专利是指记载专利技术的公开的专利文献的总和。因此，在不同语境下，专利一词的含义要根据上下文的内容具体确定。

专利权是指法律赋予权利人对其发明创造在一定期限内享有的专有权利。

专利制度是国家通过确认发明人对其发明创造的技术方案的垄断权而促进本国科学技术发展的法律制度。

我国现行的专利法律制度主要包括《中华人民共和国专利法》（历经 1992 年、2000 年、2008 年、2020 年 4 次修正。该法以下简称《专利法》）、《中华人民共和国专利法实施细则》（历经 2002 年、2010 年 2 次修订）以及《最高人民法院关于审理侵犯专利权纠纷案件应用法律若干问题的解释》。

二、专利权的客体

专利权的客体，是指专利权指向的智力成果。

（一）授予专利权的客体

根据我国专利法律制度的相关规定，专利权的客体包括发明、实用新型和外观设计三类。这三类客体统称为发明创造。

发明，是指对产品、方法或者其改进所提出的新的技术方案。发明必须是前所未有的技术方案，有一定的进步或者难度，并且必须是利用自然规律或者自然现象的技术方案。根据发明的客体不同，发明可以分为产品发明和方法发明两种。产品发明是发明人通过智力活动创造出的关于各种新产品、新材料、新物质的技术方案；方法发明是发明人为制造某种产品或者解决某个技术难题而研究开发出的操作方法、制造方法以及工艺流程等技术方案。

实用新型，是指对产品的形状、构造或者其结合所提出的适于实用的新的技术方案。由于其创新要求比发明低，因此实用新型被称为"小发明"。

外观设计，是指对产品的整体或者局部形状、图案或者其结合以及色彩与形状、图案的结合所作出的富有美感并适于工业应用的新设计。外观设计的载体是相对独立的产品，它是形状、图案或其结合以及色彩与形状、图案的结合，富有美感或者具有装饰性，并且适于工业应用。

（二）不授予专利权的客体

我国《专利法》第二十五条规定，对下列各项，不授予专利权：①科学发现；②智力活动的规则和方法；③疾病的诊断和治疗方法；④动物和植物品种；⑤原子核变换方法以及用原子核变换方法获得的物质；⑥对平面印刷品的图案、色彩或者二者的结合作出的主要起标识作用的设计。对动物和植物品种的生产方法，可以依照《专利法》的规定授予专利权。其中，前4项不属于技术发明的范畴；第5项虽然属于技术发明的范围，但因为涉及国家安全而不授予专利权；第6项将平面印刷品排除在专利权的客体之外，主要原因是其更多地体现为一种视觉上的艺术美，而非技术上的新的进步。

除此之外，违反法律的发明创造、违反社会公德的发明创造以及妨害公共利益的发明创造，不授予专利权；对违反法律、行政法规的规定获取或者利用遗传资源，并依赖该遗传资源完成的发明创造，不授予专利权。

三、专利权的主体

一项智力成果完成后，当事人可以选择通过申请专利获得专利权，或者将专利申请权转让给他人，对发明也可以选择将其作为商业秘密进行保护而不申请专利。若选择申请专利，申请被批准后，专利申请人就成为专利权人。

（一）专利申请人

专利申请人是指按照法律规定有权对发明创造或者设计提出专利申请的人。一般情况下，专利申请人包括发明人或者设计人、共同完成发明创造或者设计的人、职务发明中的单位、完成发明创造的外国人、继受取得申请权的人等。因此，申请人与发明人、设计人不一定相同。

1. 非职务发明的申请人

发明人、设计人是对已经完成的发明创造或者外观设计的实质性特点作出创造性贡献的人。

非职务发明创造的发明人、设计人在发明或设计完成后,取得专利申请权。如果对于已经完成的发明创造的实质性特点做出创造性贡献的人有两个以上,可以作为共同申请人提出专利申请。

2. 职务发明创造的申请人

职务发明创造,是指执行本单位的任务或者主要是利用本单位的物质技术条件所完成的发明创造。执行本单位的任务所完成的职务发明创造是指:在本职工作中作出的发明创造;履行本单位交付的本职工作之外的任务所作出的发明创造;退休、调离原单位后或者劳动、人事关系终止后1年内作出的,与其在原单位承担的本职工作或者原单位分配的任务有关的发明创造。所称本单位,包括临时工作单位;所称本单位的物质技术条件,是指本单位的资金、设备、零部件、原材料或者不对外公开的技术资料等。

职务发明创造申请专利的权利属于该单位;申请被批准后,该单位为专利权人。该单位可以依法处置其职务发明创造申请专利的权利和专利权,促进相关发明创造的实施和运用。利用本单位的物质技术条件所完成的发明创造,单位与发明人或者设计人订有合同,对申请专利的权利和专利权的归属作出约定的,从其约定。

被授予专利权的单位应当对职务发明创造的发明人或者设计人给予奖励;发明创造专利实施后,根据其推广应用的范围和取得的经济效益,对发明人或者设计人给予合理的报酬。

3. 继受取得申请权的专利申请人

继受取得申请权的专利申请人,主要包括通过合同取得申请权和通过继承取得申请权两种情况。

通过合同取得申请权是指对于已经完成的发明创造,双方当事人在合同中约定发明人将其已经完成的发明创造的专利申请权转让给对方。中国单位或者个人向外国人、外国企业或者外国其他组织转让专利申请权的,应当依照有关法律、行政法规的规定办理手续。转让专利申请权的,当事人应当订立书面合同,并向国务院专利行政部门登记,由国务院专利行政部门予以公告。专利申请权的转让自登记之日起生效。

若拥有专利申请权的自然人死亡的,其专利申请权可以作为一项民事权利由其继承人继承。

4. 外国申请人

在中国没有经常居所或者营业场所的外国人、外国企业或者外国其他组织在中国申请专利的,依照其所属国同中国签订的协议或者共同参加的国际条约,或者依照互惠原则,根据《专利法》办理。在中国没有经常居所或者营业场所的外国人、外国企业或者其他外国组织在中国申请专利或者办理其他专利事务时,应当委托依法设立的专利代理机构办理。

（二）专利权人

专利权人是指对于国务院专利行政部门授予的专利享有独占、使用、收益和处分的人。专利权人是专利申请人，但专利申请人可以是发明人、设计人个人，也可以是职务发明的单位，还可以是共同完成人或委托完成人，或者是外国申请人。

四、授予专利权的条件

（一）授予发明和实用新型专利权的条件

授予专利权的发明、实用新型应当具备新颖性、创造性和实用性。

新颖性，是指该发明或者实用新型不属于现有技术，也没有任何单位或者个人就同样的发明或者实用新型在申请日以前向国务院专利行政部门提出过申请，并记载在申请日以后公布的专利申请文件或者公告的专利文件中。所称现有技术，是指申请日以前在国内外为公众所知的技术。申请专利的发明创造在申请日以前6个月内，有下列情形之一的，不丧失新颖性：①在国家出现紧急状态或者非常情况时，为公共利益目的首次公开的；②在中国政府主办或者承认的国际展览会上首次展出的；③在规定的学术会议或者技术会议上首次发表的；④他人未经申请人同意而泄露其内容的。

创造性，是指与现有技术相比，该发明具有突出的实质性特点和显著的进步，该实用新型具有实质性特点和进步。

实用性，是指该发明或者实用新型能够制造或者使用，并且能够产生积极效果。

（二）授予外观设计专利权的条件

授予专利权的外观设计，应当不属于现有设计；也没有任何单位或者个人就同样的外观设计在申请日以前向国务院专利行政部门提出过申请，并记载在申请日以后公告的专利文件中。

授予专利权的外观设计与现有设计或者现有设计特征的组合相比，应当具有明显区别。

授予专利权的外观设计不得与他人在申请日以前已经取得的合法权利相冲突，即授予专利权的外观设计，不得与他人在申请日以前已经取得的商标权和美术作品著作权相冲突。

所称现有设计，是指申请日以前在国内外为公众所知的设计。

五、授予专利权的程序

（一）专利的申请

1. 申请的原则

专利申请的原则包括诚实信用原则、书面申请原则、先申请原则、一申请一发明原则。

（1）诚实信用原则。申请专利应当遵循诚实信用原则，不得以虚构技术方案、编造试验数据等方式申请专利。

（2）书面申请原则。申请专利必须以书面形式提出。专利法律制度最重要的内容之一就是专利申请人应当将其所申请的专利技术向社会公开，使他人可以通过阅读专利文献的方式进一步进行研究，使科学技术进一步得到发展。因此，专利申请文件应采用书面形式，将其发明内容清楚、准确、完整地表达出来。

（3）先申请原则。两个以上的人分别就同样的发明创造申请专利时，专利权授给最先申请人。但有些国家的专利法采用的是先发明原则，即专利权授予最先作出发明创造的人。两个以上的申请人同日（指申请日；有优先权的，指优先权日）分别就同样的发明创造申请专利的，应当在收到国务院专利行政部门的通知后自行协商确定申请人。

（4）一申请一发明原则。一件发明或者实用新型专利申请应当限于一项发明或者实用新型。同样的发明创造只能授予一项专利权。但是，同一申请人同日对同样的发明创造既申请实用新型专利又申请发明专利，先获得的实用新型专利权尚未终止，且申请人声明放弃该实用新型专利权的，可以授予发明专利权。

属于一个总的发明构思的两项以上的发明或者实用新型，可以作为一件申请提出。一件外观设计专利申请应当限于一项外观设计。同一产品两项以上的相似外观设计，或者用于同一类别并且成套出售或者使用的产品的两项以上外观设计，可以作为一件申请提出。

2. 专利申请文件

申请发明或者实用新型专利的，申请人应当提交请求书、说明书及其摘要和权利要求书等文件。请求书应当写明发明或者实用新型的名称，发明人的姓名，申请人姓名或者名称、地址，以及其他事项。说明书应当对发明或者实用新型作出清楚、完整的说明，以所属技术领域的技术人员能够实现为准；必要的时候，应当有附图。摘要应当简要说明发明或者实用新型的技术要点。权利要求书应当以说明书为依据，清楚、简要地限定要求专利保护的范围。依赖遗传资源完成的发明创造，申请人应当在专利申请文件中说明该遗传资源的直接来源和原始来源；申请人无法说明原始来源的，应当陈述理由。

申请外观设计专利的，应当提交请求书、该外观设计的图片或者照片以及对该外观设计的简要说明等文件。申请人提交的有关图片或者照片应当清楚地显示要求专利保护的产品的外观设计。

3. 申请日和优先权

由于我国实行的是先申请原则，因此，申请日的确定至关重要。对专利申请人来说，从申请日的次日起，专利申请案中的发明创造就会成为现有技术的一部分，如果他人再有相同的发明创造申请专利，都会丧失新颖性；从申请日的次日开始，申请人就可以实施或发表专利申请案中的发明创造，对新颖性没有影响；若经过审查，申请人获得专利权的，专利权的保护期是从申请日开始起算的。

国务院专利行政部门收到专利申请文件之日为申请日。如果申请文件是邮寄的，以寄出的邮戳日为申请日。向国务院专利行政部门邮寄的各种文件，以寄出的邮戳日为递交日；邮戳日不清晰的，除当事人能够提出证明外，以国务院专利行政部门收到日为递交日。专利法所称申请日，有优先权的，指优先权日。

申请人自发明或者实用新型在外国第一次提出专利申请之日起 12 个月内，或者自外观设计在外国第一次提出专利申请之日起 6 个月内，又在中国就相同主题提出专利申请的，依照该外国同中国签订的协议或者共同参加的国际条约，或者依照相互承认优先权的原则，可以享有优先权。申请人自发明或者实用新型在中国第一次提出专利申请之日起 12 个月内，或者自外观设计在中国第一次提出专利申请之日起 6 个月内，又向国务院专利行政部门就相同主题提出专利申请的，可以享有优先权。

申请人要求发明、实用新型专利优先权的，应当在申请的时候提出书面声明，并且在第一次提出申请之日起 16 个月内，提交第一次提出的专利申请文件的副本。申请人要求外观设计专利优先权的，应当在申请的时候提出书面声明，并且在 3 个月内提交第一次提出的专利申请文件的副本。申请人未提出书面声明或者逾期未提交专利申请文件副本的，视为未要求优先权。

（二）专利申请的受理、审查和批准

发明专利申请一般需要经过初步审查和实质审查两个阶段；实用新型和外观设计专利申请只需经过初步审查。

1. 初步审查

国务院专利行政部门受理发明专利申请后公布申请以前，应当进行初步审查。初审的任务是，审查申请人提交的申请文件是否符合《专利法》及其实施细则的规定，审查申请人在提出专利申请的同时或者随后提交的与专利申请有关的其他文件是否符合《专利法》及其实施细则的规定。

专利申请文件有下列情形之一的，国务院专利行政部门不予受理，并通知申请人：发明或者实用新型专利申请缺少请求书、说明书（实用新型无附图）或者权利要求书的，或者外观设计专利申请缺少请求书、图片或者照片、简要说明的；未使用中文的；未使用挂号信函向国务院专利行政部门邮寄有关申请文件的；请求书中缺少申请人姓名或者名称，或者缺少地址的；在中国没有经常居所或者营业所的外国人、外国企业或者外国其他组织明显不符合《专利法》第十七条或者第十八条第一款规定的；专利申请类别（发明、实用新型或者外观设计）不明确或者难以确定的。

实用新型和外观设计专利申请经初步审查没有发现驳回理由的，由国务院专利行政部门作出授予实用新型专利权或者外观设计专利权的决定，发给相应的专利证书，同时予以登记和公告。实用新型专利权和外观设计专利权自公告之日起生效。

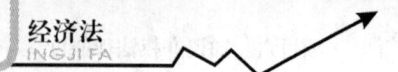

2. 公布申请

国务院专利行政部门收到发明专利申请后，经初步审查认为符合《专利法》要求的，自申请日起满 18 个月，即行公布。国务院专利行政部门可以根据申请人的请求早日公布其申请。

3. 实质审查

发明专利申请自申请日起 3 年内，国务院专利行政部门可以根据申请人随时提出的请求，对其申请进行实质审查；申请人无正当理由逾期不请求实质审查的，该申请即被视为撤回。国务院专利行政部门认为必要的时候，可以自行对发明专利申请进行实质审查。

发明专利的申请人请求实质审查的时候，应当提交在申请日前与其发明有关的参考资料。发明专利已经在外国提出过申请的，国务院专利行政部门可以要求申请人在指定期限内提交该国为审查其申请进行检索的资料或者审查结果的资料；无正当理由逾期不提交的，该申请即被视为撤回。

国务院专利行政部门对发明专利申请进行实质审查后，认为不符合《专利法》规定的，应当通知申请人，要求其在指定的期限内陈述意见，或者对其申请进行修改；无正当理由逾期不答复的，该申请即被视为撤回。发明专利申请经申请人陈述意见或者进行修改后，国务院专利行政部门仍然认为不符合《专利法》规定的，应当予以驳回。

发明专利申请经实质审查没有发现驳回理由的，由国务院专利行政部门作出授予发明专利权的决定，发给发明专利证书，同时予以登记和公告。发明专利权自公告之日起生效。

4. 专利复审

专利申请人对国务院专利行政部门驳回申请的决定不服的，可以自收到通知之日起 3 个月内，向国务院专利行政部门请求复审。国务院专利行政部门复审后，作出决定，并通知专利申请人。专利申请人对国务院专利行政部门的复审决定不服的，可以自收到通知之日起 3 个月内向人民法院起诉。

六、专利权的内容及其保护与限制

（一）专利权的内容

专利权可以分为专利人身权利和专利财产权利两大类。专利人身权利主要是指发明人、设计人的署名权；专利财产权利主要包括制造权、使用权、许诺销售权、销售权、进口权、转让权、许可权等。我国《专利法》规定：发明和实用新型专利权被授予后，除本法另有规定的以外，任何单位或者个人未经专利权人许可，都不得实施其专利，即不得为生产经营目的制造、使用、许诺销售、销售、进口其专利产品，或者使用其专利方法以及使用、许诺销售、销售、进口依照该专利方法直接获得的产品。外观设计专利权被授予后，任何单位或者个人未经专利权人许可，都不得实施其专利，即不得为生产经营目的制造、许诺销售、销售、进口其外观设计专利产品。

（1）制造权。专利权人享有独占地制造专利产品，禁止他人未经其许可制造相同或相似于专利产品的垄断权。

（2）使用权。专利权人享有的使用专利产品或专利方法及依照专利方法直接获得的产品的专有权，包括对专利产品的使用和对专利方法的使用。

（3）许诺销售权。许诺销售是为了促使销售的成立而在实际销售行为成立之前所为旨在实现销售目的的行为，这是专利权人防止他人以广告、展示等表达销售意思的方式，准备销售含有专利技术的产品的权利。

（4）销售权。专利权人享有独自销售专利产品或者依照专利方法直接获得的产品的权利。

（5）进口权。专利权人享有自己进口或禁止他人未经许可为制造、许诺销售、销售、使用等生产经营目的而进口其专利产品或进口依照其专利方法直接获得的产品的权利。进口权包括：专利权人可以自己进口专利产品；有权禁止他人进口专利产品，法律另有规定的除外。

（6）转让权。专利权人享有将自己的专利所有权依法转让给他人的权利。专利权可以转让，中国单位或者个人向外国人、外国企业或者外国其他组织转让专利权的，应当依照有关法律、行政法规的规定办理手续。转让专利权的，当事人应当订立书面合同，并向国务院专利行政部门登记，由国务院专利行政部门予以公告。专利权的转让自登记之日起生效。

（7）许可权。专利权人享有许可他人实施其专利的权利。任何单位或者个人实施他人专利的，应当与专利权人订立实施许可合同，向专利权人支付专利使用费。被许可人无权允许合同规定以外的任何单位或者个人实施该专利。发明专利申请公布后，申请人可以要求实施其发明的单位或者个人支付适当的费用。但在有法律依据的情形下（如国家推广应用、强制许可），可以不经专利权人许可，但被许可人应向专利权人支付许可费。

（8）标记权。专利权人享有在其专利产品或该产品包装上标明专利标记和专利号的权利。

（二）专利权的保护范围

专利权的保护范围是指发明、实用新型和外观设计专利权的法律效力所及的范围。专利权是一种无形财产权，由法律明确规定专利权的保护范围，划清专利侵权与非侵权的界限，既有利于依法充分保护专利权人的合法权益，又可以避免不适当地扩大专利保护的范围，损害专利权人以外的社会公众的利益。

发明或者实用新型专利权的保护范围，以其权利要求的内容为准，说明书及附图可以用于解释权利要求。这包括两层含义：①一项发明创造专利权的保护范围，须以其权利要求为准，即以由专利申请人提出的并经国务院专利行政主管部门批准的权利要求书中所记载的权利要求为准，不小于也不得超出权利要求书中所记载的权利要求的范围。②说明书及附图对权利要求具有解释的功能，可以作为解释权利要求的依据。但是，相对权利要求而言，说明书及附图只具有从属的地位，不能单以其作为发明或者实用新型专利权保护的基本依据，基本依据只能是权利要求书。

外观设计专利权的保护范围，以体现该产品外观设计的图片或者照片为基本依据。需要说明的是，外观设计专利权所保护的"表示在图片或者照片中的该外观设计专利产品"的范围，应当是同类产品的范围，不是同类产品，即使外观设计相同，也不能认为是侵犯了专利权。

（三）侵犯专利权的行为及例外

除法律另有规定外，在专利权有效期内，未经专利权人的许可，以营利为目的实施他人专利的行为，构成侵犯专利权的行为。但由于专利权是一种独占的、垄断的权利，过分的垄断会给社会公众利益带来不利的影响。公正的专利制度应平衡专利权人和社会公众的利益，专利法有必要对专利权人的独占权加以限制。

1. 侵犯专利权的行为

（1）未经专利权人的许可，实施其专利的行为。包括：未经专利权人许可，为生产经营目的制造、使用、许诺销售、销售、进口其专利产品，或者使用其专利方法以及使用、许诺销售、销售、进口依照该专利方法直接获得的产品；未经专利权人许可，为生产经营目的制造、许诺销售、销售、进口其外观设计产品。

（2）假冒专利。假冒专利包括：在未被授予专利权的产品或者其包装上标注专利标识，专利权被宣告无效后或者终止后继续在产品或者其包装上标注专利标识，或者未经许可在产品或者产品包装上标注他人的专利号；销售前述产品；在产品说明书等材料中将未被授予专利权的技术或者设计称为专利技术或者专利设计，将专利申请称为专利，或者未经许可使用他人的专利号，使公众将所涉及的技术或者设计误认为是专利技术或者专利设计；伪造或者变造专利证书、专利文件或者专利申请文件；其他使公众混淆，将未被授予专利权的技术或者设计误认为是专利技术或者专利设计的行为。专利权终止前依法在专利产品、依照专利方法直接获得的产品或者其包装上标注专利标识，在专利权终止后许诺销售、销售该产品的，不属于假冒专利行为。销售不知道是假冒专利的产品，并且能够证明该产品合法来源的，由管理专利工作的部门责令停止销售，但免除罚款的处罚。

2. 不视为侵犯专利权的行为

（1）权利穷竭，也称权利用尽，意指经专利权人或者专利权人许可出售专利产品之后，任何在此种情形下购买了该专利产品的人可以任何方式使用该专利产品，或者进一步转让、出售、赠与该专利产品，不构成侵权。我国《专利法》规定：专利产品或者依照专利方法直接获得的产品，由专利权人或者经其许可的单位、个人售出后，使用、许诺销售、销售、进口该产品的，不视为侵犯专利权。

（2）在先使用，也称先用权制度，是指非专利权人在专利申请日前已经制造相同产品、使用相同方法或者已经做好制造、使用的准备，在专利权人获得专利权后，非专利权人有权在原有的范围内继续制造、使用该专利技术，不视为侵犯专利权。

（3）临时过境：临时通过中国领陆、领水、领空的外国运输工具，依照其所属国同中国签订的协议或者共同参加的国际条约，或者依照互惠原则，为运输工具自身需要而在其装置和设备中使用有关专利的，不视为侵犯专利权。

（4）为科研和实验的使用：专为科学研究和实验而使用有关专利的，不视为侵犯专利权。

（5）药品及医疗器械强制审查例外：为提供行政审批所需要的信息，制造、使用、进口专利药品或者专利医疗器械的，以及专门为其制造、进口专利药品或者专利医疗器械的，不视为侵犯专利权。

3. 侵权诉讼中的抗辩

我国《专利法》规定，在专利侵权纠纷中，被控侵权人有证据证明其实施的技术或者设计属于现有技术或者现有设计的，不构成侵犯专利权。

4. 强制许可

强制许可是指国务院专利行政部门可以不经专利权人同意，直接向申请实施专利技术的申请人颁发专利强制许可证的制度。由于强制许可没有经得专利权人的许可，因此应当在法定的范围适用。

我国《专利法》规定，有下列情形之一的，国务院专利行政部门根据具备实施条件的单位或者个人的申请，可以给予实施发明专利或者实用新型专利的强制许可：专利权人自专利权被授予之日起满3年，且自提出专利申请之日起满4年，无正当理由未实施或者未充分实施其专利的；专利权人行使专利权的行为被依法认定为垄断行为，为消除或者减少该行为对竞争产生的不利影响的。

《专利法》规定，在国家出现紧急状态或者非常情况时，或者为了公共利益的目的，国务院专利行政部门可以给予实施发明专利或者实用新型专利的强制许可；为了公共健康目的，对取得专利权的药品，国务院专利行政部门可以给予制造并将其出口到符合中华人民共和国参加的有关国际条约规定的国家或者地区的强制许可；一项取得专利权的发明或者实用新型比此前已经取得专利权的发明或者实用新型具有显著经济意义的重大技术进步，其实施又有赖于前一发明或者实用新型的实施的，国务院专利行政部门根据后一专利权人的申请，可以给予实施前一发明或者实用新型的强制许可。在前述规定给予实施强制许可的情形下，国务院专利行政部门根据前一专利权人的申请，也可以给予实施后一发明或者实用新型的强制许可。

国务院专利行政部门作出的给予实施强制许可的决定，应当及时通知专利权人，并予以登记和公告。取得实施强制许可的单位或者个人应当付给专利权人合理的使用费，或者依照中华人民共和国参加的有关国际条约的规定处理使用费问题。付给使用费的，其数额由双方协商；双方不能达成协议的，由国务院专利行政部门裁决。

5. 开放许可

专利权人自愿以书面方式向国务院专利行政部门声明愿意许可任何单位或者个人实施其专利，并明确许可使用费支付方式、标准的，由国务院专利行政部门予以公告，实行开放许可。就实用新型、外观设计专利提出开放许可声明的，应当提供专利权评价报告。

任何单位或者个人有意愿实施开放许可的专利的，以书面方式通知专利权人，并依照公告的许可使用费支付方式、标准支付许可使用费后，即获得专利实施许可。

开放许可实施期间，对专利权人缴纳专利年费相应给予减免。

实行开放许可的专利权人可以与被许可人就许可使用费进行协商后给予普通许可，但不得就该专利给予独占或者排他许可。

当事人就实施开放许可发生纠纷的，由当事人协商解决；不愿协商或者协商不成的，可以请求国务院专利行政部门进行调解，也可以向人民法院起诉。

6. 国家推广应用

《专利法》第四十九条规定，国有企业事业单位的发明专利，对国家利益或者公共利益具有重大意义的，国务院有关主管部门和省、自治区、直辖市人民政府报经国务院批准，可以决定在批准的范围内推广应用，允许指定的单位实施，由实施单位按照国家规定向专利权人支付使用费。

七、专利权的期限、终止和无效

（一）专利权的期限

发明专利权的期限为20年，实用新型专利权的期限为10年，外观设计专利权的期限为15年，均自申请日起计算。

自发明专利申请日起满4年，且自实质审查请求之日起满3年后授予发明专利权的，国务院专利行政部门应专利权人的请求，就发明专利在授权过程中的不合理延迟给予专利权期限补偿，但由申请人引起的不合理延迟除外。

为补偿新药上市审评审批占用的时间，对在中国获得上市许可的新药相关发明专利，国务院专利行政部门应专利权人的请求给予专利权期限补偿。补偿期限不超过5年，新药批准上市后总有效专利权期限不超过14年。

（二）专利权的终止

有下列情形之一的，专利权在期限届满前终止：没有按照规定缴纳年费的；专利权人以书面声明放弃其专利权的。专利权在期限届满前终止的，由国务院专利行政部登记和公告。

（三）专利权的无效

自国务院专利行政部门公告授予专利权之日起，任何单位或者个人认为该专利权的授予不符合专利法有关规定的，可以请求国务院专利行政部门宣告该专利权无效。

国务院专利行政部门对宣告专利权无效的请求应当及时审查和作出决定，并通知请求人和专利权人。宣告专利权无效的决定，由国务院专利行政部门登记和公告。对国务院专利行政部门宣告专利权无效或者维持专利权的决定不服的，可以自收到通知之日起3个月内向人民法院起诉。人民法院应当通知无效宣告请求程序的对方当事人作为第三人参加诉讼。

模块四 著作权法

一、著作权法概述

《中华人民共和国著作权法》（以下简称《著作权法》）于1990年9月7日第七届全国人民代表大会常务委员会第15次会议通过，后经2001年和2010年、2020年全国人民代表大会常务委员会的三次修订，自2021年6月1日施行。

二、著作权的内容

著作权也称版权，是指作者及其他权利人对文学、艺术和科学作品享有的人身权和财产权的总称。著作权分为著作人身权与著作财产权。其中著作权中的人身权包括：发表权、署名权、修改权、保护作品完整权；著作权中的财产权包括复制权、发行权、出租权、展览权、表演权、放映权、广播权、信息网络传播权、摄制权、改编权、翻译权、汇编权和其他权利。

（1）发表权，即决定作品是否公之于众的权利。

（2）署名权，即表明作者身份，在作品上署名的权利。

（3）修改权，即修改或者授权他人修改作品的权利。

（4）保护作品完整权，即保护作品不受歪曲、篡改的权利。

（5）复制权，即以印刷、复印、拓印、录音、录像、翻录、翻拍、数字化等方式将作品制作一份或者多份的权利。

（6）发行权，即以出售或者赠与方式向公众提供作品的原件或者复制件的权利。

（7）出租权，即有偿许可他人临时使用视听作品、计算机软件的原件或者复制件的权利，计算机软件不是出租的主要标的的除外。

（8）展览权，即公开陈列美术作品、摄影作品的原件或者复制件的权利。

（9）表演权，即公开表演作品，以及用各种手段公开播送作品的表演的权利。

（10）放映权，即通过放映机、幻灯机等技术设备公开再现美术、摄影、视听作品等的权利。

（11）广播权，即以有线或者无线方式公开传播或者转播作品，以及通过扩音器或者其他传送符号、声音、图像的类似工具向公众传播广播的作品的权利，但不包括本款第十二项规定的权利。

（12）信息网络传播权，即以有线或者无线方式向公众提供，使公众可以在其选定的时间和地点获得作品的权利。

（13）摄制权，即以摄制视听作品的方法将作品固定在载体上的权利。

（14）改编权，即改变作品，创作出具有独创性的新作品的权利。

（15）翻译权，即将作品从一种语言文字转换成另一种语言文字的权利。

（16）汇编权，即将作品或者作品的片段通过选择或者编排，汇集成新作品的权利。

（17）应当由著作权人享有的其他权利。

著作权人可以许可他人行使前款第 5 项至第 17 项规定的权利，并依照约定或者本法有关规定获得报酬。

著作权人可以全部或者部分转让本条第一款第 5 项至第 17 项规定的权利，并依照约定或者本法有关规定获得报酬。

三、著作权的归属

（一）一般规则

除著作权法另有规定的以外，著作权属于作者。

创作作品的公民是作者。由法人或者其他组织主持，代表法人或者其他组织意志创作，并由法人或者其他组织承担责任的作品，法人或者其他组织视为作者。如无相反证明，在作品上署名的公民、法人或者其他组织为作者。

（二）演绎作品

演绎作品是指改编、翻译、注释、整理已有作品而产生的作品，其著作权归属于演绎人，但是演绎人行使著作权时不得侵犯原作品的著作权，无权阻止第三人对原演绎作品再度演绎。

（三）合作作品

两人以上合作创作的作品，著作权由合作作者共同享有。没有参加创作的人，不能成为合作作者。

合作作品的著作权由合作作者通过协商一致行使；不能协商一致，又无正当理由的，任何一方不得阻止他方行使除转让、许可他人专有使用、出质以外的其他权利，但是所得收益应当合理分配给所有合作作者。

合作作品可以分割使用的，作者对各自创作的部分可以单独享有著作权，但行使著作权时不得侵犯合作作品整体的著作权。

（四）汇编作品

汇编若干作品、作品的片段或者不构成作品的数据或者其他材料，对其内容的选择或者编排体现独创性的作品，称为汇编作品，其著作权由汇编人享有，但行使著作权时，不得侵犯原作品的著作权。

（五）影视作品

影视作品，是指电影作品和以类似摄制电影的方法创作的作品。

（1）著作权由制片者享有。

（2）编剧、导演、摄影、作词、作曲等作者享有署名权。

（3）剧本、音乐等可以单独使用的作品的作者有权单独行使其著作权。

（六）职务作品

职务作品，是指公民为完成单位工作任务所创作的作品。

（1）一般职务作品著作权归属：除单位作品外，公民为完成单位工作任务而又未主要利用单位物质技术条件创作的作品，称为一般职务作品。

一般情况下著作权由作者享有，单位有权在其业务范围内优先使用；作品完成两年内，未经单位同意，作者不得许可第三人以与单位使用的相同方式使用该作品。

（2）特殊职务作品著作权归属：主要是利用单位物质技术条件创作，并由单位承担责任的工程设计图、产品设计图、地图、计算机软件等职务作品，以及法律、行政法规规定或者合同约定著作权由单位享有的职务作品，作者享有署名权，著作权的其他权利由单位享有，单位可以给予作者奖励。

（七）委托作品

委托作品，是指作者接受他人委托而创作的作品。

（1）委托作品的著作权归属由委托人和受托人通过合同约定。合同未作明确约定或者没有订立合同的，著作权属于受托人。

（2）由他人执笔，本人审阅定稿并以本人名义发表的报告、讲话等作品，著作权归报告人或者讲话人享有。著作权人可以支付执笔人适当的报酬。

（3）当事人合意以特定人物经历为题材完成的自传体作品，当事人对著作权权属有约定的，依其约定；没有约定的，著作权归该特定人物享有，执笔人或整理人对作品完成付出劳动，著作权人可以向其支付适当的报酬。

（八）原件所有权转移的作品

（1）绘画、书法、雕塑等美术作品的原件所有权转移，不视为作品著作权的转移，但美术作品原件的展览权由原件所有人享有。

（2）除美术作品外，对载体所有权可能转移的其他作品，都要注意载体所有权变动并不必然引起著作权的变动。

（九）作者身份不明的作品

作者身份不明的作品，是指从通常途径不能了解作者身份的作品。如果一件作品未署名，或署了鲜为人知的笔名，但作品原件持有人或收稿单位确知作者的真实身份，不属于作者身份不明的作品。

作者身份不明的作品，由作品原件的所有人行使除署名权以外的著作权。作者身份确定后，由作者或者其继承人行使著作权。

（十）著作权的继承

(1) 著作财产权可以继承。

(2) 著作人身权中的署名权、修改权和保护作品完整权由继承人或受遗赠人保护。发表权，如果作者未明确表示不发表，作者死亡后50年内，其发表权可由继承人或者受遗赠人行使，没有继承人又无人受遗赠的，由作品原件的所有人行使。

四、著作权的保护期

(1) 作者的署名权、修改权、保护作品完整权的保护期不受限制。

(2) 自然人的作品，其发表权、本法第十条第一款第（五）项至第（十七）项规定的权利的保护期为作者终生及其死亡后五十年，截止于作者死亡后第五十年的12月31日；如果是合作作品，截止于最后死亡的作者死亡后第五十年的12月31日。

(3) 法人或者非法人组织的作品、著作权（署名权除外）由法人或者非法人组织享有的职务作品，其发表权的保护期为五十年，截止于作品创作完成后第五十年的12月31日；本法第十条第一款第五项至第十七项规定的权利的保护期为五十年，截止于作品首次发表后第五十年的12月31日。但作品自创作完成后五十年内未发表的，本法不再保护。

(4) 视听作品，其发表权的保护期为五十年，截止于作品创作完成后第五十年的12月31日；本法第十条第一款第五项至第十七项规定的权利的保护期为五十年，截止于作品首次发表后第五十年的12月31日。但作品自创作完成后五十年内未发表的，本法不再保护。

五、著作权的限制

著作权的合理使用是指针对他人已经发表的作品，根据法律的规定，在不必征得著作权人同意的情况下，而无偿使用其作品的行为。在下列情况下使用作品，可以不经著作权人许可，不向其支付报酬，但应当指明作者姓名、作品名称，并且不得侵犯著作权人依照本法享有的其他权利：

(1) 为个人学习、研究或者欣赏，使用他人已经发表的作品。

(2) 为介绍、评论某一作品或者说明某一问题，在作品中适当引用他人已经发表的作品。

（3）为报道新闻，在报纸、期刊、广播电台、电视台等媒体中不可避免地再现或者引用已经发表的作品。

（4）报纸、期刊、广播电台、电视台等媒体刊登或者播放其他报纸、期刊、广播电台、电视台等媒体已经发表的关于政治、经济、宗教问题的时事性文章，但著作权人声明不许刊登、播放的除外。

（5）报纸、期刊、广播电台、电视台等媒体刊登或者播放在公众集会上发表的讲话，但作者声明不许刊登、播放的除外。

（6）为学校课堂教学或者科学研究，翻译、改编、汇编、播放或者少量复制已经发表的作品，供教学或者科研人员使用，但不得出版发行。

（7）国家机关为执行公务在合理范围内使用已经发表的作品。

（8）图书馆、档案馆、纪念馆、博物馆、美术馆、文化馆等为陈列或者保存版本的需要，复制本馆收藏的作品。

（9）免费表演已经发表的作品，该表演未向公众收取费用，也未向表演者支付报酬且不以营利为目的。

（10）对设置或者陈列在公共场所的艺术作品进行临摹、绘画、摄影、录像。

（11）将中国公民、法人或者非法人组织已经发表的以国家通用语言文字创作的作品翻译成少数民族语言文字作品在国内出版发行。

（12）以阅读障碍者能够感知的无障碍方式向其提供已经发表的作品。

（13）法律、行政法规规定的其他情形。

前款规定适用于对与著作权有关的权利的限制。

为实施义务教育和国家教育规划而编写出版教科书，可以不经著作权人许可，在教科书中汇编已经发表的作品片段或者短小的文字作品、音乐作品或者单幅的美术作品、摄影作品、图形作品，但应当按照规定向著作权人支付报酬，指明作者姓名或者名称、作品名称，并且不得侵犯著作权人依照本法享有的其他权利。

前款规定适用于对与著作权有关的权利的限制。

五、邻接权

邻接权是指作品传播者对其赋予作品的传播形式所享有的权利。邻接权的保护期限为50年。邻接权中除表演者权外，一般不涉及人身权。我国《著作权法》主要规定了下列邻接权。

（一）出版者权利义务

1. 图书出版者

（1）图书出版者出版图书应当和著作权人订立出版合同，并支付报酬。

（2）按照合同约定享有的专有出版权受法律保护，他人不得出版该作品。

(3) 图书撤销后，图书出版者拒绝重印、再版的，著作权人有权终止合同。

(4) 图书出版者经作者许可，可以对作品修改、删节。

2. 报社、期刊社

(1) 著作权人向报社、期刊社投稿的，自稿件发出之日起 15 日内未收到报社通知决定刊登的，或者自稿件发出之日起 30 日内未收到期刊社通知决定刊登的，可以将同一作品向其他报社、期刊社投稿。双方另有约定的除外。

(2) 作品刊登后，除著作权人声明不得转载、摘编的外，其他报刊可以转载或者作为文摘、资料刊登，但应当按照规定向著作权人支付报酬。

(3) 报社、期刊社可以对作品作文字性修改、删节。对内容的修改，应当经作者许可。

3. 出版改编、翻译、注释、整理、汇编已有作品而产生的作品

出版改编、翻译、注释、整理、汇编已有作品而产生的作品，应当取得改编、翻译、注释、整理、汇编作品的著作权人和原作品的著作权人许可，并支付报酬。

4. 出版者有权许可或者禁止他人使用其出版的图书、期刊的版式设计

前款规定的权利的保护期为 10 年，截止于使用该版式设计的图书、期刊前次出版后第十年的 12 月 31 日。

(二) 表演者权利义务

1. 表演者的义务

(1) 使用他人作品演出，表演者（演员、演出单位）应当取得著作权人许可，并支付报酬。演出组织者组织演出，由该组织者取得著作权人许可，并支付报酬。

(2) 使用改编、翻译、注释、整理已有作品而产生的作品进行演出，应当取得改编、翻译、注释、整理作品的著作权人和原作品的著作权人许可，并支付报酬。

2. 表演者的权利

(1) 表明表演者身份；保护期不受限制。

(2) 保护表演形象不受歪曲；保护期不受限制。

(3) 许可他人从现场直播和公开传送其现场表演，并获得报酬。

(4) 许可他人录音录像，并获得报酬。

(5) 许可他人复制、发行录有其表演的录音录像制品，并获得报酬。

(6) 许可他人通过信息网络向公众传播其表演，并获得报酬。

被许可人以第（3）项至第（6）项规定的方式使用作品，还应当取得著作权人许可，并支付报酬。

第（3）项至第（6）项保护期为五十年，截止于该表演发生后第五十年的 12 月 31 日。

(三）录音录像制作者权利义务

1. 录音录像制作者的义务

（1）录音录像制作者使用他人作品制作录音录像制品，应当取得著作权人许可，并支付报酬。

（2）录音录像制作者使用改编、翻译、注释、整理已有作品而产生的作品，应当取得改编、翻译、注释、整理作品的著作权人和原作品著作权人许可，并支付报酬。

（3）录音制作者使用他人已经合法录制为录音制品的音乐作品制作录音制品，可以不经著作权人许可，但应当按照规定支付报酬；著作权人声明不许使用的不得使用。

（4）录音录像制作者制作录音录像制品，应当同表演者订立合同，并支付报酬。

2. 录音录像制作者的权利

（1）录音录像制作者对其制作的录音录像制品，享有许可他人复制、发行、出租、通过信息网络向公众传播并获得报酬的权利；权利的保护期为五十年，截止于该制品首次制作完成后第五十年的12月31日。

（2）被许可人复制、发行、通过信息网络向公众传播录音录像制品，还应当取得著作权人、表演者许可，并支付报酬。

（四）广播电台、电视台权利义务

1. 广播电台、电视台的义务

（1）广播电台、电视台播放他人未发表的作品，应当取得著作权人许可，并支付报酬。

（2）广播电台、电视台播放他人已发表的作品，可以不经著作权人许可，但应当支付报酬。

（3）广播电台、电视台播放已经出版的录音制品，可以不经著作权人许可，但应当支付报酬。当事人另有约定的除外。具体办法由国务院规定。

（4）电视台播放他人的电影作品和以类似摄制电影的方法创作的作品、录像制品，应当取得制片者或者录像制作者许可，并支付报酬；播放他人的录像制品，还应当取得著作权人许可，并支付报酬。

2. 广播电台、电视台的权利

广播电台、电视台有权禁止未经其许可的下列行为：

（1）将其播放的广播、电视转播；

（2）将其播放的广播、电视录制在音像载体上以及复制音像载体。

保护期为五十年，截止于该广播、电视首次播放后第五十年的12月31日。

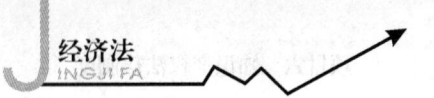

思政园地

KTV 是著作权侵权的"重灾区"

去 KTV 唱歌,有些歌在歌单中找不到,可能是因为 KTV 没有购买其版权。我们在 KTV 里点唱的歌曲,是需要经营者获得著作权人的授权并且支付版权使用费的。倘若在没有购买版权的情况下,以营利为目的向公众播放音像制品,那么就侵犯了著作权人的著作权。

在生活中,小至小朋友的画作,大至电影大片,无不是著作权的具体体现。

同时,考虑到音乐作品可能存在多次转授权的情况,经营者应该提高法律意识,注意授权链条的清晰和完整程度,否则即会有侵权之虞。

思政要点:

歌曲创作不易,智力成果可贵,让我们共同维护创作者的智慧结晶。

六、法律责任

(1)侵犯著作权或者与著作权有关的权利的,侵权人应当按照权利人的实际损失给予赔偿;实际损失难以计算的,可以按照侵权人的违法所得给予赔偿。赔偿数额还应当包括权利人为制止侵权行为所支付的合理开支。

(2)权利人的实际损失或者侵权人的违法所得不能确定的,由人民法院根据侵权行为的情节,判决给予五十万元以下的赔偿。

课后训练

一、基础练习

1. 简述商标注册的原则。
2. 简述专利先申请原则的作用。
3. 简述演绎作品著作权归属。

二、案例分析

案例一: A 公司生产"亚美"牌薰衣草保健枕,"亚美"为注册商标,薰衣草为该枕头的主要原料之一。其产品广告和包装上均突出宣传"薰衣草",致使"薰衣草"保健枕被消费者熟知,其他厂商也推出"薰衣草"保健枕。后"薰衣草"被法院认定为驰名商标。请问:

1. 甲公司可在一种商品上同时使用两件商标?
2. 甲公司对"薰衣草"商标享有商标专用权吗?
3. "薰衣草"叙述了该商品的主要原料,能否申请注册?

案例二：2020年12月1日，甲公司就A技术向国务院专利行政部门提出专利申请，乙公司得知后于同年12月10日也就A技术向国务院专利行政部门提出专利申请，并提出其已于2020年6月1日就A技术向美国相关部门提出专利申请。请问：如果符合专利授予条件，专利权应授予哪家公司？专利申请日为哪一日？

案例三：演员王某、李某在某市春节晚会上表演了一幕小品《追尾》，该小品的脚本是他们根据《人生百味》杂志上的一篇小说改编的。该小说的作者为甲和乙。这篇小说是《人生百味》杂志从南方某报纸转载过来的，转载时未经过作者甲和乙的同意，但支付了稿费。演出后，王某和李某将所得的全部收入捐献给了本市的福利基金会。该市某文化制作中心，将王某和李某的表演制成录音带，向社会公开销售。请问：

1. 王某、李某是否侵犯了甲和乙的著作权？
2. 市文化中心是否侵权，侵犯了什么权利？
3. 某音像公司是否侵权？

三、实训任务

A公司拥有一项发明专利，专利产品为中空内墙隔板，在甲地拥有代理商B公司和代理商C公司。后A公司与B公司终止了代理协议，但终止后，B公司仍然生产相同的产品，并且授权D公司也生产这种产品。这种情况使得C公司的利益深受损害，要求A公司通过法律途径打击B公司、D公司的专利侵权行为。

请分析下列问题：

1. 本案中，谁有权提起侵权诉讼？
2. 如何确定被告的行为构成侵权？
3. 被告应当如何应诉？
4. 如何确定损害赔偿数额？

项目七　税收法律制度

一、知识框架

（一）税收与税法

税收是国家为了满足社会的公共需要，凭借政治权力，按照税法规定的标准取得财政收入一种活动，具有强制性、无偿性和固定性的特征。我国现行税种分为流转税、所得税、财产税、行为税、资源税五大类18个税种。税法是国家机关制定的、调整国家和纳税人之间在征纳税方面的权利和义务关系的法律规范的总称，我国现行税法体系按照税法的职能作用不同分为税收实体法和税收程序法。税法的构成要素一般包括纳税主体、征税对象、税率、计税依据、纳税环节、纳税期限、纳税地点、减税免税、违法处理等。

（二）税收实体法

税收实体法是指主要规定国家征税和纳税人纳税的实体权利和义务的法律法规的总称，即各个税种法。我国现行的税收实体法形成了以增值税、消费税、关税、企业所得税、个人所得税、房产税、契税、车船税、环境保护税、烟叶税、船舶吨税、印花税、城镇土地使用税、土地增值税、耕地占用税、车辆购置税、资源税、城市维护建设税18个税为主体税种的实体法体系。

（三）税收程序法

税收程序法是指规定税务机关进行税收征收管理和纳税人纳税程序方面的法律法规的总称。我国现行的税收程序法有很多，本书主要介绍《中华人民共和国税收征收管理法》，它包括税务管理、税款征收、税务检查和违反税法的法律责任四方面的法律规定。

二、学习目标

（一）知识目标

(1) 税收的特征和种类。

(2) 我国现行税法体系。

(3) 我国税法的构成要素。

(4) 我国18个税种的主要法律规定。

(5) 税收征收管理各环节的主要法律规定。

（二）能力目标

(1) 培养学生熟悉并掌握税法基本知识和我国税收相关的法律、法规。

(2) 培养学生能够依照税法的规定处理实践中涉及税务问题的能力。

（三）思政目标

(1) 培养学生树立自觉依法纳税的责任感。

(2) 培养学生具有诚实信用、遵纪守法、依法办事的职业操守。

三、法律法规

(1)《中华人民共和国个人所得税法》《中华人民共和国企业所得税法》《中华人民共和国印花税法》《中华人民共和国契税法》《中华人民共和国车船税法》《中华人民共和国环境保护税法》《中华人民共和国烟叶税法》《中华人民共和国船舶吨税法》《中华人民共和国耕地占用税法》《中华人民共和国车辆购置税法》《中华人民共和国资源税法》《中华人民共和国城市维护建设税法》。

(2)《中华人民共和国增值税暂行条例》《中华人民共和国消费税暂行条例》《中华人民共和国进出口关税条例》《中华人民共和国房产税暂行条例》《中华人民共和国土地增值税暂行条例》《中华人民共和国城镇土地使用税暂行条例》。

(3)《中华人民共和国税收征收管理法》。

(4)《中华人民共和国海关法》。

模块一　税收与税法

一、税收的概念和特征

税收，是国家为了满足社会的公共需要，凭借政治权力，按照法律预先规定的标准，强制地、无偿地取得财政收入的一种手段。税收体现了市场主体和国家的一种收入分配关系，是国家提供公共产品最重要的保证。

税收具有以下特征：

第一，强制性。国家征税的目的在于筹集必要的资金来满足社会公共需要，税收的强制性是指这种分配以国家的政治权力为依托，在税法规定的范围内，负有纳税义务的主体，都必须无条件地依法纳税，否则，就要受到法律的制裁。

第二，无偿性。无偿性，即国家依据税法征税，不需要付出任何代价或支付任何报酬，也不需要事后返还。税款一律纳入国家财政预算由财政统一分配，纳税人享受国家提供的各种公共产品和公共服务。所以税收"取之于民、用之于民"。

第三，固定性。固定性，即税收是国家按照法律预先规定的征税范围、征税标准等进行征税，具有相对稳定性，征纳双方都必须遵守，不能随意变动。

税收的上述三个特征是相互联系、密不可分的统一体，无偿性是税收的核心特征，强制性和固定性是对无偿性的保证和约束，税收的"三性"是税收区别于其他财政收入形式的基本标志。

二、税收的分类

根据不同的划分标准，我国税收的种类如下：

（一）按征税对象分类

征税对象是税法的一个基本要素，是区分税种的主要标志。这种分类是税收最基本和最主要的分类方法。

（1）流转税，是指以商品生产、商品流通和劳务服务的流转额为征税对象征收的一类税。我国现行的流转税主要有增值税、消费税、关税。

（2）所得税，是指以纳税人的各种所得额（或叫收益额）为征税对象征收的一类税。我国现行的所得税主要有企业所得税、个人所得税。

（3）财产税，是指以纳税人所拥有或支配的财产为征税对象征收的一种税。我国现行的财产税主要有房产税、契税、车船税、船舶吨税等。

（4）行为税，是指以纳税人的某些特定行为为征税对象征收的一类税。我国现行的行为税主要有印花税、车辆购置税、环境保护税、烟叶税、土地增值税等。

（5）资源税，是指对开发、利用和占有国有自然资源的单位和个人征收的一类税。我国现行的资源税主要有资源税、耕地占用税、城镇土地使用税等。

此外，凡是缴纳增值税、消费税的纳税人，还应同时缴纳城市维护建设税和教育费附加。

（二）按税负是否转嫁分类

按照税负是否全部或者部分转嫁给他人，税收分为直接税和间接税。

（三）按计税标准为依据分类

以征税对象的自然实物量、价值量还是以自然实物量和价值量同时计算为标准，税收分为从价税、从量税和复合税。

（四）按税收管理和使用权限分类

按照税收管理和使用权限是归中央、地方还是中央和地方共同支配和使用，税收分为中央税、地方税、中央地方共享税。

（五）按税收与价格的关系分类

按照商品价格中是否包含商品税金，税收分为价内税和价外税。

三、税法的概念及税法体系

税法是国家机关制定的用以调整国家和纳税人之间税收征纳活动的权利和义务关系的法律规范的总称。我国现行税法体系按照税法的职能作用不同，分为税收实体法和税收程序法。

（一）税收实体法

税收实体法是指主要规定国家征税和纳税人纳税的实体权利和义务的法律法规的总称，即各个税种法。我国现行的税收实体法包括流转税法、所得税法、财产税法、资源税法、行为税法五大类，形成了以增值税、消费税、关税、企业所得税、个人所得税法、房产税、契税、车船税、环境保护税、烟叶税、船舶吨税、印花税、城镇土地使用税、土地增值税、耕地占用税、车辆购置税、资源税、城市维护建设税 18 个税种为主体税种的实体法体系。

（二）税收程序法

税收程序法是指规定税务机关进行税收征收管理和纳税人纳税程序方面的法律法规的总称。我国现行税收程序法包括《中华人民共和国税收征收管理法》《中华人民共和国税收征收管理法实施细则》《中华人民共和国税务行政复议规则》等，本书主要介绍《中华人民共和国税收征收管理法》。

四、税法的构成要素

（一）纳税主体

纳税主体又称纳税义务人、纳税人，是指税法规定的直接对国家负有纳税义务的单位和个人。即由谁来纳税，解决的是国家对谁征税的问题。纳税人包括自然人、个体工商户、社会组织等。

与纳税义务人相关的概念还有扣缴义务人，是指不承担纳税义务但按照税法规定直接负有代收代缴、代扣代缴税款义务的单位和个人。

（二）征税对象

征税对象又称征税客体、课税对象，是指征税主体权利义务所指向的对象。它解决的是对什么征税的问题。征税对象体现着征税的最基本界限，是各税种相区别的主要标志。根据征税对象的不同，可以把税收分成流转税、所得税、财产税、资源税和行为税。

与征税对象相关的两个基本概念是税目和税基。税目是反映征税对象的具体项目，表明征税的具体范围；税基是计税依据，是据以计算征税对象应纳税款的直接数量依据。

（三）税率

税率是应纳税额与征税对象数额之间的比例。税率的高低直接关系到国家征税的数量和纳税人的负担水平，是税收的中心环节。我国现行税率主要有比例税率、累进税率和定额税率。

1. 比例税率

比例税率是指对同一征税对象，不论其数量大小、数额大小，均适用相同征收比例的税率。比例税率主要包括单一比例税率、差别比例税率和幅度比例税率。

（1）单一比例税率是指同一征税对象的所有纳税人都适用同一比例税率。

（2）差别比例税率是指同一征税对象的不同纳税人适用不同的比例税率。

（3）幅度比例税率是指对同一征税对象，税法只规定最低税率和最高税率，各地区在该幅度内确定具体的适用税率。

2. 累进税率

累进税率是指把计税依据按一定的标准划分为若干等级，从低到高分别规定逐级递增的税率。征税对象数额越大的等级，税率越高，每一纳税人的征税对象则依所属等级同时适用几个税率分别计算，将计算结果相加后得出应纳税款，它能够正确处理税收负担纵向公平问题。累进税率主要包括全额累进税率、超额累进税率、超率累进税率。

（1）全额累进税率是将计税依据按绝对额划分为若干等级，从低到高每个等级分别规定相应的税率。当计税依据超过某个级距时，课税对象的全部数额都按提高后级距的相应税率征税。

（2）超额累进税率是将计税依据按绝对额划分为若干等级，每一等级规定一个税率，税率依次提高，每一纳税人的课税对象则依所属等级同时适用几个税率分别计算，每超一级，超过部分按高一级税率计税，各等级应纳税额之和为纳税人应纳税总额。

（3）超率累进税率是以征税对象数额的相对率划分若干级距，分别规定相应的差别税率，相对率每超过一个级距，对超过的部分就按高一级的税率计算征税。

3. 定额税率

定额税率是指按征税对象确定的计算单位，直接规定一个固定的税额的税率，也叫固定税额。征税对象的计量单位可以是重量、数量、面积、体积等自然单位，税额的多少与征税对象的数量有关、与价格无关。

（四）计税依据

计税依据也称计税标准，是指计算应纳税额的依据或标准。它分为从价计征、从量计征和复合计征三种。

（1）从价计征：以征税对象的价值量为标准计算，按比例税率征收。

（2）从量计征：以征税对象的自然实物量（重量、数量、面积、体积等）为标准计算，采用固定单位税额征收。

（3）复合计征：以征税对象的自然实物量和价值量为标准同时计算征收。

（五）纳税环节

纳税环节是指从生产到消费的流转过程中应当缴纳税款的环节。一种商品从生产到消费要经历生产、批发、零售诸多流转环节，各环节都存在销售额，都可能成为纳税环节。纳税环节的确定，关系到税制结构、税负平衡和税收体系的布局，也是为了保证税款的及时入库。

（六）纳税期限

纳税期限又称纳税时间，是指税法规定的向国家缴纳税款的具体时限，一般分为按次纳税和按期纳税，纳税期限是为了促使纳税人及时履行纳税义务。税法规定了每种税的纳税期限，在计算纳税期限的时候，应注意纳税义务发生的时间，即应纳税行为发生的时间。

（七）纳税地点

纳税地点是指税法中规定纳税人具体申报缴纳税款的地点。我国实行属地兼属人原则，主要是指纳税人机构所在地、经济活动发生地、财产所在地、报关地等。

（八）减税免税规定

减税免税是指税法对特定的纳税人或征税对象给予减少征收或者免于征收的特殊规定。减税是对应纳税额少征一部分税款，而免税是对应纳税额全部免征税款。减税免税可分为税基式减免、税率式减免和税额式减免三种形式。

1. 税基式减免

税基式减免是指直接通过缩小计税依据的方式来实现的减税免税。其还涉及的概念有起征点、免征额、扣除项目等。

（1）起征点是指征税对象达到一定数额开始征税的起点。对征税对象未达到起征点的不征税，已达到起征点的按全部数额征税。

（2）免征额是在征税对象的全部数额中免于征税的数额。对免征额的部分不征税，仅对超过免征额的部分征税。

（3）扣除项目是指在征税对象中扣除一定项目的数额，以其余额作为计税依据计算税额。

2. 税率式减免

税率式减免是指直接通过降低税率的方式来实现的减税免税。

3. 税额式减免

税额式减免是指直接通过减少应纳税额的方式来实现的减税免税。

（九）违法处理

违法处理是对纳税人违反税法的行为所采取的处罚措施，是税收强制性的具体体现。根据税法的规定，纳税人欠税、偷税、逃税、骗税、抗税或未履行税务登记、纳税申报等违反税法的行为，由税务机关追究其行政责任，如果构成犯罪则移交司法机关追究其刑事责任。

模块二 税收实体法

一、流转税法

流转税是以依法确定的商品或者劳务的流转额为征税对象而征收的一类税。流转额是在商品流转中商品销售收入额和经营活动所取得的业务收入或劳务收入额。流转税包括增值税、消费税、关税。

（一）增值税

增值税指以销售商品或者提供劳务过程中实现的增值额为征税对象征收的一种税。我国现行的增值税法律制度主要有《中华人民共和国增值税暂行条例》（以下简称《增值税暂行条例》）和《中华人民共和国增值税暂行条例实施细则》（以下简称《实施细则》）构成。《增值税暂行条例》于1993年12月13日由国务院制定颁布，2009年1月1日起实施，后又于2008年、2016年、2017年进行了三次修订；《实施细则》2008年12月18日由财政部、国家税务总局颁布，于2009年1月1日起实施，2011年进行了修订。

1. 纳税人

在中华人民共和国境内（以下简称境内）销售货物或者提供加工修理修配劳务（以下简称劳务）、销售服务、销售无形资产或者不动产、进口货物的单位和个人，为增值税的纳税人。单位包括企业、行政单位、事业单位、军事单位、社会团体及其他单位；个人包括公民、个体工商户等。

根据纳税人的经营规模大小以及会计核算是否健全，增值税纳税人分为一般纳税人和小规模纳税人。对一般纳税人实行凭发票扣税的计税方法，使用增值税专用发票，用购进扣税法抵扣发票上注明的已纳的增值税额；而对小规模纳税人规定简便易行的计税方法，不得使用增值税专用发票，也不进行税款抵扣。一般纳税人资格实行登记制度。

小规模纳税人是指年应税销售额在规定标准以下，并且会计核算不健全，不能按规定报送有关税务资料的增值税纳税人。具体标准如下：

（1）年应征增值税销售额（以下简称应税销售额）在500万元及以下。

（2）年应税销售额超过小规模纳税人标准的其他个人按小规模纳税人纳税。

（3）年应税销售额超过小规模纳税人标准但不经常发生应税行为的单位和个体工商户，以及非企业性单位、不经常发生应税行为的企业，可选择按小规模纳税人纳税。

（4）兼有销售货物、提供加工修理修配劳务以及应税服务，且不经常发生应税行为的单位和个体工商户，可选择按小规模纳税人纳税。

2. 征税范围

(1) 销售货物。

货物是指有形动产,包括电力、热力和气体在内。销售货物是指有偿转让货物的所有权。

(2) 提供加工、修理修配劳务。

加工是指通常所说的委托加工业务,由委托方提供原料及主要材料,受托方按照委托方的要求制造货物并收取加工费的业务;修理修配是指受托方对损伤和丧失功能的货物进行修复,使其恢复原状和功能的业务。提供加工、修理修配劳务是指有偿提供加工和修理修配劳务。

(3) 销售服务。

销售服务是指提供交通运输服务、邮政服务、电信服务、建筑服务、金融服务、现代服务和生活服务。

第一,交通运输服务包括陆路运输、水路运输、航空运输和管道运输服务。

第二,邮政服务包括邮政普通服务、邮政特殊服务和其他邮政服务。

第三,电信服务包括基础电信服务和增值电信服务。

第四,建筑服务包括工程服务、安装服务、修缮服务、装饰服务和其他建筑服务。

第五,金融服务包括贷款服务、直接收费金融服务、保险服务和金融商品转让。

第六,现代服务包括研发和技术服务、信息技术服务、文化创意服务、物流辅助服务、租赁服务、鉴证咨询服务、广播影视服务、商务辅助服务和其他现代服务。

第七,生活服务包括文化体育服务、教育医疗服务、旅游娱乐服务、餐饮住宿服务、居民日常服务和其他生活服务。

(4) 销售无形资产。

销售无形资产包括转让知识产权、非专利技术、商誉、自然资源使用权和其他权益性无形资产。

(5) 销售不动产。

销售不动产包括转让住宅、办公楼等建筑物和道路、桥梁等构筑物。

(6) 进口货物。

进口货物是指申报进入我国海关境内的货物。

3. 税率

增值税均实行比例税率。绝大多数一般纳税人适用四种不同的比例税率;小规模纳税人和采用简易办法征税的一般纳税人适用征收率。

(1) 基本税率:纳税人销售或者进口货物、提供加工修理修配劳务、提供有形动产租赁服务,税率为13%。

(2) 较低税率:纳税人销售交通运输、邮政、基础电信、建筑、不动产租赁服务、销售动产、转让土地使用权、销售或者进口下列货物，税率为9%。

销售粮食等农产品、食用植物油、食用盐；自来水、暖气、冷气、热水、煤气、石油液化气、天然气、沼气、二甲醚、居民用煤炭制品；图书、报纸、杂志、音像制品、电子出版物；饲料、化肥、农药、农机、农膜；国务院规定的其他货物。

（3）低税率：纳税人销售增值电信服务、金融服务、现代服务（租赁服务除外）、生活服务、销售土地使用权以外的无形资产，税率为6%。

（4）零税率：纳税人出口货物或者劳务等，除国务院另有规定的外，税率为零。

（5）征收率：适用于小规模纳税人，其基本征收率为3%；销售自己使用过的固定资产（不动产除外）、销售旧货，依据3%征收率减按2%征收增值税。

4. 应纳税额的计算

（1）一般纳税人计算。

一般纳税人应纳税额采用税款抵扣的一般计税方法计算，其计算公式为

应纳税额=当期销项税额－当期进项税额－上期留抵税额

当期销项税额=不含税销售额×税率

不含税销售额=含税销售额÷（1+税率）

当期进项税额=买价×税率

因当期销项税额小于当期进项税额不足抵扣时，其不足部分可以结转下期继续抵扣。

（2）小规模纳税人计算。

小规模纳税人应纳税额采用简易计税方法计算，其计算公式为

应纳税额=不含税销售额×征收率

不含税销售额=含税销售额÷（1+征收率）

（3）进口货物计算。

进口货物纳税人，不论是一般纳税人还是小规模纳税人，均按照组成计税价格和规定的税率直接计算应纳税额，不得抵扣任何税额。组成计税价格和应纳税额的计算公式为

应纳税额=组成计税价格×税率

组成计税价格=关税完税价格+关税+消费税

（二）消费税

消费税是对我国境内从事生产、委托加工和进口应税消费品的单位和个人，就其销售额或销售数量，在特定环节征收的一种税。我国现行的消费税法律制度主要由《中华人民共和国消费税暂行条例》（以下简称《消费税暂行条例》）和《中华人民共和国消费税暂行条例实施细则》（以下简称《实施细则》）构成。《消费税暂行条例》是1993年12月13日由国务院制定颁布，经过2008年修订后，于2009年1月1日起施行，后又于2014年、2016年进行了修订；《实施细则》是2008年12月18日由财政部、国家税务总局颁布，于2009年1月1日起施行。

1. 纳税人

在我国境内生产、委托加工和进口应税消费品的单位和个人,为消费税的纳税人。

2. 征税对象

我国消费税的征税对象主要包括15个税目:①烟;②酒;③高档化妆品;④贵重首饰及珠宝玉石;⑤鞭炮、焰火;⑥成品油;⑦摩托车;⑧小汽车;⑨高尔夫及球具;⑩高档手表;⑪游艇;⑫木制一次性筷子;⑬实木地板;⑭电池;⑮涂料。

3. 税率

消费税的税率有比例税率、定额税率、复合税率三种。适用定额税率的有啤酒、黄酒、成品油;适用复合税率的有卷烟、白酒;其余的适用不同的比例税率。

(1) 比例税率。

烟:雪茄烟36%,烟丝30%;酒:其他酒10%;高档化妆品:15%;贵重首饰及珠宝玉石:零售环节5%,其他环节10%;鞭炮、焰火:15%;摩托车:气缸容量在250毫升的3%,在250毫升以上的10%;小汽车:乘用车,排量在1.0~4.0的,分别为1%、3%、5%、9%、12%、25%、40%,中轻型商用客车5%,超豪华小汽车10%;高尔夫球及球具10%;高档手表20%;游艇10%;木制一次性筷子和实木地板5%;电池和涂料4%。

(2) 定额税率。

酒:黄酒(240元/吨);啤酒(甲类啤酒250元/吨,乙类啤酒220元/吨)。

成品油:汽油、溶剂油、润滑油、石脑油,1.52元/升,柴油、燃料油、航空煤油1.2元/升。

(3) 复合税率。

卷烟:生产环节,甲类卷烟税率为56%加0.003元/支、0.6元/条、150元/箱;乙类卷烟税率为36%加0.003元/支、0.6元/条、150元/箱。批发环节:11%加0.005元/支、1元/条、250元/箱

白酒:税率为20%加0.5元/500克(或者500毫升)。

4. 应纳税额的计算

消费税采用从价定率、从量定额和复合计税三种办法计算应纳税额,其计算公式分别为

(1) 生产环节应税消费品。

第一,自产销售应税消费品的计算。

从价定率计税:应纳税额=销售额×比例税率

从量定额计税:应纳税额=销售数量×定额税额

复合计税:应纳税额=销售额×比例税率+销售数量×定额税额

第二,自产自用应税消费品的计算。

一般按同类消费品的销售价格确定,如果没有同类消费品的销售价格的,按组成计税

价格计征消费税。

$$组成计税价格=成本×（1+成本利润率）÷（1-消费税税率）$$

（2）委托加工应税消费品。

从价定率计税：按照受托方的同类消费品的销售价格计算纳税；没有同类消费品销售价格的，按照组成计税价格计算纳税。

$$应纳税额=组成计税价格×消费税税率$$

$$组成计税价格=（材料成本+加工费）÷（1-比例税率）$$

从量定额计税：

$$应纳税额=委托加工数量×定额税率$$

复合计税：受托方有同类消费品的销售价的按以下公式计算

$$应纳税额=销售价格×比例税率+委托加工数量×定额税率$$

受托方没有同类消费品的销售价的其销售价格按组成计税价格计算

$$组成计税价格=（材料成本+加工费+委托加工数量×定额税率）÷（1-比例税率）$$

（3）进口应税消费品。

从价定率计税：

$$应纳税额=组成计税价格×消费税税率$$

$$组成计税价格=（关税完税价格+关税）÷（1-消费税比例税率）$$

从量定额计税：

$$应纳税额=进口数量×定额税率$$

复合计税：

$$应纳税额=组成计税价格×比例税率+进口数量×定额税率$$

组成计税价格=（关税完税价格+关税+进口数量×定额税率）÷（1-消费税比例税率）

（三）关税

关税是由海关根据国家制定的有关法律，对进出国境或关境的货物或物品，以其流转额为计税依据征收的一种税。关税由进口关税和出口关税构成，由海关负责征收。《中华人民共和国海关法》《中华人民共和国进出口关税条例》《中华人民共和国海关进出口税则》构成了我国现行关税制度的基本框架。

1. 纳税人

关税的纳税人是实施了货物或物品进出国境或关境行为的单位和个人，具体包括进口货物的收货人、出口货物的发货人和进境物品的所有人。

2. 征税对象

关税的征税对象是准许进出境的货物或物品。货物是指贸易性的进出口商品；物品是指入境旅客随身携带的行李物品、个人邮递物品、各种运输工具服务人员携带进口的自用物品、馈赠物和以其他方式进境的个人物品。

3. 税率

关税税率分为进口关税税率和出口关税税率。

（1）进口关税税率：最惠国税率、协定税率、特惠税率、普通税率、关税配额税率、滑准税率等。

（2）出口关税税率：国家仅对少数资源性的产品等征收出口关税。

4. 应纳税额的计算

关税的应纳税额包括进出口关税的应纳税额和进境物品的应纳税额，计算上存在一定的区别。

（1）进出口货物关税税额的计算。

进出口关税是以进出口货物的价格或者数量为计税依据，按照规定的适用税率或者税额标准计算应纳税额。计算公式为

从价计征的应纳税额＝完税价格×税率

从量计征的应纳税额＝货物数量×单位税额

采用复合计税方法的应纳税额＝完税价格×税率+货物数量×单位税额

完税价格是指经海关审查的，以进出口货物的实际成交价格为基础，经调整确定的，海关据以计征关税的价格。

（2）进境物品关税的计算。

进境物品的进口税采用从价计征的方法，根据进境物品关税完税价格与规定的税率计算。计算公式为

应纳税额＝完税价格×税率

二、所得税法

所得税又称收益税，是以纳税人的所得额或收益额为征税对象的一类税。所得税可以分为企业所得税和个人所得税。我国现行的所得税法主要由《中华人民共和国企业所得税法》和《中华人民共和国企业所得税法实施条例》《中华人民共和国个人所得税法》和《中华人民共和国个人所得税法实施细则》构成。

《中华人民共和国企业所得税法》（以下简称《企业所得税法》），2007年3月16日第十届全国人民代表大会第五次会议通过并颁布，自2008年1月1日起施行，后又于2017年、2018年进行了两次修订。《中华人民共和国企业所得税法实施条例》，2007年11月28日由国务院制定，2019年进行了修订。

《中华人民共和国个人所得税法》（以下简称《个人所得税法》），1980年9月10日第五届全国人民代表大会第三次会议通过并颁布，后经过1993年、1999年、2005年、2007年（6月、12月）、2011年、2018年七次修订，自2019年1月1日起施行。《中华人民共和国个人所得税法实施条例》1994年1月28日由国务院制定颁布，后经过2005年、2008

年、2011 年、2018 年四次修订。

（一）企业所得税

企业所得税是指对在中华人民共和国境内的企业和其他取得收入的组织的生产经营所得和其他所得征收的一种所得税。

1. 纳税人

纳税人是指在中国境内的企业和其他取得收入的组织，包括各类企业、事业单位，社会团体、民办非企业单位和从事经营活动的其他组织等都属于企业所得税的纳税人。但个人独资企业、合伙企业不需要缴纳企业所得税。

根据现行税法规定，我国根据收入来源地管辖权和居民管辖权，对企业所得税的纳税人分为居民企业和非居民企业，实行不同的所得税征收管理制度。

（1）居民企业。居民企业是指依法在中国境内成立，或者依照外国（地区）法律成立但实际管理机构在中国境内的企业。实际管理机构是指对企业的生产经营、人员、账务、财产等实施实质性全面管理和控制的机构。

（2）非居民企业。非居民企业是指依照外国（地区）法律成立且实际管理机构不在中国境内，但在中国境内设立机构、场所的，或者在中国境内未设立机构、场所，但有来源于中国境内所得的企业。

2. 征税对象

根据《企业所得税法》的规定，企业所得税的征税对象包括纳税人取得的销售货物所得、提供劳务所得、转让财产所得、股息红利等权益性投资所得、利息所得、租金所得、特许权使用费所得、接受捐赠所得和其他所得。

居民企业应当就其来源于中国境内、境外的所得缴纳企业所得税。非居民企业在中国境内设立机构、场所的，应当就其所设机构、场所取得的来源于中国境内的所得，以及发生在中国境外但与其所设机构、场所有实际联系的所得，缴纳企业所得税。非居民企业在中国境内未设立机构、场所的，或者虽设立机构场所但取得的所得与其所设机构、场所没有实际联系的，应当就来源于中国境内的所得缴纳企业所得税。

3. 税率

（1）基本税率 25%：适用于居民企业和中国境内设立机构、场所且取得的所得与其所设机构、场所有实际联系的非居民企业。

（2）低税率 10%：适用于在中国境内未设立机构、场所的非居民企业，或者虽设立机构、场所但取得的所得与其所设机构、场所没有实际联系的非居民企业，就其来源于中国境内的所得缴纳，适用 20% 的税率，但实际征税时减按 10% 征收。

（3）优惠税率：符合条件的小型微利企业，减按 20% 的税率征收企业所得税；国家需要重点扶持的高新技术企业，减按 15% 的税率征收企业所得税。

4. 应纳税所得额的计算

企业所得税按年计征，分月或分季预缴，年终汇算清缴，多退少补。根据税法规定，企业自年度终了之日起 5 个月内，向税务机关报送年度企业所得税纳税申报表，并汇算清缴，结清应缴应退税款。企业所得税应纳税额的计算，需要计算应纳税所得额。应纳税所得额是企业每一纳税年度的收入总额减除法定准许扣除项目后的余额。

企业所得税的应纳税额等于应纳税所得额乘以适用税率，减除依照《企业所得税法》关于税收优惠的规定减免和抵免的税额后的余额。企业每一纳税年度的收入总额，减除不征税收入、免税收入、各项扣除以及允许弥补的以前年度亏损后的余额，为应纳税所得额。

应纳税所得额的计算公式为

应纳税所得额 = 收入总额 - 不征税收入 - 免税收入 - 各项扣除 - 以前年度亏损

在计算应纳税额时，企业财务会计处理办法与税收法律法规不一致的，应当按照税收法律法规的规定计算。因此，应纳税所得额也可以在利润总额的基础上进行纳税调整计算得来。其计算公式为

应纳税所得额 = 利润总额 + 纳税调整的增加额 - 纳税调整的减少额

应纳所得税额的计算公式为

应纳所得税额 = 应纳税所得额 × 适用税率 - 减免税额 - 抵免税额

（1）企业收入总额包括：①销售货物收入；②提供劳务收入；③转让财产收入；④股息、红利等权益性投资收益；⑤利息收入；⑥租金收入；⑦特许权使用费收入；⑧接受捐赠收入；⑨其他收入。

（2）不征税收入包括：财政拨款；依法收取并纳入财政管理的行政事业性收费、政府性基金；国务院规定的其他不征税收入。

（3）免税收入包括：国债利息收入；符合条件的居民企业之间的股息、红利等权益性投资收益；在中国境内设立机构、场所的非居民企业从居民企业取得与该机构、场所有实际联系的股息、红利等权益性投资收益；符合条件的非营利组织的收入。

（4）税前扣除项目包括：成本、费用、损失、税金（除增值税、所得税）和其他。

（5）限额扣除标准主要包括：职工福利费、工会经费、职工教育经费支出，不超过工资薪金总额 14%、2%、8%的部分准予扣除；业务招待费支出按照发生额的 60%扣除，但最高不得超年销售收入 0.5%；广告费和业务宣传费支出，不超过当年销售（营业）收入的 15%；非金融企业向非金融企业借款的利息支出，不超过按照金融企业同期同类贷款利率计算得数额的部分可据实扣除，超过部分不得扣除；公益性捐赠支出，不超过年度年利润总额 12%的部分，准予扣除，超过年度年利润总额 12%的部分，准予在以后 3 年内在计算应纳税所得额时结转扣除；企业为职工支付的补充养老保险费和补充医疗保险费，分别在不超过职工工资 5%标准内的部分，准予扣除；对于资本性支出以及无形资产受让、开

办、开发费用，不允许作为成本、费用从纳税人的收入总额中作一次性扣除，只能采取分次计提折旧或分次摊销的方式予以扣除。

（6）不得扣除项目包括：向投资者支付的股息、红利等权益性投资收益款项；企业所得税税款；税收滞纳金；罚金、罚款和没收财物的损失；超过规定标准的捐赠支出；赞助支出；未经核定的准备金支出；企业间支付的管理费、企业内营业机构之间支付的租金和特许权使用费，以及非银行企业内营业机构之间支付的利息；与取得收入无关的其他支出。

依照税法规定，以上收入中，有的收入属于不征税收入，有的收入属于免税收入；以上扣除项目中，有的项目是按照实际发生进行全额扣除，有的项目是在税法规定的扣除限额内扣除，有的项目不得扣除。因此，在计算应税所得额时，应当依照税法的规定进行纳税调整。

（7）弥补亏损：企业某一年度发生的亏损，可以用下一年度的所得弥补，下一年度的所得不足以弥补的，可以逐年延续弥补，但最长不得超过5年。

（二）个人所得税

个人所得税是以个人的各项应税所得为征税对象的一种税。

1. 纳税人

个人所得税的纳税人泛指取得所得的自然人，包括中国公民、个体工商户、个人独资企业和合伙企业的自然人投资者、在中国有所得的外籍人员（包括无国籍人）。

我国税法规定，个人所得税的纳税人按照住所标准和居住时间标准，分为居民纳税人和非居民纳税人。

（1）居民纳税人

居民纳税人是指在中国境内有住所（包括在中国境内定居的中国公民和外国侨民），或者无住所而在一个纳税年度在中国境内居住累计满183天（包括一个纳税年度在中国境内居住累计满183天的外国人、海外侨胞和中国港澳台同胞）的个人。居民纳税人应就其从中国境内和境外取得的所得，履行全面纳税义务，缴纳个人所得税。

（2）非居民纳税人

非居民纳税人是指在中国境内无住所又不居住，或者无住所而在一个纳税年度在中国境内居住不满183天（包括在一个纳税年度中没有在中国境内居住或者在中国境内居住累计不满183天的外国人、海外侨胞和中国港澳台同胞）的个人。非居民纳税人只就其从中国境内取得的所得，履行有限纳税义务，缴纳个人所得税。

2. 征税对象及税目

我国个人所得税以个人取得的各项所得为征税对象，应税所得共分为九个税目：①工资、薪金所得；②劳务报酬所得；③稿酬所得；④特许权使用费所得；⑤经营所得；⑥利息、股息、红利所得；⑦财产租赁所得；⑧财产转让所得；⑨偶然所得。

3. 税率

我国现行个人所得税实行混合征收，在九个应税项目中，居民纳税人的工资薪金所得、劳务报酬所得、稿酬所得和特许权使用费所得，合称综合所得，先分项预缴个人所得税，年终按年合并计算个人所得税；非居民纳税人的工资薪金所得、劳务报酬所得、稿酬所得和特许权使用费所得，按月或按次分别计算个人所得税；其余所得，均分项计算个人所得税。

（1）居民纳税人综合所得适用税率（见表7-1）。

表7-1 综合所得适用的税率表

级数	全年应纳税所得额	税率/%	速算扣除数/元
1	不超过36 000元的部分	3	0
2	超过36 000元至144 000元的部分	10	2 520
3	超过144 000元至300 000元的部分	20	16 920
4	超过300 000元至420 000元的部分	25	31 920
5	超过420 000元至660 000元的部分	30	52 920
6	超过660 000元至960 000元的部分	35	85 920
7	超过960 000元的部分	45	181 920

注：本表所称"全年应纳税所得额"是指按照个人所得税法规定，居民个人取得的综合所得以每一纳税年度收入扣减6万元费用以及专项扣除、专项附加扣除和依法确定的其他扣除后的余额。

（2）居民纳税人预缴个人所得税适用的税率（见表7-2和表7-3）。

表7-2 工资、薪金所得预扣率表

级数	累计预扣预缴应纳税所得额	预扣率/%	速算扣除数/元
1	不超过36 000元的部分	3	0
2	超过36 000元至144 000元的部分	10	2 520
3	超过144 000元至300 000元的部分	20	16 920
4	超过300 000元至420 000元的部分	25	31 920
5	超过420 000元至660 000元的部分	30	52 920
6	超过660 000元至960 000元的部分	35	85 920
7	超过960 000元的部分	45	181 920

注：本表所称"累计预扣预缴应纳税所得额"是指扣缴义务人在一个纳税年度内预扣预缴税款时，以纳税人在本单位截至当前月份工资薪金所得累计收入减除累计免税收入、累计减除费用、累计专项扣除、累计专项附加扣除、累计依法确定的其他扣除后的余额。

表 7-3　劳务所得所得预扣率表

级数	预扣预缴应纳税所得额	预扣率/%	速算扣除数/元
1	不超过 20 000 元的部分	20	0
2	超过 20 000 元至 50 000 元的部分	30	2 000
3	超过 50 000 元的部分	40	7 000

（3）非居民纳税人综合所得适用税率（见表 7-4）。

表 7-4　按月换算后的综合所得适用的税率表

级数	应纳税所得额	税率/%	速算扣除数/元
1	不超过 3 000 元的部分	3	0
2	超过 3 000 元至 12 000 元的部分	10	210
3	超过 12 000 元至 25 000 元的部分	20	1 410
4	超过 25 000 元至 35 000 元的部分	25	2 660
5	超过 35 000 元至 55 000 元的部分	30	4 410
6	超过 55 000 元至 80 000 元的部分	35	7 160
7	超过 80 000 元的部分	45	15 160

注：非居民纳税人综合所得适用税率适用以上按月换算后的综合所得适用的税率表，由扣缴义务人按月或按次代扣代缴个人所得税。

（4）经营所得适用的税率（见表 7-5）。

表 7-5　经营所得适用的税率表

级数	全年应纳税所得额	税率/%	速算扣除数/元
1	不超过 30 000 元的部分	5	0
2	超过 30 000 元至 90 000 元的部分	10	1 500
3	超过 90 000 元至 300 000 元的部分	20	10 500
4	超过 300 000 元至 500 000 元的部分	30	40 500
5	超过 500 000 元的部分	35	65 500

注：本表所称"全年应纳税所得额"是指按照个人所得税法规定，以每一年度的收入总额减除成本、费用以及损失后的余额。

（5）其他各项所得适用税率。

利息、股息、红利所得；财产租赁所得；财产转让所得；偶然所得，均适用 20% 的比例税率。

4. 应纳税额的计算

(1) 居民个人综合所得应纳税额的计算。

居民个人综合所得，按年计算个人所得税。有扣缴义务人的，由扣缴义务人按月或按次预扣预缴税款，年度应纳税额与年度预扣预缴税额不一致的，由居民个人于次年3月1日至6月30日向主管税务机关办理综合所得年度汇算清缴，多退少补。

第一，居民个人工资薪金所得预扣预缴税额计算。

预扣预缴的应纳税所得额＝累计收入－累计免税收入－累计减除费用－累计专项扣除－累计专项附加扣除－累计其他扣除

本期预扣预缴的应纳所得税额＝(预扣预缴的应纳税所得额×相应等级预扣率－相应等级速算扣除数)－累计减免税额－累计已预扣预缴税额

根据税法的规定，上述计算中涉及项目的主要内容如下：

收入：本月居民个人取得的工资薪金收入总额。

免税收入：《个人所得税法》第四条规定确定的本月免税收入项目金额。

减除费用：按每人每月5 000元的标准执行。

专项扣除：本月居民个人按照国家规定范围和标准缴纳的"三险一金"，即基本养老保险、基本医疗保险、失业保险和住房公积金。

专项附加扣除：本月居民个人按照规定可扣除的6项附加扣除金额，包括子女教育、继续教育、大病医疗、住房贷款利息、住房租金、赡养老人。

其他扣除：截至本月居民个人依法确定的其他扣除合计，包括个人缴纳的符合国家规定的企业年金、个人购买的符合国家规定的商业健康保险等项目。

上述6项专项附加扣除的主要法律规定如下：

一是子女教育。这里的教育包括3岁以下婴儿照护、学前教育阶段（年满3岁至小学入学前）和全日制学历教育阶段，全日制学历教育阶段包括义务教育（小学、初中教育）、高中阶段教育（普通高中、中等职业、技工教育）、高等教育（大学专科、大学本科、硕士研究生、博士研究生教育）。税法规定，纳税人的子女接受全日制学历教育的相关支出，按照每个子女每月1 000元的标准定额扣除。父母可以选择由其中一方按扣除标准的100%扣除，也可以选择由双方分别按扣除标准的50%扣除，具体扣除方式在一个纳税年度内不能更改。

二是继续教育。纳税人在中国境内接受学历（学位）继续教育的支出，在学历（学位）教育期间按照每月400元定额扣除。同一学历（学位）继续教育的扣除期限不能超过48个月。纳税人接受技能人员职业资格继续教育、专业技术人员职业资格继续教育的支出，在取得相关证书的当年，按照3 600元定额扣除。个人接受本科及以下学历（学位）继续教育，符合本办法规定扣除条件的，可以选择由其父母扣除，也可以选择由本人扣除；纳税人接受技能人员职业资格继续教育、专业技术人员职业资格继续教育的，应当留存相关证书等资料备查。

三是大病医疗。在一个纳税年度内，纳税人发生的与基本医保相关的医药费用支出，扣除医保报销后个人负担（指医保目录范围内的自付部分）累计超过15 000元的部分，由纳税人在办理年度汇算清缴时，在80 000元限额内据实扣除。纳税人发生的医药费用支出可以选择由本人或者其配偶扣除；未成年子女发生的医药费用支出可以选择由其父母一方扣除。纳税人应当留存医药服务收费及医保报销相关票据原件（或者复印件）等资料备查。医疗保障部门应当向患者提供在医疗保障信息系统记录的本人年度医药费用信息查询服务。

四是住房贷款利息。纳税人本人或者配偶单独或者共同使用商业银行或者住房公积金个人住房贷款为本人或者其配偶购买中国境内住房，发生的首套住房贷款利息支出，在实际发生贷款利息的年度，按照每月1 000元的标准定额扣除，扣除期限最长不超过240个月。纳税人只能享受一次首套住房贷款的利息扣除。经夫妻双方约定，可以选择由其中一方扣除，具体扣除方式在一个纳税年度内不能变更。夫妻双方婚前分别购买住房发生的首套住房贷款，其贷款利息支出，婚后可以选择其中一套购买的住房，由购买方按扣除标准的100%扣除，也可以由夫妻双方对各自购买的住房分别按扣除标准的50%扣除，具体扣除方式在一个纳税年度内不能变更。纳税人应当留存住房贷款合同、贷款还款支出凭证备查。

五是住房租金。按租房的城市不同，分三档扣除标准：如果是直辖市、省会（首府）城市、计划单列市以及国务院确定的其他城市，每月扣除1 500元；除上述所列城市外的、市辖区户籍人口超过100万人的城市，则每月扣除1 100元；市辖区户籍人口不超过100万人（含）的城市，则每月扣除800元。这里市辖区的户籍人口，以国家统计局公布的数据为准。

六是赡养老人。纳税人赡养一位及以上被赡养人［年满60岁（含）的父母，以及子女均已去世的年满60岁的祖父母、外祖父母］的赡养支出，纳税人为独生子女的，按照每月2 000元的标准定额扣除；纳税人为非独生子女的，由其与兄弟姐妹分摊每月2 000元的扣除额度，每人分摊的额度不能超过每月1 000元。可以由赡养人均摊或者约定分摊，也可以由被赡养人指定分摊。约定或者指定分摊的须签订书面分摊协议，指定分摊优先于约定分摊。具体分摊方式和额度在一个纳税年度内不能变更。

第二，居民个人劳务报酬、稿酬、特许权使用费所得预扣预缴税额计算。

以上三项收入按次预扣预缴。属于一次性收入的，以取得该项收入为一次；属于同一项目连续性收入的，以一个月内取得的收入为一次。

劳务报酬所得预扣预缴税额计算：

每次收入不足4 000元，应纳税额 =（每次收入-800）× 税率

每次收入在4 000元以上，应纳税额 = 每次收入 ×（1-20%）× 税率

每次收入的应纳税所得额超过 20 000 元，

  应纳税额=每次收入×（1-20%）×相应等级税率-相应等级速算扣除数

稿酬所得预扣预缴税额计算：

每次收入不足 4 000 元，应纳税额=（每次收入-800）×（1-30%）×税率

每次收入在 4 000 元以上，应纳税额=每次收入×（1-20%）×（1-30%）×税率

特许权使用费所得预扣预缴税额计算：

每次收入不足 4 000 元，应纳税额=（每次收入-800）×税率

每次收入在 4 000 元以上，应纳税额=每次收入×（1-20%）×税率

第三，居民个人综合所得汇算清缴税额的计算。

年累计收入总额=(年工薪收入-年免税收入)+年劳务报酬收入×(1-20%)+

    年稿酬收入×(1-20%)×(1-30%)+年特许权使用费收入×(1-20%)

年应税所得额=年累计收入总额-基本费用（6万）-专项扣除-专项附加扣除-

    依法规定的其他扣除

年度最终应纳税额=年应税所得额×相应等级税率-相应等级速算扣除数

（2）经营所得应纳税额的计算。

按年计算，分月或分季预缴，年终汇算清缴。

 本月预缴税款=本月累计应税所得额×税率-速算扣除数-上月累计已预缴税额

    全年应纳税额=全年应税所得×税率-速算扣除数

    汇算清缴税额=全年应纳税额-全年累计已预缴税款

（3）财产转让、财产租赁、利息股息红利、偶然所得应纳税额的计算。

以上各项均分项按次纳税。

财产转让所得应纳税额的计算：

    应纳税额=（收入总额-财产原值-合理费用）×税率

财产租赁所得应纳税额的计算：

 每次收入不足 4 000 元，应纳税额=（收入-扣除项目-修缮费-800）×税率

每次收入在 4 000 元以上，应纳税额=（收入-扣除项目-修缮费）×(1-20%)×税率

利息股息红利所得、偶然所得的应纳税额的计算：

    应纳税额=每次收入总额×税率

三、其他税种法

（一）房产税

房产税是以房产为征税对象，以房产的计税余值或房产的租金收入为计税依据，向房产的所有人或使用人征收的一种财产税。我国规范房产税的基本法规是《中华人民共和国房产税暂行条例》，该条例 1986 年 10 月 1 日由国务院制定颁布，2011 年进行了修订。

2021年10月23日第十三届全国人民代表大会常务委员会第三十一次会议通过《全国人民代表大会常务委员会关于授权国务院在部分地区开展房地产税改革试点工作的决定》中规定,试点地区的房地产征税对象为居住用和非居住用等各类房地产,不包括依法拥有的农村宅基地及其上住宅。土地使用人、房屋所有权人为房地产的纳税人。非居住用房地产继续按照《中华人民共和国房产税暂行条例》《中华人民共和国城镇土地使用税暂行条例》执行。试点期限为五年,自国务院试点办法印发之日起算。

1. 纳税人

房产税的纳税人是在中国境内拥有房屋产权的单位和个人。其中:

(1) 产权属国家所有的,由经营管理单位纳税;产权属集体和个人所有的,由集体和个人纳税。

(2) 产权出典的,由承典人纳税。

(3) 产权所有人、承典人不在房屋所在地的,由房屋代管人或者使用人纳税。

(4) 产权未确定及租典纠纷未解决的,由房屋代管人或者使用人纳税。

(5) 纳税单位和个人无租使用房产管理部门、免税单位及纳税单位的房产,由使用人代为缴纳房产税。

(6) 融资租赁的房产,由承租人纳税。

(7) 对居民住宅区内业主共有的经营性房产,由实际经营(包括自营和出租)的代管人或者使用人缴纳房产税。

2. 征税对象

房产税以在我国境内用于生产经营的房屋为征税对象,与房屋不可分割的附属设备或一般不单独计算价值的配套设施,也一并征税。房产税的具体征收范围为城市、县城、建制镇和工矿区的房产。

3. 税率

房产税采用比例税率,从价计征的税率为1.2%,从租计征的税率为12%。从2008年3月1日起,对个人出租住房的,均按4%的税率计征;对事业单位、社会团体以及其他组织按市场价格向个人出租用于居住的住房,减按4%的税率计征。

4. 应纳税额的计算

房产税的计税依据是房产的计税余值或房产的租金收入。按房产的计税余值征税的,称为从价计征;按照房产的租金收入征税的,称为从租计征。计税余值指按照房产原值一次性减除10%~30%的损耗以后的余额。

房产税应纳税额的计算公式为

从价计征的房产税应纳税额=应税房产的原值×(1-扣除比例)×税率

从租计征的房产税应纳税额=租金收入×适用税率

（二）契税

契税是在房屋所有权、土地使用权转移登记时，向产权承受人征收的一种财产税。我国规范契税的基本法律是《中华人民共和国契税法》，该法于 2020 年 8 月 11 日由第十三届全国人民代表大会第二十一次会议通过并颁布，自 2021 年 9 月 1 日起施行。

1. 纳税人

在中华人民共和国境内转移土地、房屋权属，承受的单位和个人为契税的纳税义务人。纳税人包括：城镇、乡村居民个人；私营组织和个体工商户；国有经济单位；华侨、港澳台同胞；外商投资企业和外国企业；外国人。

2. 征税对象

契税征税的对象为发生土地使用权和房屋所有权权属转移的土地和房屋。征税对象具体包括：①国有土地使用权出让；②土地使用权转让，包括出售、赠与、互换；③房屋买卖、赠与、互换。

3. 税率

契税采用 3%~5% 的幅度比例税率，具体税率由省、自治区、直辖市人民政府在税法规定的幅度内提出，报同级人民代表大会常务委员会决定，并报全国人民代表大会常务委员会和国务院备案。

4. 应纳税额的计算

契税的计税依据为不动产价格，应纳税额的计算公式为：

$$应纳税额 = 计税依据 \times 税率$$

（1）国有土地使用权出让、土地使用权出售、房屋买卖以成交价格为计税依据：应纳税额 = 成交价格 × 税率。

（2）土地使用权赠与、房屋赠与，由征收机关参照土地使用权出售、房屋买卖的市场价格核定：应纳税额 = 市场价格 × 税率。

（3）土地使用权交换、房屋交换的计税依据为所交换的土地使用权、房屋的价格差额：应纳税额 = 房屋差价 × 税率。

（4）以划拨方式取得土地使用权，经批准转让房地产时，由房地产转让者补缴契税，其计税依据为补缴的土地使用权出让费用或者土地收益。

（三）车船税

车船税是对在我国境内拥有或者管理车辆和船舶的单位和个人，按照其种类、吨位和规定的税额依法征收的一种财产税。我国规范车船税的基本法律是《中华人民共和国车船税法》，该法于 2011 年 2 月 25 日由第十一届全国人民代表大会第十九次会议通过并颁布，自 2012 年 1 月 1 日起施行，2019 年进行了修订。

1. 纳税人

在中华人民共和国境内的拥有车辆、船舶的所有人或者管理人均为车船税的纳税人。

2. 征税对象及税目

车船税的征税对象是依法应当在车船管理部门登记的车辆和船舶。

税目分为车辆和船舶两大类。

车辆：乘用车、商用车、挂车、专用作业车、轮式专用机械车、摩托车。

船舶：机动船舶、非机动驳船、游艇。

3. 税率及应纳税额的计算

车船税采用定额幅度税率，按年征收。车船税的具体税率由省、自治区、直辖市人民政府在税法规定的幅度内根据本地区的情况确定。

车船税的计算公式：应纳税额＝计税数量×单位税额

（四）船舶吨税

船舶吨税是海关对自中华人民共和国境外港口进入境内港口的船舶征收的一种税。我国规范船舶吨税的基本法律是《中华人民共和国船舶吨税法》，该法于2017年12月27日第十二届全国人民代表大会第三十一次会议通过并颁布。

船舶吨税的特点是：

（1）船舶吨税是对进出中国港口的国际航行船舶征收。

（2）以船舶的净吨位为计税依据，实行从量计征。

（3）对不同的船舶分别适用普通税率和优惠税率。

（4）所征税款主要用于港口建设维护及海上干线公用航标的建设维护。

（五）环境保护税

我国规范环境保护税的基本法律是《中华人民共和国环境保护税法》，这是我国第一部专门体现"绿色税制"、推进生态文明建设的单行税法。《中华人民共和国环境保护税法》，该法于2016年12月25日第十二届全国人民代表大会第二十五次会议通过并颁布，自2018年1月1日起施行。

1. 纳税人

环境保护税的纳税人是在我国领域和我国管辖的其他海域，直接向环境排放应税污染物的企事业单位和其他生产经营者。

2. 征税对象

环境保护税的征税对象是应税污染物，是指税法规定的大气污染物、水污染物、固体废物和噪声。

3. 税目与税率

环境保护税采用的是定额税率，具体规定如下：

（1）大气污染物：每污染当量1.2元至12元。

（2）水污染物：每污染当量1.4元至14元。

（3）固体废物：煤矸石每吨5元；尾矿每吨15元；危险废物每吨1 000元；冶炼渣、

粉煤灰、炉渣、其他固体废物每吨25元。

（4）噪声：超标1~3分贝，每月350元；超标4~6分贝，每月700元；超标7~9分贝，每月1 400元；超标10~12分贝，每月2 800元；超标13~15分贝，每月5 600元；超标16分贝以上，每月11 200元。

4. 应纳税额的计算

（1）应税大气污染物：应纳税额＝污染当量数×具体适用税额

（2）应税水污染物：应纳税额＝污染当量数×具体适用税额

（3）应税固体废物：应纳税额＝固体废物排放量×具体适用税额

（4）应税噪声：应纳税额＝超过国家规定标准的分贝数对应的具体适用税额

（六）印花税

印花税是对经济活动和经济交往中书立应税凭证、进行证券交易的单位和个人征收的一种税。我国规范印花税的基本法律是《中华人民共和国印花税法》，该法于2021年6月10日第十三届全国人民代表大会第二十九次会议通过并颁布，自2022年7月1日起施行。

1. 纳税人

凡在中华人民共和国境内书立应税凭证、进行证券交易的单位和个人，都是印花税的纳税义务人。同时还规定，在中华人民共和国境外书立在境内使用的应税凭证的单位和个人，应当依照本法缴纳印花税。

2. 征税对象及税目

（1）11种合同（书面合同）。

11种合同包括：借款合同、融资租赁合同、买卖合同、承揽合同、建设工程合同、运输合同、技术合同、租赁合同、保管合同、仓储合同、财产保险合同。

（2）产权转移书据。

产权转移书据包括：土地使用权出让书据，土地使用权、房屋等建筑物和构筑物所有权转让书据，股权转让书据（不包括缴纳证券交易印花税的），商标专用权、著作权、专利权、专有技术使用权转让书据。

（3）营业账簿。

（4）证券交易。

3. 税率

印花税实行比例税率。

（1）11种合同（书面合同）。借款合同为借款金额的0.05‰；融资租赁合同为租金的0.05‰；买卖合同为价款的0.3‰；承揽合同为报酬的0.3‰；建设工程合同为价款的0.3‰；运输合同为运输费用的0.3‰；技术合同为价款、报酬或者使用费的0.3‰；租赁合同为租金的1‰；保管合同为保管费的1‰；仓储合同为仓储费的1‰；财产保险合同为保险费的1‰。

（2）产权转移书据。土地使用权出让书据、土地使用权和房屋等建筑物和构筑物所有权转让书据、股权转让书据（不包括缴纳证券交易印花税的）为价款的 0.5‰；商标专用权、著作权、专利权、专有技术使用权转让书据为价款的 0.3‰。

（3）营业账簿：实收资本、资本公积合计金额的 0.25‰。

（4）证券交易：成交金额的 1‰。

4. 应纳税额的计算

（1）应税合同：应纳税额=合同所列金额（不包括列明的增值税税款）×税率。

（2）应税产权转移书据：应纳税额=产权转移书据所列金额（不包括列明的增值税税款）×税率。

（3）应税营业账簿：应纳税额=（实收资本+资本公积）×税率。

（4）证券交易：应纳税额=成交金额×税率。

（七）车辆购置税

车辆购置税，是对在中国境内购置规定车辆的单位和个人征收的一种税，现行车辆购置税的基本法律是《中华人民共和国车辆购置税法》，该法于 2018 年 12 月 29 日第十三届全国人民代表大会第七次会议通过并颁布，自 2019 年 7 月 1 日起施行。

1. 纳税人

在我国境内购置应税车辆的单位和个人为车辆购置税的纳税人。购置包括购买、进口、自产、受赠、获奖或以其他方式取得并自用应税车辆的行为。

2. 征税范围

征税范围为汽车、有轨电车、汽车挂车、排气量超过 150 毫升的摩托车。

3. 税率

车辆购置税税率为 10%。实行一次征收制度，购置已征车辆购置税的车辆，不再征收车辆购置税。

4. 应纳税额计算

车辆购置税实行从价定率的办法计算应纳税额。应纳税额的计算公式为

（1）购买自用：应纳税额=不含增值税的价款×税率。

（2）自产自用：应纳税额=同类应税车辆的销售价格（或计税价格）×税率。

（3）进口自用：应纳税额=（关税完税价格+关税+消费税）×税率。

（4）受赠、获奖或以其他方式取得并自用：应纳税额=购置车辆时相关凭证载明的价格×税率。

（八）烟叶税

烟叶税是对我国境内收购烟叶的行为收购金额为征税依据而征收的一种税。我国规范烟叶税的基本法律是《中华人民共和国烟叶税法》，该法于 2017 年 12 月 27 日第十二届全国人民代表大会第三十一次会议通过并颁布，自 2018 年 7 月 1 日起施行。

1. 纳税人和征税范围

在我国境内收购烟叶的单位为烟叶税的纳税人。收购单位是指按《中华人民共和国烟草专卖法》规定有权收购烟叶的烟草公司或受其委托收购烟叶的单位。

烟叶是指晾干烟叶和烤烟叶。

2. 税率

烟叶税税率为20%，实行按月计征收。

3. 应纳税额的计算

$$应纳税额＝实际支付的价款总额×税率$$

$$实际支付的价款总额＝收购价款×（1+10\%）$$

（九）资源税

资源税是对在中华人民共和国领域及管辖海域开采或生产应税产品的单位和个人而征收的一种税。我国规范资源税的基本法律是《中华人民共和国资源税法》，该法于2019年8月26日第十三届全国人民代表大会第十二次会议通过并颁布，自2020年9月1日起施行。

1. 纳税人

资源税的纳税人是在中华人民共和国领域及管辖海域开采或生产应税产品的单位和个人。

2. 征税范围

征税范围包括能源矿产、金属矿产、非金属矿产、水气矿产和盐。

3. 税率

税率分为幅度比例税率和定额税率两种。

采用幅度比例税率，其具体适用税率由省、自治区、直辖市人民政府统筹考虑应税资源的品位、开采条件以及对生态环境影响等情况，在税法规定的幅度内提出，报同级人民代表大会常务委员会决定，并报全国人民代表大会常务委员会和国务院备案。

4. 资源税的计算

实行比例税率的：应纳税额＝销售额×适用的比例税率。

实行定额税率的：应纳税额＝销售数量×单位税额。

（十）城镇土地使用税

城镇土地使用税是以国有土地为征税对象，对拥有土地使用权的单位和个人征收的一种税。我国目前规范城镇土地使用税的基本法规是《中华人民共和国城镇土地使用税暂行条例》，该法于1988年9月27日国务院制定颁布，经过四次修改，目前是2019年3月2日修订后的版本。

1. 纳税人

在城市、县城、建制镇、工矿区范围内使用土地的单位和个人为城镇土地使用税的纳税人。

2. 征税范围

城镇土地使用税的征税范围包括在城市、县城、建制镇和工矿区内的国家和集体所有的土地，不包括农村集体所有的土地。此外还规定，公园、名胜古迹内的索道公司经营用地，应按规定缴纳城镇土地使用税。

3. 税率

城镇土地使用税采用定额税率，即采用有幅度的差别税额，按大、中、小城市和县城、建制镇、工矿区分别规定每平方米城镇土地使用税年应纳税额。

具体标准为：①大城市 1.5~30 元；②中等城市 1.2~24 元；③小城市 0.9~18 元；④县城、建制镇、工矿区 0.6~12 元。

4. 城镇土地使用税的计算

城镇土地使用税以纳税人实际占用的土地面积为计税依据，按照规定税额计算征收，计算公式为

$$应纳税额（年）= 应税土地的实际占用面积（平方米）\times 适用税额$$

（十一）土地增值税

土地增值税是对有偿转让国有土地使用权及地上建筑物和其附着物产权，取得增值收入的单位和个人征收的一种税。我国目前规范土地增值的基本法规主要包括：《中华人民共和国土地增值税暂行条例》（以下简称《条例》），1993 年 11 月 26 日由国务院制定颁布，1994 年 1 月 1 人起实施；《中华人民共和国土地增值税暂行条例实施细则》，1995 年 1 月 27 日由财政部制定颁布。

1. 纳税人

转让国有土地使用权、地上建筑物及其附着物并取得收入的单位和个人为土地增值税的纳税主体。

2. 征税范围

土地增值税的征税对象是指有偿转让国有土地使用权、地上建筑物及其附着物产权所取得的增值额。

土地增值税只对"转让"国有土地使用权、地上建筑物及其附着物产权的行为进行征税，对"出让"国有土地使用权的行为不征税；只对"有偿转让"的房地产征税，对以"继承、赠与"等方式无偿转让的房地产，不予征税。

土地增值税增值额为纳税人转让房地产的收入减除《条例》规定的扣除项目金额后的余额。扣除项目包括：

（1）取得土地使用权所支付的金额：支付地价款和有关登记、过户手续费。

（2）房地产开发成本：土地征用及拆迁补偿费、前期工程费、建筑安装工程费、基础设施费和开发间接费用。

（3）房地产开发费用：销售费用、管理费用、财务费用等。

（4）旧房及建筑物的评估价格。

（5）转让房地产有关的税金支出：营业税、城市维护建设税、印花税、教育费附加等。

（6）其他扣除项目：这条主要是针对房地产企业规定的，对专门从事房地产开发的企业可以按20%计算扣除。

3. 税率

土地增值税实行四级超率累进税率，具体如表7-6所示。

表7-6　土地增值税四级超率累进税率表

级数	增值额与扣除项目金额的比率	税率/%	速算扣除系数/%
1	不超过50%的部分	30	0
2	超过50%未超过100%的部分	40	5
3	超过100%未超过200%的部分	50	15
4	超过200%的部分	60	35

4. 应纳税额的计算

土地增值税是以转让房地产取得的收入，减除法定扣除项目金额后的增值额作为计税依据。先确定增值额与扣除项目金额的比例，看其结果介于税率中的哪一个层次，然后再运用公式：

应纳税额＝增值额×相应等级税率－扣除项目金额×相应等级速算扣除系数

（十二）耕地占用税

耕地占用税是对占用耕地建设建筑物、构筑物或者从事非农用建设的单位和个人，按其占用耕地的面积征收的一种税。我国目前规范耕地占用税的基本法律是《中华人民共和国耕地占用税法》，该法于2018年12月29日第十三届全国人民代表大会第七次会议通过并颁布，自2019年9月1日起施行。

1. 纳税人

在中华人民共和国境内占用耕地建设建筑物、构筑物或者从事非农用建设的单位和个人，都是耕地占用税的纳税义务人。

2. 征税范围

耕地占用税的征税范围为占用耕地建设建筑物、构筑物或者从事非农用建设的国家所有和集体所有的耕地。这里所称的耕地，是指用于种植农作物的土地，包括菜地、园地。

3. 税率

耕地占用税实行从量定额征收，不同地区采用不同税额标准，具体标准是：

（1）人均耕地占用不超过 1 亩①的地区，平均税额每平方米 10~50 元。

（2）人均耕地占用超过 1 亩但不超过 2 亩的地区，平均税额每平方米 8~40 元。

（3）人均耕地占用超过 2 亩但不超过 3 亩的地区，平均税额每平方米 6~30 元。

（4）人均耕地占用超过 3 亩的地区，平均税额每平方米 5~25 元。

4. 耕地占用税的计算

耕地占用税以纳税人实际占用的耕地面积为计税依据，按照规定的适用税额一次性征收，计算公式为

$$应纳税额 = 实际占用耕地面积（平方米）\times 适用定额税率$$

（十三）城市维护建设税和教育费附加

城市维护建设税和教育费附加均是以实际缴纳的增值税、消费税的税额为计税依据所征收的一种税，属于增值税和消费税"二税"的附加税费。我国目前规范城市维护建设税的基本法律是《中华人民共和国城市维护建设税法》，该法于 2020 年 8 月 11 日第十三届全国人民代表大会第二十一次会议通过并颁布，自 2021 年 9 月 1 日起施行。规范教育费附加的基本法规是《征收教育费附加的暂行规定》，该规定 1986 年 4 月 28 日由国务院制定颁布，同年 7 月 1 日起施行，2005 年和 2011 年分别进行了修订。

城市维护建设税专款专用，用来保证城市的公共事业和公共设施的维护和建设。教育费附加主要起到发展地方性教育事业，增加地方教育经费的资金来源的作用。

1. 纳税人

城市维护建设税和教育费附加的纳税人均为缴纳增值税、消费税的单位和个人。

2. 征税对象

城市维护建设税和教育费附加为实际缴纳的增值税、消费税的税额。

3. 税率

（1）城市维护建设税按照纳税人所在地不同实行差别税率，其税率分别如下：

纳税人所在地在城市市区的，税率为 7%；纳税人所在地在县城、建制镇的，税率为 5%；纳税人所在地不在城市市区、县城、建制镇的，税率为 1%。

（2）教育费附加的比率为 3%，地方教育费附加的征收标准为实际缴纳增值税、消费税税额的 2%。

4. 应纳税额的计算

（1）城市维护建设税

$$应纳税额 = （实际缴纳的增值税 + 实际缴纳的消费税）\times 适用税率$$

（2）教育费附加

$$应纳税额 = （实际缴纳的增值税 + 实际缴纳的消费税）\times 征收比率$$

---

① 1 亩 ≈ 666.67 平方米。

模块三 税收程序法

税收程序法是指规定税务机关进行税收征收管理和纳税人纳税程序方面的法律法规的总称。我国现行的税收程序法主要包括《中华人民共和国税收征收管理法》（以下简称《税收征管法》）和《中华人民共和国税收征收管理法实施细则》（以下简称《税收征管法实施细则》）。

《中华人民共和国税收征收管理法》是中华人民共和国成立后的第一部税收程序法，也是我国税收征收管理的基本法。它于1992年9月4日第九届全国人民代表大会第二十一次会议通过，自1993年1月1日起施行，后于1995年、2001年、2015年进行了三次修订。《中华人民共和国税收征收管理法实施细则》，2002年9月7日由国务院颁布，自2002年10月15日起施行，后于2016年进行了修订。

《税收征管法》不仅是纳税人全面履行纳税义务必须遵守的法律准则，而且是税务机关履行征税职责的法律依据。其主要内容包括税务管理、税款征收、税务检查和税收法律责任四个方面。

一、税务管理

税务管理，是指税收征收管理机关为贯彻执行国家税收法律制度，加强税收工作，协调征税关系而对纳税人和扣缴义务人实施的基础性的管理制度和管理行为。税务管理是税收征纳的基础和前提，其主要包括税务登记管理、账簿和凭证管理、发票管理、纳税申报管理等。

（一）税务登记管理

税务登记是税务机关对纳税人的生产、经营活动进行登记，并据此对纳税人实施税务管理的一种法定制度。税务登记包括设立税务登记、变更税务登记、停业复业登记、注销税务登记、外出经营报验登记。

县级以上（含本级，下同）国家税务局（分局）、地方税务局（分局）是税务登记机关，负责税务登记的设立登记，变更登记，注销登记和税务登记证验证、换证以及非正常户处理，报验登记等有关事项。

根据《税收征管法》的规定，从事生产、经营的纳税人，在领取营业执照或者有关部门批准设立之日起30日内，持有关证件，向税务机关申报办理税务登记。税务机关应当自收到申报之日起30日内审核并发给税务登记证件。2016年7月5日国务院办公厅发布的《关于加快推进"五证合一、一照一码"登记制度改革的通知》规定，在全面实施工商营业执照、组织机构代码证、税务登记证"三证合一"登记制度改革的基础上，再整合

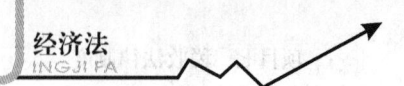

社会保险登记证和统计登记证，实现"五证合一""一照一码"。

税务登记内容发生变化的，自工商行政管理机关办理变更登记之日起三十日内或者在向工商行政管理机关申请办理注销登记之前，持有关证件向主管税务机关申报办理变更或者注销税务登记。纳税人在停业期间发生纳税义务的，应当申报纳税；纳税人在恢复生产经营之前，应向税务机关申报办理复业登记。纳税人到外县（市）临时从事生产经营活动的，应向主管税务机关申请开具外出经营活动税收管理证明。

（二）账簿和凭证管理

根据《税收征管法》的规定，纳税人、扣缴义务人应按规定设置账簿，根据合法有效的凭证记账，进行核算。

从事生产、经营的纳税人应当自领取营业执照或者发生纳税义务之日起15日内，按照国家有关规定设置账簿。从事生产、经营的纳税人应当自领取税务登记证件之日起15日内，将其财务、会计制度或者财务、会计处理办法报送主管税务机关备案。扣缴义务人应当自税收法律、行政法规规定的扣缴义务发生之日起10日内，按照所代扣、代收的税种，分别设置代扣代缴、代收代缴税款账簿。

纳税人使用计算机记账的，应当在使用前将会计电算化系统的会计核算软件、使用说明书及有关资料报送主管税务机关备案。

纳税人应当依法使用账簿、凭证，保证会计资料的完整性、真实性，不得伪造、变造或擅自销毁账簿、记账凭证、完税凭证及其他有关资料。账簿、记账凭证、报表、完税凭证、发票、出口凭证以及其他有关涉税资料应当保存10年；但是法律、行政法规另有规定的除外。

（三）发票管理

税务机关是发票的主管机关，负责发票印刷、领购、开具、取得、保管、缴销的管理和监督。单位和个人在购销商品、提供服务以及从事其他经营活动中，应当向税务机关申请领购发票并按规定开具、使用、取得发票。开具发票的单位和个人应当按照税务机关的规定存放和保管发票，不得擅自毁损。已经开具的发票存根联和发票登记簿，应当保存五年，保存期满，报经税务机关查验后销毁。

（四）纳税申报管理

纳税申报是纳税人根据税法规定的期限和内容，向税务机关提交有关纳税事项书面报告的行为。纳税申报是纳税人、扣缴义务人履行义务的法定手续，也是税务机关征收税款的主要依据。根据《税收征管法》的规定，纳税人必须依照法律、行政法规规定或者税务机关依照法律、行政法规规定确定的申报期限、申报内容如实办理纳税申报。申报的材料包括：报送纳税申报表、财务会计报表以及其他纳税资料。

纳税人可以直接到税务机关办理纳税申报，也可以按照规定采取邮寄申报、数据电文申报、简易申报等方式办理纳税申报。其中数据电文申报，是指通过税务机关确定的电话语音、电子数据交换和网络传输等电子方式向主管税务机关办理纳税申报。

纳税人享受减税、免税待遇的，在减税、免税期间应当按照规定办理纳税申报。

二、税款征收

税款征收是税务机关依照税收法律、法规的规定，将纳税人依法应当缴纳的税款组织入库的一系列活动的总称。它是税收征收管理工作的中心环节，是全部税收征管工作的目的和归宿。

（一）税款征收方式

1. 查账征收

查账征收是指纳税人在规定的期限内根据自己的财务报表或经营成果，向税务机关申报应税收入或应税所得及纳税额，并向税务机报送有关账册和资料，经税务机关审查核实后，填写纳税缴款书，由纳税人到指定的银行缴纳税款的一种征收方式。因此，这种征收方式比较适用于财务会计制度健全、能够认真履行纳税义务的纳税单位。

2. 查定征收

查定征收是指由税务机关通过按期查实纳税人的生产经营情况确定其应纳税额，分期征收税款的一种征收方式。这种征收方式主要适用于对生产经营规模小、财务会计制度不够健全、账册不够完备，但能够控制原材料或进销货的纳税人。

3. 查验征收

查验征收是指税务机关对某些难以进行源头控制的征税对象，通过查验证照和实物，据以确定应征税额的一种征收方式。这种方式适用于财务会计制度不健全和生产经营不固定的纳税人。

4. 定期定额征收

定期定额征收是指税务机关根据纳税人的生产经营情况，按税法规定直接核定其应纳税额，分期征收税款的一种征收方式。这种征收方式主要适用于一些没有记账能力、无法查实其销售收入或经营收入和所得额的小型纳税单位。

5. 代扣代缴、代收代缴

代扣代缴、代收代缴是指依照税法规定负有代扣代缴、代收代缴税款义务的单位和个人，按照税法规定对纳税人应当缴纳的税款进行扣缴或代缴的征收方式。这种方式有利于加强的对税收的源泉控制，减少税款流失，降低税收成本。

6. 委托征收

委托征收是指税务机关委托有关单位或个人代为征收税款的征收方式。这种方式主要适用于一些零星、分散，难以管理的征收。

7. 其他方式

税收征收还可以采取邮寄纳税、利用网络申报纳税、用 IC 卡纳税的方式。

（二）税款缴纳

纳税人、扣缴义务人按照法律、行政法规规定或者税务机关依照法律、行政法规的规定确定的期限，缴纳或者解缴税款。

纳税人、扣缴义务人未按照规定的期限缴纳或者解缴税款的，纳税担保人未按照规定的期限缴纳所担保的税款的，由税务机关发出限期缴纳税款通知书，责令缴纳或者解缴税款的最长期限不得超过15日。

纳税人、扣缴义务人未按照规定期限缴纳或者解缴税款的，税务机关除责令限期缴纳外，从滞纳税款之日起，按日加收滞纳税款万分之五的滞纳金。

税务机关征收税款时，必须给纳税人开具完税凭证。

（三）核定税额

纳税人有情形之一的，税务机关有权核定其应纳税额：

(1) 依照法律、行政法规的规定可以不设置账簿的。

(2) 依照法律、行政法规的规定应当设置账簿但未设置的。

(3) 擅自销毁账簿或者拒不提供纳税资料的。

(4) 虽设置账簿，但账目混乱或者成本资料、成本凭证、费用凭证残缺不全，难以查账的。

(5) 发生纳税义务，未按照规定的期限办理纳税申报，经税务机关责令限期申报，逾期仍不申报的。

(6) 纳税人申报的计税依据明显偏低，又无正当理由的。

（四）税收保全

税收保全是税务机关针对可能由于纳税人的行为或者某种客观因素造成的应征税款不能得到有效保证或难以保证的情况，为确保税款征收而采取的措施。按照《税收征管法》的规定，税务机关采取税收保全措施应当具备以下条件：①税收保全措施只适用于从事生产、经营的纳税人；②有证据证明在规定的纳税期限到期前，纳税人有逃避纳税义务的行为；③纳税人的行为有可能使税务机关的征税决定不能执行或难以执行；④必须经县以上税务局（分局）局长批准。

税务机关可以采取的税收保全措施包括：①书面通知纳税人的开户银行或者其他金融机构冻结纳税人金额相当于应纳税款的存款；②扣押、查封纳税人价值相当于应纳税款的商品、货物或其他财产。

（五）税收强制执行

税收强制执行制度，是指纳税人、扣缴义务人或纳税担保人等税收管理相对人，在规定的期限内未履行法定义务，税务机关采取法定的强制手段，强迫其履行义务的措施。按照《税收征管法》的规定，税务机关采取强制执行措施应当具备以下条件：①税收强制执行适用于从事生产、经营的纳税人、扣缴义务人或纳税担保人；②纳税期限已经届满，从事生产、经营的纳税人、扣缴义务人未按照规定的期限缴纳或者解缴税款，纳税担保人未按照规定的期限缴纳所担保的税款，由税务机关责令期限缴纳，逾期仍未缴纳；③经县以上税务局（分局）局长批准。

税务机关可以采取的强制执行措施包括：①书面通知其开户银行或者其他金融机构从其存款中扣缴税款；②扣押、查封、依法拍卖或者变卖其价值相当于应纳税款的商品、货物或者其他财产，以拍卖或者变卖所得抵缴税款。

税务机关采取强制执行措施时，对纳税人、扣缴义务人、纳税担保人未缴纳的滞纳金同时强制执行。

三、税务检查

税务检查是税务机关依法对纳税人、扣缴义务人履行纳税义务的情况进行的监督检查。税务检查的形式主要有重点检查、分类计划检查、集中性检查、临时性检查和专项检查。税务机关进行税务检查的权责主要体现在以下几个方面：

（1）检查纳税人的账簿、记账凭证、报表和有关资料，检查扣缴义务人代扣代缴、代收代缴税款账簿、记账凭证和有关资料。

（2）到纳税人的生产、经营场所和货物存放地检查纳税人应纳税的商品、货物或者其他财产，检查扣缴义务人与代扣代缴、代收代缴税款有关的经营情况。

（3）责成纳税人、扣缴义务人提供有关的文件、证明材料和有关资料。

（4）询问纳税人、扣缴义务人与纳税有关的问题和情况。

（5）到车站、码头、机场、邮政企业及其分支机构检查纳税人托运、邮寄应纳税商品、货物或者其他财产的有关单据、凭证和有关资料。

（6）经县以上税务局（分局）局长批准，凭全国统一格式的检查存款账户许可证，查询从事生产、经营的纳税人、扣缴义务人在银行或者其他金融机构的存款账户。税务机关在调查税收违法案件时，经设区的市、自治州以上税务局（分局）局长批准，可以查询案件涉嫌人员的储蓄存款。

四、税收法律责任

违反税法的法律责任主要是行政法律责任和刑事法律责任。根据《税收征管法》的有关规定，违反税法的法律责任主要包括：

（一）纳税人、扣缴义务人违反税法的法律责任

1. 违反税务管理的法律责任

纳税人有下列行为之一，由税务机关责令限期改正，逾期不改正的，可处以 2 000 元以下的罚款；情节严重的，处 2 000 元以上 1 万元以下的罚款：①未按照规定期限办理开业税务登记、变更或注销登记的；②未按照规定设置、保管账簿或者保管记账凭证和有关

资料的；③未按照规定将财务会计制度或者财务会计处理办法和会计核算软件报送税务机关备查的；④未按照规定将其全部银行账号向税务机关报告的；⑤未按照规定安装、使用税控装置，或者损毁或者擅自改动税控装置的。

扣缴义务人未按照规定设置、保管代扣代缴、代收代缴税款账簿或者保管代扣代缴、代收代缴税款记账凭证及有关资料的，由税务机关责令限期改正，可处以2 000元以下的罚款；情节严重的，处2 000元以上5 000元以下的罚款。

2. 违反纳税申报规定的法律责任

纳税人未按照规定的期限办理纳税申报和报送纳税资料的，或者扣缴义务人未按照规定的期限向税务机关报送代扣代缴、代收代缴税款报告表和有关资料的，由税务机关责令限期改正，可处以2 000元以下的罚款；情节严重的，处2 000元以上1万元以下的罚款。

3. 偷税的法律责任

偷税是指纳税人伪造、变造、隐匿、擅自销毁账簿、记账凭证，或者在账簿上多列支出或者不列、少列收入，或者经税务机关通知申报而拒不申报或者进行虚假的纳税申报，不缴或者少缴应纳税款的行为。对纳税人偷税的，由税务机关追缴其不缴或者少缴的税款、滞纳金，并处不缴或者少缴的税款50%以上5倍以下的罚款；构成犯罪的，依法追究刑事责任。

扣缴义务人采取上述所列手段，不缴或者少缴已扣、已收税款，由税务机关追缴其不缴或者少缴的税款、滞纳金，并处不缴或者少缴的税款50%以上5倍以下的罚款；构成犯罪的，依法追究刑事责任。

4. 逃税的法律责任

纳税人不进行纳税申报，不缴或者少缴应纳税款的，由税务机关追缴其不缴或者少缴的税款、滞纳金，并处不缴或者少缴的税款50%以上5倍以下的罚款；纳税人、扣缴义务人编造虚假计税依据的，由税务机关责令限期改正，并处5万元以下的罚款。

扣缴义务人应扣未扣、应收而不收税款的，由税务机关向纳税人追缴税款，对扣缴义务人处应扣未扣、应收未收税款50%以上3倍以下的罚款。

5. 拖欠税款的法律责任

纳税人、扣缴义务人在规定期限内不缴或者少缴应纳或者应解缴的税款，经税务机关责令限期缴纳，逾期仍未缴纳的，税务机关除依法采取强制措施追缴其不缴或者少缴的税款外，还可处以不缴或者少缴税款50%以上5倍以下的罚款。

6. 逃避追缴欠税的法律责任

纳税人欠缴应纳税款，采取转移或者隐匿财产的手段，妨碍税务机关追缴欠缴的税款、滞纳金的，处以欠缴税款50%以上5倍以下的罚款；构成犯罪的，依法追究刑事责任。

7. 骗取出口退税的法律责任

以假报出口或者其他欺骗手段，骗取国家出口退税款的，税务机关可以在规定期间停止为其办理出口退税,由税务机关追缴其骗取的退税款,并处以骗取税款1倍以上5倍以下的罚款;构成犯罪的,依法追究刑事责任。

8. 抗税的法律责任

抗税是指以暴力、威胁方法拒不缴纳税款的行为。对抗税行为人,由税务机关追缴其拒缴的税款、滞纳金,并处以拒缴税款1倍以上5倍以下的罚款;构成犯罪的,依法追究刑事责任。

思政园地

设账外账大肆偷逃税款

某市税务机关对所辖范围内的企业进行税务专项检查,在检查中发现该市某企业存在偷逃税问题。通过调查取证,依法对该企业进行了相应的税务行政处罚。该企业主要通过采取以下手段达到偷逃税款的目的:

一是采取建立两套账的手段,隐瞒收入,以假账应付政府部门和税务机关,进行虚假纳税申报,偷逃税款。

二是将增值税专用发票进项税额全部在假账中抵扣,造成应纳增值税税负低下,使年度纳税不正常,偷逃税款。

思政要点:

培养学生具有爱岗敬业、诚实守信、客观公正、遵纪守法的职业操守。

(二)税务机关和税务人员违反税法的法律责任

税务机关违反规定擅自改变税收征收管理范围和税款入库预算级次的,责令限期改正,对直接负责的主管人员和其他直接责任人员依法给予行政处分。

税务人员征收税款或者查处税收违法案件时未依法回避的,对直接负责的主管人员和其他直接责任人员,给予行政处分。

税务机关、税务人员查封、扣押纳税人个人及其所扶养家属维持生活必需的住房和用品的,责令退还,依法给予行政处分;构成犯罪的,依法追究刑事责任。

税务人员与纳税人、扣缴义务人勾结,唆使或者协助纳税人、扣缴义务人实施偷税、逃避追缴欠税、骗税行为,构成犯罪的,依法追究刑事责任;不构成犯罪的,依法给予行政处分。

税务人员利用职务上的便利,收受或者索取纳税人、扣缴义务人财物或者谋取其他不正当利益,构成犯罪的,依法追究刑事责任;尚不构成犯罪的,依法给予行政处分。

税务人员徇私舞弊或者玩忽职守,不征或者少征应征税款,致使国家税收遭受重大损失,构成犯罪的,依法追究刑事责任;尚不构成犯罪的,依法给予行政处分。

税务人员滥用职权,故意刁难纳税人、扣缴义务人的,调离税收工作岗位,并依法给予行政处分。

税务人员对控告、检举税收违法违纪行为的纳税人、扣缴义务人以及其他检举人进行打击报复的,依法给予行政处分;构成犯罪的,依法追究刑事责任。

未依法为纳税人、扣缴义务人、检举人保密的,对直接负责的主管人员和其他直接责任人员,由所在单位或者有关单位依法给予行政处分。

课后训练

一、基础练习
1. 简述税收的概念、特征和我国税收的种类。
2. 简述税法的构成要素。
3. 简述税收实体法中主要税种的基本内容。
4. 简述税收程序法规定的基本内容。

二、案例分析

202×年1月居民王某完成甲公司委托的设计方案,取得设计费30 000元;在国内专业杂志上发表文章一篇,取得稿酬40 000元;1月份王某所在单位乙公司为其支付工资28 000元,"三险一金"等专项扣除总额为4 200元,赡养老人、子女教育等"专项附加扣除"总额为4 000元。

根据税法的相关规定,请回答以下问题:
1. 居民王某如何缴纳个人所得税并说明理由。
2. 计算居民王某预缴的个人所得税税额。

三、实训任务

202×年3月15日,某税务机关在实施税务检查中发现甲企业去年存在以下情况:
1. 缴纳企业所得税42.5万元。
2. 会计利润总额为170万元。
3. 税收滞纳金6万元计税时已扣除。
4. 业务招待费实际支出超过税法规定扣除限额10万元计税时已扣除。
5. 总收入和其他扣除项目均符合会计法和税法的规定。

已知甲企业为居民纳税人。

请根据上述问题,从下列几个方面,分组进行法律解析,并提交分析报告。
1. 企业所得税如何进行纳税调整。
2. 实践中违反税法的行为及其危害和处罚。
3. 案例给我们的启示。

项目八　金融法律制度

一、知识框架

（一）银行法

银行法是金融法律制度的重要组成部分，主要由中国人民银行法、商业银行法、银行业监督管理法组成。

（二）证券法

证券法的调整对象是证券融资关系。它既包括平等主体证券发行人、证券投资人和证券商等平等主体之间因证券发行和交易而发生的社会经济关系，也包括证券监管机关因监督管理证券市场参与者所产生的证券监管关系。

（三）保险法

保险法是调整保险关系的一切法律规范的总称。保险法的内容主要包括保险法律关系、保险合同、保险对象以及当事人的权利义务等内容。

（四）票据法

票据法是调整票据关系的法律规范的总称。它主要规定了票据的种类、形式和内容，明确票据当事人之间的权利义务。

（五）外汇管理法

外汇管理法是调整国家在外汇管理活动过程中发生的法律关系的法律规范的总称。外汇管理法的主要内容包括经常项目外汇管理、资本项目外汇管理、金融机构外汇业务管理等。

二、学习目标

（一）知识目标

（1）学习了解《中华人民共和国中国人民银行法》《中华人民共和国商业银行法》《中华人民共和国银行业监督管理法》等相关法律法规。

（2）证券发行、证券上市制度、信息公开、禁止的交易行为、投资者保护、上市公司的收购。

（3）保险法法律关系、保险合同。

(4) 票据当事人、票据权利、票据行为、票据追索、汇票、本票、支票。

(5) 经常项目外汇管理、资本项目外汇管理、金融机构外汇业务管理。

(二) 能力目标

(1) 能运用所学知识理解、分析证券制度所涉及的法律问题。

(2) 能运用所学知识理解保险纠纷所涉及的法律问题。

(3) 能运用所学知识理解票据纠纷所涉及的法律问题。

(三) 思政目标

(1) 引导学生自觉遵守金融法律制度、维护经济发展秩序。

(2) 培养学生诚实守信、理性自律、爱岗敬业的职业素养。

(3) 培养学生忠实勤勉、严守秘密的职业操守。

三、法律法规

(1) 《中华人民共和国中国人民银行法》。

(2) 《中华人民共和国商业银行法》。

(3) 《中华人民共和国银行业监督管理法》。

(4) 《中华人民共和国证券法》。

(5) 《中华人民共和国保险法》。

(6) 《中华人民共和国票据法》。

(7) 《中华人民共和国外汇管理条例》。

模块一　银行法

一、中国人民银行法

(一) 中国人民银行概述

1. 中国人民银行的性质和地位

中国人民银行是唯一代表国家进行金融控制和管理金融的特殊金融机构。中国人民银行是中华人民共和国的中央银行，是代表国家管理金融的特殊机关，处于我国金融业的首脑和领导地位。

2. 中国人民银行的职能

(1) 它是发行的银行，是全国唯一的货币发行机构。

(2) 它是政府的银行，其作为政府管理金融的工具为政府服务。

(3) 它是银行的银行，它与商业银行及其他金融机构发生业务来往，是全国存贷款准备金的保管者，是金融票据交换中心，是全国银行业的最后贷款者。

（4）它是管理金融的银行，它制定和执行货币政策，并对商业银行和其他金融机构的业务活动进行领导、管理和监督。

3. 中国人民银行的组织机构

中国人民银行的组织机构由行长一人、副行长若干人、货币政策委员会、分支机构和工作人员所组成。中国人民银行实行行长负责制，行长是中国人民银行最高的行政领导人，作为中国人民银行的法定代表人，他对外代表中国人民银行。同时中国人民银行可根据履行职责的需要设立分支机构，作为中国人民银行的派出机构。中国人民银行对分支机构实行集中统一领导和管理。

（二）中国人民银行法概述

1. 中国人民银行法

《中华人民共和国中国人民银行法》（以下简称《中国人民银行法》），于1995年3月18日第八届全国人民代表大会第三次会议通过，自公布之日起施行，后经第十届全国人民代表大会常务委员会第六次会议于2003年12月27日通过，自2004年2月1日起施行。

2. 中国人民银行的业务

根据《中国人民银行法》的规定，中国人民银行的主要业务有：①为银行业金融机构开立账户；②要求银行业金融机构按照规定的比例交存存款准备金；③确定中央银行基准利率；④为在中国人民银行开立账户的银行业金融机构办理再贴现；⑤向商业银行提供贷款；⑥在公开市场上买卖国债、其他政府债券和金融债券及外汇；⑦依照法律、行政法规的规定经理国库；⑧代理国务院财政部门向各金融机构组织发行、兑付国债和其他政府债券；⑨组织或者协助组织银行业金融机构相互之间的清算系统，协调银行业金融机构相互之间的清算事项，提供清算服务；⑩法律、行政法规规定的其他业务。

中国人民银行在进行业务活动时，不得对银行业金融机构的账户透支；不得对政府财政透支，不得直接认购、包销国债和其他政府债券；不得向地方政府、各级政府部门提供贷款，不得向非银行金融机构以及其他单位和个人提供贷款，但国务院决定中国人民银行可以向特定的非银行金融机构提供贷款的除外；中国人民银行不得向任何单位和个人提供担保。

3. 法律责任

《中国人民银行法》设专章规定了法律责任。

（1）关于行员恪尽职守，不得滥用职权、徇私舞弊的规定。如"中国人民银行的行长、副行长及其他工作人员应当恪尽职守，不得滥用职权、徇私舞弊，不得在任何金融机构、企业、基金会兼职""中国人民银行的工作人员贪污受贿、徇私舞弊、滥用职权、玩忽职守，构成犯罪的，依法追究刑事责任；尚不构成犯罪的，依法给予行政处分"。

（2）关于行员保守秘密的规定。如"中国人民银行的工作人员泄露国家秘密或者所知悉的商业秘密，构成犯罪的，依法追究刑事责任；尚不构成犯罪的，依法给予行政处分"。

（3）关于行员遵守信贷、担保纪律的规定。如"中国人民银行不得向地方政府、各级政府部门提供贷款，不得向非银行金融机构以及其他单位和个人提供贷款，但国务院决定中国人民银行可以向特定的非银行金融机构提供贷款的除外。中国人民银行不得向任何单位和个人提供担保"。

（4）其他规定。如要求行员遵守银行纪律、廉洁自律、维护金融秩序，保护国家金融资产。这些在我国的民法、刑法、经济法、行政法等法律法规中都有不同程度的规定。

二、商业银行法

（一）商业银行法概述

我国的商业银行是指依照《中华人民共和国商业银行法》（以下简称《商业银行法》）和《中华人民共和国公司法》（以下简称《公司法》）设立的吸收公众存款、发放贷款、办理结算等业务的企业法人。

商业银行法是调整商业银行在设立、变更、终止及开展业务活动中发生的各种社会关系的法律规范的总称。

我国规范商业银行行为的基本法律是 1995 年 5 月 10 日第八届全国人民代表大会常务委员会第十三次会议通过，并于 1995 年 7 月 1 日起实施的《中华人民共和国商业银行法》。《全国人民代表大会常务委员会关于修改〈中华人民共和国商业银行法〉的决定》已由中华人民共和国第十二届全国人民代表大会常务委员会第十六次会议于 2015 年 8 月 29 日通过，自 2015 年 10 月 1 日起施行。

（二）商业银行的设立、变更、接管和终止

1. 商业银行的设立

设立商业银行，应当具备下列条件：

（1）有符合《商业银行法》和《公司法》规定的章程。

（2）有符合本法规定的注册资本最低限额：设立全国性商业银行的注册资本最低限额为十亿元人民币。设立城市商业银行的注册资本最低限额为 1 亿元人民币，设立农村商业银行的注册资本最低限额为 5 000 万元人民币。注册资本应当是实缴资本。

（3）有具备任职专业知识和业务工作经验的董事、高级管理人员。

（4）有健全的组织机构和管理制度。

（5）有符合要求的营业场所、安全防范措施和与业务有关的其他设施。

（6）其他审慎性条件。

设立商业银行，应当经国务院银行业监督管理机构审查批准。经批准设立的商业银行，由国务院银行业监督管理机构颁发经营许可证，并凭该许可证向工商行政管理部门办理登记，领取营业执照。

我国商业银行的组织形式主要有两种：有限责任公司形式和股份有限公司形式。《商业银行法》规定："商业银行的组织形式、组织机构适用《中华人民共和国公司法》的规定。"

商业银行可以经营下列部分或者全部业务：①吸收公众存款；②发放短期、中期和长期贷款；③办理国内外结算；④办理票据承兑与贴现；⑤发行金融债券；⑥代理发行、代理兑付、承销政府债券；⑦买卖政府债券、金融债券；⑧从事同业拆借；⑨买卖、代理买卖外汇；⑩从事银行卡业务；⑪提供信用证服务及担保；⑫代理收付款项及代理保险业务；⑬提供保管箱服务；⑭经国务院银行业监督管理机构批准的其他业务。

2. 商业银行的变更

商业银行的变更包括商业银行的事项变更和主体变更。

商业银行的事项变更是指：①变更名称；②变更注册资本；③变更总行或者分支行所在地；④调整业务范围；⑤变更持有资本总额或者股份总额百分之五以上的股东；⑥修改章程；⑦国务院银行业监督管理机构规定的其他变更事项。

主体变更是指商业银行的分立与合并。商业银行的分立、合并，适用《中华人民共和国公司法》的规定，并经国务院银行业监督管理机构审查批准。

3. 商业银行的接管

商业银行已经或者可能发生信用危机，严重影响存款人的利益时，国务院银行业监督管理机构可以对该银行实行接管。接管的目的是对被接管的商业银行采取必要措施，以保护存款人的利益，恢复商业银行的正常经营能力。接管而产生的民事责任，由被接管的商业银行承担。

接管决定由国务院银行业监督管理机构予以公告。

接管自接管决定实施之日起开始。自接管开始之日起，由接管组织行使商业银行的经营管理权力。

接管期限届满，国务院银行业监督管理机构可以决定延期，但接管期限最长不得超过二年，有下列情形之一的，接管终止：

（1）接管决定规定的期限届满或者国务院银行业监督管理机构决定的接管延期届满。

（2）接管期限届满前，该商业银行已恢复正常经营能力。

（3）接管期限届满前，该商业银行被合并或者被依法宣告破产。

4. 商业银行的终止

终止是指商业银行因出现解散、被撤销和被宣告破产等法律规定的情形而消灭其法律主体资格的法律行为。

商业银行由于出现了法定事由或公司章程规定的解散事由需要解散的，应当向国务院银行业监督管理机构提出申请，并附解散的理由和支付存款的本金和利息等债务清偿计划，经国务院银行业监督管理机构批准后解散。

商业银行如果违反法律规定进行经营活动，中国银保监会有权吊销其经营许可证，撤销违法经营的商业银行。

商业银行不能支付到期债务，经国务院银行业监督管理机构同意，由人民法院依法宣告其破产。

三、银行业监督管理法

（一）银行业监督管理法概述

《中华人民共和国银行业监督管理法》于2003年12月27日第十届全国人民代表大会常务委员会第六次会议通过。根据2006年10月31日第十届全国人民代表大会常务委员会第二十四次会议《关于修改〈中华人民共和国银行业监督管理法〉的决定》修正，自2007年1月1日起施行。

（二）监督管理机构及对象

国务院银行业监督管理机构负责对全国银行业金融机构及其业务活动监督管理的工作。本法所称银行业金融机构包括：

在中华人民共和国境内设立的商业银行、城市信用合作社、农村信用合作社等吸收公众存款的金融机构以及政策性银行。

对在中华人民共和国境内设立的金融资产管理公司、信托投资公司、财务公司、金融租赁公司以及经国务院银行业监督管理机构批准设立的其他金融机构的监督管理，适用本法对银行业金融机构监督管理的规定。

经银监会批准在境外设立的金融机构以及前二款金融机构在境外的业务活动。

（三）监督管理措施

1. 强制信息披露

（1）获取财务资料。

（2）询问企业高层人员。

（3）现场检查。

（4）向公众披露信息。

2. 强制整改

（1）银行业金融机构违反审慎经营规则的，国务院银行业监督管理机构或者其省一级派出机构应当责令限期改正。

（2）逾期未改正的，或者其行为严重危及该银行业金融机构的稳健运行、损害存款人和其他客户合法权益的，经国务院银行业监督管理机构或者其省一级派出机构负责人批准，可以区别情形，采取下列措施：责令暂停部分业务、停止批准开办新业务；限制分配红利和其他收入；限制资产转让；责令控股股东转让股权或者限制有关股东的权利；责令调整董事、高级管理人员或者限制其权利；停止批准增设分支机构。

3. 接管、重组与撤销

（1）银行业金融机构已经或者可能发生信用危机，严重影响存款人和其他客户合法权益的，国务院银行业监督管理机构可以依法对该银行业金融机构实行接管或者促成机构重组。

（2）银行业金融机构有违法经营、经营管理不善等情形，不予撤销将严重危害金融秩序、损害公众利益的，国务院银行业监督管理机构有权予以撤销。

（3）经国务院银行业监督管理机构负责人批准，对直接负责的董事、高级管理人员和其他直接责任人员，可以采取下列措施：直接负责的董事、高级管理人员和其他直接责任人员出境将对国家利益造成重大损失的，通知出境管理机关依法阻止其出境；申请司法机关禁止其转移、转让财产或者对其财产设定其他权利；对涉嫌转移或者隐匿违法资金的，经银保监机构负责人批准，可以申请司法机关予以冻结。

模块二 证券法

一、证券法概述

（一）证券法

证券法有广义和狭义之分。广义的证券法是指一切与证券有关的法律规范的总称。狭义的证券法专指《中华人民共和国证券法》（以下简称《证券法》），它是规范证券发行、交易及其监管过程中产生的各种法律关系的基本法，是证券市场各类行为主体必须遵守的行为规范。

我国证券法于1998年12月29日第九届全国人民代表大会常务委员会第六次会议通过，于2019年12月28日第十三届全国人民代表大会常务委员会第十五次会议第二次修订，修订后的证券法于2020年3月1日起施行。

（二）证券市场的分类

证券市场是指证券发行与交易的场所。证券市场分为发行市场和流通市场。

（1）发行市场又称一级市场，是发行新证券的市场，证券发行人通过证券发行市场将已获准公开发行的证券第一次销售给投资者，以获取资金。

（2）证券流通市场又称二级市场，是对已发行的证券进行买卖、转让交易的场所。通过一级市场取得的证券可以到二级市场进行买卖，投资者可以在二级市场对证券进行不间断的交易。

（三）证券市场的主体

证券市场的主体包括证券发行人、投资者、中介机构、交易场所，以及自律性组织和监管机构。

（1）证券发行人。证券发行人是指在证券市场上发行证券的单位，一般包括企业、金融机构和政府部门。

（2）证券投资者。证券投资者是指证券市场上证券的购买者，也是资金的供给者。证券投资者一般包括个人投资者和机构投资者。个人投资者可以直接参与证券的买卖，也可以通过证券经纪人买卖证券。机构投资者是指有资格进行证券投资的法人单位。

（3）证券中介机构。证券中介机构主要是指证券经营机构，如资产评估机构、会计师事务所、律师事务所等。

（4）证券交易场所。证券交易场所是指进行证券交易的场所。证券交易场所有场内交易市场和场外交易市场两种。

（5）证券自律性组织。证券自律性组织包括证券交易所、证券业协会等，主要是在本所或本行业内实行自我监管。

（6）证券监管机构。证券监管机构是指代表政府对证券市场进行监督管理的机构。在我国特指中国证券监督管理委员会及其派出机构。

二、证券发行

（一）证券发行的一般规定

1. 公开发行证券

《证券法》规定，公开发行证券，必须符合法律、行政法规规定的条件，并依法报经国务院证券监督管理机构或者国务院授权的部门注册。未经依法注册，任何单位和个人不得公开发行证券。证券发行注册制的具体范围、实施步骤，由国务院规定。

有下列情形之一的，为公开发行：

（1）向不特定对象发行证券。

（2）向特定对象发行证券累计超过二百人，但依法实施员工持股计划的员工人数不计算在内。

（3）法律、行政法规规定的其他发行行为。

2. 公开发行证券实行保荐制度

《证券法》规定，发行人申请公开发行股票、可转换为股票的公司债券，依法采取承销方式的，或者公开发行法律、行政法规规定实行保荐制度的其他证券的，应当聘请具有保荐资格的机构担任保荐人。

所谓保荐人制度，是指由保荐人（证券公司）负责发行人的上市推荐和辅导，核实公司发行文件中所载资料的真实性、准确性和完整性，协助发行人建立严格的信息披露制度，并承担相应的法律责任的制度。

3. 证券的承销制度

发行人向不特定对象公开发行的证券，法律、行政法规规定应当由证券公司承销的，发行人应当同证券公司签订承销协议。证券承销采取代销和包销两种方式。

证券代销，是指证券公司代发行人发售证券，在承销期结束时，将未售出的债券全部退还给发行人的承销方式。

证券包销，是指证券公司将发行人的证券按照协议全部购入或者在承销期结束时，将售后剩余证券全部退还给发行人的自行购入的承销方式。

（1）向不特定对象发行证券聘请承销团承销的，承销团应当由主承销和参与承销的证券公司组成。

（2）证券的代销、包销期限最长不得超过90日。

（3）证券公司在代销、包销期内，对所代销、包销的证券应当保证先行出售给认购人，证券公司不得为本公司预留所代销的证券和预购人并留存所包销的证券。

（4）股票发行采用代销方式，代销期限届满，向投资者出售的股票数量未达到拟公开发行股票数量70%的，为发行失败。发行人应当按照发行价并加算银行同期存款利息返还股票认购人。

（二）证券发行条件

1. 股份有限公司新股发行条件

《证券法》规定，公司公开发行新股，应当符合下列条件：①具备健全且运行良好的组织机构；②具有持续经营能力；③最近三年财务会计报告被出具无保留意见审计报告；④发行人及其控股股东、实际控制人最近三年不存在贪污、贿赂、侵占财产、挪用财产或者破坏社会主义市场经济秩序的刑事犯罪；⑤经国务院批准的国务院证券监督管理机构规定的其他条件。

公司对公开发行股票所募集资金，必须按照招股说明书或者其他公开发行募集文件所列资金用途使用；改变资金用途，必须经股东大会作出决议。擅自改变用途，未作纠正的，或者未经股东大会认可的，不得公开发行新股。

2. 公司债券的发行条件

《证券法》规定，公开发行公司债券，应当符合下列条件：①具备健全且运行良好的组织机构；②最近三年平均可分配利润足以支付公司债券一年的利息；③国务院规定的其他条件。

公开发行公司债券筹集的资金，必须按照公司债券募集办法所列资金用途使用；改变资金用途，必须经债券持有人会议作出决议。公开发行公司债券筹集的资金，不得用于弥补亏损和非生产性支出。

（三）证券投资基金的募集

1. 证券投资基金的基本法律关系

在我国境内，公开或者非公开募集资金设立证券投资基金，由基金管理人管理，基金托管人托管，为基金份额持有人的利益进行证券投资活动。

基金管理人由依法设立的公司或者合伙企业担任。公开募集基金的基金管理人,由基金管理公司或者经中国证监会依法核准的其他机构担任。

基金托管人由依法设立的商业银行或者其他金融机构担任。

2. 公开募集基金

(1) 公开募集基金,应当经中国证监会注册,未经注册,不得公开或者变相公开募集基金。

(2) 基金份额的发售。

①基金份额的发售,由基金管理人或者其委托的基金销售机构办理。

②基金管理人应当自收到准予注册文件之日起6个月内进行基金募集;超过6个月开始募集的,原注册的事项未发生实质性变化的,应当报中国证监会备案;发生实质性变化的,应当向中国证监会重新提交注册申请。

(3) 基金募集期限届满,封闭式基金募集的基金份额总额达到准予注册规模的80%以上,开放式基金募集的基金份额总额超过准予注册的最低募集份额总额,并且基金份额持有人人数符合中国证监会规定的,基金管理人应当自募集期限届满之日起10日内聘请法定验资机构验资。

封闭式基金,是指基金份额总额在基金合同期限内固定不变,基金份额持有人不得申请赎回的基金。

开放式基金,是指基金份额总额不固定,基金份额可以在基金合同约定的时间和场所申购或者赎回的基金。

(4) 公开募集基金的基金份额持有人按其所持基金份额享受收益和承担风险。

3. 非公开募集基金(私募基金)

(1) 登记备案。

设立私募基金管理机构和发行私募基金不设行政审批,但各类私募基金管理人均应当向基金业协会申请登记,各类私募基金募集完毕,均应当向基金业协会办理备案手续。

(2) 合格投资者。

①人数。私募基金应当向合格投资者募集,单只私募基金的投资者人数累计不得超过《中华人民共和国证券投资基金法》《中华人民共和国公司法》《中华人民共和国合伙企业法》等法律规定的特定数量。

②合格投资者是指具备相应风险识别能力和风险承担能力,投资于单只私募基金的金额不低于100万元且符合下列相关标准的单位和个人:

a. 净资产不低于1 000万元的单位;

b. 金融资产不低于300万元或者最近3年个人年均收入不低于50万元的个人。

③下列投资者视为合格投资者:

a. 社会保障基金、企业年金等养老基金,慈善基金等社会公益基金;

b. 依法设立并在基金业协会备案的投资计划；

c. 投资于所管理私募基金的私募基金管理人及其从业人员；

d. 中国证监会规定的其他投资者。

④私募基金不得向合格投资者之外的单位和个人募集资金，不得通过报刊、电台、电视、互联网等公众传播媒体或者讲座、报告会、分析会和布告、传单、手机短信、微信、博客和电子邮件等方式，向不特定对象宣传推介。

（3）除基金合同另有约定外，私募基金应当由基金托管人托管。基金合同约定私募基金不进行托管的，应当在基金合同中明确保障私募基金财产安全的制度措施和纠纷解决机制。

（4）收益分配

通过非公开募集方式设立的基金的收益分配和风险承担由基金合同约定。

三、证券上市制度

（一）股票上市制度

《证券法》规定，申请证券上市交易，应当向证券交易所提出申请，由证券交易所依法审核同意，并由双方签订上市协议。

申请证券上市交易，应当符合证券交易所上市规则规定的上市条件。证券交易所上市规则规定的上市条件，应当对发行人的经营年限、财务状况、最低公开发行比例和公司治理、诚信记录等提出要求。

上市交易的证券，有证券交易所规定的终止上市情形的，由证券交易所按照业务规则终止其上市交易。证券交易所决定终止证券上市交易的，应当及时公告，并报中国证监会备案。

（二）公募基金

1. 封闭式基金上市交易的条件

（1）基金的募集符合规定。

（2）基金合同期限为 5 年以上。

（3）基金募集金额不低于人民币 2 亿元。

（4）基金份额持有人不少于 1 000 人。

（5）基金份额上市交易规则规定的其他条件。

2. 开放式基金的申购、赎回

（1）开放式基金的基金份额的申购、赎回和登记，由基金管理人或者其委托的基金服务机构办理。

（2）基金管理人应当在每个工作日办理基金份额的申购、赎回业务；基金合同另有约定的，按照其约定办理。

(3) 成立和生效。

①投资人交付申购款项，申购成立；基金份额登记机构确认基金份额时，申购生效。②基金份额持有人递交赎回申请，赎回成立；基金份额登记机构确认赎回时，赎回生效。

（三）私募基金的基金份额转让

投资者转让基金份额的，受让人应当为合格投资者且基金份额受让后投资者人数应当符合有关规定。

四、信息公开

（一）强制信息披露制度类型

强制信息披露制度类型见表 8-1。

表 8-1　强制信息披露制度类型

类型	具体规定		
证券发行市场信息披露（首次信息披露）	证券发行申请经注册后，发行人应依法在证券公开发行前公告公开发行募集文件（主要有招股说明书、公司债券募集办法、上市公告书），并将该文件置备于指定场所供公众查阅		
证券交易市场信息披露（持续信息披露）	定期报告	年度报告	每一会计年度结束之日起 4 个月内报送并公告
		中期报告	每一会计年度的上半年结束之日起 2 个月内报送并公告
	临时报告		发生法定的重大事件，投资者尚未得知时报送并公告

（二）临时报告

1. 股票发行公司发布临时报告的重大事件

发生（包括发生于控股子公司）可能对上市公司的股票交易价格产生较大影响的重大事件，投资者尚未得知时，公司应当立即将有关该重大事件的情况向中国证监会、证券交易所报送临时报告，并予公告，说明事件的起因、目前的状态和可能产生的法律后果。前述重大事件包括：

（1）公司的经营方针和经营范围的重大变化。

（2）公司的重大投资行为，公司在 1 年内购买、出售重大资产超过公司资产总额 30%，或者公司营业用主要资产的抵押、质押、出售或者报废一次超过该资产的 30%。

（3）公司订立重要合同、提供重大担保或者从事关联交易，可能对公司的资产、负债、权益和经营成果产生重要影响。

（4）公司发生重大债务和未能清偿到期重大债务的违约情况。

（5）公司发生重大亏损或者重大损失。

(6) 公司生产经营的外部条件发生重大变化。

(7) 公司的董事、1/3 以上监事或者经理发生变动，董事长或者经理无法履行职责。

(8) 持有公司 5% 以上股份（不计优先股）的股东或者实际控制人持有股份或者控制公司的情况发生较大变化，公司的实际控制人及其控制的其他企业从事与公司相同或者相似业务的情况发生较大变化。

(9) 公司有分配股利、增资的计划，公司股权结构发生重要变化，公司决定减资、合并、分立、解散及申请破产，或者依法进入破产程序、被责令关闭。

(10) 涉及公司的重大诉讼、仲裁，股东大会、董事会决议被依法撤销或者宣告无效。

(11) 公司涉嫌犯罪被依法立案调查，公司的控股股东、实际控制人、董事、监事、高级管理人员涉嫌犯罪被依法采取强制措施。

(12) 中国证监会规定的其他事项。

2. 公司债券上市交易公司发布临时报告的重大事件

发生可能对上市交易公司债券的交易价格产生较大影响的重大事件，投资者尚未得知时，公司应当立即将有关该重大事件的情况向中国证监会和证券交易场所报送临时报告，并予公告，说明事件的起因、目前的状态和可能产生的法律后果。前述所称重大事件包括：

(1) 公司股权结构或者生产经营状况发生重大变化。

(2) 公司债券信用评级发生变化。

(3) 公司重大资产抵押、质押、出售、转让、报废。

(4) 公司发生未能清偿到期债务的情况。

(5) 公司新增借款或者对外提供担保超过上年末净资产的 20%。

(6) 公司放弃债权或者财产超过上年末净资产的 10%。

(7) 公司发生超过上年末净资产 10% 的重大损失。

(8) 公司分配股利，作出减资、合并、分立、解散及申请破产的决定，或者依法进入破产程序、被责令关闭。

(9) 涉及公司的重大诉讼、仲裁。

(10) 公司涉嫌犯罪被依法立案调查，公司的控股股东、实际控制人、董事、监事、高级管理人员涉嫌犯罪被依法采取强制措施。

(11) 中国证监会规定的其他事项。

五、禁止的交易行为

(一) 内幕交易行为

1. 基本规定

(1) 证券交易内幕信息的知情人和非法获取内幕信息的人，在内幕信息公开前，不得买卖该公司的证券，或者泄露该信息，或者建议他人买卖该证券。

（2）持有或者通过协议、其他安排与他人共同持有公司5%以上股份的自然人、法人、非法人组织收购上市公司的股份，法律另有规定的，适用其规定。

（3）内幕交易行为给投资者造成损失的，应当依法承担赔偿责任。

2. 内幕信息

证券交易活动中，涉及发行人的经营、财务或者对该发行人证券的市场价格有重大影响的尚未公开的信息，称为内幕信息。通常所说的内幕信息主要指重大事件。

3. 内幕信息知情人员

（1）关联方。

①发行人及其董事、监事、高级管理人员。

②持有公司5%以上股份（不计优先股）的股东及其董事、监事、高级管理人员，公司的实际控制人及其董事、监事、高级管理人员。

③发行人控股或者实际控制的公司及其董事、监事、高级管理人员。

（2）往来方。

①由于所任公司职务或者因与公司业务往来可以获取公司有关内幕信息的人员。

②上市公司收购人或者重大资产交易方及其控股股东、实际控制人、董事、监事和高级管理人员。

（3）服务方/监管方。

①因职务、工作可以获取内幕信息的证券交易场所、证券公司、证券登记结算机构、证券服务机构的有关人员。

②因职责、工作可以获取内幕信息的证券监督管理机构工作人员。

③因法定职责对证券的发行、交易或者对上市公司及其收购、重大资产交易进行管理可以获取内幕信息的有关主管部门、监管机构的工作人员。

（4）中国证监会规定的可以获取内幕信息的其他人员。

4. 利用未公开信息进行交易

禁止证券交易场所、证券公司、证券登记结算机构、证券服务机构和其他金融机构的从业人员、有关监管部门或者行业协会的工作人员，利用因职务便利获取的内幕信息以外的其他未公开的信息，违反规定，从事与该信息相关的证券交易活动，或者明示、暗示他人从事相关交易活动。利用未公开信息进行交易给投资者造成损失的，应当依法承担赔偿责任。

5. 短线交易

持有上市公司股份5%以上的股东、董事、监事、高级管理人员，将其持有的该公司的股票或者其他具有股权性质的证券在买入后6个月内卖出，或者在卖出后6个月内又买入，由此所得收益归该公司所有，公司董事会应当收回其所得收益。

6. 证券业从业人员

证券交易场所、证券公司和证券登记结算机构的从业人员、证券监督管理机构的工作人员以及法律、行政法规禁止参与股票交易的其他人员，在任期或者法定限期内，不得直接或者以化名、借用他人名义持有、买卖股票或者其他具有股权性质的证券，也不得收受他人赠送的股票或者其他具有股权性质的证券。任何人在成为上述所列人员时，其原已持有的股票或者其他具有股权性质的证券，必须依法转让。但实施股权激励计划或者员工持股计划的证券公司的从业人员，可以按照规定持有、卖出本公司股票或者其他具有股权性质的证券。

7. 证券服务机构和人员

（1）为证券发行出具审计报告或者法律意见书等文件的证券服务机构和人员，在该证券承销期内和期满后6个月内，不得买卖该种证券。

（2）除证券发行事项外，为发行人及其控股股东、实际控制人，或者收购人、重大资产交易方出具审计报告或者法律意见书等文件的证券服务机构和人员，自接受委托之日起至上述文件公开后5日内，不得买卖该种证券。实际开展上述有关工作之日早于接受委托之日的，自实际开展上述有关工作之日起至上述文件公开后5日内，不得买卖该证券。

（二）其他禁止的交易行为

1. 操纵证券市场行为

禁止任何人以下列手段操纵证券市场，影响或者意图影响证券交易价格或者证券交易量。给投资者造成损失的，应当依法承担赔偿责任：

（1）单独或者通过合谋，集中资金优势、持股优势或者利用信息优势联合或者连续买卖。

（2）与他人串通，以事先约定的时间、价格和方式相互进行证券交易。

（3）在自己实际控制的账户之间进行证券交易。

（4）不以成交为目的，频繁或者大量申报并撤销申报。

（5）利用虚假或者不确定的重大信息，诱导投资者进行证券交易。

（6）对证券、发行人公开作出评价、预测或者投资建议，并进行反向证券交易。

（7）利用在其他相关市场的活动操纵证券市场。

（8）操纵证券市场的其他手段。

2. 虚假陈述行为

（1）虚假陈述包括虚假记载、误导性陈述、重大遗漏以及不正当披露。

（2）利用信息扰乱证券市场

①禁止任何单位和个人编造、传播虚假信息或者误导性信息，扰乱证券市场。

②禁止证券交易场所、证券公司、证券登记结算机构、证券服务机构及其从业人员，证券业协会、证券监督管理机构及其工作人员，在证券交易活动中作出虚假陈述或者信息误导。

3. 欺诈客户行为

禁止证券公司及其从业人员从事下列损害客户利益的行为，违反规定给客户造成损失的，应当依法承担赔偿责任：

(1) 违背客户的委托为其买卖证券。
(2) 不在规定时间内向客户提供交易的确认文件。
(3) 未经客户的委托，擅自为客户买卖证券，或者假借客户的名义买卖证券。
(4) 为牟取佣金收入，诱使客户进行不必要的证券买卖。
(5) 其他违背客户真实意思表示，损害客户利益的行为。

禁止任何单位和个人违反规定出借自己的证券账户或者借用他人的证券账户从事证券交易。

禁止资金违规流入股市；禁止投资者违规利用财政资金、银行信贷资金买卖证券；国有独资企业、国有独资公司、国有资本控股公司买卖上市交易的股票，必须遵守国家有关规定。

思政园地

董事、监事、高管配偶的内幕交易风险

实践执法中，还有一类风险需要注意，即内幕信息知情人，不能仅凭自身的形端表正就能免除内幕交易风险。其配偶实施的异常交易，也可能导致知情人被牵连进"过失泄露"责任。

在强监管、零容忍的趋势下，为了减少风险，董事、监事、高管仍然有必要处理好家务事，避免由于配偶的交易行为而给自身带来风险。

思政要点：

自觉遵守金融法律制度、维护经济发展秩序。

六、投资者保护

（一）投资者适当性管理制度

（1）证券公司向投资者销售证券、提供服务时，应当按照规定充分了解投资者的基本情况、财产状况、金融资产状况、投资知识和经验、专业能力等相关信息；如实说明证券、服务的重要内容，充分揭示投资风险；销售、提供与投资者上述状况相匹配的证券、服务。

（2）投资者在购买证券或者接受服务时，应当按照证券公司明示的要求提供前述所列真实信息。拒绝提供或者未按照要求提供信息的，证券公司应当告知其后果，并按照规定拒绝向其销售证券、提供服务。证券公司违反投资者适当性管理规定导致投资者损失的，应当承担相应的赔偿责任。

(二) 对普通投资者的特殊保护

(1) 根据财产状况、金融资产状况、投资知识和经验、专业能力等因素,投资者可以分为普通投资者和专业投资者。

(2) 证券公司自证清白制度。普通投资者与证券公司发生纠纷的,证券公司应当证明其行为符合相关规定,不存在误导、欺诈等情形。证券公司不能证明的,应当承担相应的赔偿责任。

(3) 强制调解。投资者与发行人、证券公司等发生纠纷的,双方可以向投资者保护机构申请调解。普通投资者与证券公司发生证券业务纠纷,普通投资者提出调解请求的,证券公司不得拒绝。

(三) 上市公司股东权利代为行使征集制度

(1) 上市公司董事会、独立董事、持有1%以上有表决权股份的股东或者依法设立的投资者保护机构,可以作为征集人,自行或者委托证券公司、证券服务机构,公开请求上市公司股东委托其代为出席股东大会,并代为行使提案权、表决权等股东权利。

(2) 禁止以有偿或者变相有偿的方式公开征集股东权利。

(四) 现金分红制度

(1) 上市公司应当在章程中明确分配现金股利的具体安排和决策程序,依法保障股东的资产收益权。

(2) 上市公司当年税后利润,在弥补亏损及提取法定公积金后有盈余的,应当按照公司章程的规定分配现金股利。

(五) 公司债券持有人会议和债券受托管理人制度

(1) 公开发行公司债券的,应当设立债券持有人会议,并应当在募集说明书中说明债券持有人会议的召集程序、会议规则和其他重要事项。

(2) 受托管理人。

①公开发行公司债券的,发行人应当为债券持有人聘请债券受托管理人,并订立债券受托管理协议。

②受托管理人应当由本次发行的承销机构或者其他经中国证监会认可的机构担任,债券持有人会议可以决议变更债券受托管理人。

③债券受托管理人应当勤勉尽责,公正履行受托管理职责,不得损害债券持有人利益。

④债券发行人未能按期兑付债券本息的,债券受托管理人可以接受全部或者部分债券持有人的委托,以自己名义代表债券持有人提起、参加民事诉讼或者清算程序。

(六) 先行赔付制度

发行人因欺诈发行、虚假陈述或者其他重大违法行为给投资者造成损失的,发行人的控股股东、实际控制人、相关的证券公司可以委托投资者保护机构,就赔偿事宜与受到损

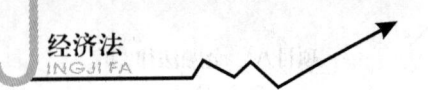

失的投资者达成协议，予以先行赔付。先行赔付后，可以依法向发行人以及其他连带责任人追偿。

（七）投资者保护机构代表诉讼

发行人的董事、监事、高级管理人员执行公司职务时违反规定给公司造成损失，发行人的控股股东，实际控制人等侵犯公司合法权益给公司造成损失，投资者保护机构持有该公司股份的，可以为公司的利益以自己的名义向人民法院提起诉讼，持股比例和持股期限不受"股东代表诉讼"相关规定（1%、180日）的限制。

（八）代表人诉讼制度

（1）投资者提起虚假陈述等证券民事赔偿诉讼时，诉讼标的是同一种类，且当事人一方人数众多的，可以依法推选代表人进行诉讼。

（2）对按照前述规定提起的诉讼，可能存在有相同诉讼请求的其他众多投资者的，人民法院可以发出公告，说明该诉讼请求的案件情况，通知投资者在一定期间向人民法院登记。人民法院作出的判决、裁定，对参加登记的投资者发生效力。

（3）投资者保护机构受50名以上投资者委托，可以作为代表人参加诉讼，并为经证券登记结算机构确认的权利人依照规定向人民法院登记，但投资者明确表示不愿意参加该诉讼的除外。

七、上市公司收购

（一）上市公司收购概述

1. 什么是上市公司收购

上市公司收购，是指收购人通过在证券交易所的股份转让活动，持有一个上市公司的已发行的表决权股份达到一定比例或通过证券交易所股份转让活动以外的其他合法方式控制一个上市公司的表决权股份达到一定程度，导致其获得或者可能获得对该公司实际控制权的行为。

2. 实际控制权

（1）投资者为上市公司持股50%以上的控股股东。

（2）投资者可以实际支配上市公司股份表决权超过30%。

（3）投资者通过实际支配上市公司股份表决权能够决定公司董事会半数以上成员的选任。

（4）投资者依其可实际支配的上市公司股份表决权足以对公司股东大会的决议产生重大影响。

（5）中国证监会认定的其他情形。

3. 收购途径

收购的主要途径有要约收购和协议收购。其他合法收购方式有认购股份收购、集中竞价收购、国有股权行政划转或变更、执行法院裁定、继承、赠与等方式。

（1）要约收购是指收购人在证券交易所内、集中竞价系统之外，直接向股东发出要约购买其手中持有股票的一种收购方式。

（2）协议收购是指收购人在证券交易所之外，通过与被收购公司的股东协商一致达成协议，受让其持有的上市公司的股份而进行的收购。

（3）认购股份收购是指收购人经上市公司非关联股东批准，通过认购上市公司发行的新股使其在公司拥有表决权的股份能够达到控制权的获得与巩固。

（4）集中竞价收购是指收购人在场内交易市场上，通过证券交易所集中竞价交易的方式对目标上市公司进行的收购。

4. 有下列情形之一的，不得收购上市公司

（1）收购人负有数额较大债务，到期未清偿，且处于持续状态。

（2）收购人最近3年有重大违法行为或者涉嫌有重大违法行为。

（3）收购人最近3年有严重的证券市场失信行为。

（4）收购人为自然人的，存在不得担任公司董事、监事、高级管理人员的情形。

（5）法律、行政法规规定以及中国证监会认定的不得收购上市公司的其他情形。

（二）一致行动人

上市公司收购人包括投资者及与其一致行动的他人。

所谓一致行动，是指投资者通过协议、其他安排，与其他投资者共同扩大其所能够支配的一个上市公司股份表决权数量的行为或者事实。在上市公司的收购及相关股份权益变动活动中有一致行动情形的投资者，互为一致行动人。如无相反证据，投资者有下列情形之一的，为一致行动人：

（1）投资者之间有股权控制关系。

（2）投资者受同一主体控制。

（3）投资者的董事、监事或者高级管理人员中的主要成员，同时在另一个投资者处担任董事、监事或者高级管理人员。

（4）投资者参股另一投资者，可以对参股公司的重大决策产生重大影响。

（5）银行以外的其他法人、其他组织和自然人为投资者取得相关股份提供融资安排。

（6）投资者之间存在合伙、合作、联营等其他经济利益关系。

（7）持有投资者30%以上股份的自然人，与投资者持有同一上市公司股份。

（8）在投资者任职的董事、监事及高级管理人员，与投资者持有同一上市公司股份。

（9）持有投资者30%以上股份的自然人和在投资者任职的董事、监事及高级管理人员，其父母、配偶、子女及其配偶、配偶的父母、兄弟姐妹及其配偶、配偶的兄弟姐妹及其配偶等亲属，与投资者持有同一上市公司股份。

（10）在上市公司任职的董事、监事、高级管理人员及其前项所述亲属，同时持有本

公司股份的，或者与其自己或者其前项所述亲属直接或者间接控制的企业同时持有本公司股份。

（11）上市公司董事、监事、高级管理人员和员工与其所控制或者委托的法人或者其他组织持有本公司股份。

（三）上市公司收购的权益披露制度（见表8-2）

表8-2　上市公司收购的权益披露制度

持股比例		权益披露要求	交易限制要求	违规交易的惩罚
通过证券交易所的证券交易，投资者持有或者通过协议、其他安排与他人共同持有一个上市公司已发行的有表决权股份达到5%时		在该事实发生之日起3日内，向中国证监会、证券交易所作出书面报告，通知该上市公司，并予公告	在报告、通知、公告期限内不得再行买卖该上市公司的股票，但中国证监会规定的情形除外	违规买入上市公司有表决权的股份的，在买入后的36个月内，对该超过规定比例部分的股份不得行使表决权
投资者持有或者通过协议、其他安排与他人共同持有一个上市公司已发行的有表决权股份达到5%后	其所持该上市公司已发行的有表决权股份比例每增加或者减少5%		在该事实发生之日起至公告后3日内，不得再行买卖该上市公司的股票，但中国证监会规定的情形除外	
	其所持该上市公司已发行的有表决权股份比例每增加或者减少1%	在该事实发生的次日通知该上市公司，并予公告	—	—

（四）要约收购

1. 强制要约收购

（1）收购人可以自愿发出要约收购，但触及强制要约收购义务时，应当发出收购要约，除非获得豁免。

（2）强制要约收购的触发。

①通过证券交易所的证券交易，投资者持有或者通过协议、其他安排与他人共同持有一个上市公司已发行的有表决权股份达到30%时，继续增持股份的，应当依法向该上市公司所有股东发出收购上市公司全部或者部分股份的要约。但按照规定免除发出要约的除外。

②采取协议收购方式的，收购人收购或者通过协议、其他安排与他人共同收购一个上市公司已发行的有表决权股份达到30%时，继续进行收购的，应当依法向该上市公司所有股东发出收购上市公司全部或者部分股份的要约。但按照规定免除发出要约的除外。

2. 收购人的义务

（1）公告义务。

①实施要约收购的收购人应当编制要约收购报告书，聘请财务顾问，通知被收购公

司，同时对要约收购报告书摘要作出提示性公告。

②要约收购完成后，收购人应当在15日内将收购情况报告中国证监会和证券交易所，并予以公告。

（2）禁售义务。

收购人在要约收购期内，不得卖出被收购公司的股票，也不得采取要约规定以外的形式和超出要约的条件买入被收购公司的股票。

（3）锁定义务。

收购人持有的被收购的上市公司的股票，在收购行为完成后的18个月内不得转让。

（4）平等对待所有股东。

收购人应当公平对待被收购公司的所有股东，持有同一种类股份的股东应当得到同等对待。

3. 上市公司收购的支付方式

（1）收购人可以采用现金、依法可以转让的证券、现金与证券相结合等合法方式支付收购上市公司的价款。

（2）收购人为终止上市公司的上市地位而发出全面要约的，或者向中国证监会提出申请但未取得豁免而发出全面要约的，应当以现金支付收购价款；以依法可以转让的证券支付收购价款的，应当同时提供现金方式供被收购公司股东选择。

4. 收购期限

收购要约约定的收购期限不得少于30日，并不得超过60日，但出现竞争要约的除外。

5. 在收购要约确定的承诺期限内，收购人不得撤销其收购要约。

6. 变更

（1）收购人需要变更收购要约的，必须及时公告，载明具体变更事项，并通知被收购公司，且不得存在下列情形：

①降低收购价格。

②减少预定收购股份数额。

③缩短收购期限。

④中国证监会规定的其他情形。

（2）收购要约期限届满前15日内，收购人不得变更收购要约，但是出现竞争要约的除外。

7. 在要约收购期间，被收购公司董事不得辞职。

8. 收购完成后续事项

（1）收购期限届满，被收购公司股权分布不符合证券交易所规定的上市交易要求的，该上市公司的股票应当由证券交易所依法终止上市交易。其余仍持有被收购公司股票的股东，有权向收购人以收购要约的同等条件出售其股票，收购人应当收购。

（2）收购行为完成后，被收购公司不再具备股份有限公司条件的，应当依法变更企业形式。

（3）收购行为完成后，收购人与被收购公司合并，并将该公司解散的，被解散公司的原有股票由收购人依法更换。

模块三　保险法

一、保险法概述

（一）保险法

保险法是调整保险关系的法律规范体系的总称。《中华人民共和国保险法》（以下简称《保险法》）于1995年6月30日颁布施行，2002年进行首次修改。2009年2月28日由中华人民共和国第十一届全国人民代表大会常务委员会第七次会议进行第二次修订通过，自2009年10月1日起施行。

（二）保险法基本原则

1. 最大诚信原则

保险合同的各方当事人在签订保险合同时都必须最大限度地按照诚实的精神，将各自知道的有关事实告知对方；在保险合同生效后，认真行使各自的权利和履行各自的义务，否则对方当事人有权依法解除保险合同。

2. 保险利益原则

保险利益是指投保人或被保险人对保险标的具有法律上承认的经济上的利害关系。只有存在保险利益，保险人提供的保险保障才能产生积极作用，否则会使投保人获取非法利益，故保险利益又被称为可保利益。

3. 损失补偿原则

损失补偿原则是指保险人对保险标的因保险事故造成的损失在保险金额范围内进行保险责任以补偿被保险人遭受的实际损失，它是保险制度的保险保障职能的法律表现。

4. 近因原则

近因原则是指保险人对承保范围的保险事故作为直接的、最接近的原因所引起的损失，承担保险责任，而对承保范围以外的原因造成的损失，不负赔偿责任。

二、保险法律关系

保险法律关系是指由保险法律规范确认和调整的，以保险权利和保险义务为内容的社会关系。保险法律关系由保险法律关系的主体、内容、客体三要素构成。

（一）保险法律关系的主体

保险法律关系的主体包括保险人一方当事人和由投保人、被保险人及人身保险法律关系中的受益人构成的另一方当事人。

1. 保险人

保险人是指依法经营商业保险业务，与投保人建立保险法律关系，并承担赔偿或者给付保险金责任的人，即与投保人订立保险合同，并按照合同约定承担赔偿或者给付保险金责任的保险公司。

2. 投保人

投保人又称要保人，是指与保险人订立保险合同，并按照合同约定负有支付保险费义务的人。投保人可以是公民个人、法人组织或其他组织。

投保人必须具备的资格条件包括：具备相应的民事行为能力；投保人应当与保险标的之间具有保险利益。

3. 被保险人

被保险人是指其财产或者人身受保险合同保障，享有保险金请求权的人。被保险人是保险事故后果的承担者，也就是保险人提供的保险保障的直接承受者。根据投保的不同情况，投保人可以同时就是被保险人、也可以是投保人与被保险人分别为不同的民事主体。

被保险人资格的取得，必须符合法律或者保险合同要求的条件：被保险人应当对保险标的具有保险利益；被保险人应当符合具体险种险别规定的承保范围；被保险人资格的取得不得违反《保险法》或保险合同条款的禁止性规定。

4. 受益人

受益人是人身保险合同中由被保险人或者投保人指定的享有保险金请求权的人。受益人经被保险人指定而产生。在保险合同有效期限内，被保险人或者投保人可以变更受益人，其中投保人变更受益人时须经被保险人同意。

（二）保险法律关系的内容

保险法律关系的各方当事人享有的权利和承担的义务的总和，是保险法律关系的内容。

1. 保险人的义务

（1）保险人的保险责任保险责任是保险人在法律关系中承担的基本义务，其性质是保险合同中的债务，其内容就是在保险事故发生并导致保险标的受到损害或者保险合同约定的期限届满时，保险人向被保险人或者受益人支付保险赔偿金或者人身保险金。

（2）保险人承担施救费用的义务。被保险人在保险事故发生时，有责任尽力采取必要的措施对保险标的进行抢救，而不得听任损害后果的发生或者扩大。但是，被保险人在履行施救义务的过程中，会发生相应的费用支出，这部分费用依法由保险人承担。

2. 投保人、被保险人的权利义务

(1) 投保人、被保险人的义务：①支付保险费的义务；②维护保险标的安全的义务；③通知义务；④施救义务。

(2) 投保人、被保险人的权利：①指定受益人的权利；②保险金请求权。

3. 受益人的权利

要求保险人按保险合同约定给付人身保险金。受益人行使此项权利的条件和程序除了要求受益人的身份符合法律规定以外，与被保险人行使该权利一样。

（三）保险法律关系的客体

保险法律关系客体是指，保险合同的各方当事人的权利义务所共同指向的对象。保险合同的客体应当是保险利益。

所谓保险利益，是指投保人或被保险人与保险标的之间存在的法律上认可的经济利害关系。这种经济利害关系体现着投保人或被保险人因保险标的的存在而享有的经济利益。

保险合同客体的保险利益必须具备以下条件：保险利益必须是合法利益；是确定的且能够实现的经济利益；必须具有经济价值，可以用货币加以衡量和计算；必须合于法定的时间标准。

三、保险合同

根据《保险法》的规定，保险合同是投保人与保险人约定保险权利义务的协议。保险合同的基本内容是：投保人一方缴付保险费，而保险人一方在保险事故发生并造成保险标的的损失或者约定的保险期限届满时，承担保险赔偿或者给付保险金的责任。

（一）保险合同的形式

当事人缔结保险合同时既可以采用书面形式，也可以采用口头形式或其他形式。

实践中，书面保险合同主要体现为投保单、保险单、暂保单、保险凭证、保险协议、批单，以及保险人要求提供的其他书面材料等。

（二）保险合同的条款

1. 法定保险条款

所谓法定保险条款，是指根据有关保险法律要求，保险合同应当具备的合同条款。《保险法》规定，保险合同应当包括下列事项：

(1) 保险人名称和住所。

(2) 投保人、被保险人，以及人身保险合同中的受益人的姓名或者名称、住所。

(3) 保险标的。

保险标的是指保险合同所指向的保险对象，也指保险合同的客体——保险利益的载体。依据《保险法》的规定，保险标的表现为财产及其有关利益或者被保险人的寿命和身体。

（4）保险责任和责任免除。

保险责任和责任免除是保险合同格式条款的核心内容。

保险责任条款是指保险人按照约定应当承担的保险赔偿金或人身保险金给付责任的条款。它是保险人在保险合同中承担的基本义务，也是保险职能的表现。主要分为基本责任、附加责任和特约责任。

责任免除条款又称为除外责任，即保险人不承担保险责任的范围。在责任免除范围内发生的危险事故造成的损害，保险人不承担保险责任。

（5）保险期间。

保险期间是保险人为被保险人提供保险保障的期间，在该期间内发生保险事故并致保险标的损害的，保险人承担保险责任。

（6）保险金额。

保险金额是指投保人向保险人实际投保的货币数额，也就是保险人承担保险责任的最高限额。它既是投保人或者被保险人享有的保险利益的货币表现，也是保险人计收保险费的重要依据。

（7）保险费以及支付办法。

保险费是指投保人为了获取保险保障而依约定向保险人缴付的货币数额。保险费的支付办法可由当事人协商决定。保险费可以按年、季或月分期支付，也可以在订立保险合同时一次交清。

（8）保险金赔偿或者给付方法。

保险人在保险事故发生导致保险标的损害或在保险合同期限届满时，依约定方法和标准向被保险人或受益人支付保险赔偿或保险金，双方应在保险合同中明确规定赔偿或给付方法。

2. 保险合同的特约条款

除了上述法定条款以外，投保人和保险人还可以根据实际情况，就有关的其他事项做出约定，如免赔额条款、退保条款、保证条款、无赔款优惠条款、危险增加条款、通知条款、索赔期限条款等。特约条款是对保险合同基本条款的补充或者更改。

（三）保险合同的订立

订立保险合同的过程，也要经过我国《合同法》统一规定的要约和承诺两个必要步骤，保险法称其为投保和承保。

1. 投保

投保（要约）是指投保人提出保险要求，填写投保单的行为。投保人订立保险合同的有效条件包括：①投保人具有订约能力；②投保人的投保意愿应当真实；③投保的内容应当合法；④投保人与投保的保险标的之间具有的保险利益应当合于保险立法的要求。

2. 承保（承诺）

承保（承诺）就是指保险人审核投保人填写的投保单，认为符合投保要求的，向投保人表示接受投保的意思表示。当双方就保险合同条款，尤其是投保人的特别要求达成协议，构成承诺，保险合同即告成立。

3. 保险合同成立的时间

保险合同为诺成性合同。《保险法》规定："依法成立的保险合同，自成立时生效。"即保险合同的成立是以投保人与保险人就保险合同条款进行协商，达成协议（一方当事人予以承诺）为标志，而不应把保险人出具保险单作为保险合同成立的条件。

（四）保险合同的效力

1. 保险合同生效

（1）保险合同生效的含义。

保险合同的生效是指保险合同对各方当事人具有的法律约束力。这意味着各方当事人应当按照保险合同的约定行使各项权利和履行各项义务，以便实现订立保险合同的目的。

（2）保险合同法定生效条件：①当事人应当具有法定的缔约资格；②双方当事人的意思表示真实一致；③订立保险合同不得违反法律和社会公共利益；④订立保险合同所采取的形式应当符合法律的强制性规定和保险业规则。

2. 保险合同的无效

保险合同的无效是指已经成立的保险合同因欠缺法定或者保险合同约定的有效条件且不能补救，自始不产生法律效力而由国家予以取缔的情况。

3. 保险合同效力的变更

保险合同效力的变更是指保险合同在保险期限内因合同主体或者合同内容发生变化而依法对其部分条款进行修改或补充的法律情况。保险合同效力的变更包括合同主体变更和合同内容变更。

4. 保险合同效力的解除

保险合同效力的解除是指保险合同的当事人在保险合同有效期间内依法行使合同解除权而提前消灭保险合同效力的法律行为。保险合同解除的条件有：

（1）必须是在法律或当事人约定的范围内。《保险法》规定："除本法另有规定或者保险合同另有约定外，保险合同成立后，投保人可以解除合同，保险人不得解除合同。"

（2）保险合同当事人必须依法行使解除权。《保险法》规定，自合同成立之日起逾两年的，保险人不得以投保人申报被保险人年龄不真实等未履行如实告知义务为由解除保险合同；因投保人未按期缴纳保险费致使保险合同效力中止的，保险人必须在自合同效力中止之日起两年内双方未达成协议后才能行使合同解除权。

（3）解除保险合同应当存在着法定或合同约定的事由。法律允许当事人在合同中约定解除合同的事由。投保人在法律另有规定或保险合同另有约定情况下不得解除外，可以依其意志和实际需要解除保险合同。

（4）行使保险合同解除权，应当遵守法定的时效期限。自保险合同成立之日起逾两年的，保险人的合同解除权消灭。

5. 保险合同效力的中止（失效）和恢复（复效）

保险合同效力的中止，是指保险合同在其生效后因法定或合同约定的事由而暂时失去法律效力的情况，又称为保险合同的失效。保险合同失效期间发生保险事故的，保险人不承担保险责任。

保险合同效力的恢复，则表现为在保险合同中止后，基于法定或合同约定的事由又恢复其效力的情况，又称为保险合同的复效。恢复效力的保险合同，意味着保险人将继续承担保险责任。

保险合同效力的中止和恢复多适用于人身保险合同，尤其是人寿保险合同。

（五）保险合同的履行

履行保险合同的核心内容是享有保险金请求权的被保险人或者受益人行使该请求权的行为和保险人依约履行保险责任，向被保险人或者受益人支付保险赔偿金或人身保险金的行为。在保险实务中，前者称为索赔，后者称为理赔。

1. 当事人在索赔和理赔过程中的权利义务

（1）被保险人（受益人）的义务。

被保险人（或受益人）的主要权利就是索赔权。保险人对其保险责任项下的款项应当迅速赔付，不得以其权利（如代位求偿权或分摊权等）尚未实现为由暂缓赔付。为了获取保险赔偿，被保险人（受益人）应当承担以下各项义务：

①提供索赔单证的义务：按照法律和合同的规定，向保险人提交有关的索赔单证，以此证明保险事故发生的事实和损失数额。

②依法转移有关权益的义务：被保险人获取保险赔偿金的条件之一就是被保险人有义务将其享有的对第三人的民事赔偿请求权或者保险标的的所有权转移给保险人。

③遵守索赔时效的义务：人寿保险以外的其他保险的被保险人或者受益人，向保险人请求赔偿或者给付保险金的诉讼时效期间为 2 年，人寿保险的被保险人或者受益人向保险人请求给付保险金的诉讼时效期间为 5 年，自其知道或者应当知道保险事故发生之日起计算。

（2）保险人的权利。

保险人在索赔和理赔过程中的主要义务，是根据被保险人或受益人的索赔请求及时正确地进行理赔，依据法律和保险合同的规定，向被保险人或受益人予以赔付。保险人的主要权利包括：

①调查权：保险人通过调查审核损失，确定责任。

②代位求偿权：如果第三人对保险标的的损失依法负有赔偿责任，保险人在向被保

人进行赔付时,有权要求被保险人将其享有的向第三人的赔偿请求权转移给自己。然后,该保险人可以代被保险人向第三人追索赔偿。

③分摊权:在重复保险的情况下,被保险人只向其中一个保险人提出索赔请求时,该保险人有权向其他保险人要求按一定的分摊方法承担各自的赔偿责任。

2. 索赔

(1) 通知出险和提出索赔要求。

在保险事故发生后,被保险人或受益人应当将保险事故发生的时间、地点、原因以及造成的损失情况,以最快的方式通知保险人。同时,被保险人或受益人也应当把保险单证号码、保险标的、保险的险种险别、保险期限等事项一并通知保险人。

(2) 合理施救,保护事故现场。

(3) 接受保险人的检验。

被保险人应根据保险人的要求,提出检验申请,接受保险人或其委托的其他人员(如保险代理人、检验机关)的检验,并为其进行检验提供方便条件,用以保证保险人及时、准确地查明事故原因,确认损害程度和损失数额等。

(4) 提供索赔单证。

被保险人或受益人所提供的索赔单证要客观、真实、齐全,被保险人或受益人向保险人提供索赔单证的时间,应当是在保险事故发生之后至保险人进行保险赔付之前。

(5) 向保险人开具权益转让书。

对涉及第三人赔偿责任的时候,被保险人应当向保险人开具转移其第三人索赔权或者推定全损的保险标的的权利给保险人。

(6) 领取保险赔款或者人身保险金。

被保险人或受益人接受保险人的赔付,领取保险赔款或人身保险金。

3. 理赔

(1) 财产保险合同的理赔。

①理赔立案。保险人接到被保险人提交的出险通知书后,应当立即查明保险单底单,按照现有材料建立赔案,登记在赔案登记簿内。同时向被保险人或受益人索取必要的索赔单证作为理赔根据,并且针对事故情况指示被保险人或受益人采取必要的施救措施。

②赔案审核。保险人收到被保险人或者受益人的赔偿或者给付保险金的请求后,应当及时作出核定;情形复杂的,应当在 30 日内作出核定,合同另有约定的除外。

③损失调查。保险人可以直接派人或委托其代理人到出险现场进行查勘检验工作。为了公平地调查损失情况,保险人往往会聘请独立的检验人或保险公估人员负责查勘工作。

④责任审核。保险人经过前一阶段的理赔工作之后,依据被保险人提供的索赔单证和调查收取的证据材料,最终确认是否承担保险责任以及承担多大的赔付责任。

⑤赔付计算和支付。保险人在保险责任确定后,应当根据责任审核和核实的损失清

单，计算所需支付的赔偿金的数额，并编制"赔款计算书"。

⑥先予给付。先予给付也称"预付赔款"，是指保险人经过审查核定，属于保险责任范围内应予赔偿或给付保险金的，在最终确定赔付金额之前，具备一定法律条件时预先向被保险人或受益人给付的可以确定的货币数额。

⑦权益转让和追偿。在财产保险中，如果赔案涉及第三人所负赔偿责任，被保险人在接受保险人的保险赔偿时，应当向保险人出具一份追索权益转让书，将其依法享有的向第三者追究法律责任的权利转让给保险人。

⑧损余处理。损余指在保险标的遭受保险事故后尚存的具有经济价值的部分或可以继续使用的受损财产。保险损余的归宿，应当按照保险合同的约定来处理。

⑨赔案归档。已经赔付或作拒赔处理结案的赔案卷宗，应当归档保存。

（2）人身保险合同的理赔。

人身保险合同基于诸多特殊性质，其理赔内容区别于财产保险合同，不是进行经济赔偿，而是给付人身保险金。人身保险合同的理赔分为申请和给付两大部分。

①人身保险金的给付申请。

这是指人身保险合同的被保险人或受益人依法行使保险金请求权，要求保险人依保险合同约定给付保险金的行为。《保险法》规定：被保险人、受益人等在保险事故发生后，应当在法律或人身保险合同规定的时间内提出申请，以免因超过时间限制而使人身保险金请求权归于消灭。

②人身保险金的给付。

人身保险金的给付就是保险人根据被保险人或受益人的申请，确定应当承担人身保险金给付责任，并予以给付的行为。

（3）保险赔付。

支付保险赔偿金或人身保险金是保险人履行保险责任的直接表现，也是被保险人或受益人依法享有的保险权益的法律后果。

在财产保险中，保险赔偿的给付可以根据具体情况一次全数额给付，也可以先行赔付一部分，待赔款案件结束时，保险人在核定了赔款数额后，将不足部分予以赔付。

对于人身保险合同来说，只要被保险人或受益人提交了索赔单证，保险人予以核实后即可给付人身保险金或赔偿（如医疗保险的保险赔偿）。

模块四　票据法

一、票据法与票据概述

（一）票据法概述

广义的票据法是指调整票据关系的各种法律规范，即各种法律中有关票据规定的法律规范的总称，包括专门的票据法律以及其他法律中有关票据的规定。狭义的票据法是指以部门法形式存在的专门的票据法，即，1995年5月10日第八届全国人大常委会第十三次会议通过，自1996年3月1日起施行，根据2004年8月28日第十届全国人民代表大会常务委员会第十一次会议修正的《中华人民共和国票据法》（以下简称《票据法》）。

（二）票据的含义和种类

票据的概念有广义和狭义之分。广义上的票据包括各种有价证券和凭证，如股票、企业债券、发票、提单等；狭义上的票据，即我国《票据法》中规定的"票据"，包括汇票、本票和支票（见图8-1），是指由出票人签发的、约定自己或者委托付款人在见票时或指定的日期向收款人或持票人无条件支付一定金额的有价证券。

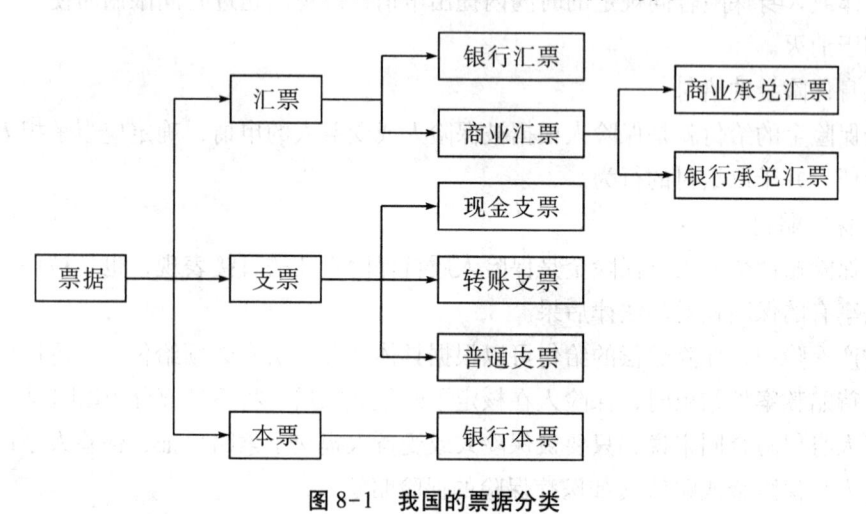

图8-1　我国的票据分类

（三）票据当事人

票据当事人是指在票据法律关系中，享有票据权利、承担票据义务的主体。票据当事人分为基本当事人和非基本当事人。票据基本当事人是指在票据作成和交付时就已经存在的当事人，包括出票人、付款人和收款人。汇票和支票的基本当事人有出票人、收款人与付款人。本票的基本当事人有出票人与收款人。

1. 基本当事人

（1）出票人，是以法定方式签发票据并将票据交付给收款人的人。银行汇票的出票人为银行；商业汇票的出票人为本行以外的企业和其他组织；银行本票的出票人为出票银行；支票的出票人为在银行开立支票存款账户的企业、其他组织和个人。

（2）付款人，是指由出票人委托付款或自行承担付款责任的人。商业承兑汇票的付款人是合同中应给付款项的一方当事人，也是该汇票的承兑人；银行承兑汇票的付款人是承兑银行；支票的付款人是出票人的开户银行。

（3）收款人，是指票据正面记载的到期后有权收取票据所载金额的人。

2. 非基本当事人

非基本当事人是指在票据作成并交付后，通过一定的票据行为加入票据关系而享有一定权利、承担一定义务的当事人，包括承兑人、背书人、被背书人、保证人等。

（1）承兑人，是指接受汇票出票人的付款委托，同意承担支付票款义务的人，是汇票主债务人。

（2）背书人与被背书人。背书人是指在转让票据时，在票据背面或粘单上签字或盖章，并将该票据交付给受让人的票据收款人或持有人。被背书人是指被记名受让票据或接受票据转让的人。背书后，被背书人成为票据新的持有人，享有票据的所有权利。

（3）保证人，是指为票据债务提供担保的人，由票据债务人以外的第三人担当。保证人在被保证人不能履行票据责任时，以自己的资金履行票据责任，然后取得持票人的权利，向票据债务人追索。

（四）票据的特征和功能

1. 票据的特征

（1）票据是"完全有价证券"，即票据权利完全证券化，票据权利与票据本身融为一体、不可分离，也就是说，票据权利的产生、行使、转让和消灭都离不开票据。

（2）票据是"文义证券"，即票据上的一切票据权利义务必须严格依照票据记载的文义而定，文义之外的任何理由、事项均不得作为根据，即使文义记载有错，也不得用票据之外的其他证明方法变更或补充。

（3）票据是"无因证券"，即票据如果符合《票据法》规定的条件，票据权利就成立，持票人不必证明取得票据的原因，仅以票据文义请求履行票据权利。

（4）票据是"金钱债权证券"，即票据上体现的权利性质是财产权而不是其他权利，财产权的内容是请求支付一定的金钱而不是物品。

（5）票据是"要式证券"，即票据的制作、形式、文义都有规定的格式和要求，必须符合《票据法》的规定。

（6）票据是"流通证券"，即票据可以流通转让，只有流通转让，票据的功能才能充分发挥，衔接企业的产供销活动，畅通经济金融运行，因此，票据贵在流通。与一般财产权相比，票据权利的转让灵活简便，无须通知债务人，通过背书行为直接转让。

2. 票据的功能

（1）支付功能，即票据可以充当支付工具，代替现金使用。

（2）汇兑功能，即票据可以代替货币在不同地方之间运送，方便异地之间的支付。

（3）信用功能，即票据当事人可以凭借自己的信誉，将未来才能获得的金钱作为现在的金钱来使用。

（4）结算功能，即债务抵销功能。简单的结算是互有债务的双方当事人各签发一张本票，待两张本票都到到期日可以相互抵销债务。若有差额，由一方以现金支付。

（5）融资功能，即融通资金或调度资金。票据的融资功能是通过票据的贴现、转贴现和再贴现实现的。

二、票据权利与责任

（一）票据权利的概念和分类

票据权利是指票据持票人向票据债务人请求支付票据金额的权利，包括付款请求权和票据追索权。

付款请求权是指持票人向汇票的承兑人、本票的出票人、支票的付款人出示票据要求付款的权利，是第一顺序权利。行使付款请求权的持票人可以是票据记载的收款人或最后的被背书人；担负付款义务的主要是债务人。

票据追索权是指票据当事人行使付款请求权遭到拒绝或有其他法定原因存在时，向其前手请求偿还票据金额及其他法定费用的权利，是第二顺序权利。行使追索权的当事人除票面记载的收款人和最后被背书人外，还可能是代为清偿票据债务的保证人、背书人。

持票人可以不按照票据债务人的先后顺序，对其中任何一人、数人或者全体行使追索权。持票人对票据债务人中的一人或者数人已经进行追索的，对其他票据债务人仍可以行使追索权。被追索人清偿债务后，与持票人享有同一权利。

（二）票据权利的取得

1. 基本规定

签发、取得和转让票据，应当遵守诚实信用的原则，具有真实的交易关系和债权债务关系。票据的取得，必须给付对价，即应当给付票据双方当事人认可的相对应的代价。但也有例外的情形，即如果是因为税收、继承、赠与可以依法无偿取得票据的，则不受给付对价的限制，但是所享有的票据权利不得优于其前手的权利。

2. 取得票据享有票据权利的情形

（1）依法接受出票人签发的票据；

（2）依法接受背书转让的票据；

（3）因税收、继承、赠与可以依法无偿取得票据。

3. 取得票据不享有票据权利的情形：

（1）以欺诈、偷盗或者胁迫等手段取得票据的，或者明知有上述情形，出于恶意取得票据的；

（2）持票人因重大过失取得不符合《票据法》规定的票据的。

（三）票据权利的行使

票据权利的行使是指持票人请求票据的付款人支付票据金额的行为。行使付款请求权以获得票款，行使追索权以请求清偿法定的金额和费用等。但是，《票据法》规定：汇票未按照规定期限提示承兑的，持票人丧失对其前手的追索权；本票的持票人未按照规定期限提示见票的，丧失对出票人以外的前手的追索权；持票人不能出示拒绝证明、退票理由书或者未按照规定期限提供其他合法证明的，丧失对其前手的追索权。

（四）票据权利丧失补救

票据丧失是指票据因灭失（如不慎被烧毁）、遗失（如不慎丢失）、被盗等原因而使票据权利人脱离其对票据的占有。票据一旦丧失，票据的债权人不采取措施补救就不能阻止债务人向拾获者履行义务，从而造成正当票据权利人经济上的损失。票据丧失的补救主要有以下三种形式。

1. 挂失止付

挂失止付是指失票人将丧失票据的情况通知付款人或代理付款人，由接受通知的付款人或代理付款人审查后暂停支付的一种方式。只有确定付款人或代理付款人的票据丧失时才可进行挂失止付，具体包括已承兑的商业汇票、支票、填明"现金"字样和代理付款人的银行汇票以及填明"现金"字样的银行本票四种。挂失止付并不是票据丧失后采取的必要措施，而只是一种暂时的预防措施，最终要通过申请公示催告或提起普通诉讼来补救票据权利。

2. 公示催告

公示催告是指在票据丧失后由失票人向人民法院提出申请，请求人民法院以公告方式通知不确定的利害关系人限期申报权利，逾期未申报者，则权利失效，而由法院通过除权判决宣告所丧失的票据无效的制度或程序。根据《票据法》的规定，失票人应当在通知挂失止付后的3日内，也可以在票据丧失后，依法向票据支付地人民法院申请公示催告。人民法院应当根据申请人的申请，经过法定程序后作出除权判决，宣告票据无效。

3. 普通诉讼

普通诉讼是指以丧失票据的人为原告，以承兑人或出票人为被告，请求人民法院判决其向失票人付款的诉讼活动。如果与票据上的权利有利害关系的人是明确的，无须公示催告，可按一般的票据纠纷向人民法院提起诉讼。

（五）票据权利时效

票据权利时效是指票据权利在时效期间内不行使，即引起票据权利丧失（见表8-3）。

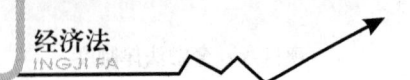

《票据法》根据不同情况,将票据权利时效划分为 2 年、6 个月、3 个月。《票据法》规定,票据权利在下列期限内不行使而消灭:

(1) 持票人对票据的出票人和承兑人的权利自票据到期日起 2 年内有效。见票即付的汇票、本票自出票日起 2 年内有效。

(2) 持票人对支票出票人的权利,自出票日起 6 个月内有效。之所以规定支票的权利时效短于其他票据,是因为支票主要是一种短期支付工具,其权利的行使以迅速为宜,规定较短的时效,可以督促权利人及时行使票据权利。

(3) 持票人对前手的追索权,自被拒绝承兑或者被拒绝付款之日起 6 个月内有效。

(4) 持票人对前手的再追索权,自清偿日或者被提起诉讼之日起 3 个月内有效。

表 8-3　持票人票据权利时效对照

票种种类	对出票人的权利	对承兑人的权利	对前手的追索权	对前手的再追索权
支票	自出票日起 6 个月	—	被拒绝付款日起 6 个月	自清偿日或被提起诉讼之日起 3 个月
银行汇票	自出票日起 2 年	—	被拒绝付款日起 6 个月	
银行本票	自出票日起 2 年	—	被拒绝付款日起 6 个月	
商业汇票	自票据到期日起 2 年	自票据到期日起 2 年	被拒绝承兑或被拒绝付款日起 6 个月	

(六) 票据责任

票据责任是指票据债务人向持票人支付票据金额的义务。实务中,票据债务人承担票据义务一般有四种情况:一是汇票承兑人因承兑而应承担付款义务;二是本票出票人因出票而承担自己付款的义务;三是支票付款人在与出票人有资金关系时承担付款义务;四是汇票、本票、支票的背书人,汇票、支票的出票人、保证人,在票据不获承兑或不获付款时的付款清偿义务。

1. 提示付款

持票人应按规定期限提示付款(见表 8-4):持票人未按照规定期限提示付款的,在作出说明后,承兑人或者付款人仍应当继续对持票人承担付款责任。通过委托收款银行或者通过票据交换系统向付款人提示付款的,视同持票人提示付款。本票持票人按照规定提示付款的,丧失对出票人以外的前手的追索权;支票持票人超过提示付款期限提示付款的,付款人可以不急于付款,付款人不予付款的,出票人仍应对持票人承担票据责任。

表 8-4　票据的提示付款期限

票据种类	提示付款期限
支票	自出票日起 10 日
银行汇票	自出票日起 1 个月
银行本票	自出票日起最长不超过 2 个月
商业汇票	自票据到期日起 10 日

2. 付款人付款

持票人依照规定提示付款的,付款人必须在当日足额付款。付款人及其代理付款人付款时,应当审查票据背书的连续,并审查提示付款人合法身份证明或者有效证件。票据金额为外币的,按照付款日的市场汇价,以人民币支付。票据当事人对票据支付的货币种类另有约定的,从其约定。

3. 拒绝付款

如果存在背书不连续等合理事由,票据债务人可以对票据债权人拒绝履行义务,这就是所谓的票据"抗辩"。票据债务人可以对不履行约定义务的与自己有直接债权债务关系的持票人进行抗辩。但不得以自己与出票人或者与持票人的前手之间的抗辩事由,对抗持票人。当然,若持票人明知存在抗辩事由而取得票据的除外。

4. 获得付款

持票人获得付款的,应当在票据上签收,并将票据交给付款人。持票人委托银行收款的,受委托的银行将代收的票据金额转账收入持票人账户,视同签收。电子商业汇票的持票人可委托接入机构即银行代为发出提示付款、逾期提示付款行为申请。

5. 相关银行的责任

持票人委托的收款银行的责任,限于按照票据上记载事项将票据金额转入持票人账户。付款人委托的付款银行的责任,限于按照票据上记载事项从付款人账户支付票据金额。付款人及其代理付款人以恶意或者有重大过失付款的,应当自行承担责任。对定日付款、出票后定期付款或者见票后定期付款的票据,付款人在到期日前付款的,由付款人自行承担所产生的责任。

6. 票据责任解除

付款人依法足额付款后,全体票据债务人的责任解除。

三、票据行为

票据行为是指票据当事人以发生票据债务为目的的、以在票据上签名或盖章为权利义务成立要件的法律行为。票据行为包括出票、背书、承兑和保证。

(一) 出票

1. 出票的概念

出票是指出票人签发票据并将其交付给收款人的票据行为。出票包括两个行为：一是出票人依照《票据法》的规定作成票据，即在原始票据上记载法定事项并签章；二是交付票据，即将作成的票据交付给他人占有。这两者缺一不可。

2. 出票的基本要求

出票人必须与付款人具有真实的委托付款关系，并且具有支付票据金额的可靠资金来源，不得签发无对价的票据用以骗取银行或者其他票据当事人的资金。

3. 票据的记载事项

出票人和其他票据行为当事人在票据上的记载事项必须符合《票据法》等的规定。所谓票据记载事项是指依法在票据上记载的票据相关内容。票据记载事项一般分为必须记载事项、相对记载事项、任意记载事项和记载不产生票据法上效力的事项等。必须记载事项，也称必要记载事项，是指《票据法》明文规定必须记载的事项，如不记载，票据行为即为无效的事项。

相对记载事项是指除了必须记载事项外，《票据法》规定的其他应记载的事项，这些事项如果未记载，由法律另作相应规定予以明确，并不影响票据的效力。例如，《票据法》规定背书由背书人签章并记载背书日期。背书未记载日期的，视为在票据到期日前背书。这里的"背书日期"就属于相对记载事项；未记载背书日期的，《票据法》视同背书日期为"到期日前"。

任意记载事项是指《票据法》不强制当事人必须记载而允许当事人自行选择，不记载时不影响票据效力，记载时则产生票据效力的事项。如出票人在汇票记载"不得转让"字样的，汇票不得转让，其中的"不得转让"事项即为任意记载事项。

记载不产生《票据法》上的效力的事项是指除了必须记载事项、相对记载事项、任意记载事项外，票据上还可以记载其他一些事项，但这些事项不具有票据效力，银行不负审查责任。如《票据法》第二十四条规定："汇票上可以记载本法规定事项以外的其他出票事项，但是该记载事项不具有汇票上的效力。"

4. 出票的效力

票据出票人制作票据，应当按照法定条件在票据上签章，并按照所记载的事项承担票据责任。出票人签发票据后，即承担该票据承兑或付款的责任。出票人在票据得不到承兑或者付款时，应当向持票人清偿《票据法》第七十条、第七十一条规定的金额和费用（具体见后文票据追索的内容）。

(二) 背书

1. 概念和种类

背书是在票据背面或者粘单上记载有关事项并签章的行为。以背书的目的为标准，将背书分为转让背书和非转让背书。转让背书是指以转让票据权利为目的的背书；非转让背书是指以授予他人行使一定的票据权利为目的的背书。非转让背书包括委托收款背书和质押背书。

委托收款背书是背书人委托被背书人行使票据权利的背书。委托收款背书的被背书人有权代背书人行使被委托的票据权利。但是，被背书人不得再以背书转让票据权利。质押背书是以担保债务而在票据上设定质权为目的的背书。被背书人依法实现其质权时，可以行使票据权利。

2. 背书记载事项

背书由背书人签章并记载背书日期。背书未记载日期的，视为在票据到期日前背书。以背书转让或者以背书将一定的票据权利授予他人行使时，必须记载被背书人名称。背书人未记载被背书人名称即将票据交付他人的，持票人在票据被背书人栏内记载自己的名称与背书人记载具有同等法律效力。

委托收款背书应记载"委托收款"字样、被背书人和背书人签章。质押背书应记载"质押"字样、质权人和出质人签章。

票据凭证不能满足背书人记载事项的需要，可以加附粘单，黏附于票据凭证上。粘单上的第一记载人，应当在票据和粘单的粘接处签章。

3. 背书效力

背书人以背书转让票据后，即承担保证其后手所持票据承兑和付款的责任。以背书转让的票据，背书应当连续。持票人以背书的连续，证明其票据权利；非经背书转让、而以其他合法方式取得票据的，依法举证，证明其票据权利。

背书连续，是指在票据转让中，转让票据的背书人与受让票据的被背书人在票据上的签章依次前后衔接。具体来说，第一背书人为票据收款人，最后持票人为最后背书的被背书人，中间的背书人为前手背书的被背书人。

4. 背书特别规定

背书特别规定包括条件背书、部分背书、限制背书和期后背书。条件背书是指背书附有条件，背书时附有条件的，所附条件不具有票据上的效力。部分背书是指将票据金额的一部分转让的背书或者将票据金额分别转让给两人以上的背书，部分背书属于无效背书。限制背书是指记载了"不得转让"，此时票据不得转让，例如出票人记载"不得转让"的，票据不得背书转让；背书人在票据上记载"不得转让"字样，其后手再背书转让的，原背书人对后手的被背书人不承担保证责任。期后背书是指票据被拒绝承兑，被拒绝付款或者超过付款提示期限的，不得背书转让；背书转让的，背书人应当承担票据责任。

（三）承兑

1. 承兑的概念

承兑是指汇票付款人承诺在汇票到期日支付汇票金额并签章的行为，仅适用于商业汇票。

2. 承兑程序

承兑程序包括提示承兑、受理承兑、记载承兑事项等。

(1) 提示承兑。提示承兑是指持票人向付款人出示汇票，并要求付款人承诺付款的行为。定日付或者出票后定期付款的汇票，持票人应当在汇票到期日前向付款人提示承兑。见票后定期付款的汇票，持票人应当自出票日起1个月内向付款人提示承兑。汇票未按照规定期限提示承兑的，持票人丧失对其前手的追索权。

(2) 受理承兑。付款人收到持票人提示承兑的汇票时，应当向持票人签发收到汇票的回单。回单上应当记明汇票提示承兑日期并签章。付款人对向其提示承兑的汇票，应当自收到提示承兑的汇票之日起3日内承兑或者拒绝承兑。

(3) 记载承兑事项。付款人承兑汇票的，应当在汇票正面记载"承兑"字样和承兑日期并签章；见票后定期付款的汇票，应当在承兑时记载付款日期。汇票上未记载承兑日期的，应当以收到提示承兑的汇票之日起3日内的最后一日为承兑日期。

3. 承兑效力

付款人承兑汇票，不得附有条件；承兑附有条件的，视为拒绝承兑。付款人承兑汇票后，应当承担到期付款的责任。

(四) 保证

1. 保证的概念

保证是指票据债务人以外的人，为担保特定债务人履行票据债务而在票据上记载有关事项并签章的行为。

国家机关、以公益为目的的事业单位、社会团体、企业法人的分支机构和职能部门作为票据保证人的，票据保证无效，但经国务院批准为使用外国政府或者国际经济组织贷款进行转贷，国家机关提供票据保证的，以及企业法人的分支机构在法人书面授权范围内提供票据保证的除外。

2. 保证的记载事项

保证人必须在票据或者粘单上记载下列事项：表明"保证"的字样；保证人名称和住所；被保证人的名称；保证日期；保证人签章。

保证人在票据或者粘单上未记载"被保证人名称"的，已承兑的票据，承兑人为被保证人；未承兑的票据，出票人为被保证人。保证人在票据或者粘单上未记载"保证日期"的，出票日期为保证日期。

3. 保证责任的承担

被保证的票据，保证人应当与被保证人对持票人承担连带责任，票据到期后得不到付款的，持票人有权向保证人请求付款，保证人应当足额付款。保证人为两人以上的，保证人之间承担连带责任。

4. 保证效力

保证人对合法取得票据的持票人所享有的票据权利，承担保证责任。但是，被保证人的债务因票据记载事项欠缺而无效的除外。保证不得附有条件，附有条件的，不影响对票据的保证责任。保证人清偿票据债务后，可以行使持票人对被保证人及其前手的追索权。

四、票据追索

（一）票据追索适用的情形

票据追索适用于两种情形，分别为到期后追索和到期前追索。

到期后追索，是指票据到期被拒绝付款的，持票人对背书人、出票人以及票据的其他债务人行使的追索。

到期前追索，是指票据到期日前，持票人对下列情形之一行使的追索：①汇票被拒绝承兑的；②承兑人或者付款人死亡、逃匿的；③承兑人或者付款人被依法宣告破产的或者因违法被责令终止业务活动的。

（二）被追索人的确定

票据的出票人、背书人、承兑人和保证人对持票人承担连带责任。持票人行使追索权，可以不按照票据债务人的先后顺序，对其中任何一人、数人或者全体行使追索权。持票人对票据债务人中的一人或者数人已经进行追索的，对其他票据债务人仍可以行使追索权。

（三）追索的内容

（1）持票人行使追索权，可以请求被追索人支付下列金额和费用：①被拒绝付款的票据金额；②票据金额自到期日或者提示付款日起至清偿日止，按照中国人民银行规定的利率计算的利息；③取得有关拒绝证明和发出通知书的费用。被追索人清偿债务时，持票人应当交出票据和有关拒绝证明，并出具所收到利息和费用的收据。

（2）被追索人依照前述规定清偿后，可以向其他票据债务人行使再追索权，请求其他票据债务人支付下列金额和费用：①已清偿的全部金额；②前项金额自清偿日起至再追索清偿日止，按照中国人民银行规定的利率计算的利息；③发出通知书的费用。行使再追索权的被追索人获得清偿时，应当交出票据和有关拒绝证明，并出具所收到利息和费用的收据。

（四）追索权的行使

1. 获得有关证明

持票人行使追索权时，应当提供被拒绝承兑或者拒绝付款的有关证明。持票人提示承兑或者提示付款被拒绝的，承兑人或者付款人必须出具拒绝证明，或者出具退票理由书。未出具拒绝证明或者退票理由书的，应当承担由此产生的民事责任。其中"拒绝证明"应当包括下列事项：①被拒绝承兑、付款的票据的种类及其主要记载事项；②拒绝承兑、付款的事实依据和法律依据；③拒绝承兑、付款的时间；④拒绝承兑人、拒绝付款人的签章。"退票理由书"应当包括下列事项：①所退票的种类；②退票的事实依据和法律依据；③退票时间；④退票人签。

持票人因承兑人或者付款人死亡、逃匿或者其他原因，不能取得拒绝证明的，可以依法取得其他有关证明，包括医院或者有关单位出具的承兑人、付款人死亡的证明；司法机关出具的承兑人、付款人的证明；公证机关出具的具有拒绝证明效力的文书。

承兑人或者付款人被人民法院依法宣告破产的，人民法院的有关司法文书具有拒绝证明的效力。承兑人或者付款人因违法被责令终止业务活动的，有关行政主管部门的处罚决定具有拒绝证明的效力。

持票人不能出示拒绝证明、退票理由书或者未按照规定期限提供其他合法证明的，丧失对其前手的追索权。但是，承兑人或者付款人仍应当对持票人承担责任。

2. 行使追索

持票人应当自收到被拒绝承兑或者被拒绝付款的有关证明之日起3日内，将被拒绝事由书面通知其前手；其前手应当自收到通知之日起3日内书面通知其再前手。持票人也可以同时向各票据债务人发出书面通知，该书面通知应当记明汇票的主要记载事项，并说明该汇票已被退票。

未按照规定期限通知的，持票人仍可以行使追索权。因延期通知给其前手或者出票人造成损失的，由没有按照规定期限通知的票据当事人，承担对该损失的赔偿责任，但是所赔偿的金额以汇票金额为限。在规定期限内将通知按照法定地址或者约定的地址邮寄的，视为已经发出通知。

（五）追索的效力

被追索人依照规定清偿债务后，其责任解除，与持票人享有同一权利。

五、银行汇票

（一）银行汇票的概念和适用范围

银行汇票是出票银行签发的，由其在见票时按照实际结算金额无条件支付给收款人或者持票人的票据。出票银行为银行汇票的付款人。银行汇票可以用于转账，填明"现金"字样的银行汇票也可以用于支取现金。单位和个人各种款项结算，均可使用银行汇票。银行汇票票样见图8-2和图8-3。

（二）银行汇票的出票

1. 申请

申请人使用银行汇票，应向出票银行填写银行汇票申请书，填明收款人名称、汇票金额、申请人名称、申请日期等事项并签章，签章为其预留银行的签章。申请人和收款人均为个人，需要使用银行汇票向代理付款人支取现金的，申请人凭"银行汇票申请书"上填明代理付款人名称，在"出票金额"栏先填写"现金"字样，后填写汇款金额。申请人或者收款人为单位的，不得在银行汇票申请书上填明“现金”字样。

2. 签发并交付

出票银行受理银行汇票申请书，收妥款项后签发银行汇票，并将银行汇票和解讫通知一并交给申请人。签发银行汇票必须记载下列事项：表明“银行汇票”的字样；无条件支付的承诺；出票金额；付款人名称；收款人名称；出票日期；出票人签章。欠缺记载上列事项之一的，银行汇票无效。

签发现金银行汇票，申请人和收款人必须均为个人，收妥申请人交存的现金后，在银行汇票“出票金额”栏先填写“现金”字样，后填写出票金额，并填写代理付款人名称。申请人或者收款人为单位的，银行不得为其签发现金银行汇票。

申请人应将银行汇票和解讫通知一并交付给汇票上记明的收款人。收款人受理银行汇票时，应审查下列事项：①银行汇票和解讫通知是否齐全、汇票号码和记载的内容是否一致；②收款人是否确为本单位或本人；③银行汇票是否在提示付款期限内；④必须记载的事项是否齐全；⑤出票人签章是否符合规定，大小写出票金额是否一致；⑥出票金额、出票日期、收款人名称是否更改，更改的其他记载事项是否有原记载人签章证明。

付款期限
壹 个 月

××银 行

银行汇票

汇票号码
第　号

出票日期（大写）　贰零　年　月　日　　代理付款行：　　行号：

收款人：　　账号：

出票金额　人民币（大写）

实际结算金额　人民币（大写）	千	百	十	万	千	百	十	元	角	分

申请人：________　　账号或住址：________

出票行：______行号：______

备注：________

凭票付款

出票行签章

多余金额									
千	百	十	万	千	百	十	元	角	分

目（借）________

对方科目（贷）________

兑付日期　年　月　日

复核　　记账

此联代理付款行付款后作联行往账借方凭证附件

10×17.5 厘米（专用水印纸蓝油墨，出票金额栏加红水纹）

图 8-2　银行汇票（正面）

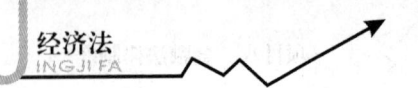

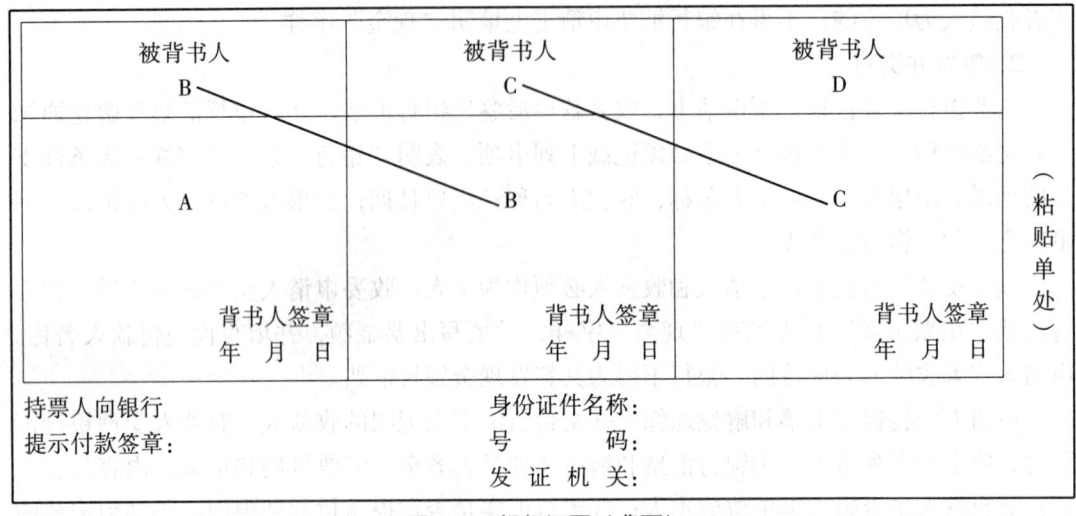

被背书人 B	被背书人 C	被背书人 D	（粘贴单处）
A	B	C	
背书人签章 年 月 日	背书人签章 年 月 日	背书人签章 年 月 日	

持票人向银行 身份证件名称：
提示付款签章： 号　　　码：
　　　　　　　 发证机关：

图 8-3　银行汇票（背面）

（三）填写实际结算金额

收款人受理申请人交付的银行汇票时，应在出票金额以内，根据实际需要的款项办理结算，并将实际结算金额和多余金额准确、清晰地填入银行汇票和解讫通知的有关栏内。银行汇票的实际结算金额低于出票金额的，其多余金额由出票银行退交申请人。填明实际结算金额和多余金额或实际结算金额超过出票金额的，银行不予受理。银行汇票的实际结算金额一经填写不得更改，更改实际结算金额的银行汇票无效。

（四）银行汇票背书

被背书人受理银行汇票时，除按照收款人接受银行汇票进行相应的审查外，还应审查下列事项：①银行汇票是否记载实际结算金额，有无更改，其金额是否超过出票金额；②背书是否连续，背书人签章是否符合规定，背书使用粘单的是否按规定签章；③背书人为个人的身份证件。

银行汇票的背书转让以不超过出票金额的实际结算金额为准。未填写实际结算金额或实际结算金额超过出票金额的银行汇票不得背书转让。

（五）银行汇票提示付款

银行汇票的提示付款期限为自出票日起 1 个月。持票人超过付款期限提示付款的，代理付款人不予受理。持票人向银行提示付款时，须同时提交银行汇票和解讫通知，缺少任何一联，银行不予受理。持票人超过期限向代理付款银行提示付款却不获付款的，须在票据权利时效内向出票银行作出说明，并提供本人身份证件或单位证明，持银行汇票和解讫通知向出票银行请求付款。

在银行开立存款账户的持票人向开户银行提示付款时，应在汇票背面"持票人向银行提示付款签章"处签章，签章须与预留银行签章相同，并将银行汇票和解讫通知、进账单送交开户银行。未在银行开立存款账户的个人持票人，可以向任何一家银行机构提示付款。提示付款时，应在汇票背面"持票人向银行提示付款签章"处签章，并填明本人身份证件名称、号码及发证机关，由其本人向银行提交身份证件及其复印件。

（六）银行汇票退款和丧失

申请人因银行汇票超过付款提示期限或其他原因要求退款时，应将银行汇票和解讫通知同时提交到出票银行。申请人为单位的，应出具该单位的证明；申请人为个人的，可出具本人的身份证件。对于代理付款银行查询的要求退款的银行汇票，在汇票提示付款期满后方能办理退款。出票银行对于转账银行汇票的退款，只能转入原申请人账户；对于符合规定填明"现金"字样银行汇票的退款，才能退付现金。申请人缺少解讫通知要求退款的，出票银行应于银行汇票提示付款期满1个月后办理。

银行汇票丧失，失票人可以凭人民法院出具的其享有票据权利的证明，向出票银行请求付款或退款。

六、商业汇票

（一）商业汇票的概念、种类和适用范围

商业汇票是出票人签发的，委托付款人在指定日期无条件支付确定的金额给收款人或者持票人的票据。商业汇票按照承兑人的不同分为商业承兑汇票和银行承兑汇票，如图8-4所示。银行承兑汇票由银行承兑，商业承兑汇票由银行以外的付款人承兑。电子商业汇票是指出票人依托上海票据交易所电子商业汇票系统（以下简称"电子商业汇票系统"），以数据电文形式制作的，委托付款人在指定日期无条件支付确定的金额给收款人或者持票人的票据。电子银行承兑汇票由银行业金融机构、财务公司承兑；电子商业承兑汇票由金融机构以外的法人或其他组织承兑。商业汇票的付款人为承兑人。在银行开立存款账户的法人及其他组织之间的结算，才能使用商业汇票。

银行承兑汇票　　汇票号码

出票日期　贰零　　年　月　日
（大写）

第　　号

出票人全称			收款人	全称		
出票人账号				账号		
付款行全称		行号		开户行		行号
汇票金额	人民币（大写）			千 百 十 万 千 百 十 元 角 分		
汇票到期日						
本汇票请你行承兑，到期无条件付款 出票人签章 年　月　日	本汇票已经承兑，到期日由本行付款 承兑行签章 承兑日期 年　月　日 备注：			承兑协议编号 备注：科目（借） 对方科目（贷） 转账　年　月　日 复核　记账		

此联收款人开户行随委托收款凭证寄付款行作借方凭证附件

10×17.5厘米（专用水印纸蓝油墨）

图 8-4　商业汇票中的银行承兑汇票（正面）

（二）商业汇票的出票

1. 出票人的资格条件

商业承兑汇票的出票人，为在银行开立存款账户的法人以及其他组织，并与付款人具有真实的委托付款关系，具有支付汇票金额的可靠资金来源，银行承兑汇票的出票人必须是在承兑银行开立存款账户的法人以及其他组织，并与承兑银行具有真实的委托付款关系，资信状况良好，具有支付汇票金额的可靠资金来源。出票人办理电子商业汇票业务，还应同时具备签约开办对公业务的企业网银等电子服务渠道、与银行签订电子商业汇票业务服务协议。单张出票金额在100万元以上的商业汇票原则上应全部通过电子商业汇票办理；单张出票金额在300万元以上的商业汇票应全部通过电子商业汇票办理。

2. 出票人的确定

商业承兑汇票可以由付款人签发并承兑，也可以由收款人签发交由付款人承兑。银行承兑汇票应由在承兑银行开立存款账户的存款人签发。

3. 出票的记载事项

签发商业汇票必须记载下列事项：表明“商业承兑汇票”或“银行承兑汇票”的字

样；无条件支付的委托；确定的金额；付款人名称；收款人名称；出票日期；出票人签章。欠缺记载上述事项之一的，商业汇票无效。其中，"出票人签章"为该单位的财务专用章或者公章加其法定代表人或其授权的代理人的签名或者盖章。电子商业汇票信息以电子商业汇票系统的记录为准。电子商业汇票出票必须记载下列事项：表明"电子银行承兑汇票"或"电子商业承兑汇票"的字样；无条件支付的委托；确定的金额；出票人名称；付款人名称；收款人名称；出票日期；票据到期日；出票人签章。

商业汇票的付款期限记载有三种形式：定日付款的汇票付款期限自出票日起计算，并在汇票上记载具体的到期日。出票后定期付款的汇票付款期限自出票日起按月计算，并在汇票上记载。见票后定期付款的汇票付款期限自承兑或拒绝承兑日起按月计算，并在汇票上记载。电子商业汇票的出票日是指出票人记载在电子商业汇票上的出票日期。

纸质商业汇票的付款期限，最长不得超过6个月。电子承兑汇票期限自出票日至到期日不超过1年。

（三）商业汇票的承兑

商业汇票可以在出票时向付款人提示承兑后使用，也可以在出票后先使用再向付款人提示承兑。付款人拒绝承兑的，必须出具拒绝承兑的证明。付款人承兑汇票后，应当承担到期付款的责任。

银行承兑汇票的出票人或持票人向银行提示承兑时，银行的信贷部门负责按照有关规定和审批程序，对出票人的资格、资信、购销合同和汇票记载的内容进行认真审查，必要时可由出票人提供担保。对资信良好的企业申请电子商业汇票承兑的，金融机构可通过审查合同、发票等材料的影印件、企业电子签名的方式，对电子商业汇票的真实交易关系和债权债务关系进行在线审核。对电子商务企业申请电子商业汇票承兑的，金融机构可通过审查电子订单或电子发票的方式，对电子商业汇票的真实交易关系和债权债务关系进行在线审核。符合规定和承兑条件的，与出票人签订承兑协议。银行承兑汇票的承兑银行，应按票面金额的一定比例向出票人收取手续费，银行承兑汇票手续费为市场调节价。

（四）商业汇票的贴现

1. 贴现的概念

贴现是指票据持票人在票据未到期前为获得现金向银行贴付一定利息而发生的票据转让行为。贴现按照交易方式，分为买断式和回购式。

2. 贴现的基本规定

（1）贴现条件。商业汇票的持票人向银行办理贴现必须具备下列条件：票据未到期；票据未记载"不得转让"事项；在银行开立存款账户的企业法人以及其他组织；与出票人或者直接买手之间具有真实的商品交易关系。电子商业汇票贴现必须记载：贴出人名称；贴入人名称；贴现日期；贴现类型；贴现利率；实付金额；贴出人签章。

电子商业汇票回购式贴现赎回应作成背书，并记载原贴出人名称、原贴入人名称、赎回日期、赎回利率、赎回金额、原贴入人签章。

贴现人办理纸质票据贴现时，应当通过票据市场基础设施查询票据承兑信息，并在确认纸质票据必须记载事项与已登记承兑信息一致后，为贴现申请人办理贴现，贴现申请人无须提供合同、发票等资料；信息不存在或者纸质票必须记载事项与已登记承兑信息不一致的，不得办理贴现。贴现人办理纸质票据贴现后，应当在票据上记载"已电子登记权属"字样，该票据不再以纸质形式进行背书转让、设立质押或者其他交易行为。贴现人应当对纸质票据妥善保管。已贴现票据应当通过票据市场基础设施办理背书转让、抵押、保证、提示付款等票据业务。

贴现人可以按市场化原则选择商业银行对纸质票据进行保证增信。保证增信行对纸质票据进行保管并为贴现人的偿付责任进行先行偿付。

纸质票据贴现后，其保管人可以向承兑人发起付款确认。付款确认可以采用实物确认或者影像确认，两者具有同等效力。实物确认是指票据保管人将票据实物送达承兑人或者承兑人开户行，由承兑人在对票据真实性和背书连续性审查的基础上对到期付款责任进行确认。影像确认是指票据保管人将票据影像信息发送至承兑人或者承兑人开户行，由承兑人在对承兑信息和背书连续性审查的基础上对到期付款责任进行确认。承兑人要求实物确认的，银行承兑汇票保管人应当将票据送达承兑人，实物确认后，纸质票据由其承兑人代票据权利人妥善保管；商业承兑汇票保管人应当将票据通过承兑人开户行送达承兑人进行实物确认，实物确认后，纸质票据由商业承兑汇票开户行代票据权利人妥善保管。承兑人收到票据影像确认请求或者票据实物后，应当在3个工作日内作出或者委托其开户行作出同意或者拒绝到期付款的应答。拒绝到期付款的，应当说明理由。电子商业汇票一经承兑即视同承兑人已进行付款确认。

承兑人或者承兑人开户行进行付款确认后，除挂失止付、公示催告等合法抗辩情形外，应当在持票人提示付款后付款。

（2）贴现利息的计算。贴现的期限从其贴现之日起至汇票到期日止。实付贴现金额按票面金额扣除贴现日至汇票到期前1日的利息计算。承兑人在异地的纸质商业汇票，贴现的期限以及贴现利息的计算应另加3日的划款日期。

（3）贴现的收款。贴现到期，贴现银行应向付款人收取票款。不获付款的，贴现银行应向其前手追索票款。贴现银行追索票款时可从申请人的存款账户直接收取票款。办理电子商业汇票贴现以及提示付款业务，可选择票款兑付方式或同城票据交换、通存通兑、汇兑等方式清算票据资金。

电子商业汇票当事人在办理回购式贴现业务时，应明确赎回开放日、赎回截止日。

（五）商业汇票的到期处理

1. 票据到期后偿付顺序

票据到期后偿付顺序如下：

(1) 票据未经承兑人付款确认和保证增信即交易的，若承兑人未付款，应当由贴现人先行偿付。该票据在交易后又经承兑人付款确认的，应当由承兑人付款；若承兑人付款、应当由贴现人先行偿付。

(2) 票据经承兑人付款确认且未保证增信即交易的，应当由承兑人付款；若承兑人未付款，应当由贴现人先行偿付。

(3) 票据保证增信后即交易且未经承兑人付款确认的，若承兑人未付款，应当由保证增信行先行偿付；保证增信行未偿付的，应当由贴现人先行偿付。

(4) 票据保证增信后且经承兑人付款确认的，应当由承兑人付款；若承兑人未付款，应当由保证增信行先行偿付；保证增信行未偿付的，应当由贴现人先行偿付。

2. 提示付款

商业汇票的提示付款期限，为自汇票到期日起10日，持票人应在提示付款期内向付款人提示付款。

(1) 持票人在提示付款期内通过票据市场基础设施提示付款的，承兑人应当在提示付款当日进行应答或者委托其开户行进行应答。承兑人存在合法抗辩事由拒绝付款的，应当在提示付款当日出具或者委托其开户行出具拒绝付款证明，并通过票据市场基础设施通知持票人。承兑人或者承兑人开户行在提示付款当日未作出应答的，视为拒绝付款，票据市场基础设施提供拒绝付款证明并通知持票人。

商业承兑汇票承兑人在提示付款当日同意付款，承兑人账户余额足够支付票款的，承兑人开户行应当代承兑人作出同意付款应答，并于提示付款日向持票人付款。承兑人账户余额不足以支付票款的，则视同承兑人拒绝付款。承兑人开户行应当于提示付款日代承兑人作出拒付应答并说明理由，同时通过票据市场基础设施通知持票人。

银行承兑汇票的承兑人已于到期前进行付款确认的，票据市场基础设施应当根据承兑人的委托于提示付款日代承兑人发送指令划付资金至持票人资金账户。

(2) 纸质商业汇票的持票人在提示付款期内通过开户银行委托收款或直接向付款人提示付款，对异地委托收款的，持票人可匡算邮程，提前通过开户银行委托收款。超过提示付款期限提示付款的，持票人开户银行不予受理，但在作出说明后，承兑人或者付款人仍应当继续对持票人承担付款责任。商业承兑汇票的付款人开户银行收到通过委托收款寄来的汇票，将汇票留存并通知付款人。付款人收到开户银行的付款通知，应在当日通知银行付款。付款人在接到通知日的次日起3日内（遇法定休假日顺延，下同）未通知银行付款的，视同付款人承诺付款。付款人提前收到由其承兑的商业汇票，应通知银行于汇票到期日付款。银行应于汇票到期日将票款划给持票人。付款人存在合法抗辩事由拒绝付款的，应自接到通知的次日起3日内，作成拒绝付款证明送交开户银行，银行将拒绝付款证明和商业承兑汇票邮寄持票人开户银行转交持票人。纸质银行承兑汇票的承兑银行应于汇票到期日或到期日后的收票当日支付票款。承兑银行存在合法抗辩事由拒绝支付的，应自接到商业汇

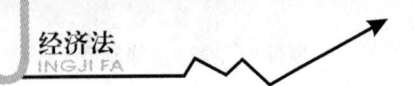

票的次日起3日内作出拒绝付款证明，连同银行承兑汇票邮寄持票人开户银行转交持票人。

（3）银行承兑汇票的出票人应于汇票到期前将票款足额交存其开户银行，银行承兑汇票的出票人于汇票到期日未能足额交存票款时，承兑银行付款后，对出票人尚未支付的汇票金额按照每天万分之五计收利息。

保证增信行或者贴现人承担偿付责任时，应当委托票据市场基础设施代其发送指令划付资金至持票人资金账户。

七、银行本票

（一）本票的概念和适用范围

本票是指出票人签发的，承诺自己在见票时无条件支付确定的金额给收款人或者持票人的票据，如图8-5所示。在我国，本票仅限于银行本票，即银行出票、银行付款。银行本票可以用于转账，注明"现金"字样的银行本票可以用于支取现金。单位和个人在同一票据交换区域需要支付各种款项，均可以使用银行本票。

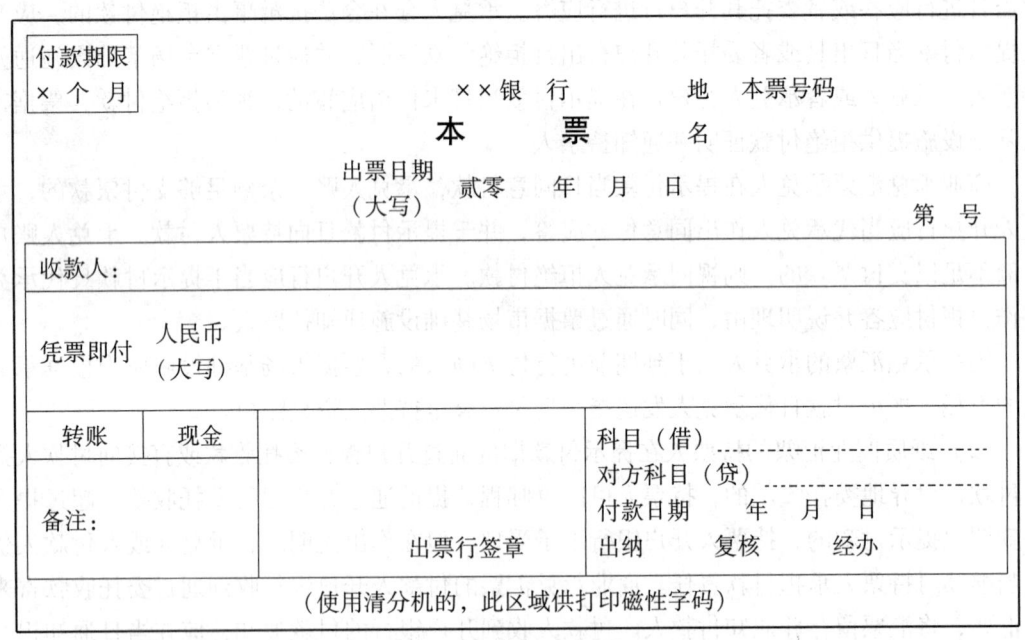

图8-5 本票（正面）

（二）银行本票的出票

1. 申请

申请人使用银行本票，应向银行填写"银行本票申请书"，填明收款人名称、申请人名称、支付金额、申请日期等事项并签章。申请人和收款人均为个人需要支取现金的，应在"金额"栏先填写"现金"字样，后填写支付金额。

2. 受理

出票银行受理"银行本票申请书",收妥款项,签发银行本票交给申请人签发银行本票必须记载下列事项:表明"银行本票"的字样;无条件支付的承诺;确定的金额;收款人名称;出票日期;出票人签章。欠缺记载上列事项之一的,银行本票无效。

申请人或收款人为单位的,银行不得为其签发现金银行本票。

出票银行必须具有支付本票金额的可靠资金来源,并保证支付。

3. 交付

申请人应将银行本票交付给本票上记明的收款人。收款人受理银行本票时,应审查下列事项:①收款人是否确为本单位或本人;②银行本票是否在提示付款期限内;③必须记载的事项是否齐全;④出票人签章是否符合规定,大小写出票金额是否一致;⑤出票金额、出票日期、收款人名称是否更改,更改的其他记载事项是否有原记载人签章证明。

(三)银行本票的付款

提示付款。银行本票见票即付。银行本票的提示付款期限自出票日起最长不得超过2个月。本票的出票人在持票人提示见票时,必须承担付款的责任。持票人超过提示付款期限不获付款的,在票据权利时效内向出票银行作出说明,并提供本人身份证件或单位证明,可持银行本票向出票银行请求付款。

在银行开立存款账户的持票人向开户银行提示付款时,应在银行本票背面"持票人向银行提示付款签章"处签章,签章须与预留银行签章相同,并将银行本票、进账单送交开户银行。银行审查无误后办理转账。

未在银行开立存款账户的个人持票人,凭注明"现金"字样的银行本票向出票银行支取现金的,应在银行本票背面签章,记载本人身份证件名称、号码及发证机关,并交验本人身份证件及其复印件。

(四)银行本票的退款和丧失

申请人因银行本票超过提示付款期限或其他原因要求退款时,应将银行本票提交到出票银行。申请人为单位的,应出具该单位的证明;申请人为个人的,应出具本人的身份证件。出票银行对于在本行开立存款账户的申请人,只能将款项转入原申请人账户;对于现金银行本票和未在本行开立存款账户的申请人,才能退付现金。

银行本票丧失,失票人可以凭人民法院出具的其享有票据权利的证明,向出票银行请求付款或退款。

八、支票

(一)支票的概念、种类和适用范围

1. 概念

支票是指出票人签发的、委托办理支票存款业务的银行在见票时无条件支付确定的金

额给收款人或者持票人的票据（见图 8-6）。支票的基本当事人包括出票人、付款人和收款人。出票人即存款人，是在批准办理支票业务的银行机构开立可以使用支票的存款账户的单位和个人；付款人是出票人的开户银行；持票人是票面上填明的收款人，也可以是经背书转让的被背书人。

2. 种类

支票分为现金支票、转账支票和普通支票三种，如图 4-8 所示。支票上印有“现金”字样的为现金支票，现金支票只能用于支取现金。支票上印有“转账”字样的为转账支票，转账支票只能用于转账。支票上未印有“现金”或“转账”字样的为普通支票，普通支票可以用于支取现金，也可以用于转账。在普通支票左上角划两条平行线的，为划线支票，划线支票只能用于转账，不得支取现金。

3. 适用范围

单位和个人在同一票据交换区域的各种款项结算，均可以使用支票。全国支票影像系统支持全国使用。

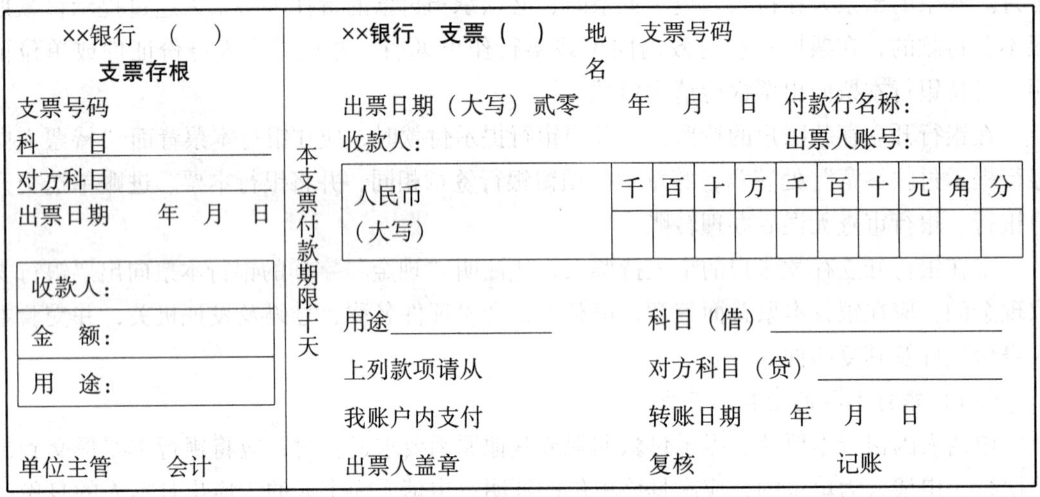
××银行（ ）
支票存根
支票号码
科 目
对方科目
出票日期 年 月 日
收款人：
金 额：
用 途：
单位主管 会计
本支票付款期限十天
××银行 支票（ ） 地名 支票号码
出票日期（大写）贰零 年 月 日 付款行名称：
收款人： 出票人账号：

人民币（大写）	千	百	十	万	千	百	十	元	角	分

用途
科目（借）
上列款项请从
对方科目（贷）
我账户内支付
转账日期 年 月 日
出票人盖章
复核 记账

（10×22. 5 厘米，正联第 17 厘米（底纹按行别分色，大写金额栏加红水纹）

图 8-6 支票（正面）

（二）支票的出票

1. 开立支票存款账户

开立支票存款账户，申请人必须使用本名，提交证明其身份的合法证件，并应当预留其本名的签名式样和印鉴。

2. 出票

（1）支票的记载事项。签发支票必须记载下列事项：标明“支票”的字样；无条件支付的委托；确定的金额；付款人名称；出票日期；出票人签章。支票上未记载前款规定事项之一的，支票无效。其中，支票的"付款人"为支票上记载的出票人开户银行。

支票的金额、收款人名称，可以由出票人授权补记，未补记前不得背书转让和提示付款。支票上未记载付款地的，付款人的营业场所为付款地。支票上未记载出票地的，出票人的营业场所、住所或者经常居住地为出票地。出票人可以在支票上记载自己为收款人。

（2）签发支票的注意事项。支票的出票人所签发的支票金额不得超过其付款时在付款人处实有的存款金额。出票人签发的支票金额超过其付款时在付款人处实有的存款金额的，为空头支票。禁止签发空头支票。支票的出票人不得签发与其预留本名的签名式样或者印鉴不符的支票。

支票上的出票人的签章，出票人为单位的，为与该单位在银行预留签章一致的财务专用章或者公章加其法定代表人或其授权的代理人的签名或者盖章；出票人为个人的，为与该个人在银行预留签章一致的签名或者盖章。支票的出票人预留银行签章是银行审核支票付款的依据。出票人不得签发与其预留银行签章不符的支票。

（三）支票付款

1. 提示付款

支票的提示付款期限为自出票日起10日。持票人可以委托开户银行收款或直接向付款人提示付款。用于支取现金的支票仅限于收款人向付款人提示付款。

持票人委托开户银行收款时，应作委托收款背书，在支票背面背书人签章栏签章、记载"委托收款"字样、背书日期，在被背书人栏记载开户银行名称，并将支票和填制的进账单送交开户银行。持票人持用于转账的支票向付款人提示付款时，应在支票背面背书人签章栏签章，并将支票和填制的进账单送交出票人开户银行。收款人持用于支取现金的支票向付款人提示付款时，应在支票背面"收款人签章"处签章，持票人为个人的，还需交验本人身份证件，并在支票背面注明证件名称、号码及发证机关。

2. 分期付款

出票人必须按照签发的支票金额承担保证向该持票人付款的责任。出票人在付款人处的存款足以支付支票金额时，付款人应当在见票当日足额付款。

付款人依法支付支票金额的，对出票人不再承担受委托付款的责任，对持票人不再承担付款的责任。但付款人以恶意或者有重大过失付款的除外。

模块五　外汇管理法

一、外汇及外汇管理

（一）外汇及其种类

外汇是指以外国货币表示的可用于国际结算的支付手段和资产。根据外汇管理条例的规定，我国的外汇包括：①外币现钞，包括纸币、钱币等；②外币支付凭证或者支付工具，包括票据、银行存款凭证、银行卡等；③外币有价证券，包括债券、股票等；④特别提款权；⑤其他外汇资金。

（二）外汇管理与外汇管理法

外汇管理又称外汇管制，是指一个国家为了维护本国汇价，保持本国收支平衡，依法对本国境内的外汇收支、买卖、借贷、转移以及外汇汇率和外汇市场实行一定限制的制度。外汇管理有利于集中外汇资金，增加外汇收入，减少外汇支出。

外汇管理法是指调整国家在外汇管理活动过程中发生的法律关系的法律规范的总称。《中华人民共和国外汇管理条例》（以下简称《外汇管理条例》）是外汇管理的基本行政法规，主要规定了外汇管理的基本原则与制度。由国务院于1996年1月29日发布，1996年4月1日起实施，根据1997年1月14日《国务院关于修改〈中华人民共和国外汇管理条例〉的决定》修订，2008年8月1日国务院第20次常务会议修订通过。

（三）我国外汇管理的机构和对象

根据《外汇管理条例》的规定，国务院外汇管理部门及其分支机构是我国的外汇管理机构。我国外汇管理的对象主要有：

（1）自然人，包括中国公民、外国人和来华人员。外国人为在中国境内居住满1年的外国人。来华人员包括驻华机构常驻人员、短期入境的外国人员、应聘在境内机构工作的外国人及外国留学生等。

（2）单位及驻外机构。单位为中国境内机构。驻外机构包括外国驻华外交机构、国际组织驻华代表机构、外国驻华商务机关和国外民间驻华业务机构等。

二、我国外汇管理制度的内容

（一）经常项目外汇管理

经常项目是指国际收支中经常发生的交易项目，包括贸易收支、劳务收支和单方面转移等。根据《外汇管理条例》的规定，国家对经常性国际支付和转移不加限制。

（1）对境内机构经常项目的管理。境内机构在经常项目下的外汇必须遵守以下规定：

境内机构的经常项目外汇收入必须调回境内，不得违反国家有关规定将外汇存放在境外；应当按照国务院关于结汇、售汇及付汇管理的规定卖给指定银行或者经批准在外汇指定银行开立账户；应当按照国务院关于结汇、售汇及付汇管理的规定，持有效凭证和商业单据向外汇指定银行购汇支付；境内机构的出口收汇和进口付汇，应当按照国家关于出口收汇核销管理和进口付汇核销管理办理核销手续。

（2）个人外汇管理。第一，个人持汇自由。属于个人所有的外汇，可以自行持有，也可存入银行或卖给外汇指定银行。个人的储蓄存款，实行存款自愿、取款自由、存款有息、为储户保密原则。第二，个人用汇限制。个人因私用汇在规定限额以内购汇，超过规定限额的个人用汇，应当向外汇管理机关提出申请，外汇管理机关认为其申请属实的，可以购汇。个人携带外汇出境，应当向海关办理申报手续，携带外汇出境超过规定限额的，还应向海关出具有效凭证。第三，个人移居境外后，其境内资产产生的收益，可以持规定的证明材料和有效凭证向外汇指定银行购汇汇出或携带出境。居住在境内的中国公民持有的外币支付凭证、外币有价证券等形式的外汇资产，未经外汇管理机关批准，不得携带或邮寄出境。

（3）驻华机构与来华人员经常项目外汇收支管理。驻华机构与来华人员的合法收入，需要汇出境外的，可以持有关证明材料和凭证到外汇指定银行兑付；由境外汇入或携带入境的外汇，可以自行保存，可以存入银行或者卖给指定银行，也可以持有效凭证汇出或携带出境。

（二）资本项目外汇管理

资本项目是指国际收支中因资本输出和输入而产生的资产与负债的增减项目，包括直接投资、各类贷款、证券投资等。

（1）资本结汇管理。境内机构的资本项目外汇收入，除国务院另有规定外，应当调回境内；应当按照国家有关规定在外汇指定银行开立账户；卖给外汇指定银行的，须经外汇管理机关批准。

（2）境内机构对外担保、借贷管理。境内机构对外担保，只能由符合国家规定的金融机构和企业办理，并须经外汇管理机构批准；金融机构在境外发行外币债券，须经国务院外汇管理部门批准，并按照国家有关规定办理；借用外国贷款，由国务院确定的政府部门和外汇管理部门批准的金融机构和企业按规定办理，外商投资企业借用外国贷款的，应报外汇管理机关备案；国家对外债实行外债登记制度，国家外汇管理局负责全国的外债统计与监测，并定期公布外债情况。

（3）境内机构向境外投资的外汇管理。境内机构向境外投资须在向审批主管部门申请前，由外汇管理机关审查其外汇资金来源，经批准后，按照国务院关于境外投资外汇的规定办理有关资金汇出手续。

（4）外商投资企业外汇资本管理。依法终止的外商投资企业，按照国家有关规定进行清算、纳税后，属于外放投资者所有的人民币，可以向外汇指定银行购汇汇出或者携带出境，属于中方投资者所有的外汇，应当全部卖给外汇指定银行。

（三）金融机构外汇业务管理

（1）经营外汇业务的资格。在我国，经营外汇业务的主体必须是依法设立的金融机构，金融机构经营外汇须经外汇管理机关批准，领取经营外汇业务许可证。经批准经营外汇业务的金融机构，经营外汇业务不得超出批准的范围。未经外汇管理机关批准，任何单位和个人不得经营外汇业务。

（2）经营外汇业务的规则。经营外汇业务的机构应按《中华人民共和国外汇账户管理暂行办法》的规定为客户开立外汇账户，办理有关外汇业务；应按规定缴存外汇存款准备金，遵守外汇资产负债比例管理的规定，并建立呆账准备金；应当接受外汇管理机关的检查监督，向外汇管理机关报送外汇资产负债表、损益表以及其他财务报表和资料；外汇指定银行办理结算业务所需人民币资金，应当使用自有资金。

思政园地

外汇市场交易员的职业操守

交易员应严格遵守保密制度，不擅自对外提供任何涉及所在机构商业秘密的信息资料。不公开发布或发表涉及所在机构商业秘密的任何信息、稿件及演讲。交易员应对所在机构的自营头寸信息和客户信息保密、不向利益相关机构提供或透露。

交易员应严格保守交易对手、客户、合作伙伴等利益相关机构的商业秘密。非经所在机构授权或应监管机构要求，交易员不对外提供任何交易信息和数据，不以所在机构名义对外发表或披露涉密意见、信息等。

思政要点：

培养学生忠实勤勉、严守秘密的职业操守。

三、违反外汇管理法的责任

违反外汇管理法的责任是指行为人违反国际外汇管理制度所应当承担的不利法律后果。根据《外汇管理条例》的规定，违反外汇管理的行为主要有逃汇、套汇和扰乱金融秩序三种。

逃汇是指境内机构或个人逃避外汇管理，将应该上交或售给国际的外汇私自保持、转移、买卖、使用、存放境外或将外汇、外汇资产私自携带、托代或邮寄出境的行为。有逃汇行为的，由外汇管理机关责令限期调回外汇，强制收兑，并处逃汇金额30%以上5倍以下的罚款；构成犯罪的，依法追究刑事责任。

套汇是指境内外机构或个人采取各种非法方式私自用人民币或物资换取外汇或外汇收益，以及采取非法手段骗购外汇的行为。有套汇行为的，由外汇管理机关给予警告，强制收购,并处以非法套汇金额 30% 以上 3 倍以下的罚款;构成犯罪的,依法追究刑事责任。

扰乱外汇管理秩序是指境内机构、外汇指定银行等违反《外汇管理条例》的规定,非法从事外汇业务及违反操作规则,影响正常金融秩序的行为。《外汇管理条例》对扰乱外汇管理秩序行为的种类及其法律责任作了详细的规定。境内机构违反外汇管理规定的,除依照《外汇管理条例》给予处罚外,对直接负责的主管人员和其他直接责任人员,应当给予纪律处分;构成犯罪的,依法追究刑事责任。

课后训练

一、基础练习
1. 设立商业银行应当具备哪些条件?
2. 投资者保护的具体内容有哪些?
3. 简述保险法基本原则。
4. 对比票据权利丧失补救方法的不同。
5. 我国外汇管理制度的具体内容有哪些?

二、案例分析

案例一:原告刘某于去年 7 月以 35 万元的价格购入宝马轿车一辆,并以该轿车为标的,于当年 9 月与被告保险公司签订了一份机动车辆保险合同。原告投保的险种为车辆损失险、第三者责任险等,其中车辆损失险的保险金额为 100 万元,保险期为一年。今年 2 月 17 日,原告驾驶该宝马车发生交通事故,轿车因路滑冲出公路与路边树木相撞,造成车体因严重损坏而报废。原告在事故发生后,立即通知被告保险公司。被告保险公司随即派人对事故现场进行了勘查。原告在事故发生 15 日后向被告保险公司提出索赔请求,被告保险公司认为原告为价值 35 万元的轿车投保 100 万元的保险金,且未履行应有的如实告知义务,存在欺诈行为。并以此为由拒绝赔付保险金。刘某遂起诉至法院。请问:法院应如何处理?

案例二:丁某在某证券公司营业部开立账户,从事证券投资。某日丁某发出以 10 万元价格卖出本账户 A 公司股票 1 000 股的指令,但由于该营业部内交易员小王操作不慎,将丁某的卖出指令敲成买入,以每股 10 元的价格为丁某购入 A 公司股票 1 000 股,当日该股票收盘价是 10.20 元。并且由于丁某账面资金不足,小王向营业部经理汇报后,给丁某透支了营业部其他客户保证金 3 000 元。次日,该股即下跌,开盘价为 9.8 元,最高价为 10.18 元,收盘价为 9.75 元,交易员小王在 10.15 元卖出 1 000 股 A 公司股票后,将透支的 3 000 元归还。当日,丁某发现这一事件,即提出索赔。请问:

1. 该案中小王有哪些违反《证券法》的行为？小王应直接承担相应的责任吗？为什么？

2. 丁某应向谁索赔？其索赔依据是什么？

案例三： 甲公司向某工商银行申请一张银行承兑汇票，该银行作了必要的审查后受理了这份申请，并依法在票据上签章。甲公司得到这张票据后没有在票据上签章便将该票据直接交付给乙公司作为购货款。乙公司又将此票据背书转让给丙公司以偿债。到了票据上记载的付款日期，丙公司持票向承兑银行请求付款时，该银行以票据无效为理由拒绝付款。请问：

1. 从以上案情显示的情况看，这张汇票有效吗？

2. 根据我国《票据法》关于汇票出票行为的规定，记载了哪些事项的汇票才为有效票据？

3. 银行既然已在票据上依法签章，它还可以拒绝付款吗？为什么？

三、实训任务

1. 模拟签订一份人身保险合同。

2. 模拟签发一张银行汇票。

项目九　市场监督法律制度

一、知识框架

（一）政府采购法

政府采购，是指各级国家机关、事业单位和团体组织，使用财政性资金采购依法制定的集中采购目录以内的或者采购限额标准以上的货物、工程和服务的行为。政府采购法是为了规范政府采购行为，提高政府采购资金的使用效益，维护国家利益和社会公共利益，保护政府采购当事人的合法权益及促进廉政建设而制定的法律。本模块主要包括政府采购概述、政府采购当事人、政府采购方式、政府采购程序、政府采购监督检查和违反《中华人民共和国政府采购法》（以下简称《政府采购法》）的法律责任等内容。

（二）会计法与审计法

会计法是调整因国家管理会计工作和会计机构、会计人员在办理会计事务过程中所产生的会计关系的法律的总称。审计法是调整审计主体与被审计对象之间因审计而发生的审计关系的法律规范的总称。本模块主要包括会计法的概念和基本原则，会计管理体制，会计核算，会计监督和违反《会计法》的法律责任；审计法的概念和基本原则，审计管理体制，审计机关权限，审计程序和违反《审计法》的法律责任等内容。

（三）房地产管理法

房地产管理法，是指调整在房地产开发、经营、使用、交易、管理、服务等房地产相关活动中所产生的社会关系的法律规范的总称。本模块包括房地产管理法的概念和基本原则、房地产开发用地、房地产开发、房地产交易、房地产权属登记和违反《房地产管理法》的法律责任等内容。

（四）环境保护法

环境保护法是指调整因保护和改善环境，合理利用自然资源，防治污染和其他公害而产生的社会关系的法律规范的总称。本模块包括环境保护法的概念和基本原则，环境保护法基本制度和违反《环境保护法》的法律责任等内容。

二、学习目标

(一) 知识目标
(1) 政府采购当事人、政府采购方式。
(2) 会计职业道德、会计核算。
(3) 审计机关权限。
(4) 房地产开发用地。
(5) 房地产交易方式。
(6) 环境保护法基本原则、基本制度。

(二) 能力目标
(1) 提高学生职业素养。
(2) 提升运用所学知识分析、解决实际问题的能力。

(三) 思政目标
(1) 培养学生爱岗敬业、诚实守信、廉洁自律的职业观。
(2) 培养学生浓厚的家国情怀、环保意识，体会中国特色社会主义制度的优越性。

三、法律法规

(1)《中华人民共和国政府采购法》。
(2)《中华人民共和国会计法》。
(3)《中华人民共和国审计法》。
(4)《中华人民共和国房地产管理法》。
(5)《中华人民共和国环境保护法》。

模块一 政府采购法

一、政府采购概述

(一) 政府采购的概念

政府采购，是指各级国家机关、事业单位和团体组织，使用财政性资金采购依法制定的集中采购目录以内的或者采购限额标准以上的货物、工程和服务的行为。政府采购中的"采购"，是指政府以合同方式有偿取得货物、工程和服务的行为，包括购买、租赁、委托和雇佣等。

政府采购的标的包括三大类，即货物、工程和服务。货物是指各种形态和种类的物品，包括原材料、燃料、设备、产品等。工程是指建设工程，包括建筑物和构筑物的新建、改建、扩建、装修、拆除、修缮等。服务是指除货物和工程以外的其他政府采购对象。

政府采购实行集中采购和分散采购相结合。集中采购，即由政府采购的集中采购机构依据政府制定的集中采购目录，受有关采购人的委托，按照公开、公平、公正的采购原则，以及必须采取的市场竞争机制和一系列专门操作规程进行的统一采购。分散采购，是集中采购的对称，指采购由各采购单位自己进行。分散采购中采购单位的采购行为也要受到政府采购法的严格规定，采购也要遵从一定的法律程序。

（二）政府采购的特征

1. 采购主体的特定性

在我国，政府采购的主体是指行使有关国家权力或从事某种公共职能的国家机关、事业单位和社会团体。

2. 资金来源的公共性

政府采购所使用的资金都为财政性资金，资金的来源是纳税人的税收或政府公共服务收费。

3. 采购活动的单向性

政府采购不同于商业性采购，不是为卖而买，而是通过买为政府部门提供消费品或向社会提供公共利益。

4. 采购对象的广泛性

政府采购的对象包罗万象，大到宇宙空间站，小到一张办公用纸，既有有形产品又有无形产品，都是政府采购的范围，国际惯例是按其性质分为三大类：货物、工程和服务。

5. 采购过程的规范性

政府采购不是简单地一手交钱，一手交货，而是要按照有关政府采购的法律、法规，根据不同的采购规模、采购对象及采购时间要求等，采用法定的采购方式和程序组织采购，使每项采购活动都要规范运作，体现公开、竞争的原则，接受社会监督。

6. 采购结果的政策性

政府采购必须遵循国家政策的要求，如节约支出、购买国货、保护中小企业、环境保护等。同时在很多国家，政府采购金额已占一个国家国内生产总值的10%以上，成为各国政府经常使用的一种宏观经济调控手段。

（三）政府采购的原则

政府采购作为一种经济活动，不可避免地要参与到市场经济体系中，因此，政府在与市场进行平等交换的过程中，也应遵循市场活动法则。我国的《政府采购法》共规定了四项基本原则：

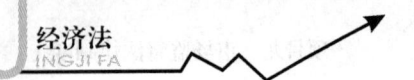

1. 公开透明原则

政府采购使用的是财政性资金，而财政性资金的主要来源是各项税收和占有公共资源的收入，因此在采购过程中必须公开透明，接受社会的监督。政府采购实行集中采购和分散采购相结合的原则，集中采购的范围由省级以上政府公布的集中采购目标确定。

2. 公平竞争原则

任何单位和个人不得采用任何方式，阻挠和限制供应商自由进入本地区和本行业的政府采购市场；政府采购当事人不得以任何手段排斥其他供应商参与竞争；供应商不得以向采购人、采购代理机构、评标委员会组成人员、竞争性谈判小组组成人员、询价小组组成人员行贿或者采取其他不正当手段谋取中标或者成交；采购代理机构不得以向采购人行贿或者其他不正当手段谋取非法利益。

4. 公正原则

公正原则包括微观和宏观两个层次，微观公正是指我国的《政府采购法》规定了回避制度和采购代理机构独立于政府制度，宏观公正是指政府采购应当有助于实现国家经济和社会发展的政策目标，例如环境保护、扶持不发达少数民族地区和少数民族地区、促进中小企业发展等。

5. 诚实信用原则

在政府采购活动中，诚实信用原则一方面要求政府采购应当严格按照批准的预算执行，保护当事人的信赖利益，另一方面也要求供应商恪守采购合同义务。

二、政府采购当事人

政府采购当事人，是指在政府采购活动中享有权利和承担义务的各类主体，包括采购人、供应商和采购代理机构等。

（一）采购人

采购人是指依法进行政府采购的国家机关、事业单位、团体组织。根据我国宪法规定，国家机关包括国家权力机关、国家行政机关、国家审判机关、国家检察机关、军事机关等。事业单位是指政府为实现特定目的而批准设立的事业法人。团体组织是指各党派及政府批准的社会团体。

在政府采购中采购人的地位是特定的，采购人可以自行采购，也可以委托采购，但纳入集中采购目录以内的必须委托集中采购机构代理采购。采购人依法委托采购代理机构办理采购事宜的，应当由采购人与采购代理机构签订委托代理协议，依法确定委托代理的事项，约定双方的权利义务。

（二）采购代理机构

采购代理机构是受采购人的委托采购货物、工程和服务的机构。这里的采购代理机构是广义的采购代理机构，包括集中采购机构和采购代理机构。

1. 集中采购机构

集中采购机构是由设区的市、自治州以上的人民政府根据本级政府采购项目组织集中采购的需要而设立的。集中采购机构是非营利事业法人。

《中华人民共和国政府采购法》第十八条规定，采购人采购纳入集中采购目录的政府采购项目，必须委托集中采购机构代理采购。由此可见，集中采购机构的采购权是法律规定的，其代理权并非基于采购人的委托授权。又根据《中华人民共和国政府采购法》第七十四条规定，采购人对应当实行集中采购的政府采购项目，不委托集中采购机构实行集中采购的，由政府采购监督管理部门责令改正。集中采购机构除根据法律规定采购纳入集中采购目录的政府采购项目外，还可以接受采购人的委托采购未纳入集中采购目录的政府采购项目。

《中华人民共和国政府采购法》第十七条规定，集中采购机构进行政府采购活动，应当符合采购价格低于市场平均价格、采购效率更高、采购质量优良和服务良好的要求。实践证明集中采购机构的依法运作，是能实现上述目标的。

2. 采购代理机构

《中华人民共和国政府采购法》第十九条规定的采购代理机构是狭义的采购代理机构，是代理政府采购的社会中介机构，其代理政府采购的资格由国务院或者省级人民政府有关部门认定。经资格认定的政府采购代理机构，其设立应当符合法定条件，性质上，属于营利性的经济组织。采购人与采购代理机构的委托代理关系适用代理法的一般原理，采购代理机构是代理人，采购人是被代理人，采购代理机构在采购人的委托授权范围采购货物、工程和服务，其法律后果由采购人承担。采购人与采购代理机构属于委托代理关系，所以，采购人依法委托采购代理机构办理采购事宜，应当有采购人与采购代理机构签订委托代理协议，依法确定委托代理的事项，约定双方的权利义务。

（三）供应商

供应商是指向采购人提供货物、工程或者服务的法人、其他经济组织或者自然人。法人是依法设立，具有独立承担民事责任能力的经济组织。其他经济组织是指不具备法人资格的个人独资企业、合伙企业等。

1. 供应商参加政府采购活动应当具备的条件

第一，具有独立承担民事责任的能力；第二，具有良好的商业信誉和健全的财务会计制度；第三，具有履行合同所必需的设备和专业技术能力；第四，有依法缴纳税收和社会保障资金的良好记录；第五，参加政府采购活动前三年内，在经营活动中没有重大违法记录；第六，法律、行政法规规定的其他条件。此外，采购人可以根据采购项目的特殊要求，规定供应商的特定条件，如要求供应商具备相关的资质条件。

2. 供应商的资格预审

供应商可以自由进入政府采购市场，采购人不得以不合理的条件对供应商实行差别待遇或者歧视待遇，真正体现公平、公正的原则。所以，对供应商不实行市场准入制度。但对供应商参加具体的政府采购项目，采购人有权根据《政府采购法》规定的供应商条件和采购项目对供应商的特定要求，对供应商的资格进行审查。审查的方式和主要内容是，要求供应商提供相关文件和材料的原件和复印件，如法人营业执照或营业执照、资质证明文件、财务报表、纳税凭证、业绩情况等。

3. 联合采购

两个以上的供应商可以组成一个联合体，以一个供应商的身份共同参加某一项目的政府采购。参加联合体的供应商均应当具备政府采购法所规定的条件，联合体应当向采购人提交联合协议，联合协议载明联合体各方承担的工作和义务。联合体各方应当共同与采购人签订政府采购合同，联合体各方就合同约定的事项对采购人承担连带责任。

三、政府采购方式

我国《政府采购法》规定，政府采购采用以下方式：公开招标、邀请招标、竞争性谈判、单一来源采购、询价和国务院政府采购监督管理部门认定的其他采购方式。公开招标应作为政府采购的主要采购方式。

（一）公开招标

公开招标是指招标人以招标公告的方式邀请不特定的法人或者其他经济组织投标。

采用招标方式采购的，招标采购单位必须在财政部门指定的政府采购信息发布媒体上发布招标公告。

采用招标方式采购的，自招标文件开始发出之日起至投标人提交投标文件截止之日止，不得少于 20 日；招标采购单位对已发出的招标文件进行必要澄清或者修改的，应当在招标文件要求提交投标文件截止时间 15 日前进行；招标采购单位可以视采购具体情况，延长投标截止时间和开标时间，但至少应当在招标文件要求提交投标文件的截止时间 3 日前。

（二）邀请招标

邀请招标是指招标人以投标邀请书的方式邀请特定的法人或者其他组织投标。其特征为：

（1）招标人向 3 个以上具备承担招标项目能力、资信良好的特定法人或者其他组织发出投标邀请。

（2）邀请投标的对象是特定的法人或者其他组织。

采用邀请招标方式采购的，资格预审公告的期限不得少于 7 个工作日，投标人应当在资格预审公告期结束之日起 3 个工作日前，按公告要求提交资格证明文件。招标采购单位从评审合格的投标人中通过随机方式选择 3 家以上的投标人，并向其发出投标邀请书。

(三) 竞争性谈判

竞争性谈判，是指采购人或者采购代理机构直接邀请3家以上供应商就采购事宜与供应商分别进行一对一的谈判，最后通过谈判结果来选择供应商的一种采购方式。有下列情况之一的，可以采用：招标后没有供应商投标或者没有合格标的或者重新招标未能成立的；技术复杂或者性质特殊，不能确定详细规格或者具体要求的；采用招标所需时间不能满足用户紧急需要的；不能事先计算出价格总额的。

(四) 单一来源采购

单一来源采购，是指采购人直接从某个供应商或者承包商处购买所需货物、服务或者工程的采购方式。有下列情况之一的，可以采用：只能从唯一供应商处采购的；发生了不可预见的紧急情况；为了保证一致或配套服务从原供应商添购原合同金额10%以内情形的政府采购项目。

(五) 询价

询价采购是指采购人就采购项目向符合相应资格条件的供货商（不少于3家）发出询价通知，通过对报价进行比较确定成交供应商的采购方式。采购货物规格标准统一、货源充足且价格变化幅度小的可采用。

四、政府采购程序

政府采购程序有广义与狭义两层含义。广义的政府采购程序是指一个政府采购项目从一开始确定立项采购直至采购活动完全结束的完整的运作过程。狭义的政府采购程序是指为实现政府采购的目标，根据所确立的政府采购方式的特点，法律规定的执行该政府采购方式所应遵循的步骤。这里介绍的是狭义的政府采购程序。

(一) 招标采购程序

实行招标方式采购的，自招标文件开始发出之日起至提交投标文件截止之日止，不得少于20日。采用邀请招标方式采购的，采购人应当从符合相应资格条件的供应商中，通过随机方式选择3家以上的供应商，并向其发出招标邀请书。

(二) 竞争性谈判程序

采用竞争性谈判方式采购的，必经过政府采购监督管理部门的批准。竞争性谈判应当遵循下列程序：成立谈判小组。谈判小组由采购人的代表和有关专家共3人以上的单数组成，其中专家人数不得少于成员总数的2/3。制定谈判文件。谈判文件应当明确谈判程序、谈判内容、合同草案的条款以及评定成交的标准等事项。确定邀请参加谈判的供应商名单。谈判小组从符合相应资格条件的供应商名单中确定不少于3家的供应商参加谈判。谈判。谈判小组所有成员集中与单一供应商分别进行谈判。确定成交供应商。

(三) 询价程序

采取询价方式采购的，应当遵循下列程序：成立询价小组。询价小组由采购人的代表和有关专家共3人以上的单数组成,其中专家人数不得少于成员总数的2/3。确定被询价的供应商名单。从符合相应资格条件的供应商名单中确定不少于3家的供应商,并向其发出询价通知书让其报价。询价。询价小组要求被询价的供应商一次报出不得更改的价格。确定成交供应商。

五、政府采购监督检查

(一) 行政监督部门的监督检查职责

政府采购监督管理部门是指各级人民政府财政部门。

(二) 监督检查的主要内容

(1) 有关政府采购的法律、行政法规和规章的执行情况。

(2) 采购范围、采购方式和采购程序的执行情况。

(3) 政府采购人员的职业素质和专业技能。

(三) 对政府采购监督检查的其他规定和要求

(1) 政府采购监督管理部门不得设置集中采购机构,不得参与政府采购项目的采购活动。采购代理机构与行政机关不得存在隶属关系或者其他利益关系。

(2) 集中采购机构应当建立健全内部监督管理制度。采购活动的决策和执行程序应当明确,并相互监督、相互制约。

经办采购的人员与负责采购合同审核、验收人员的职责权限应当明确,并相互分离。

集中采购机构的采购人员应当具有相关职业素质和专业技能,符合政府采购监督管理部门规定的专业岗位任职要求。

六、违反《政府采购法》的法律责任

(一) 采购人、采购代理机构的法律责任

(1) 对采购人、采购代理机构有违法行为的,责令其限期改正,给予警告,可以并处罚款,对直接负责的主管人员和其他直接责任人员,由行政主管部门或者有关机关给予处分,并予通报。如应当采用公开招标方式而擅自采用其他方式采购的;擅自提高采购标准的;委托不具备政府采购业务代理资格的机构办理采购事务的。

(2) 采购人、采购代理机构及其工作人员构成犯罪的,依法追究刑事责任;尚不构成犯罪的,处以罚款,有违法所得的,并处没收违法所得,属于国家机关工作人员的,依法给予行政处分。如在采购过程中接受贿赂或者获取其他不正当利益的;开标前泄露标底的等。

(3) 采购人对应当实行集中采购的政府采购项目,不委托集中采购机构实行集中采购的,由政府采购监督管理部门责令改正;拒不改正的,停止按预算向其支付资金,由其上级行政主管部门或者有关机关依法给予直接负责人的主管人员和其他直接责任人处分。

（4）采购人未依法公布政府采购项目的采购标准和采购结果的，责令改正，对直接负责的主管人员依法给予处分。

（5）采购人、采购代理机构违反规定隐匿、销毁应当保存的采购文件或者伪造、变造采购文件的，由政府采购监督管理部门处以2万元以上10万元以下的罚款，对其直接负责的主管人员和其他责任人员依法给予处分；构成犯罪的，依法追究刑事责任。

（6）采购代理机构在代理政府采购业务中有违法行为的，按照有关法律规定处以罚款，可依法取消其进行相关业务的资格，构成犯罪的，依法追究刑事责任。

（二）供应商的法律责任

供应商有违法行为的，处以采购金额5‰以上10‰以下的罚款，列入不良行为记录名单，在1~3年内禁止参加政府采购活动，有违法所得的，并处没收违法所得，情节严重的，由工商行政机关吊销营业执照；构成犯罪的，依法追究刑事责任。如提供虚假材料谋取中标、成交的；与采购人、其他供应商或者采购代理机构恶意串通；向采购人、采购代理机构行贿或者提供其他不正当利益的等。

（三）监督管理部门的法律责任

（1）政府采购监督管理部门的工作人员在实施监督检查中违反规定滥用职权，玩忽职守，徇私舞弊的，依法给予行政处分，构成犯罪的，依法追究刑事责任。

（2）政府采购监督管理部门对集中采购机构业绩的考核，有虚假陈述，或者不作定期考核和公布考核结果的，应当及时纠正，由上级机关或者监察机关对其负责人进行通报，并对直接责任人依法给予行政处分。

（3）集中采购机构在政府采购监督管理部门考核中，虚报业绩，隐瞒真实情况的，处以2万元以上20万元以下的罚款，并予以通报，情节严重的取消其代理采购的资格。

模块二　会计法与审计法

一、会计法

（一）会计法的概念和基本原则

1. 会计法的概念

会计法是调整因国家管理会计工作和会计机构、会计人员在办理会计事务过程中所产生的会计关系的法律的总称。会计关系，是指以货币计量为基本形式，按照规定程序和方法，对经济业务活动或财务收支进行真实、准确、全面、系统、连续的记录、核算、分析和监督检查的会计活动中所产生的社会经济关系。

2. 会计法律制度

会计法律制度，是指国家权力机关和行政机关制定的各种有关会计工作的法律、法规、规章和规范性文件的总称。我国会计法律制度包括会计法律、会计行政法规、国家统一的会计制度。会计法律制度包括1985年1月21日第六届全国人大常委会第九次会议通过，于1985年5月1日开始实施的，后经1993年12月29日第八届全国人大常委会第五次会议和1999年10月31日第九届全国人大常委会第十二次会议两次修订，自2000年7月1日起施行的《中华人民共和国会计法》，另外还包括国务院发布的《企业财务会计报告条例》《总会计师条例》等，国务院财政部门制定发布的《会计基础工作规范》《代理记账管理办法》以及财政部门与国家档案局联合发布的《会计档案管理办法》等。

3. 会计法的基本原则

（1）合法性。国家机关、社会团体、企业、事业单位、个体工商户和其他组织办理会计事物，必须遵守《会计法》的有关规定；会计机构、会计人员必须遵守法律、法规，按照《会计法》的规定办理会计事物，进行会计核算，实行会计监督。

（2）完整性。各单位必须根据实际发生的经济业务事项进行会计核算，会计凭证、会计账簿及其他会计资料要真实、完整。

（3）真实性。确保会计资料真实、完整，是对会计工作的基本要求。《会计法》规定，各单位必须依法设置会计账簿，并保证其真实、完整。单位负责人对本单位的会计工作和会计资料的真实性、完整性负责。

（二）会计管理体制

会计管理体制是划分会计工作管理权限的制度。

1. 会计工作的领导体制

在我国，财政部门管理会计工作。国务院财政部门主管全国的会计工作，县级以上地方各级人民政府财政部门管理本行政区域内的会计工作，实行"统一领导，分级管理"的原则。

2. 会计制度的制定

会计制度是会计机构、会计人员办理会计事务的基本规范。国家实行统一的会计制度。《会计法》规定，国家统一的会计制度，由国务院财政部门根据本法制定并公布。

国务院有关部门可以依照《会计法》和国家统一的会计制度，制定对会计核算和会计监督有特殊要求的行业实施国家统一的会计制度的具体办法或者补充规定，报国务院财政部门审核批准。中国人民解放军总后勤部可以依照《会计法》和国家统一的会计制度制定军队实施国家统一的会计制度的具体办法，报国务院财政部门备案。

3. 会计机构和会计人员

（1）会计机构。

会计机构，是指各单位办理会计事务的职能部门。《会计法》规定，各单位应当根据会计业务的需要，设置会计机构，或者在相关机构中设置会计人员并指定会计主管人员，不具备设置条件的，应当委托经批准设立从事会计代理记账业务的中介机构代理记账。

各单位应当根据会计业务需要设置会计工作岗位。会计工作岗位的主要种类包括：会计机构负责人或者会计主管人员；出纳（出纳人员主要办理本单位的现金收付、银行结算及有关账务，保管库存现金、有价证券、财务印章及有关票据等工作）；财产物资核算；工资核算；成本费用核算；财务成果核算；资金核算；往来结算；总账报表；稽核；档案管理。

会计工作岗位，可以一人一岗、一人多岗或者一岗多人。但出纳人员不得兼任稽核、会计档案保管和收入、支出、费用、债权债务账目的登记工作。会计人员的工作岗位应当有计划地进行轮换。

（2）会计人员。

会计人员，是指直接从事会计工作的人员。

①会计人员任职资格。

会计人员应当遵守《会计法》和国家统一的会计制度等法律法规，具备良好的职业道德，按照国家有关规定参加继续教育，具备从事会计工作所需要的专业能力。

担任单位会计机构负责人（会计主管人员）的，应当具备会计师以上专业技术职务资格或者从事会计工作三年以上经历。

国有和国有资产占控股地位或主导地位的大中型企业必须设置总会计师。总会计师的任职资格、任免程序、职责权限由国务院规定。

②会计人员回避制度。

国家机关、国有企业、事业单位聘任会计人员应当实行回避制度。

与单位负责人存在夫妻关系、直系血亲关系、三代以内旁系血亲以及配偶亲关系的，不得担任本单位的会计机构负责人、会计主管人员。

与会计机构负责人、会计主管人员存在夫妻关系、直系血亲关系、三代以内旁系血亲以及配偶亲关系的，不得在本单位会计机构中担任出纳工作。

③会计人员工作交接。

会计人员调动工作、离职或者因故暂时不能工作，应与接管人员办清交接手续。一般会计人员办理交接手续，由会计机构负责人（会计主管人员）监交；会计机构负责人（会计主管人员）办理交接手续，由单位负责人监交，必要时主管单位可以派人会同监交。

移交人员在办理移交时，要按移交清册逐项移交；接替人员要逐项核对点收。交接完毕后，交接双方和监交人要在移交清册上签名或者盖章，并应在移交清册上注明：单位名称，交接日期，交接双方和监交人的职务、姓名，移交清册页数以及需要说明的问题和意见等。移交清册一般应当填制一式三份，交接双方各执一份，存档一份。接替人员应当继续使用移交的会计账簿，不得自行另立新账，以保持会计记录的连续性。移交人员对所移交的会计凭证、会计账簿、会计报表和其他有关资料的合法性、真实性承担法律责任。

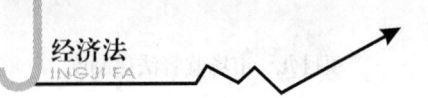

(三) 会计核算

会计核算是会计工作的基础，它是以货币为主要的计量单位，采用专门的会计方法，通过确认、计量、计算、记录、分类、汇总等程序，对特定主体的经济活动进行连续、系统、完整的反映，提供会计信息的全过程。《会计法》规定，各单位必须根据实际发生的经济业务事项进行会计核算，填制会计凭证，登记会计账簿，编制财务会计报告。任何单位不得以虚假的经济业务事项或者资料进行会计核算。

1. 会计核算的内容

会计核算的主要内容有：①款项和有价证券的收付；②财物的收发、增减和使用；③债权债务的发生和结算；④资本、基金的增减；⑤收入、支出、费用、成本的计算；⑥财务成果的计算和处理；⑦其他需要办理会计手续、进行会计核算的事项。

2. 会计年度和记账本位币

会计年度自公历1月1日起至12月31日止。

会计核算以人民币为记账本位币。业务收支以人民币以外的货币为主的单位，可以选定其中一种货币作为记账本位币，但是编报的财务会计报告应当折算为人民币。

3. 会计核算的要求

会计核算总的原则是要求会计凭证、会计账簿、财务会计报告和其他会计资料必须符合国家统一的会计制度的规定。使用电子计算机进行会计核算的，其软件及其生成的会计凭证、会计账簿、财务会计报告和其他会计资料也必须符合国家统一的会计制度的规定。任何单位和个人不得伪造、变造会计凭证、会计账簿及其他会计资料，不得提供虚假的财务会计报告。

（1）会计凭证。

会计凭证包括原始凭证和记账凭证。

①原始凭证。

原始凭证，是指在经济业务发生或完成时取得或填制的，用以记录或证明经济业务的发生或完成情况的原始凭据。原始凭证是进行会计核算的原始资料和重要依据。原始凭证按其取得的来源不同，可以分为自制原始凭证和外来原始凭证两类。

《会计法》规定，会计机构、会计人员必须按照国家统一的会计制度的规定对原始凭证进行审核，对不真实、不合法的原始凭证有权不予接受，并向单位负责人报告；对记载不准确、不完整的原始凭证予以退回，并要求按规定更正、补充。原始凭证记载的各项内容均不得涂改；原始凭证有错误的，应当由出具单位重开或者更正，更正处应当加盖出具单位印章。原始凭证金额有错误的，应当由出具单位重开，不得在原始凭证上更正。

②记账凭证。

记账凭证，又称记账凭单，是指会计人员根据审核无误的原始凭证，按照经济业务的内容加以归类，并据以确定会计分录后所填制的会计凭证。记账凭证是登记账簿的直接依据。常用的记账凭证有收款凭证、付款凭证、转账凭证等。记账凭证按其适用的经济业务，分为专用记账凭证和通用记账凭证两类。

可见，原始凭证和记账凭证都称为会计凭证，但就其性质来讲却截然不同。原始凭证记录的是经济信息，它是编制记账凭证的依据，是会计核算的基础；而记账凭证记录的是会计信息，它是会计核算的起点。

（2）会计账簿登记。

会计账簿包括总账、明细账、日记账和其他辅助性账簿。

会计账簿登记必须以经过审核的会计凭证为依据，并符合有关法律、行政法规和国家统一的会计制度的规定。会计账簿应当按照连续编号的页码顺序登记。会计账簿记录发生错误或者隔页、缺号、跳行的，应按国家统一的会计制度规定的方法更正，并由会计人员和会计机构负责人（会计主管人员）在更正处盖章。

使用电子计算机进行会计核算的，其会计账簿的登记、更正，应当符合国家统一的会计制度的规定。

（3）核对。

各单位应当建立财产清查制度，应当定期将会计账簿记录与实物、款项及有关资料相互核对，保证会计账簿记录与实物及款项的实有数额相符、会计账簿记录与会计凭证的有关内容相符、会计账簿之间相对应的记录相符、会计账簿记录与会计报表的有关内容相符，保证会计资料的真实性。

（4）财务会计报告。

财务会计报告应当根据经过审核的会计账簿记录和有关资料编制，并符合《会计法》和国家统一的会计制度关于财务会计报告的编制要求、提供对象和提供期限的规定；其他法律、行政法规另有规定的，从其规定。

财务会计报告由会计报表、会计报表附注和财务情况说明书组成，并应由单位负责人和主管会计工作的负责人、会计机构负责人（会计主管人员）签名并盖章；设置总会计师的单位，还须由总会计师签名并盖章。单位负责人应当保证财务会计报告真实、完整。

向不同的会计资料使用者提供的财务会计报告，其编制依据应当一致。有关法律、行政法规规定须经注册会计师审计的，注册会计师及其所在的会计师事务所出具的审计报告应当随同财务会计报告一并提供。单位提供的担保、未决诉讼等有关事项，应按规定在财务会计报告中予以说明。

（5）会计记录的文字及档案。

会计记录的文字应当使用中文。民族自治地方可以同时使用当地通用的一种民族文字。我国境内的外商投资企业、外国企业和其他外国组织的会计记录可以同时使用一种外国文字。

各单位对会计凭证、会计账簿、财务会计报告和其他会计资料应当建立档案，并妥善保管。会计档案的保管期限和销毁办法，由国务院财政部门会同有关部门制定。

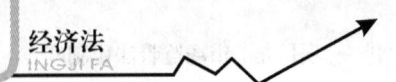

（四）会计监督

会计监督是会计的基本职能之一，加强会计监督，是保证会计信息质量、发挥会计管理作用的必要措施。会计监督分为单位内部监督、政府监督和社会监督，单位内部监督是会计监督的基础。

1. 单位内部监督

（1）单位内部会计监督制度的要求。

各单位应当建立、健全本单位内部会计监督制度并符合下列要求：①记账人员与经济业务事项和会计事项的审批人员、经办人员、财物保管人员的职责权限应当明确，并相互分离、相互制约；②重大对外投资、资产处置、资金调度和其他重要经济业务事项的决策和执行的相互监督、相互制约程序应当明确；③财产清查的范围、期限和组织程序应当明确；④对会计资料定期进行内部审计的办法和程序应当明确。

（2）单位负责人、会计机构、会计人员的责任。

单位负责人应当保证会计机构、会计人员依法履行职责，不得授意、指使、强令会计机构、会计人员违法办理会计事项。

会计机构、会计人员对违反《会计法》和国家统一的会计制度规定的会计事项，有权拒绝办理或者按照职权予以纠正。同时，单位内外相关方面都有责任、义务保证会计机构、会计人员依法行使职权，不能加以阻碍，更不能对会计机构、会计人员行使职权进行违法的干预。

《会计法》规定，会计机构、会计人员发现会计账簿记录与实物、款项及有关资料不相符的，按照国家统一的会计制度的规定有权自行处理的，应当及时处理，无权处理的，应当立即向单位负责人报告，请求查明原因，作出处理。

2. 政府监督

会计工作的政府监督是一种外部监督。根据《会计法》的规定，县级以上人民政府为各单位会计工作的监督检查部门，对各单位会计工作行使监督权，对违法会计行为实施行政处罚。此外，《会计法》还规定，财政、审计、税务、人民银行、证券监管、保险监管等部门按照各自的职责分工，依照有关法律、行政法规的规定，对有关单位的会计工作、会计资料实施监督检查。此外，财政部门有权对会计师事务所出具审计报告的程序和内容进行监督。

3. 社会监督

根据《会计法》的规定，有关法律、行政法规规定须经注册会计师进行审计的单位，应当向受委托的会计师事务所如实提供会计凭证、会计账簿、财务会计报告和其他会计资料以及有关情况。任何单位或个人不得以任何方式要求或者示意注册会计师及其所在的会计师事务所出具不实或不当的审计报告。

任何单位和个人对违反《会计法》和国家统一的会计制度规定的行为，有权检举。

（五）违反《会计法》的法律责任

（1）不依法设置会计账簿的；私设会计账簿的；未按照规定填制、取得原始凭证或者填制、取得的原始凭证不符合规定的；以未经审核的会计凭证为依据登记会计账簿或者登记会计账簿不符合规定的；随意变更会计处理方法的；向不同的会计资料使用者提供的财务会计报告编制依据不一致的；未按照规定使用会计记录文字或者记账本位币的；未按照规定保管会计资料，致使会计资料毁损、灭失的；未按照规定建立并实施单位内部会计监督制度或者拒绝依法实施的监督或者不如实提供有关会计资料及有关情况的；任用会计人员不符合本法规定等违反《会计法》规定的，由县级以上人民政府财政部门责令限期改正，可以对单位并处3 000元以上5万元以下的罚款，对其直接负责的主管人员和其他直接责任人员，可以处2 000元以上2万元以下的罚款，属于国家工作人员的，还应当由其所在单位或者有关单位依法给予行政处分；构成犯罪的，依法追究刑事责任。会计人员有上述行为之一，情节严重的，五年内不得从事会计工作。

（2）伪造、变造会计凭证、会计账簿，编制虚假财务会计报告，隐匿或者故意销毁依法应当保存的会计凭证、会计账簿、财务会计报告，构成犯罪的，依法追究刑事责任。有上述行为尚不构成犯罪的，由县级以上人民政府财政部门予以通报，可以对单位并处5 000元以上10万元以下的罚款；对其直接负责的主管人员和其他直接责任人员，可以处3 000元以上5万元以下的罚款；属于国家工作人员的，应当由其所在单位或者有关单位依法给予撤职直至开除的行政处分；其中的会计人员，五年内不得从事会计工作。

（3）授意、指使、强令会计机构、会计人员及其他人员伪造、变造会计凭证、会计账簿，编制虚假财务会计报告或者隐匿、故意销毁依法应当保存的会计凭证、会计账簿、财务会计报告，构成犯罪的，依法追究刑事责任；尚不构成犯罪的，可以处5 000元以上5万元以下的罚款；属于国家工作人员的，还应当由其所在单位或者有关单位依法给予降级、撤职、开除的行政处分。

（4）单位负责人对会计人员实行打击报复，构成犯罪的，依法追究刑事责任；尚不构成犯罪的，由其所在单位或者有关单位依法给予行政处分。对受打击报复的会计人员，应当恢复其名誉和原有职务、级别。

（5）财政部门及有关行政部门的工作人员在实施监督管理中滥用职权、玩忽职守、徇私舞弊或者泄露国家秘密、商业秘密，构成犯罪的，依法追究刑事责任；尚不构成犯罪的，依法给予行政处分。

二、审计法

（一）审计法的概念和基本原则

1. 审计法的概念

审计法是调整审计主体与被审计对象之间因审计而发生的审计关系的法律规范的总

称。审计法分为广义概念和狭义概念，广义的审计法是指有关审计工作的立法，既包括国家审计，也包括内部审计和社会审计的立法；狭义的审计法仅指调整国家审计关系的法，即《中华人民共和国审计法》（以下简称《审计法》）。

审计法的调整对象是审计关系，是指从事审计工作的专职机构和专业人员在审计过程中以及国家在管理审计工作中发生的社会关系。

2. 审计法的基本原则

（1）依法审计原则。该原则要求审计机关和审计人员应当依照法律规定行使审计监督权，开展各项审计活动。

（2）审计机关的职权只能由法定的审计机关行使。国务院和县级以上的地方各级人民政府设立审计机关，审计机关依照法律规定独立行使审计监督权。

（3）审计机关必须依法作出审计结果。审计机关必须在事实清楚的基础上，以相应法律规定或标准作为依据作出审计评价，要定性准确，处理、处罚正确、适当。

（4）独立审计原则。该原则是指审计机关独立行使审计监督权。

（5）廉洁奉公原则。该原则是指审计机关必须严格遵守审计工作纪律和工作程序，不得利用审计权力为自己或者他人谋取私利。

（二）审计管理体制

1. 审计机构

我国的审计体系由国家审计、内部审计和社会审计三个组成部分。

（1）国家审计。

国家审计，又称政府审计，是指由专门设立的政府审计机关依法对公共资金的运用状况进行的审计。国家审计具体法定性、强制性，其目的是对依法应当接受审计的财政收支、财务收支的真实性、合法性和效益进行审计监督，维护国家财政经济秩序，提高财政资金使用效益，促进廉政建设，保障国民经济和社会健康发展。

《审计法》规定，国家实行审计监督制度，国务院和县级以上地方人民政府设立审计机关。国务院设立审计署，在国务院总理的领导下，主管全国的审计工作。地方各级审计机关对本级人民政府和上一级审计机关负责并报告工作，审计业务以上级审计机关领导为主。

（2）内部审计。

内部审计，是指各单位内部设立的审计机构或审计人员对本单位的资产资金的使用效率、经济活动或经营活动的效益等进行的审计监督。

《审计法》规定，国务院各部门和地方人民政府各部门、国有的金融机构和企业事业组织，应当按照国家有关规定建立、健全内部审计制度。内部审计机构在本部门、本单位主要负责人的直接领导下，对本部门（行业）、本单位及其所属单位进行内部审计监督。各部门、国有的金融机构和企业事业组织的内部审计，应当接受审计机关的业务指导和监督。

（3）社会审计。

社会审计，是指由社会审计组织接受委托对反映被审计单位的经济活动和资产质量、经营绩效的财务会计报告的真实、客观和公允性实施的审计。

社会审计组织是指依法独立承办审计查证和咨询服务的机构。社会审计组织实行有偿服务，自收自支，独立核算，依法纳税。社会审计组织应当接受审计机关的指导、监督、管理，其就承办的审计事项所出具的审计报告，应当报送审计机关审定。

2. 审计人员

审计人员是审计机关或者其他审计机构中从事审计工作的专门人员。审计人员应当具备与其从事的审计工作相适应的专业知识和业务能力。审计人员履行职责时，应当遵守回避、保密、依法执行职务的原则。

（三）审计机关的权限

根据《审计法》的规定，审计机关进行审计时，具有下列权限：

（1）有权要求被审计单位按照规定报送预算或者财务收支计划、预算执行情况、决算、财务报告。

（2）有权检查被审计单位的会计凭证、会计账簿、会计报表以及其他与财政收支或者财务收支有关的资料和资产。

（3）有权就审计事项的有关问题向有关单位和个人进行调查，并取得有关证明材料。

（4）有权制止被审计单位正在进行的违反国家规定的财政收支、财务收支行为；制止无效的，经县级以上审计机关负责人批准，通知财政部门和有关主管部门暂停拨付与此有关的款项，已经拨付的，暂停使用。采取该项措施不得影响被审计单位合法的业务活动和生产经营活动。

（5）审计机关认为被审计单位所执行的上级主管部门有关财政收支、财务收支的规定与法律、行政法规相抵触的，应当建议有关主管部门纠正；有关主管部门不予纠正的，审计机关应当提请有权处理的机关依法处理。

（6）审计机关可以向政府有关部门通报或者向社会公布审计结果。

（四）审计程序

审计程序，是指审计机关和审计人员对审计项目实施审计的自始至终的工作步骤。

1. 审计准备

审计机关根据审计项目计划确定的审计事项组成审计组，并应当在实施审计3日前，向被审计单位送达审计通知书；遇有特殊情况，经本级人民政府批准，审计机关可以直接持审计通知书实施审计。

2. 实施审计

审计人员通过审查会计凭证、会计账簿、会计报表，查阅与审计事项有关的文件、资料，检查现金、实物、有价证券，向有关单位和个人调查等方式进行审计，并取得证明材料。

审计人员向有关单位和个人进行调查时，应当出示审计人员的工作证件和审计通知书副本。

3. 提出审计报告

审计组对审计事项实施审计后，应当向审计机关提出审计组的审计报告。审计组的审计报告报送审计机关前，应当征求被审计对象的意见。被审计对象应当自接到审计组的审计报告之日起10日内，将其书面意见送交审计组。审计组应当将被审计对象的书面意见一并报送审计机关。

4. 出具审计意见书，作出审计决定

审计机关按照审计署规定的程序对审计组的审计报告进行审议，并对被审计对象对审计组的审计报告提出的意见一并研究后，提出审计机关的审计报告；对违反国家规定的财政收支、财务收支行为，依法应当给予处理、处罚的，在法定职权范围内作出审计决定或者向有关主管机关提出处理、处罚的意见。

审计机关应当将审计机关的审计报告和审计决定送达被审计单位和有关主管机关、单位。审计决定自送达之日起生效。

(五) 违反《审计法》的法律责任

1. 被审计单位及其有关人员违反审计法的法律责任

被审计单位拒绝或者拖延提供与审计事项有关的资料的，或者拒绝、阻碍检查的，审计机关可以通报批评，给予警告；拒不改正的，依法追究责任。

被审计单位转移、隐匿、篡改、毁弃会计凭证、会计账簿、会计报表以及其他与财政收支或财务收支有关的资料的，审计机关应当向被审计单位或者其上级机关、监察机关提出对负有直接责任的主管人员和其他直接责任人员给予行政处分的建议；构成犯罪的，由司法机关依法追究刑事责任。

被审计单位转移、隐匿违法取得的资产的，审计机关认为对负有直接责任的主管人员和其他直接责任人员依法应给予行政处分的，应当提出建议，被审计单位或者其上级机关、监察机关应当依法及时作出决定；构成犯罪的，由司法机关依法追究刑事责任。

被审计单位有违反国家规定的财务收支行为的，审计机关、人民政府或者有关主管部门在法定职权范围内，依法责令限期缴纳应当上缴的收入，限期退还违法所得或被侵占的国有资产，以及采取其他纠正措施，并可依法给予处罚。

审计机关认为对上述行为负有直接责任的主管人员和其他直接责任人员，依法应当给予行政处分的，应当提出建议，被审计单位或者其上级机关、监察机关应当依法及时作出决定；构成犯罪的，由司法机关依法追究刑事责任。

报复陷害审计人员，构成犯罪的，依法追究刑事责任；不构成犯罪的，给予行政处分。

2. 审计人员违反审计法的法律责任

审计人员滥用职权、徇私舞弊、玩忽职守或者泄露所知悉的国家秘密、商业秘密的，依法给予处分；构成犯罪的，依法追究刑事责任。

模块三 房地产管理法

一、房地产管理法的概念和基本原则

（一）房地产管理法的概念

房地产管理法是调整房地产关系的法律规范的总称，有广义和狭义两种理解。狭义的房地产管理法仅指1994年7月5日第八届全国人民代表大会常务委员会第八次会议通过，1995年1月1日起实施的《中华人民共和国城市房地产管理法》。广义的房地产管理法，是指调整在房地产开发、经营、使用、交易、管理、服务等房地产相关活动中所产生的社会关系的法律规范的总称。房地产管理法调整对象可分为房地产民事关系、房地产行政管理关系和房地产经济关系。

（二）房地产管理法的基本原则

房地产管理法的基本原则是房地产管理法确定的法律范围与法律制度的基础，也是实施房地产管理法的基本准则。

1. 节约用地，保护耕地的原则

土地是一个国家的发展之本，国家经济发展水平和发展方式直接影响着土地利用政策，中华人民共和国成立以来，我国土地利用方式经历了从节约用地到节约集约用地的过程。节约用地，就是各项建设都要尽量节省用地，想方设法地不占或少占耕地。2008年，国务院《关于促进节约集约用地的通知》明确要求，切实保护耕地，大力促进节约集约用地：一要按照节约集约用地原则，审查调整各类相关规划和用地标准。二要充分利用现有建设用地，大力提高建设用地利用效率。三要充分发挥市场配置土地资源的基础性作用，健全节约集约用地长效机制。四要强化农村土地管理，稳步推进农村集体建设用地节约集约利用。五要加强监督检查，全面落实节约集约用地责任。

2. 有偿有期限原则

有偿有期限原则，即国家实行国有土地有偿有期限使用制度的原则。《中华人民共和国城市房地产管理法》第三条规定，国家依法实行国有土地有偿、有限期使用制度。但是，国家在本法规定的范围内划拨国有土地使用权的除外。国有土地有偿使用是国家将一定时期内的土地使用权提供给单位和个人使用，而土地使用者按照土地有偿使用合同的规

定，一次或分年度向国家缴纳土地有偿使用费的行为。土地有偿使用的方式包括：国有土地使用权出让；国有土地租赁；国有土地使用权作价出资或者入股。

3. 扶持发展居民住宅建设原则

住宅是城市居民基本的生活资料，居民住宅问题是城市重大的社会问题。保障城市居民的住宅权利，逐步改善居民的居住条件，对于促进城市经济发展，维护社会安定，有不可估量的作用。《中华人民共和国城市房地产管理法》第四条规定，国家根据社会、经济发展水平，扶持发展居民住宅建设，逐步改善居民的居住条件。

4. 保护合法权益原则

保护合法权益原则，即国家保护房地产权利人的合法权益，是维护房地产市场秩序，建立和培育完善的房地产市场体系的一个重要条件。《中华人民共和国城市房地产管理法》第五条规定，房地产权利人的合法权益受法律保护，任何单位和个人不得侵犯。第六条规定，为了公共利益的需要，国家可以征收国有土地上单位和个人的房屋，并依法给予拆迁补偿，维护被征收人的合法权益；征收个人住宅的，还应当保障被征收人的居住条件。具体办法由国务院规定。

二、房地产开发用地

房地产开发用地是指房地产开发商在房地产开发过程中所需要使用的土地，具体而言，就是对依法取得的国有土地使用权进行投资开发建设基础设施和房屋的国有土地。房地产开发用地的主要类型有土地使用权出让和土地使用权划拨。

（一）土地使用权出让

1. 土地使用权出让的概念

土地使用权出让，是指国家将国有土地使用权在一定年限内出让给土地使用者，由土地使用者向国家支付土地使用权出让金的行为。土地使用权出让，必须符合土地利用总体规划、城市规划和年度建设用地计划。

2. 土地使用权出让方式

土地使用权出让，可以采取拍卖、招标或者双方协议的方式。

商业、旅游、娱乐和豪华住宅用地，有条件的，必须采取拍卖、招标方式；没有条件，不能采取拍卖、招标方式的，可以采取双方协议的方式。采取双方协议方式出让土地使用权的出让金不得低于按国家规定所确定的最低价。

土地使用权出让，应当签订书面出让合同。土地使用权出让合同由市、县人民政府土地管理部门与土地使用者签订。

3. 土地使用权出让期限

（1）居住用地 70 年。

（2）工业用地 50 年。

（3）教育、科技、文化、卫生、体育用地50年。

（4）商业、旅游、娱乐用地40年。

（5）综合或者其他用地50年。

土地使用权出让合同约定的使用年限届满，土地使用者需要继续使用土地的，应当至迟于届满前一年申请续期，除根据社会公共利益需要收回该幅土地的，应当予以批准。经批准准予续期的，应当重新签订土地使用权出让合同，依照规定支付土地使用权出让金。土地使用权出让合同约定的使用年限届满，土地使用者未申请续期或者虽申请续期但依照前款规定未获批准的，土地使用权由国家无偿收回。

国家对土地使用者依法取得的土地使用权，在出让合同约定的使用年限届满前不收回；在特殊情况下，根据社会公共利益的需要，可以依照法律程序提前收回，并根据土地使用者使用土地的实际年限和开发土地的实际情况给予相应的补偿。

（二）土地使用权划拨

1. 土地使用权划拨的概念

土地使用权划拨，是指县级以上人民政府依法批准，在土地使用者缴纳补偿、安置等费用后将该幅土地交付其使用，或者将土地使用权无偿交付给土地使用者使用的行为。

依照《中华人民共和国城市房地产管理法》规定以划拨方式取得土地使用权的，除法律、行政法规另有规定外，没有使用期限的限制。

2. 土地使用权划拨的适用范围

下列建设用地的土地使用权，确属必需的，可以由县级以上人民政府依法批准划拨：①国家机关用地和军事用地；②城市基础设施用地和公益事业用地；③国家重点扶持的能源、交通、水利等项目用地；④法律、行政法规规定的其他用地。

三、房地产开发

（一）房地产开发的概念和特征

房地产开发是指在依法取得土地使用权的国有土地上进行基础设施、房屋建设的行为，包括土地开发和房屋开发。房地产开发具有以下特点：

（1）房地产开发是多部门协作活动，综合性强。

（2）房地产开发投资大、风险大。

（3）房地产开发周期长。

（4）房地产开发政策性强。

（二）房地产开发的基本原则

1. 依法在取得土地使用权的城市规划区国有土地范围内从事房地产开发的原则

房地产开发必须是城市国有土地，通过出让或划拨方式依法取得国有土地使用权是房地产开发的前提条件。农村集体土地不能直接用于房地产开发，集体土地必须事先通过国家征用转为国有土地后,才能成为房地产开发用地。

2. 房地产开发必须严格执行城市规划的原则

房地产开发与城市规划的关系极为密切。城市规划是城市发展的纲领,是城市各项建设包括房地产开发的依据。城市规划是指为了实现一定时期内城市的经济和社会发展目标,确定城市的性质、规模和发展方向,合理利用城市土地、协调城市空间布局和管理城市的基本依据,是保证城市土地合理利用和开发经营活动协调进行的前提和基础,是实现城市经济和社会发展目标的重要手段。房地产开发必须严格执行城市规划,实行全面规划、合理布局。城市规划也是从事房地产开发必须遵循的法律文件,房地产开发必须服从城市规划。

3. 房地产开发应当坚持全面规划,合理布局,综合开发,配套建设的原则

全面规划、合理布局、综合开发、配套建设是实施房地产综合开发最主要原则,是城市建设体制的一项重大成果,它有力地推动了我国房地产事业的发展,并取得了显著的成绩。房地产综合开发,是根据城市建设总体规划,统筹安排建设项目,分期施工,协调发展,以取得良好的经济效益、社会效益和环境效益的一种科学的建设经济管理方法。

4. 房地产开发必须坚持开发的产品质量合格的原则

房地产开发项目经过验收合格后,方能交付使用。因为房地产开发产品使用期限长、价值高,与人类生活关系密切。如果房屋的质量出现问题,则它的使用价值会降低,房屋的寿命将缩短;如有严重的质量问题,还会造成房屋毁损和人身伤亡,给产权人和使用人造成巨大的财产损失和其他损害。因此,必须限制这些严重损害社会公共利益和他人利益的房地产开发经营行为。为了贯彻执行这一原则,我国房地产法律明确规定:第一,房地产开发项目的设计、施工、必须符合国家的有关标准和规划;第二,该开发的房地产项目的竣工须经验收合格后才可使用,并投入市场。相反,不符合国家有关规定,不通过验收或验收不合格的,该房屋不得交付使用。

5. 房地产开发坚持鼓励开发建设住宅的原则

住宅建设是社会保障体系的一个重要方面,居住水平从不同程度上反映了人民生活水平和社会进步水平的高低。居民住宅既是人们基本的生活资料,也是人们的主要财产。保证住宅所有权的正确行使关系到人民切身利益,也关系到一个国家的社会生活秩序。住宅紧缺与人民要求改善居住条件、居住环境的矛盾是世界各国普遍面临的社会问题。因此,保障公民的住宅权利,改善其居住条件和居住环境,对于维护社会稳定,促进经济发展有重大的意义。

(三) 房地产开发企业

1. 房地产开发企业成立条件

房地产开发企业是以营利为目的,从事房地产开发和经营的企业。设立房地产开发企业,应当具备下列条件:

(1) 有自己的名称和组织机构。
(2) 有固定的经营场所。
(3) 有符合国务院规定的注册资本。
(4) 有足够的专业技术人员。
(5) 法律、行政法规规定的其他条件。

设立房地产开发企业，应当向工商行政管理部门申请设立登记。工商行政管理部门对符合本法规定条件的，应当予以登记，发给营业执照；对不符合本法规定条件的，不予登记。

设立有限责任公司、股份有限公司，从事房地产开发经营的，还应当执行公司法的有关规定。

房地产开发企业在领取营业执照后的一个月内，应当到登记机关所在地的县级以上地方人民政府规定的部门备案。

2. 房地产开发企业的资质

房地产开发企业按照企业条件分为一、二、三、四四个资质等级。

国务院建设行政主管部门负责全国房地产开发企业的资质管理工作；县级以上地方人民政府房地产开发主管部门负责本行政区域内房地产开发企业的资质管理工作。

(四) 房地产开发管理

房地产开发项目管理是以高效率地实现项目目标为最终目的，以项目经理负责制为基础，运用系统工程的观点、理论和方法，开发项目建设的全过程按其内在运行规律进行有效的计划、组织、协调、监督和控制的管理系统。

1. 房地产开发项目的工程管理

房地产开发项目的工程管理是指从项目开工准备到竣工验收的全过程所进行的管理。由于房地产开发项目建筑施工与安装任务通常是委托承包给建筑施工单位来完成的，所以开发项目的工程管理，主要是以合同管理为手段，运用计划、组织、协调、控制、检查、验收等方法，对开发项目施工建设中的技术活动和经济活动，按照国家标准、规范和合同规定的目标，进行严格监督、控制和管理，以确保开发项目总体目标的最终实现。

2. 房地产开发项目的工程建设监理

工程建设监理简称为工程监理，是对建设者在工程项目实施过程中的技术活动和经济活动进行管理，使这些活动及其结果符合有关法规、技术标准、规范和工程合同要求，实现房地产开发商的预期投资目标，同时使房地产开发商能在开发计划期限内以合理的造价和合格的质量提供房地产产品给市场消费者。工程建设监理可分为两个层次，即政府对工程建设的监理和社会对工程建设的监理。

3. 房地产开发项目的工程建设竣工验收

竣工验收是施工过程的最后一道程序，是全面检验设计和施工质量、考核工程造价的重要环节。通过竣工验收，质量合格的物业即投入使用，可以出售或出租给房户。对于预租或预售的物业，通过投入使用，房地产开发商可以得到扣除预付额外的其他款项。因此，竣工的建设项目和单项工程，都应该及时按照国家有关规定和质量标准，组织竣工验收。

四、房地产交易

（一）房地产交易的概念和特征

房地产交易有广义和狭义两种理解。广义的房地产交易是指当事人之间不仅进行房地产转让、抵押、租赁等交易行为，还包括与房地产交易行为有着密切关系的房地产价格的确定、房地产交易的中介服务等。狭义的房地产交易是指当事人之间进行的房地产转让、房地产抵押和房屋租赁的活动。

作为一种特殊商品的交换形式，房地产交易既具有一般商品交换的性质和法律特征，也具有与一般商品交易不同的特征。

1. 房地产交易对象的特殊性

房地产交易的对象是作为特殊商品的房地产，包括土地使用权、土地上的房屋以及其他建筑物的所有权。它比一般商品交易复杂得多，交易的顺利完成，通常需要有关中介服务机构和专业人员的介入。而且房地产交易无论以何种形式出现，都会涉及土地资源占用和土地收益的重新分配，并会在一定程度上对整个社会的生产、生活产生影响，具有较强的社会性。

2. 房地产交易可分为房产交易和地产交易

由于房地产的不动产属性，房产交易和地产交易虽有独立的内容，但又密不可分，二者总是结合在一起的。在进行建筑物及其附属物所有权的交易时，其所占土地的使用权也随之转移；在进行土地使用权转让时，其地上建筑物及其附属物所有权也随之转移。

3. 房地产交易形式的确定性

房地产交易的形式仅包括房地产转让、房地产抵押和房屋租赁，不包括房地产开发，也不包括不支付对价的房地产继承等。

4. 房地产交易为要式法律行为

《中华人民共和国城市房地产管理法》规定，房地产权属的变动必须办理变更登记手续。所以，要想完成房地产的交易，就必须依法办理相应的登记手续。

（二）房地产交易的基本原则

房地产交易的基本原则是贯穿于房地产法始终，并具有普遍指导意义的重要的交易规则。就房地产交易的性质而言，一般是平等主体之间的民事法律行为，基于这种行为而形成的法律关系主要是民事法律关系。因此，房地产交易应遵守平等、自愿、等价有偿、诚实信用等民法的一般原则。但房地产交易与一般的交易行为相比，无论从交易的主体、客体来讲，还是从交易的内容和形式来讲，都具有许多特殊性，且较一般的交易关系复杂得多。因此，在房地产交易中还必须遵守房地产法所特有的一些原则。

1. 房地一体原则

由于土地与房屋等地上建筑物，在物质形态上具有不可分割性，为了维护交易双方的合法权益，便于土地和房屋的合理利用，《中华人民共和国城市房地产管理法》明确规定，房地产转让、抵押时，房屋的所有权和该房屋占用范围内的土地使用权同时转让、抵押。《城镇国有土地使用权出让和转让暂行条例》也明确规定，土地使用权转让时，其地上建筑物、其他附着物所有权随之转让。可见，房地产转让、抵押时，房屋所有权和土地使用权必须同时转让、抵押，不得将房屋所有权与土地使用权分别转让或抵押。

2. 依法登记的原则

由房地产本身的特性所决定，房地产的权属关系、权利状态及权属关系的变化，均难以从其占有状态上反映出来。为了维护权利人的合法权益，防止欺诈行为，保持良好的交易秩序，世界各国都对房地产交易实行了登记制度。我国也不例外，《中华人民共和国城市房地产管理法》明确规定，房地产转让或者变更时，应当向县级以上地方人民政府房产管理部门申请房产变更登记，并凭变更后的房屋所有权证书向同级人民政府土地管理部门申请土地使用权变更登记。不依法办理登记手续的，其房地产的转让不具有法律效力，不受国家法律的保护。

3. 房地产交易价格评估和申报原则

房地产价格问题是房地产交易和房地产市场的核心问题。为了稳定房地产价格，维护房地产市场秩序，保护购房人的合法权益，《中华人民共和国城市房地产管理法》明确规定，基准地价、标定地价和各类房屋的重置价格，应当定期确定并公布。

国家实行房地产价格评估制度。房地产价格评估，应当遵循公正、公平、公开的原则，按照国家规定的技术标准和评估程序，以基准地价、标定地价和各类房屋的重置价格为基础，参照当地的市场价格进行评估。

国家实行房地产成交价格申报制度。房地产权利人转让房地产，应当向县级以上地方人民政府规定的部门如实申报成交价，不得瞒报或者作不实的申报。

（三）房地产转让

1. 房地产转让的概念

房地产转让，是指房地产权利人通过买卖、赠与或者其他合法方式将其房地产转移给他人的行为。

2. 房地产转让的条件

（1）以出让方式取得土地使用权的。

以出让方式取得土地使用权的，转让房地产时，应当符合下列条件：

①按照出让合同约定已经支付全部土地使用权出让金，并取得土地使用权证书。

②按照出让合同约定进行投资开发，属于房屋建设工程的，完成开发投资总额的百分之二十五以上，属于成片开发土地的，形成工业用地或者其他建设用地条件。

转让房地产时房屋已经建成的，还应当持有房屋所有权证书。

以出让方式取得土地使用权的，转让房地产后，其土地使用权的使用年限为原土地使用权出让合同约定的使用年限减去原土地使用者已经使用年限后的剩余年限。

以出让方式取得土地使用权的，转让房地产后，受让人改变原土地使用权出让合同约定的土地用途的，必须取得原出让方和市、县人民政府城市规划行政主管部门的同意，签订土地使用权出让合同变更协议或者重新签订土地使用权出让合同，相应调整土地使用权出让金。

（2）以划拨方式取得土地使用权的。

以划拨方式取得土地使用权的，转让房地产时，应当按照国务院规定，报有批准权的人民政府审批。有批准权的人民政府准予转让的，应当由受让方办理土地使用权出让手续，并依照国家有关规定缴纳土地使用权出让金。

以划拨方式取得土地使用权的，转让房地产报批时，有批准权的人民政府按照国务院规定决定可以不办理土地使用权出让手续的，转让方应当按照国务院规定将转让房地产所获收益中的土地收益上缴国家或者作其他处理。

3. 房地产不得转让的情形

下列房地产，不得转让：

（1）以出让方式取得土地使用权的，不符合《中华人民共和国城市房地产管理法》第三十九条规定的条件的。

（2）司法机关和行政机关依法裁定、决定查封或者以其他形式限制房地产权利的。

（3）依法收回土地使用权的。

（4）共有房地产，未经其他共有人书面同意的。

（5）权属有争议的。

（6）未依法登记领取权属证书的。

（7）法律、行政法规规定禁止转让的其他情形。

4. 房地产转让合同

房地产转让，应当签订书面转让合同，合同中应当载明土地使用权取得的方式。

（四）商品房预售

1. 商品房预售的概念

商品房预售是指房地产开发经营企业将正在建设中的房屋预先出售给承购人，由承购人支付定金或者房价款的行为。

2. 商品房预售的条件

（1）已交付全部土地使用权出让金，取得土地使用权证书。

（2）持有建设工程规划许可证。

（3）按提供预售的商品房计算，投入开发建设的资金达到工程建设总投资的25%以上，并已经确定施工进度和竣工交付日期。

（4）向县级以上人民政府房产管理部门办理预售登记，取得商品房预售许可证明。

商品房预售人应当按照国家有关规定将预售合同报县级以上人民政府房产管理部门和土地管理部门登记备案。

商品房预售所得款项，必须用于有关的工程建设。

（五）房地产抵押

1. 房地产抵押的概念

房地产抵押，是指抵押人以其合法的房地产以不转移占有的方式向抵押权人提供债务履行担保的行为。债务人不履行债务时，抵押权人有权依法以抵押的房地产拍卖所得的价款优先受偿。

2. 房地产抵押的范围

（1）依法取得的房屋所有权连同该房屋占用范围内的土地使用权，可以设定抵押权。

（2）以出让方式取得的土地使用权，可以设定抵押权。

3. 房地产抵押合同

房地产抵押，抵押人和抵押权人应当签订书面抵押合同。房地产抵押合同是指债务人或者第三人不移转对房地产的占有，将房地产作为债权担保而与债权人达成的明确相互权利义务关系的协议。

4. 房地产抵押登记

依照《城市房地产抵押管理办法》的规定，房地产抵押合同自签订之日起三十日内，抵押当事人应当到房地产所在地的房地产管理部门办理房地产抵押登记。房地产抵押合同自抵押登记之日起生效。

抵押合同发生变更或者抵押关系终止时，抵押当事人应当在变更或者终止之日起15日内，到原登记机关办理变更或者注销抵押登记。

（六）房屋租赁

1. 房屋租赁的概念

房屋租赁，是指房屋所有权人作为出租人将其房屋出租给承租人使用，由承租人向出租人支付租金的行为。按房屋所有权不同，房屋租赁可分为公房租赁和私房租赁。

2. 房屋租赁合同

房屋租赁，出租人和承租人应当签订书面租赁合同，约定租赁期限、租赁用途、租赁价格、修缮责任等条款，以及双方的其他权利和义务，并向房产管理部门登记备案。

住宅用房的租赁，应当执行国家和房屋所在城市人民政府规定的租赁政策。租用房屋从事生产、经营活动的，由租赁双方协商议定租金和其他租赁条款。

（七）房地产中介服务机构

1. 房地产中介服务机构的概念

房地产中介服务机构，是指在房地产市场上为从事房地产投资、开发和交易等活动的主体提供咨询、经纪和评估等业务服务的机构。

2. 房地产中介机构的成立条件

房地产中介服务机构应当具备下列条件：

（1）有自己的名称和组织机构。

（2）有固定的服务场所。

（3）有必要的财产和经费。

（4）有足够数量的专业人员。

（5）法律、行政法规规定的其他条件。

设立房地产中介服务机构，应当向工商行政管理部门申请设立登记，领取营业执照后，方可开业。

五、房地产权属登记

房地产权属登记，是指法律授权的权威机构依法对房地产的权属现状及变更予以确认的一项重要活动，包括了对土地使用权和房屋所有权以及由上述权利产生的抵押权、典权等房地产他项权利进行的登记。

以出让或者划拨方式取得土地使用权，应当向县级以上地方人民政府土地管理部门申请登记，经县级以上地方人民政府土地管理部门核实，由同级人民政府颁发土地使用权证书。

在依法取得的房地产开发用地上建成房屋的，应当凭土地使用权证书向县级以上地方人民政府房产管理部门申请登记，由县级以上地方人民政府房产管理部门核实并颁发房屋所有权证书。

房地产转让或者变更时，应当向县级以上地方人民政府房产管理部门申请房产变更登记，并凭变更后的房屋所有权证书向同级人民政府土地管理部门申请土地使用权变更登记，经同级人民政府土地管理部门核实，由同级人民政府更换或者更改土地使用权证书。法律另有规定的，依照有关法律的规定办理。

六、违反《中华人民共和国城市房地产管理法》的法律责任

擅自批准出让或者擅自出让土地使用权用于房地产开发的，由上级机关或者所在单位给予有关责任人员行政处分。

未取得营业执照擅自从事房地产开发业务的，由县级以上人民政府工商行政管理部门责令停止房地产开发业务活动，没收违法所得，可以并处罚款。

违法转让土地使用权的,由县级以上人民政府土地管理部门没收违法所得,可以并处罚款。

违法转让房地产的,由县级以上人民政府土地管理部门责令缴纳土地使用权出让金,没收违法所得,可以并处罚款。

违法预售商品房的,由县级以上人民政府房产管理部门责令停止预售活动,没收违法所得,可以并处罚款。

未取得营业执照擅自从事房地产中介服务业务的,由县级以上人民政府工商行政管理部门责令停止房地产中介服务业务活动,没收违法所得,可以并处罚款。

没有法律、法规的依据,向房地产开发企业收费的,上级机关应当责令退回所收取的钱款;情节严重的,由上级机关或者所在单位给予直接责任人员行政处分。

房产管理部门、土地管理部门工作人员玩忽职守、滥用职权,构成犯罪的,依法追究刑事责任;不构成犯罪的,给予行政处分。

房产管理部门、土地管理部门工作人员利用职务上的便利,索取他人财物,或者非法收受他人财物为他人谋取利益,构成犯罪的,依法追究刑事责任;不构成犯罪的,给予行政处分。

模块四 环境保护法

一、环境保护法的概念和基本原则

(一) 环境保护法的概念

环境保护法是一个新兴的处于迅速发展和变化中的法律部门,其称谓在各国立法和理论上的表述上有相当的差异。如有的国家称环境法,有的国家称公害法,有的国家称污染控制法,有的国家称自然资源保护法等。我国在立法上称其为环境保护法。

一般认为,环境保护法是指调整因保护和改善环境,合理利用自然资源,防治污染和其他公害而产生的社会关系的法律规范的总称。环境保护法具有综合性、技术性和社会性的特点。环境保护法的目的是保护和改善环境,防治污染和其他公害,保障公众健康,推进生态文明建设,促进经济社会可持续发展。

(二) 环境保护法的基本原则

1. 保护优先原则

保护优先原则源于经济社会发展与环境保护协调发展的原则。保护优先原则是指为了实现人类社会的可持续发展,应当以环境利益为优先,是主体对环境的保护行为优先于对环境的开发利用行为。该原则的具体内涵为:环境利益优先与保护行为优先,充分体现了对环境法目的的追求和对人类行为的指引。

2. 预防为主、综合治理的原则

防为主、综合治理的原则是由环境污染与危害的特性决定的：环境污染一旦发生，一般在短期内难以消除，不少环境要素遭到破坏后，要恢复正常极为困难，有的甚至是不可恢复的，所以要以预防为主；环境污染引起的某些疾病，潜伏期长，不易被发现，发病以后难以根治；环境受污染和破坏后，治理和恢复的代价很高；要将环境污染控制在最小的程度，光着眼于对新污染的"防"尚不够，还要对已有的污染与破坏采取综合性的措施进行积极治理。

3. 公众参与原则

《中华人民共和国环境保护法》（以下简称《环境保护法》）第六条规定，一切单位和个人都有保护环境的义务。公民应当增强环境保护意识，采取低碳、节俭的生活方式，自觉履行环境保护义务。这也是我党的群众路线在环境保护工作上的具体体现。环境质量的好坏，关系到所有人的生活和健康。保护环境是公民基本权利的一部分，也是人人应尽的义务。

4. 损害担责原则

损害担责原则是指对环境造成任何不利影响的行为人，应承担恢复环境、修复生态或支付上述费用的法定义务或法律责任。

二、环境保护法的基本制度

（一）环境保护法基本制度概述

环境保护法的基本制度，是环境保护法基本原则的规范化，是为保证实现环境保护法的目的制定的，起到环境保护管理作用的重要法律制度，是我国实践经验的总结。我国环境保护法的基本制度主要有：环境影响评价制度、"三同时"制度、排污申报登记制度、排污收费制度、限期治理制度、现场检查制度和污染事故报告制度等。

（二）环境影响评价制度

1. 环境影响评价制度的概念

环境影响评价是指对拟建的开发建设项目及其他影响环境的活动，可能会对有关地区的环境产生的影响进行调查、预测和评价，并提出预防环境污染和破坏的措施。环境影响评价制度，是指将环境影响评价、编制和环境影响报告书的内容和程序依法进行审批的制度。

我国环境保护法规定，编制有关开发利用规划，建设对环境有影响的项目，应当依法进行环境影响评价。未依法进行环境影响评价的开发利用规划，不得组织实施；未依法进行环境影响评价的建设项目，不得开工建设。

2. 环境影响评价制度的适用

根据我国环境保护法律和有关行政法规的规定，建设项目对环境可能造成重大影响的，应当编制环境影响报告书，对建设项目产生的污染和对环境的影响进行全面、详细的评价。具体建设项目大体上包括：一切对自然环境产生影响或排放污染物对周围环境产生影响的大中型工业建设项目；一切对自然环境和生态平衡产生影响的大中型水利枢纽、矿山、港口、铁路、公路建设项目；大面积开垦荒地和采伐森林的基本建设项目；对珍稀野生动植物资源的生存和发展产生严重影响，甚至造成灭绝的大中型建设项目；对各种生态类型的自然保护区和有重要科学价值的特殊地质、地貌地区产生严重影响的建设项目等。建设项目对环境可能造成轻度影响的，应当编制环境影响报告表，对建设项目产生的污染和对环境的影响进行分析或者专项评价；建设项目对环境影响很小的，也需要填报环境影响登记表。

（三）"三同时"制度

1. "三同时"制度的概念

"三同时"制度是指建设项目中防治污染的设施，必须与主体工程同时设计、同时施工、同时投产使用。建设项目是指新建、改建、扩建的对环境有影响的一切基本建设项目、技术改造项目。基本建设项目是利用基本建设资金进行的建设项目；技术改造项目，是利用更新改造资金进行挖潜、革新、改造的工程项目。

2. "三同时"制度的内容

（1）同时设计。

同时设计指建设单位在委托设计时，要将防治污染和生态破坏的设施与主体工程一起委托设计，在不同的设计阶段有不同的要求。

（2）同时施工。

同时施工指在施工时，施工单位应当注意保护施工所在地区的环境，防止对自然环境造成不应有的破坏，防止和减轻粉尘、噪声、震动等对周围生活居住区的污染和危害。如果环境影响报告书（表）未经批准的建设项目，其他有关部门都不能给予办理征地、贷款、施工执照，以确保"三同时"制度的贯彻。

（3）同时投产使用。

同时投产使用指防治污染和生态破坏的设施经验收合格后，与主体工程同时投入运行，不得闲置或不维持正常运行。其程序是，建设项目在正式投产或使用前，建设单位向负责审批的环境保护部门提交"环境保护设施竣工验收报告"，说明环境保护设施运行的情况，治理的效果，达到的标准。经验收合格并发给"环境保护设施验收合格证"后，方可正式投入生产或使用。为保证投产后持续运转，《环境保护法》规定，"防治污染的设施应当符合经批准的环境影响评价文件下的要求，不得擅自拆除或者闲置"为"三同时"做了最后的保证。

(四) 排污申报登记制度

排污申报登记制度是指排污者根据法律、法规的规定，向所在地的环境保护主管部门申报登记其排放污染物的情况，提供防治污染的有关资料，以及在排放污染物有重大改变时的申报制度。

我国环境保护法规定，排放污染物的企业事业单位，必须依照国务院环境保护行政主管部门的规定申报登记。这些排污单位是指在中华人民共和国领域内及中华人民共和国管辖的其他海域内直接或者间接向环境排放污染物、工业和建筑施工噪声或者产生固体废物的企业事业单位。

排污申报登记制度是治理的基础，不但可以使环境保护部门掌握本地区排污单位的环境污染的现状及可能的变化，也是实施其他配套制度的先决条件，执行好排污申报登记制度，才能顺利地执行排污许可证、现场检查、污染事故等制度。执行好这项制度有利于环境保护部门对环境进行监督管理，也有利于排污单位做好污染防治工作。

(五) 排污许可制度

我国环境保护法规定，国家依照法律规定实行排污许可管理制度。实行排污许可管理的企业事业单位和其他生产经营者应当按照排污许可证的要求排放污染物；未取得排污许可证的，不得排放污染物。

(六) 排污收费制度

排污收费制度又称征收排污费制度，是指向环境中排放污染物或超过规定的标准排放污染物的排污者，依法交纳一定数额的费用，用于防治污染的制度。我国环境保护法规定，排放污染物的企业事业单位和其他生产经营者，应当按照国家有关规定缴纳排污费。排污费应当全部专项用于环境污染防治，任何单位和个人不得截留、挤占或者挪作他用。

思政园地

"五位一体"总体布局

"五位一体"总体布局的主要内容是经济建设、政治建设、文化建设、社会建设、生态文明建设。

经济建设，以提高发展质量和效益为中心，以供给侧结构性改革为主线，加快形成引领经济发展新常态的体制机制和发展方式，深入实施创新驱动发展战略，推动科技与经济深度融合，促进新型工业化、信息化、城镇化、农业现代化同步发展，形成区域协调发展新格局，发展更高层次的开放型经济。

政治建设，坚持党的领导、人民当家作主、依法治国有机统一，以保证人民当家作主为根本，以增强党和国家活力、调动人民积极性为目标，以加强党的领导为根本保证，把制度建设摆在突出位置，加快建设社会主义法治国家，推进国家治理能力和治理体系现代化。

文化建设，坚持把社会效益放在首位，社会效益和经济效益相统一。以社会主义核心价值观为引领，加强思想道德建设和社会诚信建设，丰富文化产品和服务，发挥文化引领风尚、教育人民、服务社会、推动发展的作用。

社会建设，解决好人民群众最关心最直接最现实的利益问题，在学有所教、劳有所得、病有所医、老有所养、住有所居上持续取得新进展。围绕构建中国特色的社会管理体系，加快形成党委领导、政府负责、社会协同、法治保障的社会管理体制，提高公共服务共建能力和共享水平。正确处理人民内部矛盾，建立健全党和政府主导的维护群众权益机制。

生态文明建设，要加快建设资源节约型、环境友好型社会，形成人与自然和谐发展的现代化建设新格局，加快绿色发展，推进美丽中国建设，为全球生态安全和人类可持续发展作出新贡献。

"五位一体"总布局是一个有机整体，其中经济建设是根本，政治建设是保证，文化建设是灵魂，社会建设是条件，生态文明建设是基础。

思政要点：
1. 培养学生具有建设富强民主文明和谐的社会主义现代化国家的责任感。
2. 培养学生具有浓厚的家国情怀、环保意识，体会中国特色社会主义制度的优越性。

三、违反《环境保护法》的法律责任

（一）环境行政责任

环境行政责任是指违反了环境保护法，实施破坏或者污染环境的单位或者个人所应承担的行政方面的法律责任。环境行政责任的主体可以是行政相对人，也可以是环境行政主体。环境保护法主要规定了环境行政相对人的环境行政责任。

（二）环境民事责任

环境民事责任是指单位或者个人因污染危害环境而侵害了公共财产或者他人的人身、财产所应承担的民事方面的责任。

（三）环境刑事责任

环境刑事责任是指行为人故意或过失实施了严重危害环境的行为，并造成了人身伤亡或公私财产的严重损失，已经构成犯罪要承担刑事制裁的法律责任。

课后训练

一、基础练习

1. 简述政府采购当事人。
2. 简述政府采购方式。
3. 简述会计职业道德。
4. 简述会计回避。
5. 简述土地使用权出让和土地使用权划拨的区别。
6. 简述房地产交易方式。
7. 简述环境保护法基本原则。
8. 简述环境保护法基本制度。

二、案例分析

某市公安局为落实某紧急安保任务，急需采购一批安保巡逻用车。在未取得市政府采购监督管理部门批准的情况下，采用了竞争性谈判的方式进行采购，分别向 A、B、C、D 四家车辆供应商发出竞争性谈判文件。在文件中规定，包括谈判文件上的报价在内的两轮报价为最终报价。在进行竞争性谈判当日，由公安局领导组成的谈判小组与各供应商进行了谈判。第二轮封闭报价结束后，该项目的负责人口头通知各供应商因为价格均超过采购预算，所以要进行第三次报价。各供应商都表示同意，并进行了第三次报价，最终 B 因价格方面略占优势，成为排在第一的预中标人。问：

1. 案例中所涉项目采用竞争性谈判采购方式是否妥当？为什么？
2. 该项目采用竞争性谈判的过程中有何不妥之处？

三、实训任务

以班级为单位，分小组起草一份房屋租赁合同。

项目十　劳动与社会保险法律制度

一、知识框架

（一）劳动合同法

劳动合同法是为了完善劳动合同制度，明确劳动者和用人单位之间的权利和义务，保护劳动者的合法权益，构建和发展和谐稳定的劳动关系而制定的劳动法律。

我国境内的企业、个体经济组织、民办非企业单位等组织与劳动者建立劳动关系，订立、履行、变更、解除或者终止劳动合同，适用本法。国家机关、事业单位、社会团体和与其建立劳动关系的劳动者，订立、履行、变更、解除或者终止劳动合同，依照本法执行。

（二）社会保险法

社会保险法是调整社会保险法律关系的法律规范。它对社会保险的项目体系、实施范围与实施对象、经费来源、待遇标准、发放办法等内容作出了法律规定。当社会成员遭受年老、疾病、伤残、失业、死亡、生育等风险时，根据社会保险法律制度，人们能够得到一定的物质帮助，渡过难关，社会保险法是一部体现社会互助共济制度的法律。

二、学习目标

（一）知识目标

（1）劳动合同的订立、履行、变更、解除和终止，集体合同，劳务派遣，劳动争议的解决。

（2）养老保险、医疗保险、工伤保险、失业保险。

（二）能力目标

（1）培养学生运用劳动法律知识解决实际问题的能力。

（2）培养学生运用社会保险法律知识维护自身合法权益的能力。

（三）思政目标

（1）培养学生的劳动意识、劳动热情、劳动素质、劳动观念。

（2）保障平等就业、反对就业歧视。

（3）培养学生尊老爱幼，扶弱济贫，友爱助人的高尚情怀和人道主义精神。

三、法律法规

(1)《中华人民共和国劳动法》。
(2)《中华人民共和国劳动合同法》。
(3)《中华人民共和国社会保险法》。
(4)《中华人民共和国劳动争议调解仲裁法》。
(5)《中华人民共和国劳动合同法实施条例》。
(6)《职工带薪年休假条例》。
(7)《工伤保险条例》。
(8)《失业保险条例》。

模块一　劳动合同法

一、劳动关系与劳动合同

(一) 劳动关系与劳动合同的概念与特征

1. 劳动关系与劳动合同的概念

劳动关系是指劳动者与用人单位依法签订劳动合同而在劳动者与用人单位之间产生的法律关系。劳动者接受用人单位的管理，从事用人单位安排的工作，成为用人单位的成员，从用人单位领取劳动报酬和受劳动保护。

劳动合同是劳动者和用人单位之间依法确立劳动关系，明确双方权利义务的协议。

为规范劳动关系，国家陆续颁布了一系列相关法律、法规和规章，如1994年7月5日第八届全国人民代表大会常务委员会第八次会议通过、2009年8月27日第十一届全国人民代表大会常务委员会第十次会议修正的《中华人民共和国劳动法》(以下简称《劳动法》)，2007年6月29日第十届全国人民代表大会常务委员会第二十八次会议通过、2012年12月28日第十一届全国人民代表大会常务委员会第三十次会议修正的《中华人民共和国劳动合同法》(以下简称《劳动合同法》)，2007年12月29日第十届全国人民代表大会常务委员会第三十一次会议通过的《中华人民共和国劳动争议调解仲裁法》(以下简称《调解仲裁法》)，以及2008年9月18日国务院令第535号发布的《中华人民共和国劳动合同法实施条例》(以下简称《劳动合同法实施条例》)，2007年12月14日国务院令第514号发布的《职工带薪年休假条例》等。这些法律法规构成了我国劳动法或劳动合同法律制度的主要内容。

2. 劳动关系的特征

与一般的民事关系不同，劳动关系有其自身独有的特征：

（1）劳动关系的主体具有特定性。劳动关系主体的一方是劳动者，另一方是用人单位。

（2）劳动关系的内容具有较强的法定性。劳动合同涉及财产和人身关系，劳动者在签订劳动合同后，就会隶属于用人单位，受到用人单位的管理。为保护处于弱势的劳动者的权益，法律规定了较多的强制性规范，当事人签订劳动合同不得违反强制性规定，否则无效。

（3）劳动者在签订和履行劳动合同时的地位是不同的。劳动者与用人单位在签订劳动合同时，遵循平等、自愿、协商一致的原则，双方法律地位是平等的；一旦双方签订了劳动合同，在履行劳动合同的过程中，用人单位和劳动者就具有了支配与被支配、管理与服从的从属关系。

（二）《劳动合同法》的适用范围

中华人民共和国境内的企业、个体经济组织、民办非企业单位等组织（以下称用人单位）与劳动者建立劳动关系，订立、履行、变更、解除或者终止劳动合同，适用《劳动合同法》。依法成立的会计师事务所、律师事务所等合伙组织和基金会，也属于《劳动合同法》规定的用人单位。

国家机关、事业单位、社会团体和与其建立劳动关系的劳动者，订立、履行、变更、解除或者终止劳动合同，依照《劳动合同法》执行。

地方各级人民政府及县级以上人民政府有关部门为安置就业困难人员提供的给予岗位补贴和社会保险补贴的公益性岗位，其劳动合同不适用《劳动合同法》有关无固定期限劳动合同的规定以及支付经济补偿的规定。

二、劳动合同的订立

（一）劳动合同订立的概念和原则

劳动合同的订立是指劳动者和用人单位经过相互选择与平等协商，就劳动合同的各项条款达成一致意见，并以书面形式明确规定双方权利、义务的内容，从而确立劳动关系的法律行为。

订立劳动合同，应当遵循合法、公平、平等自愿、协商一致、诚实信用的原则。

（二）劳动合同订立的主体

1. 劳动合同订立主体的资格要求

（1）劳动者有劳动权利能力和行为能力。

《劳动法》规定，禁止用人单位招用未满16周岁的未成年人。文艺、体育和特种工艺单位招用未满16周岁的未成年人，必须依照国家有关规定，履行审批手续，并保障其接受义务教育的权利。

劳动者就业，不因民族、种族、性别、宗教信仰不同而受歧视。妇女享有与男子平等的就业权利。在录用职工时，除国家规定的不适合妇女的工种或者岗位外，不得以性别为由拒绝录用妇女或者提高对妇女的录用标准。残疾人、少数民族人员、退出现役的军人的就业，法律、法规有特别规定的，从其规定。

（2）用人单位有用人权利能力和行为能力。

用人单位是指具有用人权利能力和用人行为能力，运用劳动力组织生产劳动，且向劳动者支付工资等劳动报酬的单位。

用人单位设立的分支机构，依法取得营业执照或者登记证书的，可以作为用人单位与劳动者订立劳动合同；未依法取得营业执照或者登记证书的，受用人单位委托可以与劳动者订立劳动合同。

2. 劳动合同订立主体的义务

（1）用人单位的义务和责任。

用人单位招用劳动者时，应当如实告知劳动者工作内容、工作条件、工作地点、职业危害、安全生产状况、劳动报酬，以及劳动者要求了解的其他情况。

用人单位招用劳动者，不得扣押劳动者的居民身份证和其他证件，不得要求劳动者提供担保或者以其他名义向劳动者收取财物。

用人单位违反《劳动合同法》规定，扣押劳动者居民身份证等证件的，由劳动行政部门责令限期退还劳动者本人，并依照有关法律规定给予处罚。用人单位以担保或者其他名义向劳动者收取财物的，由劳动行政部门责令限期退还劳动者本人，并以每人500元以上2 000元以下的标准处以罚款；给劳动者造成损害的，应当承担赔偿责任。

（2）劳动者的义务。

用人单位有权了解劳动者与劳动合同直接相关的基本情况，劳动者应当如实说明。

思政园地

残疾人的就业保障

理解、尊重、帮助残疾人，是社会共同的责任。残疾人包括：视力残疾、听力残疾、言语残疾、肢体残疾、智力残疾、精神残疾、多重残疾和其他残疾的人。

残疾人是一个特殊的就业困难群体，为实现生存权的平等保护，应对残疾人就业作特殊保障。目前中国保障残疾人的就业措施有：

（1）残疾人的集中安置。集中安置是指安排残疾人在各类福利企业、医疗机构和盲人按摩医疗等单位劳动就业。

（2）分散吸收残疾人就业。机关、团体、企业事业组织、城乡集体经济组织，应当按照一定比例安排残疾人就业，并为其选择适当的工种和岗位。

（3）鼓励、帮助残疾人自愿组织起来从业或者个体开业。

思政要点：

保障平等就业、反对就业歧视。

二十大精神园地

健全社会保障体系

社会保障体系是人民生活的安全网和社会运行的稳定器。健全覆盖全民、统筹城乡、公平统一、安全规范、可持续的多层次社会保障体系。完善基本养老保险全国统筹制度，发展多层次、多支柱养老保险体系。实施渐进式延迟法定退休年龄。扩大社会保险覆盖面，健全基本养老、基本医疗保险筹资和待遇调整机制，推动基本医疗保险、失业保险、工伤保险省级统筹。促进多层次医疗保障有序衔接，完善大病保险和医疗救助制度，落实异地就医结算，建立长期护理保险制度，积极发展商业医疗保险。加快完善全国统一的社会保险公共服务平台。健全社保基金保值增值和安全监管体系。健全分层分类的社会救助体系。坚持男女平等基本国策，保障妇女儿童合法权益。完善残疾人社会保障制度和关爱服务体系，促进残疾人事业全面发展。坚持房子是用来住的、不是用来炒的定位，加快建立多主体供给、多渠道保障、租购并举的住房制度。

（三）劳动关系建立的时间

用人单位自用工之日起即与劳动者建立劳动关系。用人单位与劳动者在用工前订立劳动合同的，劳动关系自用工之日起建立。

用人单位应当建立职工名册备查。职工名册应当包括劳动者姓名、性别、居民身份证号码、户籍地址及现住址、联系方式、用工形式、用工起始时间、劳动合同期限等内容。

用人单位违反《劳动合同法》有关建立职工名册规定的，由劳动行政部门责令限期改正；逾期不改正的，由劳动行政部门处2 000元以上2万元以下的罚款。

（四）劳动合同订立的形式

1. 书面形式

建立劳动关系，应当订立书面劳动合同。已建立劳动关系，未同时订立书面劳动合同的，应当自用工之日起1个月内订立书面劳动合同。

实践中，有的用人单位和劳动者虽已建立劳动关系，但却迟迟未能订立书面劳动合同时，不利于劳动关系的法律保护。为此，《劳动合同法》及其实施条例区分不同情况进行规范：

（1）自用工之日起1个月内，经用人单位书面通知后，劳动者不与用人单位订立书面劳动合同的，用人单位应当书面通知劳动者终止劳动关系，无须向劳动者支付经济补偿，但是应当依法向劳动者支付其实际工作时间的劳动报酬。

（2）用人单位自用工之日起超过1个月不满1年未与劳动者订立书面劳动合同的，应当向劳动者每月支付2倍的工资，并与劳动者补订书面劳动合同；劳动者不与用人单位订立书面劳动合同的，用人单位应当书面通知劳动者终止劳动关系，并支付经济补偿。用人单位向劳动者每月支付2倍工资的起算时间为用工之日起满1个月的次日，截止时间为补订书面劳动合同的前一日。

(3) 用人单位自用工之日起满1年未与劳动者订立书面劳动合同的,自用工之日起满1个月的次日至满1年的前一日应当向劳动者每月支付2倍的工资,并视为自用工之日起满1年的当日已经与劳动者订立无固定期限劳动合同,应当立即与劳动者补订书面劳动合同。

(4) 用人单位违反《劳动合同法》规定不与劳动者订立无固定期限劳动合同的,自应当订立无固定期限劳动合同之日起向劳动者每月支付2倍的工资。

2. 口头形式

非全日制用工双方当事人可以订立口头协议。

非全日制用工,是指以小时计酬为主,劳动者在同一用人单位一般平均每日工作时间不超过4小时,每周工作时间累计不超过24小时的用工形式。

从事非全日制用工的劳动者可以与一个或者一个以上用人单位订立劳动合同;但是,后订立的劳动合同不得影响先订立的劳动合同的履行。非全日制用工双方当事人不得约定试用期。

非全日制用工双方当事人任何一方都可以随时通知对方终止用工。终止用工,用人单位不向劳动者支付经济补偿。

非全日制用工小时计酬标准不得低于用人单位所在地人民政府规定的最低小时工资标准。用人单位可以以小时、日或周为单位结算工资,但非全日制用工劳动报酬结算支付周期最长不得超过15日。

(五) 劳动合同的效力

1. 劳动合同的生效

劳动合同由用人单位与劳动者协商一致,并经用人单位与劳动者在劳动合同文本上签字或者盖章生效。劳动合同文本由用人单位和劳动者各执一份。

如果用人单位不履行劳动合同,没有给劳动者提供约定的工作岗位,劳动者可以要求用人单位提供约定的工作岗位或者承担违约责任;如果劳动者不履行劳动合同,用人单位可以要求劳动者提供约定的劳动或者承担违约责任。如果因一方不履行劳动合同,造成另一方损失的,违约方还应赔偿对方相应的损失。

2. 无效劳动合同

无效劳动合同是指由用人单位和劳动者签订成立,而国家不予承认其法律效力的劳动合同。劳动合同虽然已经成立,但因违反了平等自愿、协商一致、诚实信用、公平等原则和法律、行政法规的强制性规定,可使其全部或者部分条款归于无效。

下列劳动合同无效或者部分无效:

(1) 以欺诈、胁迫的手段或者乘人之危,使对方在违背真实意思的情况下订立或者变更劳动合同的。

（2）用人单位免除自己的法定责任、排除劳动者权利的。

（3）违反法律、行政法规强制性规定的。

对劳动合同的无效或者部分无效有争议的，由劳动争议仲裁机构或者人民法院确认。

3. 无效劳动合同的法律后果

无效劳动合同，从订立时起就没有法律约束力。劳动合同部分无效，不影响其他部分效力的，其他部分仍然有效。

劳动合同被确认无效，劳动者已付出劳动的，用人单位应当向劳动者支付劳动报酬。劳动报酬的数额，参照本单位相同或者相近岗位劳动者的劳动报酬确定。

劳动合同被确认无效，给对方造成损害的，有过错的一方应当承担赔偿责任。

三、劳动合同的主要内容

（一）劳动合同必备条款

劳动合同必备条款是指劳动合同必须具备的内容。劳动合同应当具备以下条款：

1. 用人单位的名称、住所和法定代表人或者主要负责人

用人单位的名称是指用人单位注册登记时所登记的名称，是代表用人单位的符号。用人单位的住所是用人单位发生法律关系的中心区域。劳动合同文本中要标明用人单位的具体地址。用人单位有两个以上办事机构的，以主要办事机构所在地为住所。具有法人资格的用人单位，要注明单位的法定代表人；不具有法人资格的用人单位，必须在劳动合同中写明该单位的主要负责人。

2. 劳动者的姓名、住址和居民身份证或者其他有效身份证件号码

劳动者的姓名以户籍登记，也即身份证上所载为准。劳动者的住址，以其户籍所在的居住地为住址，其经常居住地与户籍所在地不一致的，以经常居住地为住址。

3. 劳动合同期限

劳动合同分为固定期限劳动合同、无固定期限劳动合同和以完成一定工作任务为期限的劳动合同。

（1）固定期限劳动合同，是指用人单位与劳动者明确约定合同终止时间的劳动合同。劳动合同期限届满，劳动关系即告终止。如果双方协商一致，还可以续订劳动合同。

（2）以完成一定工作任务为期限的劳动合同，是指用人单位与劳动者约定以某项工作的完成为合同期限的劳动合同。

（3）无固定期限劳动合同，是指用人单位与劳动者约定无确定终止时间的劳动合同。无确定终止时间，是指劳动合同没有一个确切的终止时间，劳动合同的期限长短不能确定，只要没有出现法定解除情形或者双方协商一致解除的，双方当事人就要继续履行劳动合同。但无固定期限劳动合同并不是没有终止时间，一旦出现了法定情形或者双方协商一致解除的，无固定期限劳动合同同样也能够解除。

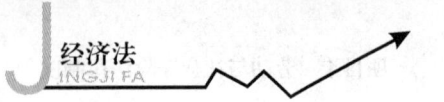

有下列情形之一，劳动者提出或者同意续订、订立劳动合同的，除劳动者提出订立固定期限劳动合同外，还应当订立无固定期限劳动合同：

①劳动者在该用人单位连续工作满 10 年的。

②用人单位初次实行劳动合同制度或者国有企业改制重新订立劳动合同时，劳动者在该用人单位连续工作满 10 年且距法定退休年龄不足 10 年的。

③连续订立两次固定期限劳动合同，又续订劳动合同的，且劳动者没有用人单位可以解除劳动合同的情形，也没有因患病或不能胜任工作用人单位可以提前 30 日以书面形式通知解除劳动合同的情形的。

4. 工作内容和工作地点

工作内容包括劳动者从事劳动的工种、岗位和劳动定额、产品质量标准的要求等。这是劳动者判断自己能否胜任该工作、是否愿意从事该工作的关键信息。

工作地点是指劳动者可能从事工作的具体地理位置。劳动者为用人单位提供劳动是在工作地点，劳动者生活是在居住地点，这两个地方的距离，决定着劳动者上下班所需时间，进而影响劳动者的生活，关系到劳动者的切身利益。这也是劳动者判断是否订立劳动合同必不可少的信息，是用人单位必须告知劳动者的内容。

5. 工作时间和休息、休假

（1）工作时间。

工作时间通常是指劳动者在一昼夜或一周内从事生产或工作的时间，换言之，是劳动者每天应工作的时数或每周应工作的天数。目前我国实行的工时制度主要有标准工时制、不定时工作制和综合计算工时制三种类型。

①标准工时制，也称标准工作日，是指法律统一规定的劳动者从事工作或劳动的时间。国家实行劳动者每日工作 8 小时、每周工作 40 小时的标准工时制度。有些企业因工作性质和生产特点不能实行标准工时制度，应保证劳动者每天工作不超过 8 小时，每周工作不超过 40 小时，每周至少休息 1 天。

用人单位由于生产经营需要，经与工会和劳动者协商后可以延长工作时间，一般每日不得超过 1 小时；因特殊原因需要延长工作时间的，在保障劳动者身体健康的条件下延长工作时间，每日不得超过 3 小时，每月不得超过 36 小时。但对于发生自然灾害、事故或者因其他原因，威胁劳动者生命健康和财产安全，需要紧急处理的；生产设备、交通运输线路、公共设施发生故障，影响生产和公众利益，必须及时抢修的；以及法律、行政法规规定的其他情形，延长工作时间不受上述规定的限制。

②不定时工作制，也称无定时工作制、不定时工作日，是指没有固定工作时间限制的工作制度，主要适用于一些因工作性质或工作条件不受标准工作时间限制的工作岗位。

③综合计算工时制，也称综合计算工作日，是指用人单位根据生产和工作的特点，分别以周、月、季、年等为周期，综合计算劳动者工作时间，但其平均日工作时间和平均周

工作时间仍与法定标准工作时间基本相同的一种工时形式。

对于因工作性质或生产特点的限制，实行不定时工作制或综合计算工时制等其他工作和休息办法的职工，企业应根据国家有关规定，在保障职工身体健康并充分听取职工意见的基础上，采取集中工作、集中休息、轮休调休、弹性工作时间等适当的工作和休息方式，确保职工的休息、休假权利和生产、工作任务的完成。

（2）休息、休假。

休息是指劳动者在任职期间，在国家规定的法定工作时间以外，无须履行劳动义务而自行支配的时间，包括工作日内的间歇时间、工作日之间的休息时间和公休假日（周休息日，是职工工作满一个工作周以后的休息时间）。

休假是指劳动者无须履行劳动义务且一般有工资保障的法定休息时间，如：①法定假日，是指由法律统一规定的用以开展纪念、庆祝活动的休息时间，包括元旦、春节、清明节、劳动节、端午节、中秋节、国庆节等。②年休假，是指职工工作满一定年限，每年可享有的保留工作岗位、带薪连续休息的时间。

《职工带薪年休假条例》规定，机关、团体、企业、事业单位、民办非企业单位、有雇工的个体工商户等单位的职工连续工作 1 年以上的，享受带薪年休假（以下简称年休假）。职工在年休假期间享受与正常工作期间相同的工资收入。职工累计工作已满 1 年不满 10 年的，年休假 5 天；已满 10 年不满 20 年的，年休假 10 天；已满 20 年的，结合年休假情况并考虑职工本人意愿，统筹安排职工年休假，年休假在 1 个年度内可以集中安排，15 天。国家法定休假日、休息日不计入年休假的假期。单位根据生产、工作的具体情况可以分段安排年休假，一般不跨年度安排。单位因生产、工作特点确有必要跨年度安排职工年休假的，可以跨 1 个年度安排。

但当职工有下列情形之一时，不享受当年的年休假：①职工依法享受寒暑假，其休假天数多于年休假天数的；②职工请事假累计 20 天以上且单位按照规定不扣工资的；③累计工作满 1 年不满 10 年的职工，请病假累计 2 个月以上的；④累计工作满 10 年不满 20 年的职工，请病假累计 3 个月以上的；⑤累计工作满 20 年以上的职工，请病假累计 4 个月以上的。

根据 2008 年 9 月 18 日人力资源和社会保障部令第 1 号《企业职工带薪年休假实施办法》，职工新进用人单位且符合享受带薪年休假条件的，当年度年休假天数按照在本单位剩余日历天数折算确定，折算后不足 1 整天的部分不享受年休假。

6. 劳动报酬

（1）劳动报酬与支付。

劳动报酬是指用人单位根据劳动者劳动的数量和质量，以货币形式支付给劳动者的工资。这是劳动者为用人单位提供劳动获得的直接回报，是劳动者提供劳动的直接目的，是劳动者的生活来源。

根据国家有关规定，工资应当以法定货币支付，不得以实物及有价证券替代货币支付。工资必须在用人单位与劳动者约定的日期支付。如遇节假日或休息日，则应提前在最近的工作日支付。工资至少每月支付一次，实行周、日、小时工资制的可按周、日、小时支付工资。对完成一次性临时劳动或某项具体工作的劳动者，用人单位应按有关协议或合同规定在其完成劳动任务后即支付工资。

用人单位应当依法支付劳动者在法定休假日和婚丧假期间以及依法参加社会活动期间的工资。在部分公民放假的节日期间（妇女节、青年节），对参加社会活动或单位组织庆祝活动和照常工作的职工，单位应支付工资报酬，但不支付加班工资。如果该节日恰逢星期六、星期日，单位安排职工加班工作，则应当依法支付休息日的加班工资。

用人单位在劳动者完成劳动定额或规定的工作任务后，根据实际需要安排劳动者在法定标准工作时间以外工作的，应当按照下列标准支付高于劳动者正常工作时间工资的工资报酬：①用人单位依法安排劳动者在日标准工作时间以外延长工作时间的、按照不低于劳动合同规定的劳动者本人小时工资标准的150%支付劳动者工资；②用人单位依法安排劳动者在休息日工作，而又不能安排补休的，按照不低于劳动合同规定的劳动者本人日或小时工资标准的200%支付劳动者工资；③用人单位依法安排劳动者在法定休假节日工作的，按照不低于劳动合同规定的劳动者本人日或小时工资标准的300%支付劳动者工资。

实行计件工资的劳动者，在完成计件定额任务后，由用人单位安排延长工作时间的，根据上述原则，分别按照不低于其本人法定工作时间计件单价的150%、200%、300%支付其工资。

用人单位安排加班不支付加班费的，由劳动行政部门责令限期支付加班费；逾期不支付的，责令用人单位按应付金额50%以上100%以下的标准向劳动者加付赔偿金。

经劳动行政部门批准实行综合计算工时工作制的，其综合计算工作时间超过法定标准工作时间的部分，应视为延长工作时间，按上述规定支付劳动者延长工作时间的工资。

实行不定时工时制度的劳动者，不执行上述规定。

（2）最低工资制度。

《劳动法》规定，国家实行最低工资保障制度。最低工资的具体标准由省、自治区、直辖市人民政府规定，报国务院备案。用人单位支付劳动者的工资不得低于当地最低工资标准。

最低工资标准是指劳动者在法定工作时间或依法签订的劳动合同约定的工作时间内提供了正常劳动的前提下，用人单位依法应支付的最低劳动报酬。最低工资不包括延长工作时间的工资报酬，以货币形式支付的住房补贴和用人单位支付的伙食补贴，中班、夜班、高温、低温、井下、有毒、有害等特殊工作环境和劳动条件下的津贴，国家法律、法规、规章规定的社会保险福利待遇。

7. 社会保险

社会保险包括基本养老保险、基本医疗保险、失业保险、工伤保险等。参加社会保险、缴纳社会保险费是用人单位与劳动者的法定义务,双方都必须履行。具体内容在本项目第二模块介绍。

8. 劳动保护、劳动条件和职业危害防护

劳动保护是指用人单位保护劳动者在工作过程中不受伤害的具体措施。劳动条件是指用人单位为劳动者提供正常工作所必需的条件,包括劳动场所和劳动工具。职业危害防护是用人单位对工作过程中可能产生的影响劳动者身体健康的危害的防护措施。劳动保护、劳动条件和职业危害防护,是劳动合同中保护劳动者身体健康和安全的重要条款。

9. 法律、法规规定应当纳入劳动合同的其他事项

用人单位提供的劳动合同文本未载明《劳动合同法》规定的劳动合同必备条款或者用人单位未将劳动合同文本交付劳动者的,由劳动行政部门责令改正;给劳动者造成损害的,应当承担赔偿责任。

(二)劳动合同可备条款

除劳动合同必备条款外,用人单位与劳动者还可以在劳动合同中约定试用期、培训、保守秘密、补充保险和福利待遇等其他事项,这些事项称为可备条款。但约定事项不能违反法律、行政法规的强制性规定,否则该约定无效。

1. 试用期

试用期是指用人单位和劳动者双方为相互了解、确定对方是否符合自己的招聘条件或求职意愿而约定的考察期间。在劳动合同中约定试用期,一方面,可以维护用人单位的利益,使用人单位有时间考察劳动者是否与录用要求相一致,是否适合其工作岗位,避免用人单位遭受不必要的损失;另一方面,可以维护新招收职工的利益,使被录用的职工能够通过具体的工作来考察感受用人单位的工作内容、劳动条件、劳动报酬等是否符合劳动合同的规定。

(1)试用期期限。

根据《劳动合同法》的规定,劳动合同期限3个月以上不满1年的,试用期不得超过1个月;劳动合同期限1年以上不满3年的,试用期不得超过2个月;3年以上固定期限和无固定期限的劳动合同,试用期不得超过6个月。这里的1年以上包括1年,3年以上包括3年。

同一用人单位与同一劳动者只能约定一次试用期。以完成一定工作任务为期限的劳动合同或者劳动合同期限不满3个月的,不得约定试用期。试用期包含在劳动合同期限内。劳动合同仅约定试用期的,试用期不成立,该期限为劳动合同期限。

用人单位违反规定与劳动者约定试用期的,由劳动行政部门责令改正;违法约定的试用期已经履行的,由用人单位以劳动者试用期满月工资为标准,按已经履行的超过法定试

用期的期间向劳动者支付赔偿金。

(2) 试用期工资。

劳动者在试用期的工资不得低于本单位相同岗位最低档工资或者劳动合同约定工资的80%，并不得低于用人单位所在地的最低工资标准。劳动合同约定工资，是指该劳动者与用人单位订立的劳动合同中约定的劳动者试用期满后的工资。

2. 服务期

(1) 服务期的适用范围。

服务期是指劳动者因享受用人单位给予的特殊待遇而作出的关于劳动履行期限的承诺。《劳动合同法》规定，用人单位为劳动者提供专项培训费用，对其进行专业技术培训的，可以与该劳动者订立协议，约定服务期。

用人单位与劳动者约定服务期的，不影响按照正常的工资调整机制提高劳动者在服务期期间的劳动报酬。

劳动合同期满，但是用人单位与劳动者约定的服务期尚未到期的，劳动合同应当续延至服务期满；双方另有约定的，从其约定。

(2) 劳动者违反服务期约定的违约责任。

劳动者违反服务期约定的，应当按照约定向用人单位支付违约金。违约金的数额不得超过用人单位提供的培训费用。用人单位要求劳动者支付的违约金不得超过服务期尚未履行部分所应分摊的培训费用。

培训费用包括用人单位为了对劳动者进行专业技术培训而支付的有凭证的培训费用、培训期间的差旅费用以及因培训产生的用于该劳动者的其他直接费用。

3. 保守商业秘密和竞业限制

(1) 关于保守商业秘密的规定。

商业秘密，是指不为公众所知悉、能为权利人带来经济利益，具有实用性并经权利人采取保密措施的技术信息和经营信息，包括非专利技术和经营信息两部分。用人单位与劳动者可以在劳动合同中约定保守用人单位的商业秘密和与知识产权相关的保密事项。

(2) 关于竞业限制的规定。

竞业限制又称竞业禁止，是对与权利人有特定关系的义务人的特定竞争行为的禁止。在用人单位和劳动者之间的劳动关系解除和终止后，限制劳动者一定时期的择业权，对因此约定给劳动者造成的损害，用人单位给予劳动者相应的经济补偿。

《劳动合同法》规定，对负有保密义务的劳动者，用人单位可以在劳动合同或者保密协议中与劳动者约定竞业限制条款，并约定在解除或者终止劳动合同后，在竞业限制期限内按月给予劳动者经济补偿。劳动者违反竞业限制约定的，应当按照约定向用人单位支付违约金。

竞业限制的人员限于用人单位的高级管理人员、高级技术人员和其他负有保密义务的人员，而不是所有的劳动者。竞业限制的范围、地域、期限由用人单位与劳动者约定，竞业限制的约定不得违反法律、法规的规定。

在解除或者终止劳动合同后，竞业限制人员到与本单位生产或者经营同类产品、从事同类业务的有竞争关系的其他用人单位工作，或者自己开业生产或者经营同类产品、从事同类业务的竞业限制期限，不得超过2年。

四、劳动合同的履行和变更

（一）劳动合同的履行

劳动合同的履行是指劳动合同生效后，当事人双方按照劳动合同的约定，完成各自承担的义务和实现各自享受的权利，使当事人双方订立合同的目的得以实现的法律行为。

1. 用人单位与劳动者应当按照劳动合同的约定，全面履行各自的义务

（1）用人单位应当按照劳动合同约定和国家规定，向劳动者及时足额支付劳动报酬。用人单位拖欠或者未足额支付劳动报酬的，劳动者可以依法向当地人民法院申请支付令，人民法院应当依法发出支付令。

用人单位未按照劳动合同的约定或者国家规定及时足额支付劳动者劳动报酬的，由劳动行政部门责令限期支付；逾期不支付的，责令用人单位按应付金额50%以上100%以下的标准向劳动者加付赔偿金。

（2）用人单位应当严格执行劳动定额标准，不得强迫或者变相强迫劳动者加班。用人单位安排加班的，应当按照国家有关规定向劳动者支付加班费。

（3）劳动者拒绝用人单位管理人员违章指挥、强令冒险作业的，不视为违反劳动合同。劳动者对危害生命安全和身体健康的劳动条件，有权对用人单位提出批评、检举和控告。

（4）用人单位变更名称、法定代表人、主要负责人或者投资人等事项，不影响劳动合同的履行。

（5）用人单位发生合并或者分立等情况，原劳动合同继续有效，劳动合同由承继其权利和义务的用人单位继续履行。

2. 用人单位应当依法建立和完善劳动规章制度，保障劳动者享有劳动权利、履行劳动义务

劳动规章制度是用人单位制定的组织劳动过程和进行劳动管理的规则和制度的总称。劳动规章制度主要包括劳动合同管理、工资管理、社会保险福利待遇、工时休假、职工奖惩，以及其他劳动管理规定。合法有效的劳动规章制度是劳动合同的组成部分，对用人单位和劳动者均具有法律约束力。

用人单位在制定、修改或者决定有关劳动报酬、工作时间、休息休假、劳动安全卫生、保险福利、职工培训、劳动纪律以及劳动定额管理等直接涉及劳动者切身利益的规章

制度和重大事项时，应当经职工代表大会或者全体职工讨论，提出方案和意见，与工会或者职工代表平等协商确定。

在规章制度和重大事项决定实施过程中，工会或者职工认为不适当的，有权向用人单位提出，通过协商予以修改完善。

用人单位应当将直接涉及劳动者切身利益的规章制度和重大事项决定公示，或者告知劳动者。如果用人单位的规章制度未经公示或者未对劳动者告知，该规章制度对劳动者不生效。公示或告知可以采用张贴通告、员工手册送达、会议精神传达等方式。

用人单位直接涉及劳动者切身利益的规章制度违反法律、法规规定的，由劳动行政部门责令改正，给予警告；给劳动者造成损害的，应当承担赔偿责任。

(二) 劳动合同的变更

劳动合同的变更是指劳动合同依法订立后，在合同尚未履行或者尚未履行完毕之前，经用人单位和劳动者双方当事人协商同意，对劳动合同内容作部分修改、补充或者删减的法律行为。

用人单位与劳动者协商一致，可以变更劳动合同约定的内容。变更劳动合同，应当采用书面形式，变更后的劳动合同文本由用人单位和劳动者各执一份。

变更劳动合同未采用书面形式，但已经实际履行了口头变更的劳动合同超过1个月，且变更后的劳动合同内容不违反法律、行政法规、国家政策以及公序良俗，当事人以未采用书面形式为由主张劳动合同变更无效的，人民法院不予支持。

五、劳动合同的解除和终止

(一) 劳动合同的解除

1. 劳动合同解除的概念

劳动合同解除是指在劳动合同订立后，劳动合同期限届满之前，因双方协商提前结束劳动关系，或因出现法定的情形，一方单方通知对方结束劳动关系的法律行为。劳动合同解除分为协商解除和法定解除两种情况。

2. 协商解除

协商解除，又称合意解除、意定解除，是指劳动合同订立后，双方当事人因某种原因，在完全自愿的基础上协商一致，提前终止劳动合同，结束劳动关系。《劳动合同法》规定，用人单位与劳动者协商一致，可以解除劳动合同。

由用人单位提出解除劳动合同而与劳动者协商一致的，必须依法向劳动者支付经济补偿；由劳动者主动辞职而与用人单位协商一致解除劳动合同的，用人单位不需向劳动者支付经济补偿。

3. 法定解除

法定解除是指在出现国家法律、法规或劳动合同规定的可以解除劳动合同的情形时，不需当事人协商一致，一方当事人即可决定解除劳动合同，劳动合同效力可以自然终止或由单方提前终止。在这种情况下，主动解除劳动合同的一方一般负有主动通知对方的义务。法定解除又可分为劳动者的单方解除和用人单位的单方解除。

（1）劳动者可单方面解除劳动合同的情形。

①劳动者提前通知解除劳动合同的情形：

a. 劳动者提前30日以书面形式通知用人单位解除劳动合同；

b. 劳动者在试用期内提前3日通知用人单位解除劳动合同。

在这两种情形下，劳动者不能获得经济补偿。如果劳动者没有履行通知程序，则属于违法解除，因此对用人单位造成损失的，劳动者应对用人单位的损失承担赔偿责任。

②劳动者可随时通知解除劳动合同的情形：

a. 用人单位未按照劳动合同约定提供劳动保护或者劳动条件的；

b. 用人单位未及时足额支付劳动报酬的；

c. 用人单位未依法为劳动者缴纳社会保险费的；

d. 用人单位的规章制度违反法律、法规的规定，损害劳动者权益的；

e. 用人单位以欺诈、胁迫的手段或者乘人之危，使劳动者在违背真实意思的情况下订立或者变更劳动合同致使劳动合同无效的；

f. 用人单位在劳动合同中免除自己的法定责任、排除劳动者权利的；

g. 用人单位违反法律、行政法规强制性规定的；

h. 法律、行政法规规定劳动者可以解除劳动合同的其他情形。

用人单位有上述情形的，劳动者可随时通知用人单位解除劳动合同。用人单位需向劳动者支付经济补偿。

③劳动者不需事先告知用人单位即可解除劳动合同的情形：

a. 用人单位以暴力、威胁或者非法限制人身自由的手段强迫劳动者劳动的；

b. 用人单位违章指挥、强令冒险作业危及劳动者人身安全的。

用人单位有上述两种情形的，劳动者可以立即解除劳动合同，不需事先告知用人单位，用人单位需向劳动者支付经济补偿。

（2）用人单位可单方面解除劳动合同的情形。

①因劳动者过错解除劳动合同的情形（随时通知解除）

a. 劳动者在试用期间被证明不符合录用条件的；

b. 劳动者严重违反用人单位的规章制度的；

c. 劳动者严重失职，营私舞弊，给用人单位造成重大损害的；

d. 劳动者同时与其他用人单位建立劳动关系，对完成本单位的工作任务造成严重影响，或者经用人单位提出，拒不改正的；

e. 劳动者以欺诈、胁迫的手段或者乘人之危，使用人单位在违背真实意思的情况下

订立或者变更劳动合同致使劳动合同无效的;

　　f. 劳动者被依法追究刑事责任的。

　　在上述情形下,用人单位可随时通知劳动者解除劳动关系,不需向劳动者支付经济补偿。

　　②无过失性辞退的情形(预告解除)

　　无过失性辞退,是指由于劳动者非过失性原因和客观情况的需要而导致劳动合同无法履行时,用人单位可以在提前通知劳动者或者额外支付劳动者1个月工资后,单方解除劳动合同。

　　a. 劳动者患病或者非因工负伤,在规定的医疗期满后不能从事原工作,也不能从事由用人单位另行安排的工作的;

　　b. 劳动者不能胜任工作,经过培训或者调整工作岗位,仍不能胜任工作的;

　　c. 劳动合同订立时所依据的客观情况发生重大变化,致使劳动合同无法履行,经用人单位与劳动者协商,未能就变更劳动合同内容达成协议的。

　　在上述情形下,用人单位提前30日以书面形式通知劳动者本人或者额外支付劳动者1个月工资后,可以解除劳动合同。用人单位选择额外支付劳动者1个月工资解除劳动合同的,其额外支付的工资应当按照该劳动者上1个月的工资标准确定。用人单位还应当向劳动者支付经济补偿。

　　③经济性裁员的情形(裁员解除)

　　经济性裁员是指用人单位由于经营不善等经济性原因,解雇多个劳动者。根据《劳动合同法》的规定,用人单位有下列情形之一,需要裁减人员20人以上或者裁减不足20人但占企业职工总数10%以上的,用人单位提前30日向工会或者全体职工说明情况,听取工会或者职工的意见后,裁减人员方案经向劳动行政部门报告,可以裁减人员。

　　a. 依照《企业破产法》规定进行重整的:

　　b. 生产经营发生严重困难的;

　　c. 企业转产、重大技术革新或者经营方式调整,经变更劳动合同后,仍需裁减人员的;

　　d. 其他因劳动合同订立时所依据的客观经济情况发生重大变化,致使劳动合同无法履行的。

　　在上述情形下解除劳动合同,用人单位应当向劳动者支付经济补偿。

　　裁减人员时,应当优先留用下列人员:与本单位订立较长期限的固定期限劳动合同的;与本单位订立无固定期限劳动合同的;家庭无其他就业人员,有需要扶养的老人或者未成年人的。

　　用人单位裁减人员后,在6个月内重新招用人员的,应当通知被裁减的人员,并在同等条件下优先招用被裁减的人员。

(3) 工会在解除劳动合同中的监督作用。

用人单位单方解除劳动合同，应当事先将理由通知工会。用人单位违反法律、行政法规规定或者劳动合同约定的，工会有权要求用人单位纠正。用人单位应当研究工会的意见，并将处理结果书面通知工会。

（二）劳动合同的终止

1. 劳动合同终止的概念

劳动合同终止是指用人单位与劳动者之间的劳动关系因某种法律事实的出现而自动归于消灭，或导致劳动关系的继续履行成为不可能而不得不消灭的情形。劳动合同终止一般不涉及用人单位与劳动者的意思表示，只要法定事实出现，一般情况下都会导致双方劳动关系的消灭。

2. 劳动合同终止的情形

（1）劳动合同期满的。

（2）劳动者开始依法享受基本养老保险待遇的。

（3）劳动者达到法定退休年龄的。

（4）劳动者死亡，或者被人民法院宣告死亡或者宣告失踪的。

（5）用人单位被依法宣告破产的。

（6）用人单位被吊销营业执照、责令关闭、撤销或者用人单位决定提前解散的。

（7）法律、行政法规规定的其他情形。

用人单位与劳动者不得约定上述情形之外的其他劳动合同终止条件。

（三）对劳动合同解除和终止的限制性规定

一般情况下，劳动合同期满，劳动合同即终止，但也有例外。根据《劳动合同法》的规定，劳动者有下列情形之一的，用人单位既不得适用无过失性辞退或经济性裁员解除劳动合同的情形解除劳动合同，也不得终止劳动合同，劳动合同应当续延至相应的情形消失时终止：

（1）从事接触职业病危害作业的劳动者未进行离岗前职业健康检查，或者疑似职业病病人在诊断或者医学观察期间的。

（2）在本单位患职业病或者因工负伤并被确认丧失或者部分丧失劳动能力的。

（3）患病或者非因工负伤，在规定的医疗期内的。

（4）女职工在孕期、产期、哺乳期的。

（5）在本单位连续工作满15年，且距法定退休年龄不足5年的。

（6）法律、行政法规规定的其他情形。

上述第2项"丧失或者部分丧失劳动能力"劳动者的劳动合同的终止，按照国家有关工伤保险的规定执行。

但若符合因劳动者过错解除劳动合同的情形，则不受上述限制性规定的影响。

(四) 劳动合同解除和终止的经济补偿

1. 经济补偿的概念

劳动合同法律关系中的经济补偿是指按照劳动合同法律制度的规定,在劳动者无过错的情况下,用人单位与劳动者解除或者终止劳动合同时,应给予劳动者的经济上的补助,也称经济补偿金。

经济补偿金与违约金、赔偿金是不同的。

经济补偿金是法定的,主要是针对劳动关系的解除和终止,在劳动者无过错的情况下,用人单位应给予劳动者一定数额的经济上的补偿。

违约金是约定的,是指劳动者违反了服务期和竞业限制的约定而向用人单位支付的违约补偿。《劳动合同法》第二十五条明确规定,禁止用人单位对劳动合同服务期和竞业限制之外的其他事项与劳动者约定由劳动者承担违约金。

赔偿金是指用人单位和劳动者由于自己的过错给对方造成损害时,所应承担的不利的法律后果。

经济补偿金的支付主体是用人单位,违约金的支付主体是劳动者,赔偿金的支付主体可能是用人单位,也可能是劳动者。

2. 用人单位应当向劳动者支付经济补偿的情形

(1) 劳动者符合随时通知解除和不需事先通知即可解除劳动合同规定情形而解除劳动合同的。

(2) 由用人单位提出解除劳动合同并与劳动者协商一致而解除劳动合同的。

(3) 用人单位符合提前30日以书面形式通知劳动者本人或者额外支付劳动者1个月工资后,可以解除劳动合同的规定情形而解除劳动合同的。

(4) 用人单位符合可裁减人员规定而解除劳动合同的。

(5) 除用人单位维持或者提高劳动合同约定条件续订劳动合同,劳动者不同意续订的情形外,劳动合同期满终止固定期限劳动合同的。

(6) 用人单位被依法宣告破产或者被吊销营业执照、责令关闭、撤销或者用人单位决定提前解散而终止劳动合同的。

(7) 以完成一定工作任务为期限的劳动合同因任务完成而终止的。

(8) 法律、行政法规规定的其他情形。

3. 经济补偿的支付

根据劳动者在用人单位的工作年限和工资标准来计算经济补偿的具体金额,并以货币的形式支付给劳动者。

经济补偿金的计算公式为

经济补偿金=劳动合同解除或者终止前劳动者在本单位的工作年限×每工作1年应得的经济补偿

或者简写为

$$经济补偿金=工作年限×月工资$$

（1）关于补偿年限的计算标准。

根据《劳动合同法》的规定，经济补偿按劳动者在本单位工作的年限，以每满1年支付1个月工资的标准向劳动者支付。6个月以上不满1年的，按1年计算；不满6个月的，向劳动者支付半个月工资的经济补偿。

劳动者非因本人原因从原用人单位被安排到新用人单位工作的，劳动者在原用人单位的工作年限合并计入新用人单位的工作年限。原用人单位已经向劳动者支付经济补偿的，新用人单位在依法解除、终止劳动合同计算支付经济补偿的工作年限时，不再计算劳动者在原用人单位的工作年限。

（2）关于补偿基数的计算标准。

①月工资是指劳动者在劳动合同解除或者终止前12个月的平均工资。月工资按照劳动者应得工资计算，包括计时工资或者工资以及奖金、津贴和补贴等货币性收入。劳动者工作不满12个月的，按照实际工作的月数计算平均工资。

②劳动者在劳动合同解除或者终止前12个月的平均工资低于当地最低工资标准的，按照当地最低工资标准计算。

$$经济补偿金=工作年限×月最低工资标准$$

③劳动者月工资高于用人单位所在直辖市、设区的市级人民政府公布的本地区上年度职工月平均工资3倍的，向其支付经济补偿的标准按职工月平均工资3倍的数额支付，向其支付经济补偿的年限最高不超过12年。

$$经济补偿金=工作年限（最高不超过12年）×当地上年度职工月平均工资3倍$$

（3）关于补偿年限和基数的特殊计算。

《劳动合同法》施行之日已存续的劳动合同，在《劳动合同法》施行后解除或者终止，依照《劳动合同法》规定应当支付经济补偿的，经济补偿年限自《劳动合同法》施行之日（2008年1月1日）起计算；《劳动合同法》施行前按照当时有关规定，用人单位应当向劳动者支付经济补偿的，按照当时有关规定执行。也就是经济补偿的计发办法分两段计算：2008年1月1日前的，按当时当地的有关规定执行；2008年1月1日以后的，按新法执行。两段补偿合并计算。

（五）劳动合同解除和终止的法律后果及双方义务

（1）劳动合同解除和终止后，用人单位和劳动者双方不再履行劳动合同，劳动关系消灭。劳动者应当按照双方约定，办理工作交接。

（2）劳动合同解除或终止的，用人单位应当在解除或者终止劳动合同时出具解除或者终止劳动合同的证明，并在15日内为劳动者办理档案和社会保险关系转移手续。用人单位出具的解除、终止劳动合同的证明，应当写明劳动合同期限、解除或者终止劳动合同的日期、工作岗位、在本单位的工作年限。用人单位对已经解除或者终止的劳动合同的文本，至少保存2年备查。

用人单位未向劳动者出具解除或者终止劳动合同的书面证明，由劳动行政部门责令改正；给劳动者造成损害的，应当承担赔偿责任。

劳动者依法解除或者终止劳动合同，用人单位扣押劳动者档案或者其他物品的，由劳动行政部门责令限期退还劳动者本人，并以每人500元以上2 000元以下的标准处以罚款；给劳动者造成损害的，应当承担赔偿责任。

（3）用人单位应当在解除或者终止劳动合同时向劳动者支付经济补偿的，在办结工作交接时支付。

解除或者终止劳动合同，用人单位未依照《劳动合同法》的规定向劳动者支付经济补偿的，由劳动行政部门责令限期支付经济补偿；逾期不支付的，责令用人单位按应付金50%以上100%以下的标准向劳动者加付赔偿金。

（4）用人单位违反规定解除或者终止劳动合同，劳动者要求继续履行劳动合同的，用人单位应当继续履行；劳动者不要求继续履行劳动合同或者劳动合同已经不能继续履行的，用人单位应当依照《劳动合同法》规定的经济补偿标准的2倍向劳动者支付赔偿金。用人单位支付了赔偿金的，不再支付经济补偿。赔偿金的计算年限自用工之日起计算。

（5）劳动者违反《劳动合同法》规定解除劳动合同，给用人单位造成损失的，应当承担赔偿责任。

六、集体合同与劳务派遣

（一）集体合同

1. 集体合同的概念和种类

（1）集体合同的概念。集体合同是工会代表企业职工一方与企业签订的以劳动报酬、工作时间、休息休假、劳动安全卫生、保险福利等为主要内容的书面协议。尚未建立工会的用人单位，可以由上级工会指导劳动者推举的代表与用人单位订立集体合同。

（2）专项集体合同。企业职工一方与用人单位可以订立劳动安全卫生、女职工权益保护、工资调整机制等专项集体合同。

（3）行业性集体合同、区域性集体合同。在县级以下区域内，建筑业、采矿业、餐饮服务业等行业可以由工会与企业方面代表订立行业性集体合同，或者订立区域性集体合同。

2. 集体合同的订立

集体合同内容由用人单位和职工各自派出集体协商代表，通过集体协商（会议）的方式协商确定。集体协商双方的代表人数应当对等，每方至少3人，并各确定1名首席代表。

经双方协商代表协商一致的集体合同草案或专项集体合同草案应当提交职工代表大会或者全体职工讨论。职工代表大会或者全体职工讨论集体合同草案，应当有2/3以上职工代表或者职工出席，且须经全体职工代表半数以上或者全体职工半数以上同意，方可通过。集体合同草案或专项集体合同草案经职工代表大会或者职工大会通过后，由集体协商双方首席代表签字。

集体合同订立后，应当报送劳动行政部门；劳动行政部门自收到集体合同文本之日起15日内未提出异议的，集体合同即行生效。

集体合同中劳动报酬和劳动条件等标准不得低于当地人民政府规定的最低标准；用人单位与劳动者订立的劳动合同中劳动报酬和劳动条件等标准不得低于集体合同规定的标准。依法订立的集体合同对用人单位和劳动者具有约束力。行业性、区域性集体合同对当地本行业、本区域的用人单位和劳动者具有约束力。

3. 集体合同纠纷和法律救济

用人单位违反集体合同，侵犯职工劳动权益的，工会可以依法要求用人单位承担责任；因履行集体合同发生争议，经协商解决不成的，工会可以依法申请仲裁、提起诉讼。

（二）劳务派遣

1. 劳务派遣的概念和特征

劳务派遣是指由劳务派遣单位与劳动者订立劳动合同，与用工单位订立劳务派遣协议，将被派遣劳动者派往用工单位给付劳务。劳动合同关系存在于劳务派遣单位与被派遣劳动者之间，但劳动力给付的事实则发生于被派遣员工与用工单位之间，也即劳动力的雇佣与劳动力使用分离，被派遣劳动者不与用工单位签订劳动合同、发生劳动关系，而是与派遣单位存在劳动关系。这是劳务派遣最显著的特征。

2. 劳务派遣的适用范围

劳动合同用工是我国的企业基本用工形式，劳务派遣用工是补充形式，只能在临时性、辅助性或者替代性的工作岗位上实施。临时性工作岗位是指存续时间不超过6个月的岗位；辅助性工作岗位是指为主营业务岗位提供服务的非主营业务岗位；替代性工作岗位是指用工单位的劳动者因脱产学习、休假等原因无法工作的一定期间内，可以由其他劳动者替代工作的岗位。

用工单位应当严格控制劳务派遣用工数量，使用的被派遣劳动者数量不得超过其用工总量的10%。该用工总量是指用工单位订立劳动合同人数与使用的被派遣劳动者人数之和。

用人单位不得设立劳务派遣单位向本单位或者所属单位派遣劳动者。用工单位不得将被派遣劳动者再派遣到其他用人单位。劳务派遣单位不得以非全日制用工形式招用被派遣劳动者。

3. 劳务派遣单位、用工单位与劳动者的权利和义务

劳务派遣单位是用人单位，应当履行用人单位对劳动者的义务。劳务派遣单位与被派遣劳动者订立的劳动合同，除应当载明劳动合同必备的条款外，还应当载明被派遣劳动者

的用工单位以及派遣期限、工作岗位等情况。劳务派遣单位应当与被派遣劳动者订立2年以上的固定期限劳动合同，按月支付劳动报酬；被派遣劳动者在无工作期间，劳务派遣单位应当按照所在地人民政府规定的最低工资标准，向其按月支付报酬。

接受以劳务派遣形式用工的单位是用工单位。劳务派遣单位派遣劳动者应当与用工单位订立劳务派遣协议。劳务派遣协议应当约定派遣岗位和人员数量、派遣期限、劳动报酬和社会保险费的数额与支付方式以及违反协议的责任。用工单位应当根据工作岗位的实际需要与劳务单位确定派遣期限，不得将连续用工期限的劳务派遣协议分割订立为数个短期劳务派遣协议。

劳务派遣单位应当将劳务派遣协议的内容告知被派遣劳动者，不得克扣用工单位按照劳务派遣协议支付给被派遣劳动者的劳动报酬。劳务派遣单位和用工单位不得向被派遣劳动者收取费用。

被派遣劳动者享有与用工单位的劳动者同工同酬的权利。用工单位应当按照同工同酬原则，对被派遣劳动者与本单位同类岗位的劳动者实行相同的劳动报酬分配办法。用工单位无同类岗位劳动者的，参照用工单位所在地相同或者相近岗位劳动者的劳动报酬确定。

被派遣劳动者有权在劳务派遣单位或者用工单位依法参加或者组织工会，维护自身的合法权益。

七、劳动争议的解决

(一) 劳动争议及解决方法

1. 劳动争议的概念及适用范围

劳动争议是指劳动关系当事人之间因实现劳动权利、履行劳动义务发生分歧方面引起的争议，也称劳动纠纷、劳资争议。包括：

(1) 因确认劳动关系发生的争议。
(2) 因订立、履行、变更、解除和终止劳动合同发生的争议。
(3) 因除名、辞退和辞职、离职发生的争议。
(4) 因工作时间、休息休假、社会保险、福利、培训以及劳动保护发生的争议。
(5) 因劳动报酬、工伤医疗费、经济补偿或者赔偿金等发生的争议。
(6) 法律、法规规定的其他劳动争议。

2. 劳动争议的解决原则和方法

(1) 劳动争议解决的基本原则。

解决劳动争议，应当根据事实，遵循合法、公正、及时、着重调解的原则，依法保护当事人的合法权益。

(2) 劳动争议解决的基本方法。

劳动争议解决的方法有协商、调解、仲裁和诉讼。发生劳动争议，劳动者可以与用人单位协商，也可以请工会或者第三方共同与用人单位协商，达成和解协议；当事人不愿协商、协商不成或者达成和解协议后不履行的，可以向调解组织申请调解；不愿调解、调解不成或者达成调解协议后不履行的，可以向劳动争议仲裁机构申请仲裁；对仲裁裁决不服的，除《调解仲裁法》另有规定的以外，还可以向人民法院提起诉讼。

劳动争议的调解是指在劳动争议调解组织的主持下，在双方当事人自愿的基础上，通过宣传法律、法规、规章和政策，劝导当事人化解矛盾，自愿就争议事项达成协议，使劳动争议及时得到解决的一种活动。

劳动仲裁是指劳动争议仲裁机构对劳动争议当事人争议的事项，根据劳动法律、法规、规章和政策等的规定，依法作出裁决，从而解决劳动争议的一项劳动法律制度。

劳动仲裁不同于一般经济纠纷的仲裁，除法律依据和适用范围不同外，还有以下几点区别：①申请程序不同。一般经济纠纷的仲裁，当事人必须在事先或事后达成仲裁协议，才能据此向仲裁机构提出仲裁申请；而劳动争议的仲裁，则不要求当事人达成仲裁协议，只要一方当事人提出申请，有关仲裁机构即可受理。②裁决的效力不同，一般经济纠纷的仲裁实行"一裁终局"制度，即仲裁裁决作出后，当事人就同一纠纷再申请仲裁或者向人民法院起诉的，仲裁委员会或者人民法院不予受理；而劳动争议仲裁，当事人对裁决不服的，除《调解仲裁法》规定的几类特殊劳动争议外，可以向人民法院起诉。因此，劳动争议的裁决一般不是终局的。

用人单位违反国家规定，拖欠或者未足额支付劳动报酬，或者拖欠工伤医疗费、经济补偿或者赔偿金的，劳动者可以向劳动行政部门投诉，劳动行政部门应当依法处理。

（3）举证责任。

发生劳动争议，当事人对自己提出的主张，有责任提供证据。与争议事项有关的证据属于用人单位掌握管理的，用人单位应当提供；用人单位不提供的，应当承担不利后果。在法律没有具体规定，按照上述原则也无法确定举证责任承担时，仲裁庭可以根据公平原则和诚实信用原则，综合当事人举证能力等因素确定举证责任的承担。

（二）劳动调解

1. 劳动争议调解组织

可受理劳动争议的调解组织有：

（1）企业劳动争议调解委员会。

企业劳动争议调解委员会由职工代表和企业代表组成。职工代表由工会成员担任或者由全体职工推举产生，企业代表由企业负责人指定。企业劳动争议调解委员会主任由工会成员或者双方推举的人员担任。

（2）依法设立的基层人民调解组织。

（3）在乡镇、街道设立的具有劳动争议调解职能的组织。

2. 劳动调解程序

（1）当事人申请劳动争议调解可以书面申请，也可以口头申请。口头申请的，调解组织应当当场记录申请人基本情况、申请调解的争议事项、理由和时间。

（2）调解劳动争议，应当充分听取双方当事人对事实和理由的陈述，耐心疏导，帮助其达成协议。

（3）经调解达成协议的，应当制作调解协议书。调解协议书由双方当事人签名或者盖章，经调解员签名并加盖调解组织印章后生效。调解协议书对双方当事人具有约束力，当事人应当履行。

自劳动争议调解组织收到调解申请之日起15日内未达成调解协议的，当事人可以依法申请仲裁。

（4）达成调解协议后，一方当事人在协议约定期限内不履行调解协议的，另一方当事人可以依法申请仲裁。因支付拖欠劳动报酬、工伤医疗费、经济补偿或者赔偿金事项达成调解协议，用人单位在协议约定期限内不履行的，劳动者可以持调解协议书依法向人民法院申请支付令。人民法院应当依法发出支付令。

（三）劳动仲裁

1. 劳动仲裁机构、劳动仲裁参加人和劳动仲裁案件的管辖

（1）劳动仲裁机构。

劳动仲裁机构是劳动人事争议仲裁委员会（以下简称仲裁委员会）。仲裁委员会按照统筹规划、合理布局和适应实际需要的原则设立，不在行政区划层设立。仲裁委员会下设实体化的办事机构，称为劳动人事争议仲裁院（以下简称仲裁院）。劳动争议仲裁不收费。仲裁委员会的经费由财政予以保障。

（2）劳动仲裁参加人。

①当事人。发生劳动争议的劳动者和用人单位为劳动争议案件的双方当事人。

劳务派遣单位或者用工单位与劳动者发生劳动争议的，劳务派遣单位和用工单位为共同当事人。劳动者与个人承包经营者发生争议，依法向仲裁委员会申请仲裁的，应当将发包的组织和个人承包经营者作为共同当事人。

发生争议的用人单位未办理营业执照、被吊销营业执照、营业执照到期继续经营、被责令关闭、被撤销以及用人单位解散、停业，不能承担相关责任的，应当将用人单位和其出资人、开办单位或者主管部门作为共同当事人。

②当事人代表。发生争议的劳动者一方在10人以上，并有共同请求的，劳动者可以推举3~5名代表人参加仲裁活动。

因履行集体合同发生的劳动争议，经协商解决不成的，工会可以依法申请仲裁；尚未建立工会的，由上级工会指导劳动者推举产生的代表依法申请仲裁。

代表人参加仲裁的行为对其所代表的当事人发生效力，但代表人变更、放弃请求或者

承认对方当事人的仲裁请求，进行和解，必须经被代表的当事人同意。

③第三人。与劳动争议案件的处理结果有利害关系的第三人，可以申请参加仲裁活动或者由仲裁委员会通知其参加仲裁活动。

④代理人。当事人可以委托代理人参加仲裁活动。委托他人参加仲裁活动，应当向仲裁委员会提交有委托人签名或者盖章的委托书，委托书应当载明委托事项和权限。

丧失或者部分丧失民事行为能力的劳动者，由其法定代理人代为参加仲裁活动；无法定代理人的，由仲裁委员会为其指定代理人。劳动者死亡的，由其近亲属或者代理人参加仲裁活动。

（3）劳动争议仲裁案件的管辖。

仲裁委员会负责管辖本区域内发生的劳动争议。劳动争议由劳动合同履行地或者用人单位所在地的仲裁委员会管辖。双方当事人分别向劳动合同履行地和用人单位所在地的仲裁委员会申请仲裁的，由劳动合同履行地的仲裁委员会管辖。有多个劳动合同履行地的，由最先受理的仲裁委员会管辖。劳动合同履行地不明确的，由用人单位所在地的仲裁委员会管辖。案件受理后，劳动合同履行地或者用人单位所在地发生变化的，不改变争议仲裁的管辖。

2. 申请和受理

（1）仲裁时效。

①劳动争议申请仲裁的时效期间为1年。仲裁时效期间从当事人知道或者应当知道其权利被侵害之日起计算。劳动关系存续期间因拖欠劳动报酬发生争议的，劳动者申请仲裁不受1年仲裁时效期间的限制；但是，劳动关系终止的，应当自劳动关系终止之日起1年内提出。

②仲裁时效的中断。劳动时效，因当事人一方向对方当事人主张权利（一方当事人通过协商、申请调解等方式向对方当事人主张权利的）；或者向有关部门请求权利救济（一方当事人通过向有关部门投诉，向仲裁委员会申请仲裁，向人民法院起诉或者申请支付令等方式请求权利救济的）；或者对方当事人同意履行义务而中断。从中断时起、仲裁时效期间重新计算。这里的中断时起，应理解为中断事由消除时起。

③仲裁时效的中止。因不可抗力或者有其他正当理由（无民事行为能力或者限制民事行为能力劳动者的法定代理人未确定等），当事人不能在仲裁时效期间申请仲裁的，仲裁时效中止。从中止时效的原因消除之日起，仲裁时效期间继续计算。

（2）仲裁申请。

申请人申请仲裁应当提交书面仲裁申请，并按照被申请人人数提交副本。仲裁申请书应当载明下列事项：

①劳动者的姓名、性别、出生日期、身份证号码、住所、通信地址和联系电话，用人单位的名称、住所、通信地址、联系电话和法定代表人或者主要负责人的姓名、职务。

②仲裁请求和所根据的事实、理由。

③证据和证据来源，证人姓名和住所。

书写仲裁申请确有困难的，可以口头申请，由仲裁委员会记入笔录，经申请人签名、盖章或者捺印确认。

(3) 仲裁受理。

仲裁委员会收到仲裁申请之日起5日内，认为符合受理条件的，应当予以受理，并向申请人出具受理通知书；认为不符合受理条件的，向申请人出具不予受理通知书。

对仲裁委员会逾期未作出决定或者决定不予受理的，申请人可以就该争议事项向人民法院提起诉讼。

仲裁委员会受理仲裁申请后，应当在5日内将仲裁申请书副本送达被申请人。被申请人收到仲裁申请书副本后，应当在10日内向仲裁委员会提交答辩书。仲裁委员会收到答辩书后，应当在5日内将答辩书副本送达申请人。被申请人未提交答辩书的，不影响仲裁程序的进行。

3. 开庭和裁决

(1) 仲裁基本制度。

先行调解原则。仲裁庭在作出裁决前，应当先行调解。调解达成协议的，仲裁庭应当制作调解书。调解书经双方当事人签收后，发生法律效力。

仲裁公开原则及例外。劳动争议仲裁公开进行，但当事人协议不公开或者涉及商业秘密和个人隐私的，经相关当事人书面申请，仲裁委员会应当不公开审理。

仲裁庭制。仲裁委员会裁决劳动争议案件实行仲裁庭制。仲裁庭由3名仲裁员组成，设首席仲裁员。简单劳动争议案件可以由1名仲裁员独任仲裁。

回避制度。仲裁员有下列情形之一的，应当回避，当事人也有权以口头或者书面方式提出回避申请：①仲裁员是本案当事人或当事人，代理人的近属的；②与本案有利害关系的；③与本案当事人、代理人有其他关系，可能影响公正裁决的；④私自会见当事人、代理人，或者接受当事人、代理人请客送礼的。

(2) 仲裁开庭程序。

仲裁委员会应当在受理仲裁申请之日起5日内组成仲裁庭，并将仲裁庭的组成情况书面通知当事人。仲裁庭应当在开庭5日前，将开庭日期、地点书面通知双方当事人。当事人有正当理由的，可以在开庭3日前请求延期开庭。是否延期，由仲裁委员会根据实际情况决定。

申请人收到书面开庭通知，无正当理由拒不到庭或者未经仲裁庭同意中途退庭的，可以按撤回仲裁申请处理；申请人重新申请仲裁的，仲裁委员会不予受理。被申请人收到书面开庭通知，无正当理由拒不到庭或者未经仲裁庭同意中途退庭的，仲裁庭可以继续开庭审理，并缺席裁决。

开庭审理中，仲裁员应当听取申请人的陈述和被申请人的答辩，主持庭审调查、质证和辩论、征询当事人最后意见，并进行调解。

仲裁庭裁决劳动争议案件，应当自仲裁委员会受理仲裁申请之日起45日内结束。案情复杂需要延期的，经仲裁委员会主任批准，可以延期并书面通知当事人，但是延长期限不得超过15日。逾期未作出仲裁裁决的，当事人可以就该劳动争议事项向人民法院提起诉讼。

劳动争议仲裁中的"3日""5日""10日"指工作日，"15日""45日"指自然日。

（3）仲裁裁决。

①裁决的规则。裁决应当按照多数仲裁员的意见作出，少数仲裁员的不同意见应当记入笔录。仲裁庭不能形成多数意见时，裁决应当按照首席仲裁员的意见作出。裁决书由仲裁员签名，加盖劳动争议仲裁委员会印章。对裁决持不同意见的仲裁员，可以签名，也可以不签名。

仲裁庭裁决劳动争议案件时，其中一部分事实已经清楚，可以就该部分先行裁决。

②一裁终局的案件。下列劳动争议，除《调解仲裁法》另有规定的外，仲裁裁决为终局裁决，裁决书自作出之日起发生法律效力：

a. 追索劳动报酬、工伤医疗费、经济补偿或者赔偿金，不超过当地月最低工资标准12个月金额的争议。如果仲裁裁决涉及数项，对单项裁决数额不超过当地月最低工资标准12个月金额的事项，应当适用终局裁决。

上述经济补偿包括《劳动合同法》规定的竞业限制期限内给予的经济补偿、解除或者终止劳动合同的经济补偿等；赔偿金包括《劳动合同法》规定的未签订书面劳动合同的第2倍工资、违法约定试用期的赔偿金、违法解除或者终止劳动合同的赔偿金等。

b. 因执行国家的劳动标准在工作时间、休息休假、社会保险等方面发生的争议。

仲裁庭裁决案件时，裁决内容同时涉及终局裁决和非终局裁决的，应当分别制作裁决书，并告知当事人相应的救济权利。

（4）仲裁裁决的撤销。

用人单位有证据证明上述一裁终局的裁决有下列情形之一，可以自收到仲裁裁决书之日起30日内向仲裁委员会所在地的中级人民法院申请撤销裁决：

①适用法律、法规确有错误的。

②劳动争议仲裁委员会无管辖权的。

③违反法定程序的。

④裁决所根据的证据是伪造的。

⑤对方当事人隐瞒了足以影响公正裁决的证据的。

⑥仲裁员在仲裁该案时有索贿受贿、徇私舞弊、枉法裁决行为的。

人民法院经组成合议庭审查核实裁决有上述规定情形之一的，应当裁定撤销。

4. 执行

（1）仲裁庭对追索劳动报酬、工伤医疗费、经济补偿或者赔偿金的案件，根据当事人的申请，可以裁决先予执行，移送人民法院执行。

仲裁庭裁决先予执行的，应当符合下列条件：①当事人之间权利义务关系明确；②不先予执行将严重影响申请人的生活。

劳动者申请先予执行的，可以不提供担保。

（2）当事人对发生法律效力的调解书、裁决书，应当依照规定的期限履行。一方当事人逾期不履行的，另一方当事人可以依照《民事诉讼法》的有关规定向人民法院申请执行。受理申请的人民法院应当依法执行。

（四）劳动诉讼

1. 劳动诉讼的提起

（1）对仲裁委员会不予受理或者逾期未作出决定的，申请人可以就该劳动争议事项向人民法院提起诉讼。

（2）劳动者对劳动争议的终局裁决不服的，可以自收到仲裁裁决书之日起 15 日内向人民法院提起诉讼。

（3）当事人对终局裁决情形之外的其他劳动争议案件的仲裁裁决不服的，可以自收到仲裁裁决书之日起 15 日内提起诉讼。

（4）终局裁决被人民法院裁定撤销的，当事人可以自收到裁定书之日起 15 日内就该劳动争议事项向人民法院提起诉讼。

2. 劳动诉讼程序

劳动诉讼依照《民事诉讼法》的规定执行。

八、违反劳动合同法律制度的法律责任

（一）用人单位违反《劳动合同法》的法律责任

1. 用人单位规章制度违反法律规定的法律责任

（1）用人单位直接涉及劳动者切身利益的规章制度违反法律、法规规定的，由劳动行政部门责令改正，给予警告；给劳动者造成损害的，应当承担赔偿责任。

（2）用人单位违反《劳动合同法》有关建立职工名册规定的，由劳动行政部门责令限期改正；逾期不改正的，由劳动行政部门处 2 000 元以上 2 万元以下的罚款。

2. 用人单位订立劳动合同违反法律规定的法律责任

（1）用人单位提供的劳动合同文本未载明劳动合同必备条款或者用人单位未将劳动合同文本交付劳动者的，由劳动行政部门责令改正；给劳动者造成损害的，应当承担赔偿责任。

（2）用人单位自用工之日起超过 1 个月不满 1 年未与劳动者订立书面劳动合同的，应

当向劳动者每月支付2倍的工资。

（3）用人单位违反《劳动合同法》规定不与劳动者订立无固定期限劳动合同的，自应当订立无固定期限劳动合同之日起向劳动者每月支付2倍的工资。

（4）用人单位违反《劳动合同法》规定与劳动者约定试用期的，由劳动行政部门责令改正；违法约定的试用期已经履行的，由用人单位以劳动者试用期满月工资为标准，已经履行的超过法定试用期的期间向劳动者支付赔偿金。

（5）用人单位违反《劳动合同法》规定，扣押劳动者居民身份证等证件的，由劳动行政部门责令限期退还劳动者本人，并依照有关法律规定给予处罚。

（6）用人单位违反《劳动合同法》规定，以担保或者其他名义向劳动者收取财物的，由劳动行政部门责令限期退还劳动者本人，并以每人500元以上2 000元以下的标准处以罚款；给劳动者造成损害的，应当承担赔偿责任。

（7）劳动合同依照法律规定被确认无效，给劳动者造成损害的，用人单位应当承担赔偿责任。

3. 用人单位履行劳动合同违反法律规定的法律责任

（1）用人单位有下列情形之一的，依法给予行政处罚；构成犯罪的，依法追究刑事责任；给劳动者造成损害的，应当承担赔偿责任：

①以暴力、威胁或者非法限制人身自由的手段强迫劳动的。

②违章指挥或者强令冒险作业危及劳动者人身安全的。

③侮辱、体罚、殴打、非法搜查或者拘禁劳动者的。

④劳动条件恶劣、环境污染严重，给劳动者身心健康造成严重损害的。

（2）用人单位有下列情形之一的，由劳动行政部门责令限期支付劳动报酬、加班费；劳动报酬低于当地最低工资标准的，应当支付其差额部分；逾期不支付的，责令用人单位按应付金额50%以上100%以下的标准向劳动者加付赔偿金：

①未按照劳动合同的约定或者国家规定及时足额支付劳动者劳动报酬的。

②低于当地最低工资标准支付劳动者工资的。

③安排加班不支付加班费的。

（3）用人单位依照《劳动合同法》规定应当向劳动者每月支付2倍的工资或者应当向劳动者支付赔偿金而未支付的，劳动行政部门应当责令用人单位支付。

4. 用人单位违反法律规定解除和终止劳动合同的法律责任

（1）用人单位违反《劳动合同法》规定解除或者终止劳动合同的，应当依照《劳动合同法》规定的经济补偿标准的2倍向劳动者支付赔偿金。

（2）用人单位解除或者终止劳动合同，未依照《劳动合同法》规定向劳动者支付经济补偿的，由劳动行政部门责令限期支付经济补偿；逾期不支付的，责令用人单位按应付金额50%以上100%以下的标准向劳动者加付赔偿金。

(3) 用人单位违反《劳动合同法》规定未向劳动者出具解除或者终止劳动合同的书面证明，由劳动行政部门责令改正；给劳动者造成损害的，应当承担赔偿责任。

(4) 劳动者依法解除或者终止劳动合同，用人单位扣押劳动者档案或者其他物品的，由劳动行政部门责令限期退还劳动者本人，并以每人500元以上2 000元以下的标准处以罚款；给劳动者造成损害的，应当承担赔偿责任。

5. 其他法律责任

(1) 用人单位招用与其他用人单位尚未解除或者终止劳动合同的劳动者，给其他用人单位造成损失的，应当承担连带赔偿责任。

(2) 劳务派遣单位、用工单位违反《劳动合同法》有关劳务派遣规定的，由劳动行政部门责令限期改正；逾期不改正的，以每人5 000元以上1万元以下的标准处以罚款，对劳务派遣单位，吊销其劳务派遣经营许可证。用工单位给被派遣劳动者造成损害的，劳务派遣单位与用工单位承担连带赔偿责任。

(3) 对不具备合法经营资格的用人单位的违法犯罪行为，依法追究法律责任；劳动者已经付出劳动的，该单位或者其出资人应当依照《劳动合同法》的有关规定向劳动者支付劳动报酬、经济补偿、赔偿金；给劳动者造成损害的，应当承担赔偿责任。

(4) 个人承包经营违反《劳动合同法》规定招用劳动者，给劳动者造成损害的，发包的组织与个人承包经营者承担连带赔偿责任。

(二) 劳动者违反劳动合同法律制度的法律责任

(1) 劳动合同被确认无效，给用人单位造成损失的，有过错的劳动者应当承担赔偿责任。

(2) 劳动者违反《劳动合同法》规定解除劳动合同，给用人单位造成损失的，应当承担赔偿责任。

(3) 劳动着违反劳动合同中约定的保密义务或者竞业限制，劳动者应当按照劳动合同的约定，向用人单位支付违约金。给用人单位造成损失的，应当承担赔偿责任。

(4) 劳动者违反培训协议，未满服务期解除或者终止劳动合同的，或者因劳动者严重违纪，用人单位与劳动者解除约定服务期的劳动合同的，劳动者应当按照劳动合同的约定、向用人单位支付违约金。

模块二　社会保险法

一、社会保险概述

社会保险，是指国家依法建立的，由国家、用人单位和个人共同筹集资金、建立基金，使个人在年老（退休）、患病、工伤（因工伤残或者患职业病）、失业、生育等情况下得以物质帮助和补偿的一种社会保障制度。这种保障是依靠国家立法强制实行的社会化保险。所谓社会化保险，一是指资金来源的社会化，社会保险基金中既有用人单位和个人缴纳的保险费，也有国家财政给予的补助；二是指管理的社会化，国家设置专门机构，实行统一规划和管理，统一承担保险金的发放等。

《劳动法》规定，国家发展社会保险，建立社会保险制度，设立社会保险基金。2010 年 10 月 28 日第十一届全国人民代表大会常务委员会第十七次会议审议通过、2018 年 12 月 29 日第十三届全国人民代表大会常务委员会第七次会议修正的《中华人民共和国社会保险法》（以下简称《社会保险法》），1999 年 1 月 22 日国务院令第 258 号发布的《失业保险条例》，2003 年 4 月 27 日国务院令第 375 号发布、2010 年 12 月 20 日修订的《工伤保险条例》，2011 年 6 月 29 日人力资源和社会保障部令第 13 号发布的《实施〈中华人民共和国社会保险法〉若干规定》等法律、单行条例和规定，构成了我国社会保险法律制度主要内容。

目前我国的社会保险项目主要有基本养老保险、基本医疗保险、工伤保险、失业保险和生育保险。2017 年 1 月 19 日，国务院办公厅印发了《生育保险和职工基本医疗保险合并实施试点方案》，在 2017 年 6 月底前启动生育保险和职工基本医疗保险合并实施试点工作，试点在 12 个试点城市行政区域开展，期限为 1 年左右。2019 年 3 月 6 日，国务院办公厅印发了《关于全面推进生育保险和职工基本医疗保险合并实施的意见》，全面推进两项保险合并实施。

二、基本养老保险

（一）基本养老保险的含义

基本养老保险制度，是指缴费达到法定期限并且个人达到法定退休年龄后，国家和社会提供物质帮助以保证因年老而退出劳动领域者稳定、可靠的生活来源的社会保险制度。基本养老保险是社会保险体系中最重要、实施最广泛的一项制度。

（二）基本养老保险的覆盖范围

1. 基本养老保险制度的组成

根据《社会保险法》的规定，基本养老保险制度由三个部分组成：职工基本养老保险制度、新型农村社会养老保险制度（以下简称新农保）、城镇居民社会养老保险制度（以下简称城居保）。省、自治区、直辖市人民政府根据实际情况，可以将城镇居民社会养老保险和新型农村社会养老保险合并实施。国务院于 2014 年 2 月 26 日发布了《关于建立统一的城乡居民基本养老保险制度的意见》（国发〔2014〕8 号），决定将新农保和城居保两项制度合并实施，在全国范围内建立统一的城乡居民基本养老保险制度。年满 16 周岁（不含在校学生），非国家机关和事业单位工作人员及不属于职工基本养老保险制度覆盖范围的城乡居民，可以在户籍地参加城乡居民养老保险。本章除特别说明外，基本养老保险均指职工基本养老保险。

2. 职工基本养老保险

职工基本养老保险费的征缴范围：国有企业、城镇集体企业、外商投资企业、城镇私营企业和其他城镇企业及其职工，实行企业化管理的事业单位及其职工。这是基本养老保险的主体部分。基本养老保险费由用人单位和职工共同缴纳。

无雇工的个体工商户、未在用人单位参加基本养老保险的非全日制从业人员以及其他灵活就业人员可以参加基本养老保险，由个人缴纳基本养老保险费。

公务员和参照公务员管理的工作人员养老保险的办法由国务院规定。国务院于2015年1月14日发布了《关于机关事业单位工作人员养老保险制度改革的决定》，改革现行机关事业单位工作人员退休保障制度，逐步建立独立于机关事业单位之外、资金来源多渠道、保障方式多层次、管理服务社会化的养老保险体系。对于按照《公务员法》管理的单位、参照《公务员法》管理的机关（单位）、事业单位及其编制内的工作人员，实行社会统筹与个人账户相结合的基本养老保险制度。

（三）职工基本养老保险基金的组成和来源

基本养老保险基金由用人单位和个人缴费以及政府补贴等组成。基本养老保险实行社会统筹与个人账户相结合。基本养老金由统筹养老金和个人账户养老金组成。

养老保险社会统筹，指统筹养老保险缴费和统支养老金，确保收支平衡的公共财务系统。用人单位应当按照国家规定的本单位职工工资总额的比例缴纳基本养老保险费，记入基本养老保险统筹基金。职工按照国家规定的本人工资的比例缴纳基本养老保险费，记入个人账户。基本养老保险基金出现支付不足时，政府给予补贴。

无雇工的个体工商户、未在用人单位参加基本养老保险的非全日制从业人员以及其他灵活就业人员参加基本养老保险的，应当按照国家规定缴纳基本养老保险费，分别记入基本养老保险统筹基金和个人账户。

个人账户不得提前支取，记账利率不得低于银行定期存款利率，免征利息税。参加职工基本养老保险的个人死亡后，其个人账户中的余额可以全部依法继承。

个人跨统筹地区就业的，其基本养老保险关系随本人转移，缴费年限累计计算。个人达到法定退休年龄时，基本养老金分段计算、统一支付。

（四）职工基本养老保险费的缴纳

1. 单位缴费

按照现行政策，自2019年5月1日起，降低城镇职工基本养老保险（包括企业和机关事业单位基本养老保险）单位缴费比例。各省、自治区、直辖市及新疆生产建设兵团养老保险单位缴费比例高于16%的，可降至16%；目前低于16%的，要研究提出过渡办法。

2. 个人缴费

按照现行政策，职工个人按照本人缴费工资的8%缴费，记入个人账户。缴费工资，也称缴费工资基数,一般为职工本人上一年度月平均工资(有条件的地区也可以本人上月工资收入为个人缴费工资基数)。月平均工资按照国家统计局规定列入工资总额统计的项目计算,包括工资、奖金、津贴、补贴等收入,不包括用人单位承担或者支付给员工的社会保险费、劳动保护费、福利费、用人单位与员工解除劳动关系时支付的一次性补偿以及计划生育费用等其他不属于工资的费用。新招职工(包括研究生、大学生、大中专毕业生等)以起薪当月工资收入作为缴费工资基数;从第二年起,按上一年实发工资的月平均工资作为缴费工资基数,即

$$个人养老账户月存储额 = 本人月缴费工资 \times 8\%$$

本人月平均工资低于当地职工月平均工资60%的,按当地职工月平均工资的60%作为缴费基数。本人月平均工资高于当地职工月平均工资300%的,按当地职工月平均工资的300%作为缴费基数,超过部分不计入缴费工资基数,也不计入计发养老金的基数。各省应以本省城镇非私营单位就业人员平均工资和城镇私营单位就业人员平均工资加权计算的全口径城镇单位就业人员平均工资,核定社保个人缴费基数的上下限。

个人缴费不计征个人所得税,在计算个人所得税的应税收入时,应当扣除个人缴纳的养老保险费。

城镇个体工商户和灵活就业人员按照上述口径计算的本地全口径城镇单位就业人员平均工资核定社保个人缴费基数的上下限,允许缴费人在60%至300%之间选择适当的缴费基数。缴费比例为20%,其中8%记入个人账户。

(五)职工基本养老保险享受条件与待遇

1. 职工基本养老保险享受条件

(1)年龄条件:达到法定退休年龄。目前国家实行的法定的企业职工退休年龄是,男年满60周岁,女工人年满50周岁,女干部年满55周岁;从事井下、高温、高空、特别繁重体力劳动或其他有害身体健康工作的,退休年龄为男年满55周岁,女年满45周岁;因病或非因工致残,由医院证明并经劳动鉴定委员会确认完全丧失劳动能力的,退休年龄为男年满50周岁,女年满45周岁。

(2)缴费条件:累计缴费满15年。参加职工基本养老保险的个人,达到法定退休年龄时累计缴费满15年的,按月领取基本养老金。

2. 职工基本养老保险待遇。

(1)职工基本养老金。对符合基本养老保险享受条件的人员,国家按月支付基本养老金。

(2)丧葬补助金和遗属抚恤金。参加基本养老保险的个人,因病或者非因工死亡的,其遗属可以领取丧葬补助金和抚恤金,所需资金从基本养老保险基金中支付。

但如果个人死亡同时符合领取基本养老保险丧葬补助金、工伤保险丧葬补助金和失业保险丧葬补助金条件的,其遗属只能选择领取其中的一项。

（3）病残津贴。参加基本养老保险的个人，在未达到法定退休年龄时因病或者非因工致残完全丧失劳动能力的，可以领取病残津贴，所需资金从基本养老保险基金中支付。

思政园地

养老保险全覆盖是指什么？

职工基本养老保险是社会保险中的一个险种，基本养老金的主要目的在于保障广大退休人员的晚年基本生活。在我国实行养老保险制度改革以前，基本养老金也称退休金、退休费，是一种最主要的养老保险待遇。建立城镇居民社会养老保险制度，对于深入贯彻落实科学发展观、加快完善覆盖城乡居民的社会保障体系意义非常重大。

养老保险全覆盖：按照我国现行的养老保险政策，有单位的职工参加企业或事业养老保险，社会灵活就业人员参加灵活就业养老保险（比照企业养老保险选档），失地农民参加养老保障，我国从2011年7月1日起实现了养老保险全覆盖。

农民参加新型农村养老保险，符合条件的农民直接领取基础养老金，每月55元；城镇居民参加城镇居民养老保险，符合条件的居民直接领取基础养老金，每月55元；实现了养老保险的全覆盖。

思政要点：

培养学生尊老爱幼，扶弱济贫，友爱助人的高尚情怀和人道主义精神。

三、基本医疗保险

（一）基本医疗保险的含义

基本医疗保险制度，是指按照国家规定缴纳一定比例的医疗保险费，参保人因患病和意外伤害而就医诊疗，由医疗保险基金支付其一定医疗费用的社会保险制度。

（二）基本医疗保险的覆盖范围

1. 职工基本医疗保险

职工应当参加职工基本医疗保险，由用人单位和职工按照国家规定共同缴纳基本医疗保险费。职工基本医疗保险费的征缴范围：国有企业、城镇集体企业、外商投资企业、城镇营企业和其他城镇企业及其职工，国家机关及其工作人员，事业单位及其职工，民办非企业单位及其职工，社会团体及其专职人员。

无雇工的个体工商户、未在用人单位参加基本医疗保险的非全日制从业人员以及其他灵活就业人员可以参加职工基本医疗保险，由个人按照国家规定缴纳基本医疗保险费。

2. 城乡居民基本医疗保险

国务院于2016年1月3日印发了《关于整合城乡居民基本医疗保险制度的意见》，该意见规定：整合城镇居民基本医疗保险和新型农村合作医疗两项制度，建立统一的城乡居民基本医疗保险制度。城乡居民基本医疗保险制度覆盖范围包括现有城镇居民基本医疗保险制度和新型农村合作医疗所有应参保（合）人员，即覆盖除职工基本医疗保险应参保人员以外的其他所有城乡居民，统一保障待遇。

（三）全面推进生育保险和职工基本医疗保险合并实施

根据国务院办公厅 2019 年 3 月 25 日发布的《关于全面推进生育保险和职工基本医疗保险合并实施的意见》，推进两项保险合并实施，统一参保登记，即参加职工基本医疗保险的在职职工同步参加生育保险。统一基金征缴和管理，生育保险基金并入职工基本医疗保险基金，按照用人单位参加生育保险和职工基本医疗保险的缴费比例之和确定新的用人单位职工基本医疗保险费率，个人不缴纳生育保险费。两项保险合并实施后实行统一定点医疗服务管理，统一经办和信息服务。确保职工生育期间的生育保险待遇不变。

（四）职工基本医疗保险费的缴纳

基本医疗保险与基本养老保险一样采用"统账结合"模式，即分别设立社会统筹基金和个人账户基金，基本医疗保险基金由统筹基金和个人账户构成。

1. 单位缴费

由统筹地区统一确定适合当地经济发展水平的基本医疗保险单位缴费率，一般为职工工资总额的 6% 左右。用人单位缴纳的基本医疗保险费分为两部分，一部分用于建立统筹基金，另一部分划入个人账户。

2. 基本医疗保险个人账户的资金来源

（1）个人缴费部分。由统筹地区统一确定适合当地职工负担水平的基本医疗保险个人缴费率，一般为本人工资收入的 2%。

（2）用人单位缴费的个人部分。由统筹地区根据个人医疗账户的支付范围和职工年龄因素确定用人单位医疗保险费划入个人医疗账户的具体比例，一般为 30% 左右。

3. 基本医疗保险关系转移接续制度

个人跨统筹地区就业的，其基本医疗保险关系随本人转移，缴费年限累计计算。

4. 退休人员基本医疗保险费的缴纳

参加职工基本医疗保险的个人，达到法定退休年龄时累计缴费达到国家规定年限的，退休后不再缴纳基本医疗保险费，按照国家规定享受基本医疗保险待遇；未达到国家规定缴费年限的，可以缴费至国家规定年限。目前对最低缴费年限没有全国统一的规定，由各统筹地区根据本地情况确定。

（五）职工基本医疗费用的结算

参保人员符合基本医疗保险药品目录、诊疗项目、医疗服务设施标准以及急诊、抢救的医疗费用，按照国家规定从基本医疗保险基金中支付。参保人员医疗费用中应当由基本医疗保险基金支付的部分，由社会保险经办机构与医疗机构、药品经营单位直接结算。目前各地对职工基本医疗保险费用结算的方式并不一致。要享受基本医疗保险待遇一般要符合以下条件：①参保人员必须到基本医疗保险的定点医疗机构就医、购药或到定点零售药店购买药品。②参保人员在看病就医过程中所发生的医疗费用必须符合基本医疗保险药品目录、诊疗项目、医疗服务设施标准的范围和给付标准。

参保人员符合基本医疗保险支付范围的医疗费用中，在社会医疗统筹基金起付标准以上与最高支付限额以下的费用部分，由社会医疗统筹基金按一定比例支付。

起付标准，又称起付线，一般为当地职工年平均工资的10%左右。最高支付限额，又称封顶线，一般为当地职工年平均工资的6倍左右。支付比例一般为90%。

参保人员符合基本医疗保险支付范围的医疗费用中，在社会医疗统筹基金起付标准以下的费用部分，由个人账户资金支付或个人自付；统筹基金起付线以上至封顶线以下的费用部分，个人也要承担一定比例的费用，一般为10%，可由个人账户支付也可自付。参保人员在封顶线以上的医疗费用部分，可以通过单位补充医疗保险或参加商业保险等途径解决。

（六）基本医疗保险基金不支付的医疗费用

下列医疗费用不纳入基本医疗保险基金支付范围：

（1）应当从工伤保险基金中支付的。

（2）应当由第三人负担的。

（3）应当由公共卫生负担的。

（4）在境外就医的。

医疗费用应当由第三人负担，第三人不支付或者无法确定第三人的，由基本医疗保险基金先行支付。基本医疗保险基金先行支付后，有权向第三人追偿。

（七）医疗期

医疗期是指企业职工因患病或非因工负伤停止工作，治病休息，但不得解除劳动合同的期限。

1. 医疗期

企业职工因患病或非因工负伤，需要停止工作，进行医疗时，根据本人实际参加工作年限和在本单位工作年限，给予3个月到24个月的医疗期：

（1）实际工作年限10年以下的，在本单位工作年限5年以下的为3个月；5年以上的为6个月。

（2）实际工作年限10年以上的，在本单位工作年限5年以下的为6个月；5年以上10年以下的为9个月；10年以上15年以下的为12个月；15年以上20年以下的为18个月；20年以上的为24个月。

2. 医疗期的计算方法

医疗期3个月的按6个月内累计病休时间计算；6个月的按12个月内累计病休时间计算；9个月的按15个月内累计病休时间计算；12个月的按18个月内累计病休时间计算；18个月的按24个月内累计病休时间计算；24个月的按30个月内累计病休时间计算。即医疗期的计算从病休第一天开始，累计计算。例如，1名应享受3个月医疗期的职工，如果从2008年3月15日起第一次病休，则该职工医疗期应在3月15日至9月14日6个月内的时间段确定。假设到7月20日，该职工已累计病休3个月，即视为医疗期满。若该职工在7月21日至9月14日之间再次病休，就无法享受医疗期待遇。

病休期间，公休、假日和法定节日包括在内。对某些患特殊疾病（如癌症、精神病、瘫痪等）的职工，在24个月内尚不能痊愈的，经企业和劳动主管部门批准，可以适当延长医疗期。

3. 医疗期内的待遇

企业职工在医疗期内，其病假工资、疾病救济费和医疗待遇按照有关规定执行。病假工资或疾病救济费可以低于当地最低工资标准支付，但最低不能低于最低工资标准的80%。医疗期内，除劳动者有以下情形外，用人单位不得解除或终止劳动合同：①在试用期间被证明不符合录用条件的；②严重违反用人单位的规章制度的；③严重失职，营私舞弊，给用人单位造成重大损害的；④劳动者同时与其他用人单位建立劳动关系，对完成本单位的工作任务造成严重影响，或者经用人单位提出，拒不改正的；⑤以欺诈、胁迫的手段或者乘人之危，使用人单位在违背真实意思的情况下订立或者变更劳动合同致使劳动合同无效的；⑥被依法追究刑事责任的。如医疗期内遇合同期满，则合同必须延续至医疗期满，职工在此期间仍然享受医疗期内待遇。对医疗期满尚未痊愈者，或者医疗期满后，不能从事原工作，也不能从事用人单位另行安排的工作，被解除劳动合同的，用人单位需按经济补偿规定给予其经济补偿。

四、工伤保险

（一）工伤保险的含义

工伤保险，是指劳动者在职业工作中或规定的特殊情况下遭遇意外伤害或职业病，导致暂时或永久丧失劳动能力以及死亡时，劳动者或其遗属能够从国家和社会获得物质帮助的社会保险制度。

（二）工伤保险费的缴纳和工伤保险基金

1. 工伤保险费的缴纳

职工应当参加工伤保险，由用人单位缴纳工伤保险费，职工不缴纳工伤保险费。

中华人民共和国境内的企业、事业单位、社会团体、民办非企业单位、基金会、律师事务所、会计师事务所等组织和有雇工的个体工商户（以下简称用人单位）应当依照《工伤保险条例》的规定参加工伤保险，为本单位全部职工或者雇工（以下简称职工）缴纳工伤保险费。中华人民共和国境内的企业、事业单位、社会团体、民办非企业单位、基金会、律师事务所、会计师事务所等组织的职工和个体工商户的雇工，均有依照规定享受工伤保险待遇的权利。

用人单位应当按照本单位职工工资总额，根据社会保险经办机构确定的费率按时足额缴纳工伤保险费。用人单位缴纳工伤保险费的数额为本单位职工工资总额乘以单位缴费费率之积。工资总额，是指用人单位直接支付给本单位全部职工的劳动报酬总额。

对难以按照工资总额缴纳工伤保险费的行业，其缴纳工伤保险费的具体方式，由国务院社会保险行政部门规定。例如，建筑施工企业可以实行以建筑施工项目为单位，按照项目工程总造价的一定比例，计算缴纳工伤保险费。商贸、餐饮、住宿、美容美发、洗浴以及文体娱乐等小型服务业企业以及有雇工的个体工商户，可以按照营业面积的大小核定应参保人数，按照所在统筹地区上一年度职工月平均工资的一定比例和相应的费率，计算缴纳工伤保险费，也可以按照营业额的一定比例计算缴纳工伤保险费。小型矿产企业可以按照总产量、吨矿工资含量和相应的费率计算缴纳工伤保险。

2. 工伤保险基金

工伤保险基金由用人单位缴纳的工伤保险费、工伤保险基金的利息和依法纳入工伤保险基金的其他资金构成。

工伤保险基金存入社会保障基金财政专户，用于《工伤保险条例》规定的工伤保险，劳动能力鉴定，工伤预防的宣传、培训等费用，以及法律、法规规定的用于工伤保险的其他费用的支付。

任何单位或者个人不得将工伤保险基金用于投资运营、兴建或者改建办公场所，发放奖金，或者挪作其他用途。

（三）工伤认定与劳动能力鉴定

1. 工伤认定

（1）应当认定工伤的情形。

职工有下列情形之一的，应当认定为工伤：

①在工作时间和工作场所内，因工作原因受到事故伤害的。

②工作时间前后在工作场所内，从事与工作有关的预备性或收尾性工作受到事故伤害的。

③在工作时间和工作场所内，因履行工作职责受到暴力等意外伤害的。

④患职业病的。

⑤因工外出期间，由于工作原因受到伤害或者发生事故下落不明的。

⑥在上下班途中，受到非本人主要责任的交通事故或者城市轨道交通、客运、火车事故伤害的。

⑦法律、行政法规规定应当认定为工伤的其他情形。

（2）视同工伤的情形。

职工有下列情形之一的，视同工伤：

①在工作时间和工作岗位，突发疾病死亡或者在48小时内经抢救无效死亡的。

②在抢险救灾等维护国家利益、公共利益活动中受到伤害的。

③原在军队服役,因战、因公负伤致残,已取得革命伤残军人证,到用人单位后旧伤复发的。

(3) 不认定为工伤的情形。

职工因下列情形之一导致本人在工作中伤亡的,不认定为工伤:

①故意犯罪。

②醉酒或者吸毒。

③自残或者自杀。

2. 劳动能力鉴定

职工发生工伤,经治疗伤情相对稳定后存在残疾、影响劳动能力的,应当进行劳动能力鉴定。劳动能力鉴定是指劳动功能障碍程度和生活自理障碍程度的等级鉴定。

劳动功能障碍分为十个伤残等级,最重的为一级,最轻的为十级。生活自理障碍分为三个等级:生活完全不能自理、生活大部分不能自理和生活部分不能自理。劳动能力鉴定标准由国务院社会保险行政部门会同国务院卫生行政部门等部门制定。

自劳动能力鉴定结论作出之日起1年后,工伤职工或者其近亲属、所在单位或者经办机构认为伤残情况发生变化的,可以申请劳动能力复查鉴定。

(四) 工伤保险待遇

职工因工作原因受到事故伤害或者患职业病,且经工伤认定的,享受工伤保险待遇;其中,经劳动能力鉴定丧失劳动能力的,享受伤残待遇。

1. 工伤医疗待遇

职工因工作遭受事故伤害或者患职业病进行治疗,享受工伤医疗待遇,包括:

(1) 治疗工伤的医疗费用(诊疗费、药费、住院费)。职工治疗工伤应当在签订服务协议的医疗机构就医,情况紧急时可以先到就近的医疗机构急救。治疗工伤所需费用符合工伤保险诊疗项目目录、工伤保险药品目录、工伤保险住院服务标准的,从工伤保险基金支付。

(2) 住院伙食补助费、交通食宿费。职工住院治疗工伤的伙食补助费,以及经医疗机构出具证明,报经办机构同意,工伤职工到统筹地区以外就医所需的交通、食宿费用按标准从工伤保险基金支付。

(3) 康复性治疗费。工伤职工到签订服务协议的医疗机构进行工伤康复的费用,符合规定的,从工伤保险基金支付。

(4) 停工留薪期工资福利待遇。职工因工作遭受事故伤害或者患职业病需要暂停工作接受工伤医疗的,在停工留薪期内,原工资福利待遇不变,由所在单位按月支付。停工留薪期一般不超过12个月。伤情严重或者情况特殊,经设区的市级劳动能力鉴定委员会确认,可以适当延长,但延长不得超过12个月。工伤职工评定伤残等级后,停止享受停工留薪期待遇，按照规定享受伤残待遇。工伤职工在停工留薪期满后仍需治疗的，继续享受工伤医疗待遇。生活不能自理的工伤职工在停工留薪期需要护理的，由所在单位负责。

但工伤职工治疗非因工伤引发的疾病，不享受工伤医疗待遇，按照基本医疗保险办法处理。

2. 辅助器具装配

工伤职工因日常生活或者就业需要，经劳动能力鉴定委员会确认，可以安装假肢、矫形器、假眼、假牙和配置轮椅等辅助器具，所需费用按照国家规定的标准从工伤保险基金支付。

3. 伤残待遇

经劳动能力鉴定委员会鉴定，评定伤残等级的工伤职工，享受伤残待遇，其中包括：

（1）生活护理费。工伤职工已经评定伤残等级并经劳动能力鉴定委员会确认需要生活护理的，从工伤保险基金按月支付生活护理费。

（2）一次性伤残补助金。职工因工致残被鉴定为一级至十级伤残的，从工伤保险基金按伤残等级支付一次性伤残补助金。

（3）伤残津贴、职工因工致残被鉴定为一级至四级伤残的，保留劳动关系，调出工岗位，从工伤保险基金中按月支付伤残津贴，伤残津贴实际金额低于当地最低工资标的，由工伤保险基金补足，职工因工致残被鉴定为五级、六级伤残的，保留与用人单位的劳动关系，由用人单位安排适当工作。难以安排工作的，由用人单位按月发给其津贴。伤残津贴实际金额低于当地最低工资标准的，由用人单位补足差额。

（4）一次性工伤医疗补助金和一次性伤残就业补助金。五级、六级伤残，经工伤职工本人提出，可以与用人单位解除或者终止劳动关系；七级至十级伤残，劳动、聘用合同期满终止，或者职工本人提出解除劳动、聘用合同的，由工伤保险基金支付一次性工伤医疗补助金，由用人单位支付一次性伤残就业补助金。一次性工伤医疗补助金和一次性伤残就业补助金的具体标准由省、自治区、直辖市人民政府规定。

4. 工亡待遇

职工因工死亡，或者伤残职工在停工留薪期内因工伤导致死亡的，其近亲属按照规定从工伤保险基金领取丧葬补助金、供养亲属抚恤金和一次性工亡补助金。

（1）丧葬补助金，为6个月的统筹地区上年度职工月平均工资。

（2）供养亲属抚恤金，按照职工本人工资的一定比例发给由因工死亡职工生前提供主要生活来源、无劳动能力的亲属。供养亲属的具体范围由国务院社会保险行政部门规定。

（3）一次性工亡补助金的标准为上一年度全国城镇居民人均可支配收入的20倍。

一至四级伤残职工在停工留薪期满后死亡的，其近亲属可以享受丧葬补助金、供养亲属抚恤金待遇，不享受一次性工亡补助金待遇。

（五）工伤保险待遇负担

1. 因工伤发生的下列费用，按照国家规定从工伤保险基金中支付：

（1）治疗工伤的医疗费用和康复费用。

（2）住院伙食补助费。

（3）到统筹地区以外就医的交通食宿费。

（4）安装配置伤残辅助器具所需费用。

（5）生活不能自理的，经劳动能力鉴定委员会确认的生活护理费。

（6）一次性伤残补助金和一级至四级伤残职工按月领取的伤残津贴。

（7）终止或者解除劳动合同时，应当享受的一次性医疗补助金。

（8）因工死亡的，其遗属领取的丧葬补助金、供养亲属抚恤金和因工死亡补助金。

（9）劳动能力鉴定费。

2. 因工伤发生的下列费用，按照国家规定由用人单位支付：

（1）治疗工伤期间的工资福利。

（2）五级、六级伤残职工按月领取的伤残津贴。

（3）终止或者解除劳动合同时，应当享受的一次性伤残就业补助金。

（六）特别规定

（1）工伤保险中所称的本人工资，是指工伤职工因工作遭受事故伤害或者患职业病前12个月平均月缴费工资。本人工资高于统筹地区职工平均工资300%的，按照统筹地区职工平均工资的300%计算；本人工资低于统筹地区职工平均工资60%的，按照统筹地区职工平均工资的60%计算。

（2）工伤职工有下列情形之一的，停止享受工伤保险待遇：

①丧失享受待遇条件的。

②拒不接受劳动能力鉴定的。

③拒绝治疗的。

（3）工伤职工符合领取基本养老金条件的，停发伤残津贴，享受基本养老保险待遇。基本养老保险待遇低于伤残津贴的，由工伤保险基金补足差额。

（4）职工所在用人单位未依法缴纳工伤保险费，发生工伤事故的，由用人单位支付工伤保险待遇。用人单位不支付的，从工伤保险基金中先行支付，由用人单位偿还。用人单位不偿还的，社会保险经办机构可以追偿。

（5）由于第三人的原因造成工伤，第三人不支付工伤医疗费用或者无法确定第三人的，由工伤保险基金先行支付。工伤保险基金先行支付后，有权向第三人追偿。

（6）职工（包括非全日制从业人员）在两个或者两个以上用人单位同时就业的，各用人单位应当分别为职工缴纳工伤保险费。职工发生工伤，由职工受到伤害时工作的单位依法承担工伤保险责任。

五、失业保险

(一) 失业保险的含义

失业是指处于法定劳动年龄阶段的劳动者，有劳动能力和劳动愿望，但却没有劳动岗位的一种状态。失业保险是指国家通过立法强制实行的，由社会集中建立基金，保障因失业而暂时中断生活来源的劳动者的基本生活，并通过职业培训、职业介绍等措施促进其再就业的社会保险制度。

(二) 失业保险费的缴纳

职工应当参加失业保险，由用人单位和职工按照国家规定共同缴纳失业保险费。失业保险费的征缴范围：国有企业、城镇集体企业、外商投资企业、城镇私营企业和其他城镇企业（统称城镇企业）及其职工，事业单位及其职工。

根据《失业保险条例》的规定，城镇企业事业单位按照本单位工资总额的2%缴纳失业保险费，职工按照本人工资的1%缴纳失业保险费。为减轻企业负担，促进扩大就业、人力资源和社会保障部、财政部数次发文降低失业保险费率，将用人单位和职工失业保险缴费比例总和从3%阶段性降至1%，个人费率不得超过单位费率。

职工跨统筹地区就业的，其失业保险关系随本人转移，缴费年限累计计算。

(三) 失业保险待遇

1. 失业保险待遇的享受条件

失业人员符合下列条件的，可以申请领取失业保险金并享受其他失业保险待遇：

(1) 失业前用人单位和本人已经缴纳失业保险费满1年的。

(2) 非因本人意愿中断就业的，包括以下情形：①终止劳动合同的；②被用人单位解除劳动合同的；③被用人单位开除、除名和辞退的；④用人单位以暴力、威胁或者非法限制人身自由的手段强迫劳动，劳动者解除劳动合同的；⑤用人单位未按照劳动合同约定支付劳动报酬或者提供劳动条件，劳动者解除劳动合同的；⑥法律、行政法规另有规定的。

(3) 已经进行失业登记，并有求职要求的。

2. 失业保险金的领取期限

用人单位应当及时为失业人员出具终止或者解除劳动关系的证明，将失业人员的名单自终止或者解除劳动关系之日起7日内报受理其失业保险业务的经办机构备案，并按要求提供终止或解除劳动合同证明等有关材料。失业人员到公共就业服务机构或社会保险经办机构申领失业保险金，受理其申请的机构都应一并办理失业登记和失业保险金发放。失业人员可凭社会保障卡或身份证件申领失业保险金，可不提供解除或者终止劳动关系、失业登记证明等材料。失业保险金自办理失业登记之日起计算。

失业人员失业前用人单位和本人累计缴费满1年不足5年的，领取失业保险金的期限最长为12个月；累计缴费满5年不足10年的，领取失业保险金的期限最长为18个月；累计缴费 10 年以上的，领取失业保险金的期限最长为 24 个月。重新就业后，再次失业的，缴费时间重新计算，领取失业保险金的期限与前次失业应当领取而尚未领取的失业保险金的期限合并计算，最长不超过 24 个月。失业人员因当期不符合失业保险金领取条件的，原有缴费时间予以保留，重新就业并参保的，缴费时间累计计算。根据人力资源和社会保障部、财政部《关于扩大失业保险保障范围的通知》，自 2019 年 12 月起，延长大龄失业人员领取失业保险金期限，对领取失业保险金期满仍未就业且距法定退休年龄不足 1 年的失业人员，可继续发放失业保险金至法定退休年龄。

3. 失业保险金的发放标准

失业保险金的标准，不得低于城市居民最低生活保障标准。一般也不高于当地最低工资标准，具体数额由省、自治区、直辖市人民政府确定。

4. 其他失业保险待遇

（1）领取失业保险金期间享受基本医疗保险待遇。

失业人员在领取失业保险金期间，参加职工基本医疗保险，享受基本医疗保险待遇。失业人员应当缴纳的基本医疗保险费从失业保险基金中支付，个人不缴纳基本医疗保险费。

（2）领取失业保险金期间的死亡补助。

失业人员在领取失业保险金期间死亡的，参照当地对在职职工死亡的规定，向其遗属发给一次性丧葬补助金和抚恤金。所需资金从失业保险基金中支付。

个人死亡同时符合领取基本养老保险丧葬补助金、工伤保险丧葬补助金和失业保险丧葬补助金条件的，其遗属只能选择领取其中的一项。

（3）职业介绍与职业培训补贴。

失业人员在领取失业保险金期间，应当积极求职，接受职业介绍和职业培训。失业人员接受职业介绍、职业培训的补贴由失业保险基金按照规定支付。补贴的办法和标准由省、自治区、直辖市人民政府规定。

（4）国务院规定或者批准的与失业保险有关的其他费用。

（四）停止享受失业保险待遇的情形

失业人员在领取失业保险金期间有下列情形之一的，停止领取失业保险金，并同时停止享受其他失业保险待遇：

（1）重新就业的。

（2）应征服兵役的。

（3）移居境外的。

（4）享受基本养老保险待遇的。

（5）被判刑收监执行的。

（6）无正当理由，拒不接受当地人民政府指定部门或者机构介绍的适当工作或者提供的培训的。

(7) 有法律、行政法规规定的其他情形的。

六、社会保险费征缴与管理

(一) 社会保险登记

1. 用人单位的社会保险登记

根据《社会保险费征缴暂行条例》的规定，企业在办理登记注册时，同步办理社会保险登记。企业以外的缴费单位应当自成立之日起30日内，向当地社会保险经办机构申请办理社会保险登记。

2. 个人的社会保险登记

用人单位应当自用工之日起30日内为其职工向社会保险经办机构申请办理社会保险登记。

自愿参加社会保险的无雇工的个体工商户、未在用人单位参加社会保险的非全日制从业人员以及其他灵活就业人员，应当向社会保险经办机构申请办理社会保险登记。

(二) 社会保险费缴纳

用人单位应当自行申报、按时足额缴纳社会保险费，非因不可抗力等法定事由不得缓交、减免。

职工应当缴纳的社会保险费由用人单位代扣代缴，用人单位应当按月将缴纳社会保险费的明细情况告知本人。

无雇工的个体工商户、未在用人单位参加社会保险的非全日制从业人员以及其他灵活就业人员，可以直接向社会保险费征收机构缴纳社会保险费。

根据中共中央《深化党和国家机构改革方案》，为提高社会保险资金征管效率，将基本养老保险费、基本医疗保险费、失业保险费等各项社会保险费交由税务部门统一征收。按照改革相关部署，自2019年1月1日起由税务部门统一征收各项社会保险费和先行划转的非税收入。根据国务院办公厅2019年4月1日《关于印发降低社会保险费率综合方案的通知》的规定，企业职工基本养老保险和企业职工其他险种缴费，原则上暂按现行征收体制继续征收，稳定缴费方式，"成熟一省、移交一省"；机关事业单位社保费和城乡居民社保费征管职责如期划转。

(三) 社会保险基金管理

除基本医疗保险基金与生育保险基金合并建账及核算外，其他各项社会保险基金按照社会保险险种分别建账，分账核算，执行国家统一的会计制度。社会保险基金专款专用，任何组织和个人不得侵占或者挪用。

社会保险基金存入财政专户，按照统筹层次设立预算，通过预算实现收支平衡。除基本医疗保险基金与生育保险基金预算合并编制外，其他社会保险基金预算按照社会保险项目分别编制。县级以上人民政府在社会保险基金出现支付不足时，给予补贴。社会保险经办机构应当定期向社会公布参加社会保险情况以及社会保险基金的收入、支出、结余和收益情况。

社会保险基金在保证安全的前提下，按照国务院规定投资运营实现保值增值。社会保险基金不得投资运营，不得用于平衡其他政府预算，不得用于兴建、改建办公场所和支付人员费用、运行费用、管理费用，或者违反法律、行政法规规定挪作其他用途。

七、违反社会保险法律制度的法律责任

（一）用人单位违反《社会保险法》的法律责任

（1）用人单位不办理社会保险登记的，由社会保险行政部门责令限期改正；逾期不改的，对用人单位处应缴社会保险费数额1倍以上3倍以下的罚款，对其直接负责的主管人员和其他直接责任人员处500元以上3 000元以下的罚款。

（2）用人单位未按时足额缴纳社会保险费的，由社会保险费征收机构责令限期缴纳或者补足，并自欠缴之日起，按日加收0.05%的滞纳金；逾期仍不缴纳的，由有关行政部门处欠缴数额1倍以上3倍以下的罚款。

（3）用人单位拒不出具终止或者解除劳动关系证明的，由劳动行政部门责令改正；给劳动者造成损害的，应当承担赔偿责任。

（二）骗保行为的法律责任

（1）以欺诈、伪造证明材料或者其他手段骗取社会保险待遇的，由社会保险行政部门责令退回骗取的社会保险金，处骗取金额2倍以上5倍以下的罚款。

（2）社会保险经办机构以及医疗机构、药品经营单位等社会保险服务机构以欺诈、伪造证明材料或者其他手段骗取社会保险基金支出的，由社会保险行政部门责令退回骗取的社会保险金，处骗取金额2倍以上5倍以下的罚款；属于社会保险服务机构的，解除服务协议；直接负责的主管人员和其他直接责任人员有执业资格的，依法吊销其执业资格。

（三）社会保险经办机构、社会保险费征收机构、社会保险服务机构等机构的法律责任

（1）社会保险经办机构及其工作人员有下列行为之一的，由社会保险行政部门责令改正；给社会保险基金、用人单位或者个人造成损失的，依法承担赔偿责任；对直接负责的主管人员和其他直接责任人员依法给予处分：

①未履行社会保险法定职责的。

②未将社会保险基金存入财政专户的。

③克扣或者拒不按时支付社会保险待遇的。

④丢失或者篡改缴费记录、享受社会保险待遇记录等社会保险数据、个人权益记录的。

⑤有违反社会保险法律、法规的其他行为的。

（2）社会保险费征收机构擅自更改社会保险费缴费基数、费率，导致少收或者多收社会保险费的，由有关行政部门责令其追缴应当缴纳的社会保险费或者退还不应当缴纳的社会保险费；对直接负责的主管人员和其他直接责任人员依法给予处分。

（3）违反《社会保险法》的规定，隐匿、转移、侵占、挪用社会保险基金或者违规投资运营的，由社会保险行政部门、财政部门、审计机关责令追回；有违法所得的，没收违法所得；对直接负责的主管人员和其他直接责任人员依法给予处分。

（4）社会保险行政部门和其他有关行政部门、社会保险经办机构、社会保险费征收机构及其工作人员泄露用人单位和个人信息的，对直接负责的主管人员和其他直接责任人员依法给予处分；给用人单位或者个人造成损失的，应当承担赔偿责任。

（5）国家工作人员在社会保险管理、监督工作中滥用职权、玩忽职守、徇私舞弊的，依法给予处分。

（6）违反《社会保险法》的规定，构成犯罪的，依法追究刑事责任。

课后训练

一、基础练习

1. 哪些劳动合同不能规定试用期？
2. 劳动合同解除的限制性条件有哪些？
3. 简述劳动合同中的经济补偿金与经济赔偿金的区别。
4. 应当认定工伤的情形有哪些？
5. 职工基本医疗费用结算中的起付线与封顶线是如何界定的？
6. 职工基本养老保险享受的条件是什么？
7. 领取失业保险金的条件是什么？

二、案例分析

案例一：某公司招聘一名高级业务经理，王某凭借伪造的名牌大学毕业证书及其他与岗位要求相关的资料，骗得公司的信任，签订了为期3年的劳动合同。半年后，公司发现王某伪造学历证书及其他资料的事实，提出劳动合同无效，要求王某退还公司所发工资、并支付经济赔偿。王某认为公司违反《劳动合同法》规定，擅自解除劳动合同、应承担违约责任。请分析该案件应如何处理。

案例二：刘某原是甲公司的技术总监，公司与他签订了竞业限制协议，约定劳动合同解除或终止后3年内，刘某不得在本行业从事相关业务，公司每月支付其补偿金2万元。但在刘某离职后，公司只在第一年按时给予了补偿金，此后一直没有支付。刘某在离职一年半后到甲公司的竞争对手乙公司上班。甲公司得知后要求刘某支付违约金。刘某要求甲公司支付未付的经济补偿,解除竞业限制协议。请分析甲公司与刘某应如何解决该纠纷。

案例三:某企业职工张某的月工资为9 000元,其上年度月平均工资为8 000元。当地职工上年度月平均工资为2 400元。请计算该职工每月应缴纳的基本养老保险费。

案例四:某企业职工王某的月缴费工资为5 000元。请计算王某个人医疗保险账户每月的储存额。已知当地规定的基本医疗保险单位缴费率为6%,个人缴费率为2%,单位缴费划入个人医疗保险账户的比例为30%。

案例五:李某与甲公司签订了为期3年的劳动合同,2015年6月合同期满后,双方未续订,但公司继续安排李某在原岗位工作,并向其支付相应的劳动报酬。2015年8月10日,李某上班时因履行工作职责不慎受伤,经当地社会保险行政部门认定为工伤。公司认为与李某的劳动合同已期满终止,公司不用再为其缴纳工伤保险费,也无须支付工伤保险待遇。李某则要求公司支付工伤保险待遇。请分析双方的观点是否符合法律规定。

案例六:孙某大学毕业后到甲公司工作。公司与其签订了2015年7月1日至2018年6月30日的3年期合同,并为其办理了失业保险。因孙某严重违反单位规章制度,公司于2017年12月31日解除了劳动合同。此后孙某一直未能找到工作,遂于2018年4月1日办理了失业登记。请分析孙某领取失业保险金的期限。

三、实训任务

2019年,某劳务派遣公司将几名劳动者派遣到某学校从事后勤工作,工资及保险费由学校交劳务派遣公司支付和缴纳,同时,学校向劳务派遣公司支付每人每月70元的管理费。劳动合同与劳务派遣协议都是两年一签,且期限相同。2021年2月,两个合同均到期。在此之前,学校曾表示无法明确是否续签及续签多久,但仍将继续用工一段时间,劳务派遣公司与劳动者均未提出异议。因此合同到期后,这几名劳动者仍在该校工作。直到2021年6月,学校后勤表示将退工,并告知劳动者和劳务派遣公司,开出了退工通知单。

于是,几名劳动者要求支付经济补偿金以及3至6月没有签订劳动合同的双倍工资,并将劳务派遣公司与学校一起列为被申请人,诉诸劳动争议仲裁。学校方表示愿意承担经济补偿金责任,但没有签订劳动合同是由劳务派遣公司造成的,因此,双倍工资应当由派遣公司来承担。劳务派遣公司则认为自己只是按照学校的要求来管理,没有续签劳动合同也是由于学校责任所导致,因此,应当由学校来承担全部责任。三方就责任的承担引起了争议。仲裁委最终裁定两被申请人向派遣员工支付经济补偿和双倍工资。请解读案例,分析下列问题:

1. 什么是劳务关系,与劳动关系是否有区别?
2. 本案中,你认为申请人、被申请人双方的观点,谁的更合理?
3. 本案应如何处理?

项目十一　经济纠纷的解决途径

一、知识框架

经济纠纷是指市场经济主体之间因经济权利和经济义务的矛盾而引起的权益争议，包括平等主体之间涉及经济内容的纠纷和公民、法人或者其他组织作为行政管理相对人与行政机关之间因行政管理所发生的涉及经济内容的纠纷。在我国，解决经济纠纷的途径和方式主要有行政复议、仲裁、民事诉讼、行政诉讼。其中，行政复议与行政诉讼是针对纵向关系经济纠纷的解决方式，仲裁与民事诉讼则是针对横向关系经济纠纷的解决方式。

（一）行政复议法

行政复议是指与行政行为具有法律上利害关系的人（公民、法人和其他组织）认为行政主体作出的具体行政行为违法或不当侵犯其合法权益，依法向具有法定权限的行政机关申请复议，由复议机关依法对被申请的具体行政行为进行合法性、适当性审查，并作出行政复议决定的一种法律制度。本模块主要包括行政复议的概念、性质和特征，行政复议的基本原则，行政复议的受案范围，行政复议的申请，行政复议的受理，行政复议的审理和行政复议的决定等内容。

（二）仲裁法

仲裁是指发生争议的双方当事人，根据其在争议发生前或争议发生后所达成的协议，自愿将该争议提交中立的第三方（仲裁机构）进行裁判的争议解决制度和方式。本模块包括仲裁的适用范围、基本原则、仲裁机构、仲裁协议和仲裁程序等内容。

（三）诉讼法

诉讼是指国家审判机关即人民法院，依照法律规定，在当事人和其他诉讼参与人的参加下，依法解决争议的活动。诉讼分为民事诉讼、行政诉讼和刑事诉讼三大诉讼。经济纠纷案件适用的程序只涉及民事诉讼和行政诉讼。本模块包括民事诉讼和行政诉讼的基本制度、受案范围、程序等内容。

二、学习目标

（一）知识目标

（1）行政复议的复议机关和受案范围。

(2) 行政复议程序。
(3) 仲裁的仲裁机关和基本制度。
(4) 仲裁程序。
(5) 民事诉讼的受案范围、审判制度和管辖。
(6) 民事诉讼程序。
(7) 行政诉讼的受案范围、管辖。

(二) 能力目标

(1) 能够正确运用行政复议法律制度解决经济纠纷。
(2) 能够正确运用仲裁法律制度解决经济纠纷。
(3) 能够正确运用民事诉讼法律制度分析经济纠纷案件的处理。

(三) 思政目标

(1) 培养学生公正、法治、和谐、友善的社会主义核心价值观。
(2) 培养学生自觉守法，维护稳定的社会经济发展秩序，保障社会主义建设事业顺利进行。

三、法律法规

(1)《中华人民共和国行政复议法》。
(2)《中华人民共和国行政复议法实施条例》。
(3)《中华人民共和国仲裁法》。
(4)《中华人民共和国民事诉讼法》。
(5)《中华人民共和国行政诉讼法》。

模块一　行政复议法

一、行政复议的概念、性质和特征

(一) 行政复议的概念

行政复议，是指与行政行为具有法律上利害关系的人（公民、法人和其他组织）认为行政机关所作出的具体行政行为违法或不当侵犯其合法权益，依法向具有法定权限的行政机关申请复议，由复议机关依法对被申请的具体行政行为进行合法性、适当性审查，并作出行政复议决定的一种法律制度。行政复议包含以下几方面的含义：

第一，行政复议的申请人是行政管理相对人。所谓行政管理相对人是指行政主体实施的具体行政行为针对的对象，可以是公民、法人或其他组织。只要认为行政机关的具体行政行为侵犯了自己的合法权益，均可依法申请行政复议。

第二，行政复议的被申请人是行政主体。具体体现为行政机关和法律法规授权组织。行政复议是由具体行政行为引起的，而具体行政行为是国家行政管理权的具体体现，只有作为行政主体的国家行政机关才可以实施。此外，在我国有些法律、法规将行政机关的某些职权授予了行政机关以外的一些组织，该组织及其工作人员在法律、法规授权范围内实施的具体行政行为，其法律后果由该组织承担。

第三，行政复议的主管机关是有权的行政机关。行政复议是行政系统内部的一项监督制度，因而行政复议机关只能是行政机关。

第四，行政复议的对象是具体行政行为。具体行政行为是行政主体在行使行政管理的过程中，依法对特定行政管理相对人实施的行政行为，如罚款、行政拘留、吊销营业执照等。行政相对人一般情况下只有对具体行政行为不服才能申请行政复议，而对行政机关实施的抽象行政行为，原则上不得申请行政复议。

第五，行政复议是严格按照法定程序进行的活动。复议参加人和复议机关进行复议活动必须遵循法定的步骤和方法，只有这样才能保证行政复议活动的顺利进行。

（二）行政复议的性质

1. 行政复议是权利救济制度

行政复议的内容和目的，是通过处理行政争议对受到行政侵害的公民、法人和其他组织合法的权益提供法律救济。

2. 行政复议是行政监督制度

行政复议的根据是上级行政机关对下级行政机关的层级监督权。这种层级监督权具有维持、撤销或者改变下级行政机关决定的内容。

3. 行政复议是一种行政行为制度

行政复议是行政机关行使行政管理权的单方职权行为，可以直接规定公民、法人或者其他组织的权利义务。因此，行政机关的复议行为应当遵守行政活动的基本制度，应当具备具体行政行为的成立条件和合法条件。

4. 行政复议是行政裁判制度

行政复议的活动方式是处理行政争议，应当遵守保证公正处理的复议程序。

（三）行政复议的特征

1. 行政复议是解决行政争议的一种行政方法

行政争议是行政活动实施中的一种障碍、阻塞和不畅，在一定时期内还使行政关系处于一种不确定的状态。这种争议解决不好，或者会影响行政效率，影响对国家事务的行政管理活动，或者会使公民、法人或者其他组织的合法权益受到侵害。所以必须通过建立良好的法律制度加以解决，使合法、正确的行政决定得以贯彻执行，违法、不当的行政行为得以撤销或者废止，公民、法人或者其他组织的合法权益受到的损害得以恢复，从而为公民、法人或者其他组织提供良好的救济。行政复议原则上只限于解决行政争议，民事纠纷和其他争议只有在法律有明文规定的情况下才可以被纳入处理对象。

2. 行政复议基本上是以具体行政行为为审查对象的行政审查制度

从行政复议机关与原作出具体行政行为的行政机关的关系上考察，行政复议实际上是一种行政审查制度。但行政复议机关审查有关行政行为并非不受限制。按照行政复议法的规定，行政复议一般只以具体行政行为为审查对象，抽象行政行为一般不属行政复议的审查对象。但是，通过行政复议制度可以启动对抽象行政行为的审查。对抽象行政行为的审查根据行政机关的备案审查制度实施。

3. 行政复议是一种依申请的行政行为

行政复议是一种行政机关的行政行为，这种行为的特点是以解决行政争议的形式进行，它基于行政相对人的申请而开始，以行政主体为被申请人。一般说来，无行政相对人的申请，便无行政复议活动的进行。虽然行政机关也可以复查自己的行政决定，但这与由行政相对人提出申请形式的复议请求是有区别的。所以，行政复议是依申请而非依职权主动为之的行政行为。作为行政相对人的公民、法人或者其他组织不主动申请，行政复议机关不能径自作出复议决定。

4. 行政复议主体一般是作出有争议行政决定的上级机关

没有法律规定，作为行政争议一方当事人的行政机关无权审理复议案件，因此，行政复议主要由上级行政机关进行。行政复议法规定，除法律另有规定外，行政复议由县级以上人民政府或者由作出具体行政行为的行政机关的上一级行政机关管辖。从行政复议机关的设置上看，行政复议机关有本级人民政府，也有上级行政主管部门，还有设立的派出机关，但必须是行政机关才能作出行政复议决定。

5. 行政复议以合法性与适当性为审查标准

在行政复议中，行政复议机关依据合法性和适当性标准审查具体行政行为，就是审查具体行政行为的行政主体是否履行法定职责；是否事实清楚、证据确凿；适用法律、法规与规章以及具有普遍约束力的行政决定、命令是否正确；是否违反法定程序；是否超越职权、滥用职权以及行政侵权；依据法律、法规和规章等法律规范的规定作出的具体行政行为是否明显不当。按照这样的标准审查后，依法作出行政复议决定。

6. 行政复议以书面审查为主要方式

从提高行政效率、简化行政程序的角度考虑，行政复议以书面审查为主。行政复议法规定，行政复议机构进行复议审查时，原则上采取书面审查的办法，但是当申请人提出要求或者行政复议机关认为有必要时，也可以听取申请人、第三人和被申请人的意见，包括采取听证的方式，并向有关组织和个人进行调查和了解情况。

7. 行政复议决定必须是针对原行政决定而作出的新的决定

复议机关受理复议申请后，应结合行政相对人的请求内容，对原行政决定作全面的复查核实,针对原行政决定作出维持、撤销或者变更的复议决定,并答复复议申请人。复议决定为最终裁决的,或者复议申请人在法定期限内未提起行政诉讼的,或者人民法院判决维持行政复议决定的,行政复议决定经送达后,即产生约束有关当事人的法律效力。

二、行政复议的基本原则

行政复议的基本原则,是指在行政复议全过程都必须遵守的基本行为准则,是我国行政复议制度的集中体现。根据我国《行政复议法》的规定,行政复议应遵循以下六项基本原则:

1. 合法原则

合法性原则是所有行政权行使都应遵循的一项基本原则,行政复议机关在受理行政复议申请,对申请复议的具体行政行为进行审查以及作出复议决定的过程中必须严格遵守法律规定。具体要求为行使复议权的主体合法、依据合法、程序合法。

2. 公正原则

公正是一切司法活动的本质要求,行政复议是一种行政裁判制度,复议机关解决行政争议,应当将作为被申请人的行政机关与作为申请人的公民、法人和其他组织放在平等的位置上,不能偏袒任何一方。严格以法律和社会公认的公正标准为尺度对原具体行政行为的合法性和适当性进行审查,不仅要复议的结果公正,而且要复议的程序公正。

3. 公开原则

公开原则是一个重要的程序原则,是民主政治的本质要求。行政复议制度本身就具有很强的民主性,在整个行政复议过程中,应当保证复议申请人的权利通过公开原则的贯彻,得到切实保障。具体表现为:①行政复议过程公开;②依据公开,申请人、第三人可以查阅被申请人提出的书面答复,作出具体行政行为的证据、依据和其他有关材料,除涉及国家秘密、商业秘密或者个人隐私外,行政复议机关不得拒绝;③复议的结果和作出决定的理由公开。

4. 及时原则

及时原则是指行政复议机关应当在法律规定的期限内,完成行政复议案件的审理工作。及时原则是为了实现行政复议的效率性,是实现行政复议制度目的的要求。这一原则的核心内容是,行政复议机关必须按照行政复议法所规定的受理、审理以及作出决定的期限执行,延长期限也必须严格按照法律规定,要有法律依据。

5. 便民原则

便民原则要求行政复议机关在审理行政复议案件时,要尽最大努力方便申请人,使其不因行政复议活动增加过多的负担,最大限度地节省他们所耗费的时间、精力和费用,努力做到方便群众,把群众利益放到第一位。

6. 有错必纠原则

要求行政机关秉公执法，通过行政复议对下级或所属的行政机关的行政执法活动实施全面有效的监督。行政复议既要纠正行政机关违法实施的行政行为，也要纠正行政机关及其工作人员不当实施的自由裁量行为。

三、行政复议的受案范围

（一）可以申请行政复议的具体行政行为

第一，对行政机关作出的警告、罚款、没收违法所得、没收非法财物、责令停产停业、暂扣或者吊销许可证、暂扣或者吊销执照、行政拘留等行政处罚决定不服的。

第二，对行政机关作出的限制人身自由或者查封、扣押、冻结财产等行政强制措施决定不服的。

第三，对行政机关作出的有关许可证、执照、资质证、资格证等证书变更、中止、撤销的决定不服的。

第四，对行政机关作出的关于确认土地、矿藏、水流、森林、山岭、草原、荒地、滩涂、海域等自然资源的所有权或者使用权的决定不服的。

第五，认为行政机关侵犯合法的经营自主权的。

第六，认为行政机关变更或者废止农业承包合同，侵犯其合法权益的。

第七，认为行政机关违法集资、征收财物、摊派费用或者违法要求履行其他义务的。

第八，认为符合法定条件，申请行政机关颁发许可证、执照、资质证、资格证等证书，或者申请行政机关审批、登记有关事项，行政机关没有依法办理的。

第九，申请行政机关履行保护人身权利、财产权利、受教育权利的法定职责，行政机关没有依法履行的。

第十，申请行政机关依法发放抚恤金、社会保险金或者最低生活保障费，行政机关没有依法发放的。

第十一，认为行政机关的其他具体行政行为侵犯其合法权益的。

公民、法人或者其他组织认为行政机关的具体行政行为所依据的下列规定不合法，在对具体行政行为申请行政复议时，可以一并向行政复议机关提出对该规定的审查申请：①国务院部门的规定；②县级以上地方各级人民政府及其工作部门的规定；③乡、镇人民政府的规定。前面所列规定不含国务院部、委员会规章和地方人民政府规章。

（二）申请行政复议可以附带提起审查的规范性文件

公民、法人或者其他组织认为行政机关的具体行政行为所依据的下列规定不合法，在对具体行政行为申请行政复议时，可以一并向行政复议机关提出对该规定的审查申请：

第一，国务院部门的规定。

第二，县级以上地方各级人民政府及其工作部门的规定。

第三，乡、镇人民政府的规定。

上述所列规定不含国务院部门、委员会规章和地方人民政府规章。规章的审查依照法律、行政法规办理。

（三）不得申请行政复议的事项

依照我国《行政复议法》的规定，下列事项不能申请行政复议：

第一，不服行政机关作出的行政处分或者其他人事处理决定的，依照有关法律、行政法规的规定提出申诉。

第二，不服行政机关对民事纠纷作出的调解或者其他处理，依法申请仲裁或者向法院提起诉讼。

四、行政复议的申请

（一）行政复议参加人

行政复议参加人是指参加行政复议的当事人和与行政复议当事人地位相类似的人。根据行政复议法的规定，行政复议参加人包括行政复议申请人、被申请人、第三人以及行政复议代理人。

1. 行政复议申请人

行政复议申请人，是指认为行政机关的具体行政行为侵犯其合法权益，依法向行政复议机关提出行政复议申请的公民、法人或者其他组织。

有权申请行政复议的公民死亡的，其近亲属可以申请行政复议。有权申请行政复议的公民为无民事行为能力人或者限制民事行为能力人的，其法定代理人可以代为申请行政复议。有权申请行政复议的法人或者其他组织终止的，承受其权利的法人或者其他组织可以申请行政复议。

合伙企业申请行政复议的，应当以核准登记的企业为申请人，由执行合伙事务的合伙人代表该企业参加行政复议；其他合伙组织申请行政复议的，由合伙人共同申请行政复议。

不具备法人资格的其他组织申请行政复议的，由该组织的主要负责人代表该组织参加行政复议；没有主要负责人的，由共同推选的其他成员代表该组织参加行政复议。

股份制企业的股东大会、股东代表大会、董事会（股东自己不可以）认为行政机关作出的具体行政行为侵犯企业合法权益的，可以以企业的名义申请行政复议。

2. 行政复议被申请人

行政复议被申请人，是指与行政管理相对人处于相对地位，其具体行政行为被行政管理相对人认为侵犯自己的合法权益，并依法申请行政复议的行政机关一方。

3. 行政复议第三人

行政复议第三人，是指同被申请行政复议的具体行政行为有利害关系，为了保护自己的合法权益而参加到正在进行的行政复议活动中的公民、法人或者其他组织。

行政复议期间，申请人以外的公民、法人或者其他组织与被审查的具体行政行为有利害关系的，可以向行政复议机构申请作为第三人参加行政复议。行政复议机构认为申请人以外的公民、法人或者其他组织与被审查的具体行政行为有利害关系的，可以通知其作为第三人参加行政复议。第三人不参加行政复议，不影响行政复议案件的审理。

4. 行政复议代理人

行政复议代理人，是指以行政复议申请人或者第三人的名义，在代理权限内进行行政复议活动的人。

（二）行政复议机关及管辖

行政复议机关是指依照法律的规定，有权受理行政复议申请，依法对具体行政行为进行审查并作出裁决的行政机关。其特征包括：第一，行政复议机关是行政机关；第二，行政复议机关是有权行使行政复议权的行政机关；第三，行政复议机关是能以自己的名义行使行政复议权，并对行为后果独立承担法律责任的行政机关。

行政复议机关负责法制工作的机构具体办理行政复议事项，履行下列职责：第一，受理行政复议申请；第二，向有关组织和人员调查取证、查阅文件和资料；第三，审查申请行政复议的具体行政行为是否合法与适当，拟订行政复议决定；第四，处理或者转送属于特殊管辖行政复议案件的审查申请；第五，对行政机关违反行政复议法规定的行为依照规定的权限和程序提出处理建议；第六，办理因不服行政复议决定提起行政诉讼的应诉事项；第七，法律、法规规定的其他职责。

可以作为行政复议机关的行政机关就是管辖具体行政复议案件的行政机关，按照行政复议法规定，行政复议管辖分为：

1. 一般管辖

行政复议的一般管辖是指在通常情况下不服行政机关具体行政行为的行政复议适用的管辖。具体包括：

（1）选择管辖。

对县级以上地方各级人民政府工作部门的具体行政行为不服的，由申请人选择，可以向该部门的本级人民政府申请行政复议，也可以向上一级主管部门申请行政复议。

对经国务院批准实行省以下垂直领导的部门作出的具体行政行为不服的，可以选择向该部门的本级人民政府或者上一级主管部门申请行政复议；省、自治区、直辖市另有规定的，依照省、自治区、直辖市的规定办理。

（2）上级管辖。

对"海关、金融、外汇管理"等实行垂直领导的行政机关和国家安全机关的具体行政行为不服的，应当向上一级主管部门申请行政复议。

对地方各级人民政府具体行政行为不服的，向上一级人民政府申请行政复议。对省、自治区人民政府依法设立的派出机关所属的县级地方人民政府的具体行政行为不服的,向该派出机关申请行政复议。

(3) 本级管辖。

对国务院部门或者省、自治区、直辖市人民政府的具体行政行为不服的,向作出该具体行政行为的国务院部门或者省、自治区、直辖市人民政府申请行政复议。对行政复议决定不服的,可以向人民法院提起行政诉讼,也可以向国务院申请裁决,国务院依照本法的规定作出最终裁决。

申请人对两个以上国务院部门共同作出的具体行政行为不服的,可以向其中任何一个国务院部门提出行政复议申请,由作出具体行政行为的国务院部门共同作出行政复议决定。

2. 特殊管辖

行政复议的特殊管辖是指除一般管辖之外的适用于特殊案件的管辖。

(1) 对县级以上地方人民政府依法设立的派出机关的具体行政行为不服的,向设立该派出机关的人民政府申请行政复议。

(2) 对政府工作部门依法设立的派出机构依照法律、法规或者规章规定,以自己的名义作出的具体行政行为不服的,向设立该派出机构的部门或者该部门的本级地方人民政府申请行政复议。

(3) 对法律、法规授权的组织的具体行政行为不服的,分别向直接管理该组织的地方人民政府、地方人民政府工作部门或者国务院部门申请行政复议。

(4) 对两个或者两个以上行政机关以共同的名义作出的具体行政行为不服的,向其共同上一级行政机关申请行政复议。

(5) 对被撤销的行政机关在撤销前所作出的具体行政行为不服的,向继续行使其职权的行政机关的上一级行政机关申请行政复议。

有上述所列情形之一的,申请人也可以向具体行政行为发生地的县级地方人民政府提出行政复议申请。

3. 转送管辖

转送管辖是指接受属于特殊管辖的行政复议案件的县级地方人民政府,对不属于自己受理范围的行政复议申请,应当自接到该行政复议申请之日起七日内,转送有关行政复议机关,并告知申请人。

适用转送管辖的条件包括:第一,必须属于特殊管辖的复议案件;第二,转送机关是县级人民政府,且对该案件没有管辖权;第三,受转送的复议机关对该案件有管辖权。

受转送的复议机关不能拒绝接受转送,也不能再自行转送其他复议机关。如果受转送的复议机关认为对该转送案件确无管辖权,应当告知申请人向有关行政复议机关提出。

4. 移送管辖

移送管辖是指行政复议机关对已经受理的行政复议案件，经审查发现自己对该案件没有管辖权时，将案件移送到有管辖权的复议机关管理的制度。

5. 协商管辖与指定管辖

（1）申请人就同一事项向两个或者两个以上有权受理的行政机关申请行政复议的，由最先收到行政复议申请的行政机关受理。

（2）同时收到行政复议申请的，由收到行政复议申请的行政机关在 10 日内协商确定。

（3）协商不成的，由其共同上一级行政机关在 10 日内指定受理机关。

（三）行政复议申请期限

公民、法人或者其他组织认为具体行政行为侵犯其合法权益的，可以自知道该具体行政行为之日起 60 日内提出行政复议申请；但是法律规定的申请期限超过 60 日的除外。因不可抗力或者其他正当理由耽误法定申请期限的，申请期限自障碍消除之日起继续计算。

（四）行政复议申请方式

申请人申请行政复议，可以书面申请，也可以口头申请。

申请人书面申请行政复议的，可以采取当面递交、邮寄或者传真等方式提出行政复议申请。有条件的行政复议机构可以接受以电子邮件形式提出的行政复议申请。

行政复议申请书中需载明下列事项：

（1）申请人的基本情况，包括：公民的姓名、性别、年龄、身份证号码、工作单位、住所、邮政编码；法人或者其他组织的名称、住所、邮政编码和法定代表人或者主要负责人的姓名、职务。

（2）被申请人的名称。

（3）行政复议请求、申请行政复议的主要事实和理由。

（4）申请人的签名或者盖章。

（5）申请行政复议的日期。

申请人口头申请行政复议的，行政复议机关应当当场记录申请人的基本情况、行政复议请求、申请行政复议的主要事实、理由和时间。

五、行政复议的受理

（一）行政复议受理条件

行政复议申请符合下列规定的，行政复议机关应当受理：

（1）有明确的申请人和符合规定的被申请人。

（2）申请人与具体行政行为有利害关系。

（3）有具体的行政复议请求和理由。

（4）在法定申请期限内提出。

(5) 属于行政复议法规定的行政复议范围。
(6) 属于收到行政复议申请的行政复议机构的职责范围。
(7) 其他行政复议机关尚未受理同一行政复议申请，人民法院尚未受理同一主体就同一事实提起的行政诉讼。

（二）行政复议受理审查

行政复议机关负责法制工作的机构审查行政复议申请，应当在收到行政复议申请后 5 日内进行审查，审查的内容包括：行政复议是否在法定期限内提出，其内容是否符合行政复议法的要求；是否有其他救济手段排除了行政复议，即对于法律不要求必须经行政复议后即可起诉的事项，应当审查行政相对人是否向人民法院提起行政诉讼，以及人民法院是否已经受理；是否是重复提起行政复议申请；法律、法规规定的其他条件。

（三）行政复议受理决定

1. 决定受理

对符合法定条件的行政复议申请，依法应当决定受理。对于符合行政复议条件，但不属于本机关受理的行政复议申请，应当告知申请人向有关行政复议机关提出复议申请。行政复议申请自行政复议机关负责法制工作的机构自"收到之日起"即为受理。

对于符合受理条件的，行政复议机关负责法制工作的机构应当自行政复议申请受理之日起 7 日内，将行政复议申请书副本或申请笔录复印件发送被申请人。被申请人应自收到行政复议申请书副本或申请笔录复印件之日起 10 日内提出书面答复，并提交当初作出具体行政行为的证据、依据和其他有关材料。申请人、第三人可以查阅被申请人提出的书面答复、作出具体行政行为的证据、依据和其他有关材料，除涉及国家秘密、商业秘密或者个人隐私外，行政复议机关不得拒绝，应当为申请人、第三人查阅有关材料提供必要条件。

2. 决定不予受理

对不符合法定条件的行政复议申请，决定不予受理，并书面告知申请人。对不予受理决定不服时，申请人可以将情况向复议机关的上一级行政机关反映，上级行政机关认为复议机关无正当理由拒绝受理的，应当责令其受理或者必要时可直接受理；也向人民法院提起行政诉讼，对行政复议机关决定不予受理或受理后超过行政复议期限不作答复的，公民、法人或其他组织可自收到不予受理决定书之日起或者行政复议期满之日起 15 日内，依法向人民法院起诉。

行政复议机关受理行政复议申请，不得向申请人收取任何费用。行政复议活动所需经费，应当列入本机关的行政经费，由本级财政予以保障。

六、行政复议审理

（一）行政复议审理期限

行政复议机关受理复议申请的，应当自受理申请之日起 60 日内作出行政复议决定；但是法律规定的行政复议期限少于 60 日的除外。情况复杂，不能在规定期限内作出行政复议决定的，经行政复议机关的负责人批准，可以适当延长，并告知申请人和被申请人；但是延长期限最多不超过 30 日。

（二）行政复议审理方式

行政复议机构审理行政复议案件，应当由 2 名以上行政复议人员参加。行政复议原则上采取书面审查的办法，但是申请人提出要求或者行政复议机关负责法制工作的机构认为有必要时，可以向有关组织和人员调查情况，听取申请人、被申请人和第三人的意见。对重大、复杂的案件，申请人提出要求或者行政复议机构认为必要时，可以采取听证的方式审理。

行政复议人员向有关组织和人员调查取证时，可以查阅、复制、调取有关文件和资料，向有关人员进行询问。调查取证时，行政复议人员不得少于 2 人，并应当向当事人或者有关人员出示证件。被调查单位和人员应当配合行政复议人员的工作，不得拒绝或者阻挠。在行政复议过程中，被申请人不得自行向申请人和其他有关组织或者个人收集证据。

（三）复议期间具体行政行为的效力

行政复议期间被申请人改变原具体行政行为的，不影响行政复议案件的审理。但是申请人依法撤回行政复议申请的除外。

行政复议决定作出前，申请人要求撤回行政复议申请的，经说明理由，可以撤回，行政复议终止。申请人撤回行政复议申请的，不得再以同一事实和理由提出行政复议申请。但是，申请人能够证明撤回行政复议申请违背其真实意思表示的除外。

行政复议期间具体行政行为不停止执行。但在下列情况下，可以停止执行：①被申请人认为需要停止执行的；②行政复议机关认为需要停止执行的；③申请人申请停止执行，行政复议机关认为其要求合理，决定停止执行的；④法律规定停止执行的。

（四）行政复议中止

行政复议期间有下列情形之一，影响行政复议案件审理的，行政复议中止：

（1）作为申请人的自然人死亡，其近亲属尚未确定是否参加行政复议的。

（2）作为申请人的自然人丧失参加行政复议的能力，尚未确定法定代理人参加行政复议的。

（3）作为申请人的法人或者其他组织终止，尚未确定权利义务承受人的。

（4）作为申请人的自然人下落不明或者被宣告失踪的。

（5）申请人、被申请人因不可抗力，不能参加行政复议的。

（6）案件涉及法律适用问题，需要有权机关作出解释或者确认的。

（7）案件审理需要以其他案件的审理结果为依据，而其他案件尚未审结的。

（8）其他需要中止行政复议的情形。

行政复议中止的原因消除后，应当及时恢复行政复议案件的审理。

行政复议机构中止、恢复行政复议案件的审理，应当告知有关当事人。

（五）行政复议终止

行政复议期间有下列情形之一的，行政复议终止：

（1）申请人要求撤回行政复议申请，行政复议机构准予撤回的。

（2）作为申请人的自然人死亡，没有近亲属或者其近亲属放弃行政复议权利的。

（3）作为申请人的法人或者其他组织终止，其权利义务的承受人放弃行政复议权利的。

（4）申请人与被申请人依照本条例第四十条的规定，经行政复议机构准许达成和解的。

（5）申请人对行政拘留或者限制人身自由的行政强制措施不服申请行政复议后，因申请人同一违法行为涉嫌犯罪，该行政拘留或者限制人身自由的行政强制措施变更为刑事拘留的。

作为申请人的自然人死亡，其近亲属尚未确定是否参加行政复议；作为申请人的自然人丧失参加行政复议的能力，尚未确定法定代理人参加行政复议；作为申请人的法人或者其他组织终止，尚未确定权利义务承受人导致行政复议中止，满60日行政复议中止的原因仍未消除的，行政复议终止。

七、行政复议决定

（一）行政复议决定的种类

行政复议机构应当对被申请人作出的具体行政行为进行审查，提出意见，经行政复议机关的负责人同意或者集体讨论通过后，按照下列规定作出行政复议决定：

（1）具体行政行为认定事实清楚，证据确凿，适用依据正确，程序合法，内容适当的，决定维持。

（2）被申请人不履行法定职责的，决定其在一定期限内履行。

（3）具体行政行为有下列情形之一的，决定撤销、变更或者确认该具体行政行为违法；决定撤销或者确认该具体行政行为违法的，可以责令被申请人在一定期限内重新作出具体行政行为：①主要事实不清、证据不足的；②适用依据错误的；③违反法定程序的；④超越或者滥用职权的；⑤具体行政行为明显不当的。

（4）被申请人不按照法律规定提出书面答复，提交当初作出具体行政行为的证据、依据和其他有关材料的，视为该具体行政行为没有证据、依据，决定撤销该具体行政行为。

行政复议机关责令被申请人重新作出具体行政行为的,被申请人不得以同一事实和理由作出与原具体行政行为相同或者基本相同的具体行政行为。

申请人在申请行政复议时可以一并提出行政赔偿请求,行政复议机关对符合国家赔偿法的有关规定应当给予赔偿的,在决定撤销、变更具体行政行为或者确认具体行政行为违法时,应当同时决定被申请人依法给予赔偿。

申请人在申请行政复议时没有提出行政赔偿请求的,行政复议机关在依法决定撤销或者变更罚款,撤销违法集资、没收财物、征收财物、摊派费用以及对财产的查封、扣押、冻结等具体行政行为时,应当同时责令被申请人返还财产,解除对财产的查封、扣押、冻结措施,或者赔偿相应的价款。

(二) 行政复议决定的生效

行政复议机关作出行政复议决定,应当制作行政复议决定书,并加盖印章。行政复议决定书一经送达,即发生法律效力。

(三) 行政复议决定的执行

被申请人应当履行行政复议决定。被申请人不履行或者无正当理由拖延履行行政复议决定的,行政复议机关或者有关上级行政机关应当责令其限期履行。

申请人逾期不起诉又不履行行政复议决定的,或者不履行最终裁决的行政复议决定的,按照下列规定分别处理:

(1) 维持具体行政行为的行政复议决定,由作出具体行政行为的行政机关依法强制执行,或者申请法院强制执行。

(2) 变更具体行政行为的行政复议决定,由行政复议机关依法强制执行,或者申请法院强制执行。

思政园地

深入推进依法行政 加快建设法治政府

《中共中央关于全面推进依法治国若干重大问题的决定》明确强调:法律的生命力在于实施,法律的权威也在于实施。各级政府必须坚持在党的领导下、在法治轨道上开展工作,创新执法体制,完善执法程序,推进综合执法,严格执法责任,建立权责统一、权威高效的依法行政体制,加快建设职能科学、权责法定、执法严明、公开公正、廉洁高效、守法诚信的法治政府。

强化法治文化建设,弘扬法治精神,形成守法光荣、违法可耻的社会氛围。法律的权威源自人的内心拥护和真诚信仰。中国特色社会主义法律体系的形成,解决了有法可依的问题,但法治建设的任务依然艰巨。实践证明,只有人们发自内心地认同法律、信赖法律、遵守法律,才能形成推进依法治国的强大力量。所以,深入推进依法行政,必须大力弘扬社会主义法治精神,建设社会主义法治文化,引导各级行政人员树立法治信仰,成为社会主义法治的忠实崇尚者、自觉遵守者、坚定捍卫者。

思政要点：

1. 培养学生树立法治信仰、维护法律尊严的自觉性。

2. 培养学生深刻理解建设执法严明、公开公正、廉洁高效、守法诚信的法治政府的重大意义。

二十大精神园地

严格公正司法

公正司法是维护社会公平正义的最后一道防线。深化司法体制综合配套改革，全面准确落实司法责任制，加快建设公正高效权威的社会主义司法制度，努力让人民群众在每一个司法案件中感受到公平正义。规范司法权力运行，健全公安机关、检察机关、审判机关、司法行政机关各司其职、相互配合、相互制约的体制机制。强化对司法活动的制约监督，促进司法公正。加强检察机关法律监督工作。完善公益诉讼制度。

模块二　仲裁法

一、仲裁概述

（一）仲裁的概念及特征

仲裁，是指发生争议的双方当事人，根据其在争议发生前或争议发生后所达成的协议，自愿将该争议提交中立的第三方（仲裁机构）进行裁判的争议解决制度和方式。仲裁具有以下三要素：

（1）仲裁是以双方当事人自愿协商为基础的争议解决制度和方式。

（2）仲裁是由双方当事人自愿选择的中立第三方（仲裁机构）进行裁判的争议解决制度和方式。

（3）经由当事人选择的中立第三方（仲裁机构）作出的裁决对双方当事人具有约束力。

仲裁作为一种解决财产权益纠纷的民间性裁判制度，既不同于解决同类争议的司法、行政途径，也不同于人民调解委员会的调解和当事人的自行和解。仲裁具有以下特点：

1. 自愿性

当事人的自愿性是仲裁最突出的特点。仲裁以双方当事人的自愿为前提，即是否将发生在双方当事人之间的纠纷提交仲裁，交予哪个仲裁机构仲裁，仲裁庭如何组成，由谁组成，以及仲裁的审理方式、开庭形式等都是在当事人自愿的基础上，由双方当事人协商确定的。因此，仲裁是最能充分体现当事人意思自治原则的争议解决方式。

2. 专业性

民商事纠纷往往涉及特殊的知识领域，会遇到许多复杂的法律、经济贸易和有关的技术性问题，故专家裁判更能体现专业权威性。因此，由具有一定专业水平和能力的专家担任仲裁员对当事人之间的纠纷进行裁决，是仲裁公正性的重要保障。根据我国仲裁法的规定，仲裁机构都备有分专业的、由专家组成的仲裁员名册供当事人进行选择，专家仲裁由此成为民商事仲裁的重要特点之一。

3. 灵活性

由于仲裁充分体现当事人的意思自治，仲裁中的诸多具体程序可以由双方当事人协商确定与选择，因此与诉讼相比，仲裁程序更加灵活，更具有弹性。

4. 保密性

仲裁以不公开审理为原则，这是世界性的通行做法。我国有关的仲裁法律和仲裁规则在明确规定仲裁不公开进行的同时，还明确规定了仲裁员及仲裁秘书人员的保密义务。因此当事人的商业秘密和贸易活动不会因仲裁活动而泄露，仲裁由此表现出极强的保密性。

5. 快捷性

仲裁实行一裁终局制，仲裁裁决一经仲裁庭作出即发生法律效力。这使得当事人之间的纠纷能够迅速得以解决。

6. 独立性

仲裁机构独立于行政机构和其他机构，仲裁机构之间也无隶属关系。在仲裁过程中，仲裁庭独立进行仲裁，不受任何行政机关、社会团体和个人的干涉，亦不受仲裁机构的干涉，显示出极大的独立性。

（二）仲裁的适用范围

1. 平等主体的公民、法人和其他组织之间发生的合同纠纷和其他财产权益纠纷，可以仲裁。

2. 下列纠纷不能提请仲裁

（1）关于婚姻、收养、监护、扶养、继承纠纷。

（2）依法应当由行政机关处理的行政争议。

3. 下列仲裁不适用于《仲裁法》，而由别的法律进行调整

（1）劳动争议的仲裁。

（2）农村集体经济组织内部的农业承包合同纠纷的仲裁。

（三）仲裁的基本原则

1. 自愿原则

当事人采用仲裁方式解决纠纷，应当双方自愿，达成仲裁协议。没有仲裁协议，一方申请仲裁的，仲裁委员会不予受理。

2. 依照事实和法律，公平合理地解决纠纷的原则

仲裁要坚持以事实为根据，以法律为准绳的原则，在法律没有规定或规定不完备的情况下，仲裁机关可以按照公平合理的一般原则来解决纠纷。

3. 独立仲裁原则

仲裁机关不依附于任何机关而独立存在。仲裁依法独立进行，不受行政机关、社会团体和个人的干涉。

4. 一裁终局原则

仲裁实行一裁终局的制度，即仲裁机关作出的仲裁裁决为终局裁决。仲裁裁决作出后，当事人就对同一纠纷再申请仲裁或向人民法院起诉的，仲裁机关和人民法院均不予受理。

（四）仲裁机构

仲裁机构主要是指仲裁委员会。仲裁委员会是有权对当事人提交的经济纠纷进行审理和裁决的机构。仲裁委员会可以在直辖市和省、自治区人民政府所在地的市设立，也可以根据需要在其他设区的市设立，不按行政区划层层设立。仲裁委员会独立于行政机关，与行政机关没有隶属关系。仲裁委员会之间也没有隶属关系。

仲裁委员会应当具备下列条件：①有自己的名称、住所和章程；②有必要的财产；③有该委员会的组成人员；④有聘任的仲裁员。仲裁委员会由主任1人、副主任2~4人和委员7~11人组成。仲裁委员会的主任、副主任和委员由法律、经济贸易专家和有实际工作经验的人员担任。仲裁委员会的组成人员中，法律、经济贸易专家不得少于2/3。仲裁委员会应当从公道正派且符合一定专业条件的人员中聘任仲裁员。

仲裁员应当符合下列条件之一：①从事仲裁工作满八年；②从事律师工作满八年；③曾任审判员满八年；④从事法律研究、教学工作并具有高级职称；⑤具有法律知识、从事经济贸易等专业工作并具有高级职称或者具有同等专业水平。仲裁委员会按照不同专业设仲裁员名册。

（五）仲裁协议

1. 仲裁协议的概念

仲裁协议是双方当事人自愿将他们之间可能发生或已经发生的争议提请仲裁机构予以裁决的书面约定，仲裁协议应当以书面形式订立，口头达成的仲裁协议无效。

2. 仲裁协议的内容

仲裁协议包括合同中订立的仲裁条款和以其他书面方式在争议发生前或者争议发生后达成的请求仲裁的协议。仲裁协议应当具有下列内容：

（1）请求仲裁的意思表示。

（2）仲裁事项。

（3）选定的仲裁委员会。

仲裁协议对仲裁事项或者仲裁委员会没有约定或约定不明确的，当事人可以补充协

议；达不成补充协议的，仲裁协议无效。

3. 仲裁协议的效力

仲裁协议一经依法成立，即具有法律约束力。仲裁协议独立存在，合同的变更、解除、终止或者无效，不影响仲裁协议的效力。

当事人对仲裁协议的效力有异议的，可以请求仲裁委员会作出决定或者请求人民法院作出裁定。一方请求仲裁委员会作出决定，另一方请求人民法院作出裁定的，由人民法院裁定。当事人对仲裁协议的效力有异议，应当在仲裁庭首次开庭前提出。

当事人达成仲裁协议，一方向人民法院起诉未声明有仲裁协议，人民法院受理后，另一方在首次开庭前提交仲裁协议的，人民法院应当驳回起诉，但仲裁协议无效的除外；若另一方在首次开庭前未对人民法院受理该案提出异议，则视为放弃仲裁协议，人民法院应当继续审理。

二、仲裁程序

（一）申请

当事人申请仲裁应当符合下列条件：①有仲裁协议；②有具体的仲裁请求和事实、理由；③属于仲裁委员会的受理范围。

当事人申请仲裁，应当向仲裁委员会递交仲裁协议、仲裁申请书及副本。仲裁申请书应当载明下列事项：①当事人的姓名、性别、年龄、职业、工作单位和住所，法人或者其他组织的名称、住所和法定代表人或者主要负责人的姓名、职务；②仲裁请求和所根据的事实、理由；③证据和证据来源、证人的姓名和住所。

（二）受理

仲裁委员会收到仲裁申请书之日起 5 日内，认为符合受理条件的，应当受理，并通知当事人；认为不符合受理条件的，应当书面通知当事人不予受理，并说明理由。

仲裁委员会受理仲裁申请后，应当在仲裁规则规定的期限内将仲裁规则和仲裁员名册送达申请人，并将仲裁申请书副本和仲裁规则、仲裁员名册送达被申请人。

被申请人收到仲裁申请书副本后，应当在仲裁规则规定的期限内向仲裁委员会提交答辩书。仲裁委员会收到答辩书后，应当在仲裁规则规定的期限内将答辩书副本送达申请人。被申请人未提交答辩书的，不影响仲裁程序的进行。

（三）仲裁庭

1. 仲裁庭的选定

仲裁不实行级别管辖和地域管辖，仲裁委员会由当事人协议选定。

2. 仲裁庭的组成

仲裁庭可以由 3 名仲裁员或者 1 名仲裁员组成。当事人约定由 3 名仲裁员组成仲裁庭的，应当各自选定或者各自委托仲裁委员会主任指定 1 名仲裁员，第 3 名仲裁员由当事人共同选定或者共同委托仲裁委员会主任指定。当事人约定由1名仲裁员成立仲裁庭的,应当由当事人共同选定或者共同委托仲裁委员会主任指定仲裁员。当事人没有在仲裁规则规定的限期内约定仲裁庭的组成的方式或者选定仲裁员的,由仲裁委员会主任指定。

仲裁庭组成后,仲裁委员会应当将仲裁庭的组成情况书面通知当事人。

3. 仲裁员的回避

仲裁员有下列情形之一的,必须回避,当事人也有权提出回避申请:①是本案当事人或者当事人、代理人的近亲属;②与本案有利害关系;③与本案当事人、代理人有其他关系,可能影响公正仲裁的;④私自会见当事人、代理人,或者接受当事人、代理人的请客送礼的。

当事人提出回避申请,应当说明理由,在首次开庭前提出。回避事由在首次开庭后知道的,可以在最后一次开庭终结前提出。仲裁员是否回避,由仲裁委员会主任决定。仲裁委员会主任担任仲裁员时,由仲裁委员会集体决定。

(四) 开庭和裁决

1. 开庭

仲裁应当开庭进行。当事人协议不开庭的,仲裁庭可以根据仲裁申请书、答辩书以及其他材料进行书面审理作出裁决。

仲裁不公开进行。当事人协议公开的,可以公开进行,但涉及国家秘密的除外。

仲裁委员会应当在仲裁规则规定的期限内将开庭日期通知双方当事人。当事人有正当理由的,可以在仲裁规则规定的期限内请求延期开庭。是否延期,由仲裁庭决定。仲裁申请人和被申请人都应当按时出庭,申请人经书面通知,无正当理由不到庭或者未经仲裁庭许可中途退庭的,可以视为撤回仲裁申请。被申请人经书面通知,无正当理由不到庭或者未经仲裁庭许可中途退庭的,可以缺席裁决。

2. 裁决

(1) 仲裁和解。

当事人申请仲裁后,可以自行和解。达成和解协议的,可以请求仲裁庭根据和解协议作出裁决书,也可以撤回仲裁申请。当事人达成和解协议,撤回仲裁申请后反悔的,可以根据仲裁协议申请仲裁。

(2) 仲裁调解。

仲裁庭在作出裁决前,可以先行调解。当事人自愿调解的,仲裁庭应当调解。调解不成的,应当及时作出裁决。

调解达成协议的,仲裁庭应当制作调解书或者根据协议的结果制作裁决书。调解书与裁决书具有同等法律效力。

调解书应当写明仲裁请求和当事人协议的结果。调解书由仲裁员签名,加盖仲裁委员会印章,送达双方当事人。调解书经双方当事人签收后,即发生法律效力。在调解书签收前当事人反悔的,仲裁庭应当及时作出裁决。

（3）仲裁裁决。

裁决应当按照多数仲裁员的意见作出，少数仲裁员的不同意见可以记入笔录。裁决书应当写明仲裁请求、争议事实、裁决理由、裁决结果、仲裁费用的负担和裁决日期。当事人协议不愿写明争议事实和裁决理由的，可以不写。裁决书由仲裁员签名，加盖仲裁委员会印章。裁决书自作出之日起发生法律效力。

（4）裁决执行。

仲裁裁决作出后，当事人应当自觉履行，一方当事人不履行仲裁裁决的，另一方当事人可以依照《中华人民共和国民事诉讼法》的有关规定，向人民法院申请强制执行。受申请的人民法院应当执行。

模块三　诉讼法

一、诉讼法概述

（一）诉讼与诉讼法

诉讼是指国家审判机关即人民法院，依照法律规定，在当事人和其他诉讼参与人的参加下，依法解决争议的活动。在我国，诉讼分为民事诉讼、刑事诉讼和行政诉讼，这三种诉讼并称为三大诉讼，是国家诉讼制度的基本形式。

诉讼法是指规定诉讼程序的法律规范的总称，以诉讼活动中产生的各种社会关系为调整对象，是典型的程序法。我国有三大诉讼法，分别是民事诉讼法、刑事诉讼法、行政诉讼法。

（二）审判机关

审判机关，是指依法代表国家独立行使审判权的国家机关。根据《中华人民共和国宪法》和《中华人民共和国人民法院组织法》的规定，人民法院是国家的审判机关。

我国人民法院分为高级人民法院、地方各级人民法院和专门人民法院。

最高人民法院是最高审判机关，对全国人民代表大会及其常务委员会负责并报告工作，监督地方各级人民法院和专门人民法院的审判工作。

地方各级人民法院分为高级人民法院、中级人民法院和基层人民法院。高级人民法院包括省高级人民法院、自治区高级人民法院、直辖市高级人民法院；中级人民法院包括省、自治区辖市的中级人民法院，在直辖市内设立的中级人民法院，自治州中级人民法院，在省、自治区内按地区设立的中级人民法院；基层人民法院包括县、自治县人民法院，不设区的市人民法院，市辖区人民法院。地方各级人民法院对本级人民代表大会及其常务委员会负责并报告工作，上级人民法院监督下级人民法院的审判工作。

专门人民法院，是专门性的审判机关，包括军事法院和海事法院、知识产权法院、金融法院等。专门人民法院的设置、组织、职权和法官任免，由全国人民代表大会常务委员会规定。

二、民事诉讼法

（一）民事诉讼的概念和特点

1. 民事诉讼的概念

民事诉讼是指人民法院、当事人和其他诉讼参与人，在审理民事案件的过程中，所进行的各种诉讼活动，以及由这些活动所产生的各种诉讼关系的总和。

诉讼活动，既包括人民法院的审判活动，如案件受理、调查取证、作出裁判等，也包括诉讼参与人的诉讼活动，如原告起诉、被告答辩等。

诉讼关系，是指人民法院和一切诉讼参与人之间，在诉讼过程中所形成的诉讼权利义务关系。人民法院始终是诉讼关系中的一方，其与作为诉讼关系中的另一方诉讼参与人之间发生关系。

可见，诉讼是由诉讼活动和诉讼关系两方面的内容构成的。诉讼活动能够产生、变更或消灭诉讼关系，诉讼关系又通过诉讼活动表现出来。

2. 民事诉讼的特点

（1）民事诉讼具有公权性。

民事诉讼是以司法方式解决平等主体之间的纠纷，是由法院代表国家行使审判权解决民事争议。它既不同于群众自治组织性质的人民调解委员会以调解方式解决纠纷，也不同于由民间性质的仲裁委员会以仲裁方式解决纠纷。

（2）民事诉讼具有强制性。

民事诉讼的强制性既表现在案件的受理上，也反映在裁判的执行上。调解、仲裁均建立在当事人自愿的基础上，只要有一方不愿意选择上述方式解决争议，调解、仲裁就无从进行，民事诉讼则不同，只要原告起诉符合民事诉讼法规定的条件，无论被告是否愿意，诉讼均会发生。诉讼外调解协议的履行依赖于当事人的自觉，不具有强制力，法院裁判则不同，当事人不自动履行生效裁判所确定的义务，法院可以依法强制执行。

（3）民事诉讼具有程序性。

民事诉讼是依照法定程序进行的诉讼活动，无论是法院还是当事人和其他诉讼参与人，都需要按照民事诉讼法设定的程序实施诉讼行为，违反诉讼程序常常会引起一定的法律后果。

（二）民事诉讼法的概念

民事诉讼法是规定人民法院和其他诉讼参与人在审理民事案件中所进行的各种诉讼活动以及由此产生的各种诉讼关系的法律规范的总和。民事诉讼法是基本法、部门法、程序法。

(三) 民事诉讼法的基本原则

1. 当事人权利平等原则

当事人权利平等原则，是指当事人在民事诉讼中享有平等的诉讼权利，人民法院审理民事案件应当平等地保障当事人行使诉讼权利。当事人平等原则包括：①双方当事人的诉讼地位完全平等；②双方当事人有平等地行使诉讼权利的手段，同时，人民法院平等地保障双方当事人行使诉讼权利；③对当事人在适用法律上一律平等。

2. 同等原则和对等原则

外国人、无国籍人、外国企业和组织在人民法院起诉、应诉，同中华人民共和国公民、法人和其他组织有同等的诉讼权利义务。

外国法院对中华人民共和国公民、法人和其他组织的民事诉讼权利加以限制的，中华人民共和国人民法院对该国公民、企业和组织的民事诉讼权利，实行对等原则。

3. 法院调解自愿和合法的原则

人民法院受理民事案件后，应当重视调解解决。法院调解要在自愿和合法的基础上进行，凡能用调解的方式结案的民事案件，就不采用判决的方式结案。调解不成的，应当及时判决。

4. 辩论原则

辩论原则，是指民事诉讼的当事人就有争议的事实问题和法律问题，在法院的主持下陈述各自的主张和意见，互相进行反驳和答辩，以维护自己合法权益的原则。辩论原则确立了当事人在民事诉讼中的辩论权。

5. 处分原则

处分原则，是指民事诉讼当事人有权在法律规定的范围内，自由支配和处置自己依法享有的民事权利和诉讼权利的原则。

6. 诚信原则

诚信原则，即诚实信用原则，是指法院、当事人以及其他诉讼参与人在审理民事案件和进行民事诉讼时必须公正、诚实和善意。

7. 检察监督原则

检察监督原则，是指人民检察院有权对人民法院的民事审判活动实行法律监督。人民检察院是我国的法律监督机关，对民事审判活动实行法律监督是人民检察院法律监督职能的重要组成部分。

(四) 民事诉讼法的基本制度

1. 合议制度

合议制度是指由3名以上审判人员组成审判集体，代表人民法院行使审判权，对案件进行审理并作出裁判的制度。合议制的具体组织形式是合议庭，合议庭的组成有两种形式：一种是由审判员和人民陪审员共同组成合议庭，陪审员在人民法院参加审判期间，与审判员有同等的权利。另一种是由审判员组成合议庭。合议庭评议，实行少数服从多数的原则。评议中的不同意见，必须如实记入评议笔录。

2. 回避制度

回避制度是指审判人员和其他有关人员（书记员、翻译人员、鉴定人、勘验人），遇有法律规定的情形时，退出某一案件的审理活动的制度。回避的方式包括自行回避、申请回避和指令回避。

回避的法定原因包括：①审判人员是本案当事人或者当事人、诉讼代理人近亲属的；②审判人员与本案有利害关系的；③审判人员与本案当事人、诉讼代理人有其他关系，可能影响对案件公正审理的；④审判人员接受当事人、诉讼代理人请客送礼，或者违反规定会见当事人、诉讼代理人的。

3. 公开审判制度

公开审判制度是指人民法院对案件的审理和宣判应当依法向社会公开进行的制度。法律规定，法院审理民事案件，除涉及国家秘密、个人隐私或法律另有规定的以外，应当公开进行；除不予公开和可以不公开审理的案件外，一律依法公开审理，同时，不论是否公开审理的案件，宣判一律公开进行。

4. 两审终审制度

两审终审制度是指一个民事案件经过两个审级不同的法院审理并作出裁判后，宣告终结的制度。

法律规定，除最高人民法院外，地方各级人民法院第一审案件的判决和裁定，当事人可以按照法律规定的程序向上一级人民法院上诉，人民检察院可以按照法律规定的程序向上一级人民法院抗诉，如果在上诉期限内当事人不上诉、人民检察院不抗诉，该一审判决和裁定就是发生法律效力的判决和裁定；上一级人民法院对上诉、抗诉案件，按照第二审程序进行审理后所作的判决和裁定，都是终审的判决和裁定，也就是发生法律效力的判决和裁定，当事人不得再行上诉。

但是，基层人民法院按照民事诉讼法规定的特别程序、督促程序、公示催告程序、企业法人破产还债程序审理的案件实行一审终审。

（五）民事诉讼受案范围

公民之间、法人之间、其他组织之间以及他们相互之间因财产关系和人身关系提起民事诉讼，适用《中华人民共和国民事诉讼法》。

民事诉讼的受案范围主要有三类：

第一类是由受民法调整的民事主体间的财产关系和人身关系所引起的纠纷，如债务纠纷、婚姻家庭纠纷、继承遗产纠纷、房屋纠纷、名誉权纠纷等。

第二类是由受劳动法调整的劳动关系所引起的依法应适用《中华人民共和国民事诉讼法》审理的劳动争议纠纷。

第三类是法律规定的适用《中华人民共和国民事诉讼法》审理的其他纠纷或事项，如选民资格案件、宣告失踪和宣告死亡。

（六）民事诉讼管辖

管辖是指各级人民法院之间和同级人民法院之间受理第一审民事案件的分工和权限。管辖可以按照不同标准作出不同分类，其中最重要、最常见的分类是级别管辖和地域管辖。

1. 级别管辖

级别管辖，是指按照一定标准，划分上下级人民法院之间受理第一审民事案件的分工和权限。根据我国民事诉讼法的规定：

（1）基层人民法院管辖第一审民事案件，但本法另有规定的除外。

（2）中级人民法院管辖下列第一审民事案件：重大涉外案件；在本辖区有重大影响的案件；最高人民法院确定由中级人民法院管辖的案件。

（3）高级人民法院管辖在本辖区有重大影响的第一审民事案件。

（4）最高人民法院管辖下列第一审民事案件：在全国有重大影响的案件；认为应当由本院审理的案件。

2. 地域管辖

地域管辖是以人民法院的辖区和案件的隶属关系确定诉讼管辖，也就是说，确定同级人民法院之间在各自的区域内受理第一审民事案件的分工和权限。地域管辖包括一般地域管辖、特殊地域管辖和专属管辖等。

（1）一般地域管辖。

一般地域管辖是指以当事人的所在地与人民法院的隶属关系来确定诉讼管辖。我国民事诉讼法是以被告所在地管辖为原则，原告所在地为例外来确定一般地域管辖。

对公民提起的民事诉讼，由被告住所地人民法院管辖；被告住所地与经常居住地不一致的，由经常居住地人民法院管辖。对法人或者其他组织提起的民事诉讼，由被告住所地人民法院管辖。同一诉讼的几个被告住所地、经常居住地在两个以上人民法院辖区的，各该人民法院都有管辖权。

下列民事诉讼，由原告住所地人民法院管辖；原告住所地与经常居住地不一致的，由原告经常居住地人民法院管辖：对不在中华人民共和国领域内居住的人提起的有关身份关系的诉讼；对下落不明或者宣告失踪的人提起的有关身份关系的诉讼；对被采取强制性教育措施的人提起的诉讼；对被监禁的人提起的诉讼。

（2）特殊地域管辖。

特殊地域管辖是指以诉讼标的所在地，或引起民事法律关系发生、变更、消灭的法律事实所在地为依据确定的管辖。适用特殊地域管辖的情形主要有：

①因合同纠纷提起的诉讼，由被告住所地或者合同履行地人民法院管辖。合同或者其

他财产权益纠纷的当事人可以书面协议选择被告住所地、合同履行地、合同签订地、原告住所地、标的物所在地等与争议有实际联系的地点的人民法院管辖，但不得违反本法对级别管辖和专属管辖的规定。

②因保险合同纠纷提起的诉讼，由被告住所地或者保险标的物所在地人民法院管辖。

③因票据纠纷提起的诉讼，由票据支付地或者被告住所地人民法院管辖。

④因公司设立、确认股东资格、分配利润、解散等纠纷提起的诉讼，由公司住所地人民法院管辖。

⑤因铁路、公路、水上、航空运输和联合运输合同纠纷提起的诉讼，由运输始发地、目的地或者被告住所地人民法院管辖。

⑥因侵权行为提起的诉讼，由侵权行为地或者被告住所地人民法院管辖。

⑦因铁路、公路、水上和航空事故请求损害赔偿提起的诉讼，由事故发生地或者车辆、船舶最先到达地、航空器最先降落地或者被告住所地人民法院管辖。

⑧因船舶碰撞或者其他海事损害事故请求损害赔偿提起的诉讼，由碰撞发生地、碰撞船舶最先到达地、加害船舶被扣留地或者被告住所地人民法院管辖。

⑨因海难救助费用提起的诉讼，由救助地或者被救助船舶最先到达地人民法院管辖。

⑩因共同海损提起的诉讼，由船舶最先到达地、共同海损理算地或者航程终止地的人民法院管辖。

（3）专属管辖。

专属管辖是指法律规定某些特殊类型的案件专门由特定的人民法院管辖。专属管辖主要包括：

①因不动产纠纷提起的诉讼，由不动产所在地人民法院管辖。

②因港口作业中发生纠纷提起的诉讼，由港口所在地人民法院管辖。

③因继承遗产纠纷提起的诉讼，由被继承人死亡时住所地或者主要遗产所在地人民法院管辖。

3. 共同管辖和选择管辖

共同管辖是指对同一诉讼依照法律规定，两个或两个以上人民法院都有管辖权。选择管辖则是在共同管辖的情况下，当事人可以选择其中一个人民法院提起诉讼。

根据我国民事诉讼法的规定，两个以上人民法院都有管辖权的诉讼，原告可以向其中一个人民法院起诉；原告向两个以上有管辖权的人民法院起诉的，由最先立案的人民法院管辖。

4. 协议管辖

协议管辖是指双方当事人在合同纠纷或者其他财产权益纠纷发生之前或发生之后，以协议的方式选择解决他们之间纠纷的管辖人民法院。协议管辖不得违反级别管辖和专属管辖的规定。

5. 移送管辖

移送管辖是指没有管辖权的人民法院将自己受理的案件转交给有管辖权的人民法院受理的制度。

根据我国民事诉讼法的规定，人民法院发现受理的案件不属于本院管辖的，应当移送有管辖权的人民法院，受移送的人民法院应当受理。受移送的人民法院认为受移送的案件依照规定不属于本院管辖的，应当报请上级人民法院指定管辖，不得再自行移送。

6. 指定管辖

指定管辖是指上级人民法院依法以裁定方式指定其辖区内的下级人民法院对某一具体案件行使管辖权。根据我国民事诉讼法的规定，指定管辖的情形包括：有管辖权的人民法院由于特殊原因，不能行使管辖权的，由上级人民法院指定管辖。人民法院之间因管辖权发生争议，由争议双方协商解决；协商解决不了的，报请它们的共同上级人民法院指定管辖。

（七）民事诉讼的诉讼时效

1. 诉讼时效的概念

诉讼时效是指权利人在法定期间内不行使权利而失去诉讼保护的制度。诉讼时效期间是指权利人请求人民法院或仲裁机关保护其民事权利的法定期间。

诉讼时效期间届满，权利人丧失的是胜诉权，即丧失依诉讼程序强制义务人履行义务的权利；权利人的实体权利并不消灭，义务人自愿履行的，不受诉讼时效的限制，权利人有权受领并受法律保护。

2. 诉讼时效期间

（1）普通诉讼时效期间。根据《民法典》的规定，向人民法院请求保护民事权利的诉讼时效期间为3年，法律另有规定的，依照其规定。

（2）最长诉讼时效期间。诉讼时效期间自当事人知道或者应当知道权利受到损害以及义务人之日起计算。法律另有规定的，依照其规定。但是，自权利受到损害之日起超过二十年的，人民法院不予保护，有特殊情况的，人民法院可以根据权利人的申请决定延长。

3. 诉讼时效的中止和中断

（1）诉讼时效的中止。

诉讼时效的中止，是指在诉讼时效期间的最后六个月内，因发生法定事由阻碍权利人行使请求权，诉讼时效暂停计算。自中止时效的原因消除之日起满六个月，诉讼时效期间届满。法定事由包括：不可抗力；无民事行为能力人或者限制民事行为能力人没有法定代理人，或者法定代理人死亡、丧失民事行为能力、丧失代理权；继承开始后未确定继承人或者遗产管理人；权利人被义务人或者其他人控制；其他导致权利人不能行使请求权的障碍。

(2) 诉讼时效的中断。

诉讼时效的中断是指在诉讼时效期间，因发生权利人向义务人提出履行请求；义务人同意履行义务；权利人提起诉讼或者申请仲裁；与提起诉讼或者申请仲裁具有同等效力的其他情形等事由而使已经经过的诉讼时效期间全部归于无效。从中断、有关程序终结时起，诉讼时效期间重新计算。

4. 不适用诉讼时效的情形

下列请求权不适用诉讼时效的规定：

（1）请求停止侵害、排除妨碍、消除危险。

（2）不动产物权和登记的动产物权的权利人请求返还财产。

（3）请求支付抚养费、赡养费或者扶养费。

（4）依法不适用诉讼时效的其他请求权。

（八）民事诉讼的审判程序

民事诉讼的审判程序包括第一审普通程序、简易程序、第二审程序、特别程序、审判监督程序、督促程序、公示催告程序等。

1. 第一审普通程序

（1）起诉和受理。

原告提诉讼应符合以下条件：原告是与本案有直接利害关系的公民、法人和其他组织；有明确的被告；有具体的诉讼请求和事实、理由；属于人民法院受理的范围和受诉人民法院管辖。

原告向人民法院起诉应当递交起诉状，并按照被告人数提出副本。书写起诉状确有困难的，可以口头起诉，由人民法院记入笔录，并告知对方当事人。起诉状应当记明下列事项：原告的姓名、性别、年龄、民族、职业、工作单位、住所、联系方式，法人或者其他组织的名称、住所和法定代表人或者主要负责人的姓名、职务、联系方式；被告的姓名、性别、工作单位、住所等信息，法人或者其他组织的名称、住所等信息；诉讼请求和所根据的事实与理由；证据和证据来源，证人姓名和住所。

人民法院应当保障当事人依照法律规定享有的起诉权利。对符合本法第一百一十九条的起诉，必须受理。符合起诉条件的，应当在七日内立案，并通知当事人；不符合起诉条件的，应当在七日内作出裁定书，不予受理；原告对裁定不服的，可以提起上诉。

（2）审理前的准备。

人民法院应当在立案之日起 5 日内将起诉状副本发送被告，被告在收到之日起 15 日内提出答辩状。答辩状应当记明被告的姓名、性别、年龄、民族、职业、工作单位、住所、联系方式；法人或者其他组织的名称、住所和法定代表人或者主要负责人的姓名、职务、联系方式。人民法院应当在收到答辩状之日起五日内将答辩状副本发送原告。被告不提出答辩状的，不影响人民法院审理。

人民法院对决定受理的案件,应当在受理案件通知书和应诉通知书中向当事人告知有关的诉讼权利义务,或者口头告知。合议庭组成人员确定后,应当在3日内告知当事人。审判人员必须认真审核诉讼材料,调查收集必要的证据。

(3) 开庭审理。

人民法院审理民事案件,除涉及国家秘密、个人隐私或者法律另有规定的以外,应当公开进行。离婚案件,涉及商业秘密的案件,当事人申请不公开审理的,可以不公开审理。

(4) 判决和裁定。

人民法院审理民事案件,可以根据当事人的意愿进行调解,调解不成的,应当及时判决。对公开审理或者不公开审理的案件,一律公开宣判。判决书由审判人员、书记员署名,加盖人民法院印章。裁定用于解决程序问题,裁定书由审判人员、书记员署名,加盖人民法院印章。口头裁定的,记入笔录。

最高人民法院的判决、裁定,以及依法不准上诉或者超过上诉期没有上诉的判决、裁定,是发生法律效力的判决、裁定。公众可以查阅发生法律效力的判决书、裁定书,但涉及国家秘密、商业秘密和个人隐私的内容除外。

2. 第二审程序

当事人不服地方人民法院第一审判决的,有权在判决书送达之日起15日内向上一级人民法院提起上诉。当事人不服地方人民法院第一审裁定的,有权在裁定书送达之日起10日内向上一级人民法院提起上诉。上诉时应当递交上诉状。

第二审人民法院审理上诉案件,可以在本院进行,也可以到案件发生地或者原审人民法院所在地进行。第二审人民法院对上诉案件,经过审理,按照下列情形,分别处理:

(1) 原判决认定事实清楚,适用法律正确的,判决驳回上诉,维持原判决。

(2) 原判决适用法律错误的,依法改判。

(3) 原判决认定事实错误,或者原判决认定事实不清,证据不足,裁定撤销原判决,发回原审人民法院重审,或者查清事实后改判。

(4) 原判决违反法定程序,可能影响案件正确判决的,裁定撤销原判决,发回原审人民法院重审。

第二审人民法院的判决、裁定,是终审的判决、裁定。

3. 审判监督程序

审判监督程序也称再审程序,是指人民法院对已经发生法律效力的判决、裁定,认为确有错误而对案件进行再次审理的程序。由一审法院作出的,按照一审程序审理,所作的判决、裁定,当事人可以上诉;由二审法院作出的,按照二审程序审理,所作的判决、裁定,是发生法律效力的判决、裁定;上级人民法院按照审判监督程序提审的,按照第二审程序审理,所作的判决、裁定是发生法律效力的判决、裁定。

(九) 民事诉讼的执行程序

对已经生效的判决、裁定和调解书，当事人应当在法定期限内自觉履行。如果一方当事人拒不履行法律文书确定的义务，对方当事人可以向法院执行组织申请强制执行，强制义务人履行义务。

发生法律效力的判决、裁定，由第一审人民法院或者与第一审人民法院同级的被执行的财产所在地人民法院执行。法律规定由人民法院执行的其他法律文书，由被执行人住所地或者被执行的财产所在地人民法院执行。申请执行的期间为2年，从法律文书规定履行期间的最后一日或生效之日起计算。

三、行政诉讼法

(一) 行政诉讼的概念和特征

1. 行政诉讼的概念

行政诉讼是指公民、法人或者其他组织认为行政机关或法律、法规授权的组织的行政行为侵犯其合法权益，依法向人民法院请求司法保护，人民法院通过对被诉行政行为的合法性进行审查，在双方当事人和其他诉讼参与人的参与下，对该行政争议进行审理和裁判的司法活动。

2. 行政诉讼的特征

(1) 行政诉讼是通过审查行政行为合法性的方式解决行政争议的活动。

法院对行政行为进行司法审查的一般标准，即合法性审查原则。所谓合法性审查，是指法院受理行政案件，对被诉行政行为是否合法进行审理并作出裁判的诉讼行为。合法性审查是对法院行使司法审查权的限制，即法院在行政审判中享有不完全的司法审查权，原则上只能对行政行为的合法性进行审查，并作出判决驳回原告诉讼请求或撤销行政行为的决定。

(2) 行政诉讼当事人地位具有特殊性。

行政诉讼作为"民告官"的诉讼类型，其当事人身份具有鲜明的恒定性，即"两造恒定"。行政诉讼的原告恒定为作为行政管理相对一方的公民、法人或者其他组织；行政诉讼的被告恒定为作为行政主体的行政机关和被授权组织，当行政机关和被授权组织不是作为行政主体，而是作为行政管理相对人时，也可以成为行政诉讼的原告。

(3) 行政诉讼是法院通过审判方式进行的一种司法活动。

法院依法对行政案件独立行使审判权，是行政诉讼的主管机构。法院的行政审判与行政机关的行政司法、行政复议之间存在原则上的区别。行政司法是行政机关就行政相对人之间的民事纠纷所作出的调解、裁决等行为；行政复议是行政复议机关对原行政机关作出的行政行为的合法性和适当性进行审查的行为。

（二）行政诉讼法的概念

行政诉讼法是关于行政诉讼的法律规范的总称。具体而言，行政诉讼法是调整行政诉讼活动的法律规范系统，包括规定法院和诉讼参加人在行政诉讼过程中所进行的各种诉讼活动的规则，以及规范与此有关的各种诉讼关系的法律规则。

（三）行政诉讼法的基本原则

1. 具体行政行为合法性审查原则

只有在公民、法人或者其他组织对具体行政行为的合法性提出异议时，才能通过行政诉讼的方式解决，而行政机关在法律、法规授予的行政自由裁量权范围内作出的具体行政行为是否合理、适当的问题，原则上只能通过行政复议由行政机关自行判断和处理。

2. 具体行政行为不因诉讼而停止执行原则

《行政诉讼法》第五十六条规定："诉讼期间，不停止行政行为的执行。但有下列情形之一的，裁定停止执行：（一）被告认为需要停止执行的；（二）原告或者利害关系人申请停止执行，人民法院认为该行政行为的执行会造成难以弥补的损失，并且停止执行不损害国家利益、社会公共利益的；（三）人民法院认为该行政行为的执行会给国家利益、社会公共利益造成重大损害的；（四）法律、法规规定停止执行的。当事人对停止执行或者不停止执行的裁定不服的，可以申请复议一次。"

3. 不适用调解原则

人民法院审理行政案件，不适用调解。即人民法院审理行政案件，既不能把调解作为诉讼过程中的一个必经阶段，也不能把调解作为结案的一种方式。但是，行政赔偿、补偿以及行政机关行使法律、法规规定的自由裁量权的案件可以调解。调解应当遵循自愿、合法原则，不得损害国家利益、社会公共利益和他人合法权益。

（四）行政诉讼的适用范围

公民、法人或者其他组织认为行政机关和行政机关工作人员的具体行政行为侵犯其合法权益，有权向法院提起行政诉讼。

1. 受案范围

（1）对行政拘留、暂扣或者吊销许可证和执照、责令停产停业、没收违法所得、没收非法财物、罚款、警告等行政处罚不服的。

（2）对限制人身自由或者对财产的查封、扣押、冻结等行政强制措施和行政强制执行不服的。

（3）申请行政许可，行政机关拒绝或者在法定期限内不予答复，或者对行政机关作出的有关行政许可的其他决定不服的。

（4）对行政机关作出的关于确认土地、矿藏、水流、森林、山岭、草原、荒地、滩涂、海域等自然资源的所有权或者使用权的决定不服的。

（5）对征收、征用决定及其补偿决定不服的。

（6）申请行政机关履行保护人身权、财产权等合法权益的法定职责，行政机关拒绝履行或者不予答复的。

（7）认为行政机关侵犯其经营自主权或者农村土地承包经营权、农村土地经营权的。

（8）认为行政机关滥用行政权力排除或者限制竞争的。

（9）认为行政机关违法集资、摊派费用或者违法要求履行其他义务的。

（10）认为行政机关没有依法支付抚恤金、最低生活保障待遇或者社会保险待遇的。

（11）认为行政机关不依法履行、未按照约定履行或者违法变更、解除政府特许经营协议、土地房屋征收补偿协议等协议的。

（12）认为行政机关侵犯其他人身权、财产权等合法权益的。

除前款规定外，人民法院受理法律、法规规定可以提起诉讼的其他行政案件。

2. 不受案范围

法院不受理公民、法人或者其他组织对下列事项提起的诉讼：

（1）国防、外交等国家行为。

（2）行政法规、规章或者行政机关制定、发布的具有普遍约束力的决定、命令。

（3）行政机关对行政机关工作人员的奖惩、任免等决定。

（4）法律规定由行政机关最终裁决的具体行政行为。

（五）行政诉讼管辖

1. 级别管辖

基层人民法院管辖第一审行政案件。

中级人民法院管辖下列第一审行政案件：①对国务院部门或者县级以上地方人民政府所作的行政行为提起诉讼的案件；②海关处理的案件；③本辖区内重大、复杂的案件；④其他法律规定由中级人民法院管辖的案件。

高级人民法院管辖本辖区内重大、复杂的第一审行政案件。

最高人民法院管辖全国范围内重大、复杂的第一审行政案件。

2. 地域管辖

行政案件由最初作出行政行为的行政机关所在地人民法院管辖。经复议的案件，也可以由复议机关所在地人民法院管辖。

经最高人民法院批准，高级人民法院可以根据审判工作的实际情况，确定若干人民法院跨行政区域管辖行政案件。

对限制人身自由的行政强制措施不服提起的诉讼，由被告所在地或者原告所在地人民法院管辖。因不动产提起的行政诉讼，由不动产所在地人民法院管辖。

（六）行政诉讼的起诉和受理

对属于人民法院受案范围的行政案件，公民、法人或者其他组织可以先向上一级行政机关或者法律、法规规定的行政机关申请复议，对复议不服的，再向人民法院提起诉讼；

也可以直接向人民法院提起诉讼。

法律、法规规定应当先向行政机关申请复议，对复议不服再向人民法院提起诉讼的，应当先申请行政复议。

公民、法人或者其他组织先申请行政复议，不服行政复议决定的，可以在收到复议决定书之日起15日内向人民法院提起诉讼。复议机关逾期不作决定的，申请人可以在复议期满之日起15日内向人民法院提起诉讼。法律另有规定的除外。

公民、法人或者其他组织直接向人民法院提起诉讼的，应当自知道或者应当知道作出行政行为之日起六个月内提出。法律另有规定的除外。

因不动产提起诉讼的案件自行政行为作出之日起超过二十年，其他案件自行政行为作出之日起超过五年提起诉讼的，人民法院不予受理。

公民、法人或者其他组织申请行政机关履行保护其人身权、财产权等合法权益的法定职责，行政机关在接到申请之日起两个月内不履行的，公民、法人或者其他组织可以向人民法院提起诉讼。法律、法规对行政机关履行职责的期限另有规定的，从其规定。

公民、法人或者其他组织在紧急情况下请求行政机关履行保护其人身权、财产权等合法权益的法定职责，行政机关不履行的，提起诉讼不受前款规定期限的限制。

公民、法人或者其他组织因不可抗力或者其他不属于其自身的原因耽误起诉期限的，被耽误的时间不计算在起诉期限内。

公民、法人或者其他组织因前款规定以外的其他特殊情况耽误起诉期限的，在障碍消除后十日内，可以申请延长期限，是否准许由人民法院决定。

起诉应当向人民法院递交起诉状，并按照被告人数提出副本。书写起诉状确有困难的，可以口头起诉，由人民法院记入笔录，出具注明日期的书面凭证，并告知对方当事人。

人民法院在接到起诉状时对符合本法规定的起诉条件的，应当登记立案。对当场不能判定是否符合本法规定的起诉条件的，应当接收起诉状，出具注明收到日期的书面凭证，并在七日内决定是否立案。不符合起诉条件的，作出不予立案的裁定。裁定书应当载明不予立案的理由。原告对裁定不服的，可以提起上诉。起诉状内容欠缺或者有其他错误的，应当给予指导和释明，并一次性告知当事人需要补正的内容。不得未经指导和释明即以起诉不符合条件为由不接收起诉状。对于不接收起诉状、接收起诉状后不出具书面凭证，以及不一次性告知当事人需要补正的起诉状内容的，当事人可以向上级人民法院投诉，上级人民法院应当责令改正，并对直接负责的主管人员和其他直接责任人员依法给予处分。

人民法院既不立案，又不作出不予立案裁定的，当事人可以向上一级人民法院起诉。上一级人民法院认为符合起诉条件的，应当立案、审理，也可以指定其他下级人民法院立案、审理。

（七）行政诉讼的审理和判决

人民法院应当公开审理行政案件，但涉及国家秘密、个人隐私和法律另有规定的除外。涉及商业秘密的案件，当事人申请不公开审理的，可以不公开审理。

人民法院审理行政案件，由审判员组成合议庭，或者由审判员、陪审员组成合议庭。合议庭的成员人数，应当是3人以上的单数。

当事人认为审判人员、书记员、翻译人员、鉴定人、勘验人与本案有利害关系或者有其他关系可能影响公正审判，有权申请上述人员回避。上述人员认为自己与本案有利害关系或者有其他关系，应当申请回避。

人民法院审理行政案件，以法律和行政法规、当地的地方性法规为依据，参照规章。人民法院审理民族自治地方的行政案件，并以该民族自治地方的自治条例和单行条例为依据。

人民法院对行政案件宣告判决或者裁定前，原告申请撤诉的，或者被告改变其所作的行政行为，原告同意并申请撤诉的，是否准许，由人民法院裁定。

适用简易程序审理的行政案件，由审判员一人独任审理，并应当在立案之日起四十五日内审结。适用第一审普通程序审理的行政案件，由审判员组成合议庭，或者由审判员、陪审员组成合议庭。人民法院应当在立案之日起六个月内作出第一审判决。有特殊情况需要延长的，由高级人民法院批准，高级人民法院审理第一审案件需要延长的，由最高人民法院批准。

当事人不服人民法院第一审判决的，有权在判决书送达之日起15日内向上一级人民法院提起上诉。当事人不服人民法院第一审裁定的，有权在裁定书送达之日起10日内向上一级人民法院提起上诉。逾期不提起上诉的，人民法院的第一审判决或者裁定发生法律效力。

人民法院审理上诉案件，应当在收到上诉状之日起三个月内作出终审判决。有特殊情况需要延长的，由高级人民法院批准，高级人民法院审理上诉案件需要延长的，由最高人民法院批准。

（八）行政诉讼的执行

当事人必须履行人民法院发生法律效力的判决、裁定、调解书。

公民、法人或者其他组织拒绝履行判决、裁定、调解书的，行政机关或者第三人可以向第一审人民法院申请强制执行，或者由行政机关依法强制执行。

行政机关拒绝履行判决、裁定、调解书的，第一审人民法院可以采取下列措施：①对应当归还的罚款或者应当给付的款额，通知银行从该行政机关的账户内划拨；②在规定期限内不履行的，从期满之日起，对该行政机关负责人按日处五十元至一百元的罚款；③将行政机关拒绝履行的情况予以公告；④向监察机关或者该行政机关的上一级行政机关提出司法建议。接受司法建议的机关，根据有关规定进行处理，并将处理情况告知人民法院；⑤拒不履行判决、裁定、调解书，社会影响恶劣的，可以对该行政机关直接负责的主管人员和其他直接责任人员予以拘留；情节严重，构成犯罪的，依法追究刑事责任。

公民、法人或者其他组织对行政行为在法定期限内不提起诉讼又不履行的，行政机关可以申请人民法院强制执行，或者依法强制执行。

课后训练

一、基础练习
1. 简述行政复议的受案范围、复议机关。
2. 简述仲裁的受案范围、仲裁协议内容。
3. 简述民事诉讼的基本原则、基本制度。
4. 简述民事诉讼管辖、时效。
5. 简述行政诉讼基本原则。

二、案例分析题

案例一：A市辖下B县化工厂未经批准擅自向本县一河流内设置排污口，排放大量工业废水，造成严重环境污染，B县环保局责令化工厂迅速纠正违法行为，并报经市环保局批准，对该化工厂处以9万元的罚款；B县化工厂认为，省政府颁布的《防治水污染条例》规定："县人民政府环境保护行政管理部门决定的罚款以不超过1万元为限；超过1万元的，应当报上一级环境保护行政主管部门批准。"而县环保局却对化工厂处以9万元的处罚，明显违法，欲申请行政复议。请问：

1. B县化工厂可以向哪些机关申请行政复议？
2. B县化工厂申请行政复议的期限是什么？
3. 复议机关应如何依法作出复议决定？

案例二：A市的甲公司和B市的乙运输公司在A市签订了甲公司长期在B市内的货物运输合同，双方约定如果出现纠纷则交由北京仲裁委员会进行仲裁。在合同履行过程中，因为油价、养路费上涨的原因，双方就运输价格发生争议。于是，双方交由北京仲裁委员会进行仲裁。随后，甲公司又向人民法院提起诉讼，要求与乙公司解除合同，并赔偿甲公司因此而受到的损失。

法院在不知其有仲裁条款的情况下进行了审理。庭审过程中，乙公司进行了答辩，表示不同意解除合同。一审法院经过审理，判决驳回原告的诉讼请求。原告不服，认为一审判决错误，提出上诉，并称双方当事人之间存在仲裁协议，法院对本案无诉讼管辖权。在二审中，乙公司提出反诉，要求甲公司支付运输款。二审法院经过对上诉案件的审理，判决驳回上诉，维持原判。请问：

1. 何地法院对本案具有诉讼管辖权？

2. 假设本案起诉前双方当事人对仲裁协议的效力有争议，可以通过何种途径加以解决？
3. 原告甲公司主张双方之间存在仲裁协议，法院对本案无管辖权是否成立？为什么？
4. 对于乙公司的反诉，二审法院应当如何处理？
5. 假设二审法院认为本案不应由人民法院受理，可以如何处理？

三、实训题

1. 以案例分析题二为依据，为甲公司和乙运输公司草拟一份仲裁协议。
2. 以案例分析题二为依据，为原告A市的甲公司草拟一份起诉状。
3. 以班级为单位组织模拟法庭。